ALLÉGORIES ORIENTALES,

OU

LE FRAGMENT DE SANCHONIATON,

QUI CONTIENT

L'HISTOIRE DE SATURNE,

SUIVIE DE CELLES

DE MERCURE ET D'HERCULE,

ET DE SES DOUZE TRAVAUX,

AVEC LEUR EXPLICATION;

Pour servir à l'intelligence du GÉNIE SYMBOLIQUE DE L'ANTIQUITÉ.

PAR M. COURT DE GEBELIN,

De la Société Economique de Berne, & de l'Acad. Royale de la Rochelle.

A PARIS;

Chez
- L'Auteur, COURT DE GEBELIN, rue Poupée, Maison de M. Boucher, Secrétaire du Roi.
- BOUDET, Imprimeur-Libraire, rue Saint Jacques.
- VALLEYRE l'aîné, Imprimeur-Libraire, rue vieille Bouclerie.
- Veuve DUCHESNE, Libraire, rue Saint Jacques.
- SAUGRAIN, Libraire, Quai des Augustins.
- RUAULT, Libraire, rue de la Harpe.

M. DCC. LXXIII.

AVEC APROBATION ET PRIVILEGE DU ROI.

TABLE

Des Objets contenus dans l'Explication des trois Allégories Orientales.

INTRODUCTION.

Ces trois Allégories déja réunies par les Anciens. Objets qu'elles présentent : comment elles s'obscurcirent, & par quel moyen on voit la lumière renaître, — Page 1

I. ALLÉGORIE.

Histoire de Saturne & de Cronus, — 5
Fragment de Sanchoniaton où elle est contenue, — Ib.

OBSERVATIONS PRÉLIMINAIRES. — 1

1. Pourquoi ce Monument étoit inintelligible, — 13
2. Explication qu'on en donne, claire & naturelle, — 14
3. Patrie de Sanchoniaton : Tems où il a vécu, — Ib.
4. De l'authenticité des Fragmens qu'on lui attribue, — 15
5. Des Commentateurs de Sanchoniaton, — 17
6. Qu'on doit considérer ce Fragment comme une allégorie de l'Agriculture, — 19

Art. I. Des quatre Personnages de Sanchoniaton, — 22
  §. I. D'Elion, — 23
  §. II. De Berouth, sa femme, — ib.
  §. III. D'Uranus & de Ghé, ou le Ciel & la Terre, leurs Enfans, — Ib.
  §. IV. V. VI. Histoire d'Elion, relative à la Création, — 24
  §. VII. Explication du nom de Byblos, — 27
Art. II. Mariage d'Uranus & de Ghé, — Ib.
  §. I. Leurs Enfans, — 28
  §. III. Raport de Sanchoniaton avec Moyse à ce sujet, — 30
  §. IV. Enfans que leur attribuoient les Crétois, — 32
  §. V. Infidélités d'Uranus, — 35

Allégories. a ij

TABLE DES OBJETS, &c.

Art. III. *Cronus ou Saturne, Fils de Ghé & son vengeur : ce qu'Héfiode en dit,* Page 36
 §. 2. *Son Hiſtoire eſt une allégorie, relative à l'invention de l'Agriculture,* 38
 §. 3. *Explication des divers noms de Saturne,* 39
Art. IV. *Conſeillers de Saturne,* 41
 §. 1. *Athéné ou Minerve,* Ib.
 §. 2. *Hermès, Thot ou Mercure,* 42
 §. 3. *Inſtrumens qu'invente Saturne,* 43
 §. 4. *Guerre ouverte entre Saturne & Uranus : alliés du premier : avantages qu'il remporte,* 44
Art. V. *Femmes de Saturne,* 45
 §. 1. *Rhéa & ſes VII. Fils, ou la Terre cultivée, & les ſept jours de la ſemaine,* Ib.
 §. 2. *Aſtarté & ſes VII Filles, les ſept nuits de la ſemaine,* 50
 §. 3. *Dioné ou l'Abondance,* 53
 §. 4. *Eimarmené & Hora ou la Fortune & la Beauté,* Ib.
Art. VI. *Enfans de Saturne,* 54
 1. *Trois Fils qu'il a en Perée, ou les trois Saiſons,* Ib.
 2. Sadid, *ou les Labours,* Ib.
 3. Monogenés, *l'unique, ou la Moiſſon,* 55
 4. Muth, *ou la Converſion du blé en pain,* Ib.
 5. Perséphoné, *ou Proſerpine, les Semailles,* 56
Art. VII. *Réunion d'un grand nombre d'objets différens,* Ib.
 §. 1. *Prétendus Freres de Saturne ou Cronus,* 57
  1. *Des Betyles & Statues des Dieux,* 58
  2. *De Dagon, ou le Laboureur,* 59
  3. *Atlas ou Greniers ſous terre,* 60
 §. 2. *Concubine d'Uranus enlevée par Saturne, & qui devient mere de Demaroon,* 62
 §. 3. *Dieux de Saturne,* 63
 §. 4. *De Sydyk, des Cabires & d'Eſculape ou Aſclépius,* 64
 §. 5. *De quelques Dieux Marins,* 69
  1. *Pontus, & origine de ſon nom,* Ib.
  2. *Nérée & ſon Hiſtoire,* 70
  3. *Typhon,* 71
  4. *Poſeidon ou Neptune,* Ib.
  5. *Sidon,* 72
 §. 6. *Baaltis, Cabires & Agrotes,* Ib.
 §. 7. *Navigations des Deſcendans des Dioſcures,* Ib.
Art. VIII. §. 1. *Détrônement & mutilation d'Uranus,* 74
 2. *Le récit d'Héſiode eſt allégorique,* 75

TABLE DES OBJETS, &c.

3. Son explication,	77
§. 2. Naissance & Triomphe de Vénus,	78
§. 3. L'Amour & Cupidon,	Ib.
§. 4. États dont dispose Saturne,	79
ART. IX. Saturne, Uranus, &c. peints par Thot,	80
1. Diverses manieres dont on a traduit cet article,	Ib.
2. Son vrai sens,	81
3. Comment Thot peignit Saturne,	82
ART. X. Idées que l'Antiquité eut de Saturne qu'elle regarda	
1. Comme l'Inventeur de l'Agriculture,	Ib.
2. Comme le Dieu du Tems,	84
3. Comme le Roi de l'Age d'or,	85
4. Sanchoniaton dit lui même, que cette Histoire est une Allégorie,	86
ART. XI. Ville de Byblos & de Beryte,	87
1. De Byblos,	ib.
2. De Béryte,	88
3. Analyse des trois Chants de Nonnus sur Beryte,	89
4. D'Ophion & des Ophionides,	90
5. Guerre entre Bacchus & Neptune, au sujet de Béryte,	92
6. Etymologie du nom de Béryte,	93
7. Patrie d'un Auteur Agricole,	94
ART. XII. Traduction libre du second Fragment de Sanchoniaton,	95

II. ALLÉGORIE.

HISTOIRE DE MERCURE OU THOT.

INTRODUCTION,	99
ART. I. §. 1. Des Noms de Mercure & combien l'Antiquité en compta,	101
§. 2. Idée que les Anciens avoient de Mercure,	102
§. 3. Idée qu'en eurent les Egyptiens,	104
§. 4. Caractères de Mercure,	106
ART. II. Sentimens des Savans à l'égard de Mercure,	107
ART. III. Mercure, Inventeur de l'Astronomie,	109
I. Classe de Preuves, Titres de Mercure.	
1. Sécretaire & Conseiller de Saturne,	110
2. Interprète des Dieux,	111
II. Classe de Preuves, Symbole & Attributs de Mercure.	
1. Le Caducée,	112
2. Le Coq, le Bélier & le Chien,	114
3. La Lyre,	115

TABLE DES OBJETS, &c.

III. Claſſe de Preuves. *Actions de Mercure*,
   1. *Il donne un Caſque à Iſis*, — 116
   2. *Il joue aux Dez avec la Lune*, — ib.
IV. Claſſe de Preuves. *Noms de Mercure donnés à des Portions de l'année*, — 118
   1. *Chez les Egyptiens*, — ib.
   2. *Chez les Romains*, — 119
V. Claſſe de Preuves. *Caractères dont les Anciens lui attribuent l'Invention*, — ib.
   2. *Caractère propre à Mercure*, — 120
   3. *Caractères Aſtronomiques*, — 122
   4. *Il contemple les Dragons*, — ib.
   5. *Il compoſe 36525. Rouleaux*, — ib.
VI. Claſſe de Preuves. §. 1. & 2. *Noms donnés à Hercule*, — 125
  §. 3. *Raports de Mercure avec Janus*, — 131
VII. Claſſe de Preuves. *L'Antiquité l'offre comme un Aſtronome*, — 132
Art. IV. *Divers raports ſous leſquels Mercure fut conſideré dans la ſuite*, — 134
   1. *Dieu des Bornes*, — ib.
   2. *Dieu du Commerce*, — 135
   3. *Dieu des Voyageurs & des Chemins*, — ib.
   4. *Conducteur des Ames après la Mort*, — 136
   5. *Patron des Hérauts*, — ib.
§. 2. *Autres acceptions de Mercure*, — 137
   1. *Une des Planettes*, — 138
   2. *Un des Jours de la Semaine*, — 138
   3. *Un des Métaux*, — 139
§. 3. *Des Colonnes Sacrées de Mercure*, — 140
Art. V. *S'il fut un Être réel ou Allégorique*, — 141

III. ALLÉGORIE.

Vie & Travaux d'Hercule.

Introduction, — 147
Part. I. *Vie d'Hercule par Diodore*, — 149
Part. II. *Hercule n'eſt pas un Perſonnage réel, mais le Symbole d'un Objet réel & phyſique*, — 168
Art. I. *Conſidérations Préliminaires*, — ib.
  §. 1. *Cette Hiſtoire eſt une Allégorie*, — ib.
  §. 2. *Pourquoi on la crut vraie*, — 169
  §. 3. *Idée qu'en ont eu les Modernes*, — ib.

TABLE DES OBJETS, &c.

§. 4. *Preuves qu'elle est relative à l'Agriculture*, 172
ART. II. *Quels sont les objets Allégoriques désignés par Hercule le Thébain & par ses Travaux*, 173
   §. 1. *Ses Travaux sont le défrichement & la Culture des Terres*, 175
   §. 2. *Il fut le Soleil Protecteur de l'Agriculture*, ib.
   §. 3. *Pourquoi apellé le Thébain*, 176
   §. 4. *Antérieur aux Grecs*, 177
   §. 5. *Combien on en compta*, 178
ART. III. *Preuves qu'il désigna le Soleil*, 180
   §. 1. *Témoignage des Anciens*, ib.
   §. 2. *Le Soleil apellé Hercule dans leurs Hymnes*, 181
   §. 3. *Deux Hercules, l'un Dieu, l'autre Héros*, 183
   §. 4. *Ses Titres & ses Fêtes*, 184
   §. 5. *Ses noms*, 185
   §. 6. *Dimes offertes à Hercule*, 188
   §. 7. *Jeux Olympiques*, 189
   §. 8. *Ses Symboles*, ib.
ART. IV. *Parens, Femmes & Enfans d'Hercule*, 191
   §. 1. *Son Pere & sa Mere*, ib.
   §. 2. *Ses cinquante Fils*, ib.
   S. 3. *Son neveu Iolas*, 192
   S. 4. *Iole & ses autres Femmes*, 195
PART. III. *Explication de la Vie & des douze Travaux d'Hercule*, 196
   S. 1. *Ces Travaux peints sur les murs des Temples*, ib.
   S. 2. *Pourquoi apellés Travaux*, 198
   S. 3. *Galerie Phénicienne qui les représentoit*, 199
Tableau Premier. *Les deux Dragons étranglés*, 201
   S. 1. *Fragment d'une Idylle de Théocrite*, 202
   S. 2. *Feux de la Saint-Jean*, 203
TABL. II. *Lion de la Forêt de Nemée*, 205
TABL. III. *Hydre de Lerne*, 207
TABL. IV. *Sanglier d'Erymanthe & Centaures*, 208
TABL. V. *Biche du Mont Menale*, 213
TABL. VI. *Oiseaux du Lac Stymphale*, ib.
TABL. VII. *Étables d'Augias*, 214
TABL. VIII. *Taureau vaincu & Jeux Olympiques*, ib.
TABL. IX. *Jumens de Dioméde*, 217
TABL. X. *Guerre des Amazones*, 218
TABL. XI. *Vaches de Geryon*, 221
TABL. XII. *Cerbere arraché des Enfers*, ib.
TABL. XIII. *Pommes des Hespérides, Colonnes d'Hercule & passage de l'Eyene*, 223

TABLE DES OBJETS, &c.

TABL. XIV. Mort d'Hercule & son Apothéose, 227
Il refuse d'être mis au nombre des douze Grands Dieux, ib.
Son Mariage avec Hébé, ib.
PART. VI Vues générales sur les autres exploits d'Hercule, 229
§. 1. Victoires d'Hercule sur Antée, Emathion, Busiris, &c. ib.
§. 2. Melampyge, surnom d'Hercule, 230
§. 3. Autels qu'il élève aux douze Grands Dieux, 231
§. 4. Ses Travaux dans l'Ile de Crète & en Afrique, 231
§. 5. Ses dessechemens en Grèce, 232
§. 6. Ses Travaux dans les Alpes, ib.
§. 7. Ses Combats contre les Géans, 233
§. 8. Honneurs qu'on lui rend, & Dîme, 234
§. 9 Hercule Idéen & ses Dactyles, 235
§. 10. Hercule du nombre des Argonautes & ses Exploits à Troye, 236
PART. V. Observations en forme de Notes, 238
NOT. I. Monumens anciens relatifs aux Travaux d'Hercule, & sur-tout Hercule en son repos, ib.
NOT. II. Raports d'Hercule & de Samson, 242
NOT. III. Qu'il excella dans les Sciences. Origine des Muses & des Graces, 245
2°. Pourquoi apellé Chef ou Conducteur, 246
NOT. IV. Tradition allégorique des Scythes sur Hercule & son Explication, 246
NOT. V. Histoire d'Europe & Explication de l'Allégorie qu'elle renferme, 248
NOT. VI. Explication de la Phrase Mourir Vierge & de l'Histoire de Xiphée, 252
NOT. VII. Idées d'Hercule & de Pommes liées ensemble, ib.
NOT. VIII. Atalante & Hippomènes, 253
CONCLUSION des trois Allégories. 255
Explication des Vignettes & des Planches. 259
TABLES des mots primitifs indiqués, &c. 263
des mots dont on donne l'étymologie, 265
des noms dont on donne l'étymologie, 268
des Allégories expliquées, 270
des Matières, 273

ALLÉGORIES

EXPLICATION
DE
TROIS ALLÉGORIES ORIENTALES
INTRODUCTION.

« Avant son départ, dit Diodore de Sicile (1), Osiris laissa à Isis
» l'administration générale de son Etat, déja parfaitement réglé. Il lui donna
» pour Conseiller & pour Ministre Thot ou Mercure, le plus sage & le
» plus fidéle de ses Amis ; & pour Général de ses Troupes, Hercule, qui
» tenoit à lui par la naissance, homme d'ailleurs d'une valeur & d'une
» force de corps prodigieuse ».

Telle est la réunion de trois Divinités Payennes, dont l'une est Egyptienne, l'autre Phénicienne, & la troisiéme Grecque, & dont l'Histoire est également difficile à entendre.

Toutes les trois sont encore réunies dans le récit d'un Historien de Phénicie, dont on nous a conservé quelques fragmens presqu'inintelligibles jusques à présent.

« Saturne, dit cet Historien (2), ayant atteint l'âge viril, épousa la
» querelle de sa mere & la protégea contre son pere Uranus, ou le Ciel,
» par les conseils & avec le secours de Thot ou Mercure Trismegiste (3),
» son Secrétaire.... Ils prirent dans le combat une Concubine d'Uranus,
» qui devint mere de Demaroon, & celui-ci fut pere de Melicerte qui est
» le même qu'Hercule ».

On chercheroit en vain la cause de cette union dans les Ouvrages de ceux qui ont voulu expliquer la Fable : plus jaloux de former des systèmes que de discuter des faits, ils ont presque toujours négligé ceux-ci : ils s'étoient même formé des Principes fort commodes. Tout ce qui ne s'accordoit pas avec leurs systèmes, ou qu'ils ne pouvoient expliquer, étoit corrompu, défiguré ou absurde.

Persuadé qu'avec de pareils Principes on ne pouvoit rien découvrir, rien expliquer, nous avons pris une autre route : nous rassemblons les Faits & nous les comparons : de-là cette multitude de découvertes que nous avons

---

(1) Hist. de Diod. Liv. 1.
(2) Sanchoniaton, second Fragm. dans Euseb. Préparat. Evang. Liv. I. Ch. X.
(3) C'est à dire trois fois grand.

Allégories. A

annoncées au Public, & qui répandent sur l'Antiquité & sur l'origine des Connoissances une vive lumière & le plus grand intérêt.

Nous devons à cette Méthode en particulier, l'explication que nous publions ici de trois Allégories Orientales qui forment un Tout inséparable, & dont la réunion prouve la vérité de ce que Diodore & Sanchoniaton viennent de nous dire.

Ces trois Allégories sont l'Histoire de SATURNE, la même que celle d'Osiris sous un autre nom: celle de THOT ou MERCURE; & celle d'HERCULE & de ses XII. Travaux.

Etroitement liées entr'elles, elles forment un ensemble dont toutes les Parties, s'expliquant mutuellement, ont été faites les unes pour les autres.

SATURNE, mangeur d'enfans, ouvre la marche avec sa faulx; MERCURE, Interprète des Dieux, suit avec son caducée; HERCULE, vainqueur du Lion, & avec sa massue livrant XII. combats, termine la scène en montant au Ciel après s'être consumé dans un bûcher.

En considérant ces trois Tableaux dans le même ordre, & en ne négligeant aucun des symboles qui les caractérisent, ils vont paroître ce qu'ils sont réellement, des Allégories ingénieuses & de la plus grande vérité, qui portent sur l'invention des Arts de premier besoin & les plus indispensables.

L'Histoire de Saturne est le récit allégorique de l'invention de l'AGRICULTURE, base des Empires & des richesses, & mesure du Tems.

Mercure nous offrira l'Allégorie de l'invention de l'ASTRONOMIE & du CALENDRIER, sur lequel l'Agriculteur règle toutes ses Opérations.

Et dans l'Histoire d'Hercule & de ses Travaux, nous verrons le défrichement des Terres, & la distribution des Travaux de la Campagne pour chaque mois de l'année.

Ainsi ces trois Personnages sont liés dans la Nature comme dans la Fable: & celle-ci, loin de n'être qu'un récit absurde ou une Histoire défigurée, sera un monument du génie & de l'esprit de ceux qui l'inventèrent; & une preuve de leur sensibilité pour les Objets les plus utiles & les plus intéressans.

Nous puiserons les Faits sur lesquels nous nous appuierons, dans les Auteurs les plus anciens & qui étoient le plus à portée de connoître les Traditions primitives. A la tête, nous mettrons le Texte Grec de SANCHONIATON jusqu'ici inintelligible.

Ce Texte si absurde sans cette clef, qu'on croit lire l'Ouvrage d'un Auteur en délire, & inexplicable quand on le prenoit pour un récit historique; ce Texte, dont on ne savoit que faire, & qui donnoit la torture à ses Interprètes, va paroître si clair, si intéressant, si conforme à l'ancienne Antiquité, & à l'Ordre naturel qui règle toutes choses, qu'on ne pourra s'empêcher de convenir qu'il est enfin expliqué, & que nul autre genre d'interprétation ne peut être soutenable.

INTRODUCTION.

Telle est l'idée générale de ces trois Allégories, l'esquisse de ces trois grands Tableaux transmis par l'Antiquité, qui les peignit sur les murs sacrés des Temples pour l'utilité & l'instruction publique.

La Terre irritée contre le Ciel son Epoux, à cause de ses infidélités, arme son fils Saturne d'une FAULX avec laquelle il fait la guerre à son Pere, & le prive des facultés de son Sexe. Le sang du Ciel se mêle avec les eaux des Rivières & des Fontaines; il en naît Vénus, la plus belle des Déesses. Cependant Saturne, devenu Maître de l'Empire, adore Iov Demaroon (4), épouse Rhéa, Astarté, Dioné, Eimarmené & Hora, Filles du Ciel, mange ses Enfans & bâtit des Villes.

Thot ou MERCURE son Secrétaire & son Conseiller, imite le Ciel, fait les Portraits des Dieux, invente les Caracteres sacrés, compose 36525 Rouleaux, donne à Isis une tête de Taureau pour Diadême, se fait accompagner du Chien, du Cocq & du Bélier, prend pour symbole le CADUCÉE, tire d'une Lyre à trois cordes des sons harmonieux & mérite le nom d'Interprete des Dieux; tandis qu'en Egypte le premier mois porte son nom, & qu'à Rome il est protecteur du premier mois de l'Eté.

HERCULE, leur contemporain; Général d'Osiris, s'arme de son côté de la Massue, il devient la terreur des ennemis du Genre Humain : Fils d'Iov & d'Alcmène, Frere d'Eurysthée & né dans une nuit triple, il étrangle dans son enfance deux dragons envoyés contre lui par Junon : dans la force de la Jeunesse, il tue le Lion de Némée, & en porte la dépouille le reste de sa vie : il livre XI autres combats non moins terribles, & partant pour le Pays des Hespérides, il périt par la robe teinte du sang de Nessus qui venoit de faire passer à Déjanire le fleuve Evene : vaincu par les douleurs cruelles du poison qui le consume, il se jette dans un bucher, & finissant glorieusement sa vie, il est transporté par les Dieux dans le Ciel.

Pourquoi ces Objets sont-ils chantés par les Poëtes & conservés par les Historiens? Pourquoi les sages Egyptiens, les Grecs, &c. les peignent-ils sur les murs des Temples, avec des couleurs qui se soutiennent encore depuis tant de milliers d'années, du moins en Egypte? Pourquoi tous les Arts se disputent-ils la gloire de concourir à leur conservation & à leur embellissement, si ces Objets ne sont que des contes ridicules ou des récits absurdes d'événemens scandaleux & révoltans?

C'est qu'ils ne sont tels qu'en aparence : qu'ils instruisent les Humains, en ne paroissant que les amuser : que sous une forme allégorique, ils offrent les vérités les plus utiles.

Les Législateurs, en même tems Poëtes & Musiciens, voulant que leurs Leçons fussent durables & à la portée de tous les Hommes, sentirent qu'il fa-

---

(4) C'est-à-dire *le Seigneur de l'Abondance*.

(5) Nom primitif de *Jupiter*, dont celui-ci n'est que le composé, mot à mot *le Père Jou*.

loit les rendre agréables & leur ôter tout ce qui fatigueroit l'attention ; ils les mirent, pour cet effet en actions & en Tableaux : de-là les Peintures sacrées, & les Poëmes où ces Peintures étoient décrites d'une manière allégorique, & pittoresque par-là même.

Ces Allégories, claires dans le tems qui les vit naître, durent nécessairement devenir obscures à mesure qu'on perdit de vue leur origine & qu'on les regarda comme des Histoires altérées : de-là leurs absurdités aparentes, & les difficultés dont elles sont hérissées, mais qui disparoissent à mesure qu'on se place dans leur vrai point de vue.

C'est ce que le Lecteur éprouvera de la manière la plus sensible, en nous suivant dans l'explication des trois Allégories que nous mettons ici sous ses yeux : il verra l'obscurité se dissiper à mesure qu'il avancera, & il ne trouvera plus rien qui l'arrête.

Il sera sans doute flatté en voyant ainsi la Fable devenir une vive peinture de la vérité, & ce qui lui paroissoit de la plus grande obscurité, être très-raisonnable. Il ne le sera certainement pas moins en voyant que ces Fables ont pour objet de relever l'éclat de l'Agriculture, de cet Art admirable que les Anciens avoient en si grande recommandation, & qu'ils célébrerent dans leurs Chants & dans leurs Fables, comme l'Art sans lequel il n'y a point d'Empires, point de Population, point de Sciences : sans lequel les Hommes, obligés de parcourir des Déserts immenses pour trouver quelques chétifs alimens, ne sont presque en rien supérieurs à ces Animaux qui leur disputent ces mêmes alimens : tandis qu'avec son secours les Hommes ne cessent de s'élever & de se perfectionner, la Terre se couvre de biens de toute espéce, de nombreux Troupeaux jouent & bondissent dans des lieux où l'on ne verroit que fange & que ronces ; les Empires parviennent rapidement au plus haut dégré de gloire : les Sciences & les Arts multiplient à l'envi les jouissances & les biens.

Le dévelopement de ces Allégories commence, comme nous l'avons déjà dit, par le second fragment de Sanchoniaton : nous en accompagnerons le Texte grec, d'une Traduction littérale, & après avoir fait voir le sens que l'on y doit attacher, nous finirons par une imitation libre de ce Texte, à peu près comme son Auteur l'eût fait, s'il eût écrit dans notre Langue.

SATURNES

Allégories Pl. 1.

N.° 1.

Boissard

N.° 2.

Cesars de Jul. P. 18.

N.° 3.

Vaillant

N.° 4.

Vaillant

N.° 5.

Cesars de Jul. P. 2.

N.° 6.

Ibid.

N.° 7.

Cesars de Jul. P. 18.

C. P. Marillier, inv.   J. B. Simonet, Sculp.

SECOND FRAGMENT
DE SANCHONIATON,
OU
HISTOIRE DE SATURNE,
ALLÉGORIE SUR L'INVENTION DE L'AGRICULTURE.

TEXTE DE SANCHONIATON, | TRADUCTION LITTERALE
Traduit en Grec par PHILON. | De la Version Grecque.

I. ELION & BEROUTH.

Κατὰ τούτους γίνεταί τις ΕΛΙΟΥΝ καλούμενος ΥΨΙΣΤΟΣ καὶ θήλεια λεγομένη ΒΗΡΟΥΘ. Οἳ καὶ κατῴκουν περὶ Βύβλον.

ALORS vivoit ELION, c'est-à-dire Hypsistus ou le TRÈS-HAUT. Sa femme s'apelloit BÉROUTH : ils habitoient aux environs de Byblos.

Allégories,   B

II. *Leurs Enfans Uranus & Ghé.*

D'eux naquit É p i g é e ou A u- tochthone, que l'on apella dans la suite U r a n u s. Et c'est de lui que cet Elément qui est au-dessus de nous a été apellé U r a n u s (le Ciel) à cause de son admirable beauté.

Celui-ci eut des mêmes Parens, une Sœur nommée G h é' (la Terre); & c'est à cause de sa beauté que la Terre fut apellée du même nom.

Leur Pere Hypsistus mourut, tué par des bêtes féroces. Ses Enfans lui offrirent des libations & des sacrifices.

ἐξ ὧν γεννᾶται ΕΠΙΓΕΙΟΣ ἢ Αὐτόχθων, ὅν ὕστερον ἐκάλεσαν ΟΥΡΑΝΟΝ, ὡς ἀπ' αὐτοῦ καὶ τὸ ὑπὲρ ἡμᾶς στοιχεῖον, δι' ὑπερβολὴν τοῦ κάλλους ὀνομάζειν Οὐρανόν.

Γεννᾶται δὲ τούτῳ ἀδελφὴ ἐκ τῶν προειρημένων ἣ καὶ ἐκλήθη ΓΗ, καὶ διὰ τὸ κάλλος, ἀπ' αὐτῆς, φησιν, ἐκάλεσαν τὴν ὁμώνυμον γῆν.

Ὁ δὲ τούτων πατὴρ ὁ Ὕψιστος ἐκ συμβολῆς θηρίων τελευτήσας ἀφιερώθη, ᾧ καὶ χοὰς καὶ θυσίας οἱ παῖδες ἐτέλεσαν.

III. *Enfans d'Uranus & de Ghé.*

Uranus succédant alors à l'Empire de son Pere, épousa sa Sœur Ghé: il en eut quatre Fils; I l u s apellé par les Grecs C r o n u s (1), B e t y- l u s, D a g o n (apellé par les mêmes S i t o n), & A t l a s.

De quelques autres Femmes, Uranus eut aussi une nombreuse postérité: mais Ghé en eut une très-vive jalousie; & sur les reproches continuels dont elle accabloit Uranus, ils prirent le parti de se séparer. Cependant Uranus revenoit quelquefois vers elle, s'en aprochoit de force, & ensuite l'abandonnoit de nouveau: il cherchoit même à faire périr les Enfans qu'il en avoit. Mais Ghé le repoussa plusieurs fois, avec le secours de diverses Personnes.

Παραλαβὼν δὲ ὁ Οὐρανὸς τὴν τοῦ πατρὸς ἀρχὴν, ἄγεται πρὸς γάμον τὴν ἀδελφὴν Γῆν. Καὶ ποιεῖται ἐξ αὐτῆς παῖδας δ' ΙΛΟΝ, τὸν καὶ ΚΡΟΝΟΝ, καὶ ΒΕΤΥΛΟΝ, καὶ ΔΑΓΩΝ, ὅς ἐστι Σίτων, καὶ ΑΤΛΑΝΤΑ.

Καὶ ἐξ ἄλλων δὲ γαμετῶν ὁ Οὐρανὸς πολλὴν ἔσχε γενεάν. Διὸ καὶ χαλεπαίνουσα ἡ Γῆ τὸν Οὐρανὸν ζηλοτυποῦσα ἐκάκιζεν, ὡς καὶ διαστῆναι ἀλλήλων. Ὁ δὲ Οὐρανὸς ἀποχωρήσας αὐτῆς, μετὰ βίας, ὅτε καὶ ἐβούλετο ἐπιὼν, καὶ πλησιάζων αὐτῇ, πάλιν ἀπηλλάττετο. Ἐπεχείρει δὲ καὶ τοὺς ἐξ αὐτῆς παῖδας διαφθείρειν.

IV. *Cronus ou Saturne vengeur de Ghé.*

Aussi dès que Cronus eut atteint l'âge viril, il épousa la querelle de sa Mere, & la protégea contre son Pere, par les

Τὴν δὲ Γῆν ἀμύνασθαι πολλάκις, συμμαχίαν αὑτῇ συλλεξαμένην. Εἰς ἄνδρας δὲ προελθὼν ὁ Κρόνος, ΕΡΜΗ τῷ τρισ-

---

(1) C'est le S a t u r n e des Latins.

HISTOIRE DE SATURNE.

μεγίςῳ συμβούλῳ καὶ βοηθῷ χρώμενος, (οὗτος γὰρ ἦν αὐτῷ γραμματεὺς) τὸν πατέρα Οὐρανὸν ἀμύνεται, τιμωρῶν τῇ μητρί.

conseils & avec le secours d'HERMÈS-TRISMÉGISTE, son Secrétaire (2).

V. Enfans de Saturne.

Κρόνῳ δὲ γίνονται παῖδες ΠΕΡΣΕΦΟΝΗ καὶ ΑΘΗΝΑ̃. Ἡ μὲν οὖν πρώτη, παρθένος ἐτελεύτα.

Τῆς δὲ Ἀθηνᾶς γνώμῃ καὶ Ἑρμοῦ, κατεσκεύασε Κρόνος ἐκ σιδήρου ἅρπην καὶ δόρυ.

Εἶτα ὁ Ἑρμῆς τοῖς τοῦ Κρόνου συμμάχοις λόγους μαγείας διαλεχθεὶς, πόθον ἐνεποίησε τοῖς καθ' Οὐρανὸν μάχης ὑπὲρ τῆς Γῆς. Καὶ οὕτω Κρόνος τὸν Οὐρανὸν, πολέμῳ συμβαλὼν, τῆς ἀρχῆς ἤλασε, καὶ τὴν βασιλείαν διεδέξατο.

Ἑάλω δὲ ἐν τῇ μάχῃ καὶ ἡ ἐπέραστος τοῦ Οὐρανοῦ σύγκοιτος, ἐγκύμων οὖσα, ἣν ἐκδίδωσιν ὁ Κρόνος πρὸς γάμον τῷ Δαγῶνι. Τίκτει δὲ παρὰ τούτῳ ὁ κατὰ γαστρὸς ἐξ Οὐρανοῦ ἔφερεν, ὃ καὶ ἐκάλεσε ΔΗΜΑΡΟΥΝ.

Cronus eut pour Filles PERSÉPHONÉ (3) & ATHÉNÉ. La première mourut Vierge.

Par l'avis d'Athéné (4) & d'Hermès, Cronus fit faire un cimeterre & une lance de fer.

Hermès adresse ensuite un discours enchanteur aux Amis de Cronus, & les engage à combattre contre Uranus en faveur de Ghé : par ce moyen, Cronus enleva l'Empire à son Pere, & regna à sa place.

Dans le combat, on prit une Concubine d'Uranus, que ce Monarque aimoit tendrement, & qui étoit enceinte. Cronus la donna en mariage à Dagon: elle accoucha chez lui d'un Fils dont Uranus étoit Pere, & qu'on apella DEMAROON.

VI. Villes de Saturne.

Ἐπὶ τούτοις ὁ Κρόνος τεῖχος περιβάλλει τῇ ἑαυτοῦ οἰκήσει, καὶ πρώτην πόλιν κτίζει τὴν ἐπὶ Φοινίκης ΒΥΒΛΟΝ.

Μετὰ ταῦτα τὸν ἀδελφὸν τὸν ἴδιον Ἄτλαντα ὑπονοήσας ὁ Κρόνος, μετὰ γνώμης τοῦ Ἑρμοῦ εἰς βάθος γῆς ἐμβαλὼν κατέχωσε.

Κατὰ τοῦτον χρόνον οἱ ἀπὸ τῶν Διοσκύρων σχεδίας καὶ πλοῖα συνθέντες, ἔπλευσαν. Καὶ ἐκριφέντες κατὰ τὸ Κάσσιον ὄρος, ναὸν αὐτόθι ἀφιέρωσαν.

Après cela, Cronus fit entourer son habitation d'un mur, & fonda BYBLOS, la premiere Ville qu'il y ait eu en Phénicie.

Alors Cronus ayant conçu quelque soupçon contre son Frere ATLAS, il le jetta, par l'avis d'Hermès, dans une fosse profonde & l'y enterra.

C'est aussi dans ce tems là, que les Descendans des Dioscures ayant construit des radeaux & des Vaisseaux, se mirent en Mer : jettés sur le rivage, sous le Mont Cassius, ils y éleverent un Temple.

---

(2) C'est leur MERCURE, apellé *Trismégiste*, ou Très-Grand.
(3) C'est PROSERPINE des Latins. (4) C'est leur MINERVE.

B ij

VII. *Alliés de Saturne, &c.*

Les Alliés d'Ilus ou Cronus furent nommés ELOHIM, comme qui diroit CRONIENS (5).

CRONUS se méfie de son Fils, nommé SADID: il le frape de son propre fer; & lui ôtant ainsi la vie, il devient le meurtrier de son propre sang.

Il coupa de même la tête à sa Fille, action qui étonna tous les Dieux.

Οἱ δὲ σύμμαχοι Ιλυ (τοῦ Κρόνου) ΕΛΩΕΙΜ ἐπικλήθησαν, ὡς ἂν Κρόνιοι, οὗτοι ἦσαν οἱ λεγόμενοι ἐπὶ Κρόνου.

Κρόνῳ δὲ υἱὸν ἔχων Σάδιδον, ἰδίῳ αὐτὸν σιδήρῳ διεχρήσατο, δι' ὑπονοίας αὐτὸν ἐσχηκώς, καὶ τῆς ψυχῆς, αὐτόχειρ τοῦ παιδὸς γινόμενος ἐστέρησεν.

Ὡσαύτως καὶ θυγατρὸς ἰδίας τὴν κεφαλὴν ἀπέτεμεν· ὡς πάντας ἐκπεπλῆχθαι θεοὺς τὴν Κρόνου γνώμην.

VIII. *Ses Femmes.*

Cependant Uranus, qui étoit toujours fugitif, envoya vers Cronus sa fille ASTARTÉ avec ses deux sœurs RHÉA & DIONÉ, afin qu'elles le fissent périr par quelque artifice; mais Cronus les fit prisonnieres & en fit ses femmes. A cette nouvelle, Uranus détacha contre lui EIMARMENÉ & HORA (6) avec une Armée: Cronus gagne leur affection, & les retient auprès de lui.

On dit encore, que le Dieu Uranus inventa les BÉTYLES, fabriquant des Pierres animées.

Cronus eut d'Astarté sept Filles, nommées les TITANIDES ou ARTEMIDES. Il eut aussi sept Fils de Rhéa, dont le plus jeune fut consacré dès le moment de sa naissance. De Dioné, il eut des Filles, & deux autres Fils d'Astarté, POTHOS & EROS (7).

Dagon invente le Blé & la Charrue, & en acquiert le nom d'IOU AROTRIUS (8).

Κρόνου δὲ προϊόντος Οὐρανὸς ἐν φυγῇ τυγχάνων, θυγατέρα αὐτοῦ παρθένον ΑΣΤΑΡΤΗΝ μεθ' ἑτέρων αὐτῆς ἀδελφῶν δύο, ΡΕΑΣ, καὶ ΔΙΩΝΗΣ δόλῳ τὸν Κρόνον ἀνελεῖν ὑποπέμπει· ἃς καὶ ἑλὼν ὁ Κρόνος κουριδίας γαμετὰς ἀδελφὰς οὔσας ἐποιήσατο. Γνοὺς δὲ ὁ Οὐρανὸς, ἐπιστρατεύει κατὰ τοῦ Κρόνου ΕΙΜΑΡΜΕΝΗΝ καὶ ΩΡΑΝ μεθ' ἑτέρων συμμάχων, καὶ ταύτας ἐξοικειωσάμενος, ὁ Κρόνος παρ' ἑαυτῷ κατέσχεν.

Ἔτι δὲ, φησὶν, ἐπινοήσατε Θεὸς Οὐρανὸς ΒΑΙΤΥΛΙΑ, λίθους ἐμψύχους μηχανησάμενος.

Χρόνῳ δὲ ἐγίνοντο ἀπὸ Ἀστάρτης θυγατέρες ἑπτὰ ΤΙΤΑΝΙΔΕΣ ἢ ΑΡΤΕΜΙΔΕΣ. καὶ πάλιν, τῷ αὐτῷ γίνονται ἀπὸ Ρέας παῖδες ἑπτά. ὧν ὁ νεώτατος ἅμα τῇ γενέσει ἀφιερώθη. καὶ ἀπὸ Διώνης θήλειαι. καὶ ἀπὸ Ἀστάρτης πάλιν ἄρρενες δύο, ΠΟΘΟΣ & ΕΡΩΣ.

ὁ δὲ Δαγὼν ἐπειδὴ εὗρε σῖτον & ἄροτρον ἐκλήθη ΖΕΥΣ ΑΡΟΤΡΙΟΣ.

---

(5) Ou Saturniens.
(6) La FORTUNE & la BEAUTÉ.
(7) CUPIDON & l'AMOUR.
(8) C'est-à-dire, JUPITER-*Laboureur*.

HISTOIRE DE SATURNE.

ΣΥΔΥ'ΚΩ δὶ, τῷ λεγομένῳ δικαίῳ, μία τῶν Τιτανίδων συνελθοῦσα, γεννᾷ τὸν ΑΣΚΛΗΠΙΟΝ.

Ἐγεννήθησαν δὲ καὶ ἐν ΠΕΡΑΙ'Α Κρόνῳ, τρεῖς παῖδες, ΚΡΟ'ΝΟΣ ὁμώνυμ@ τῷ πατρὶ, καὶ Ζεὺς ΒΗ͂ΛΟΣ, καὶ ΑΠΟ'ΛΛΩΝ.

D'une des Titanides, SYDYC ou le JUSTE, eut ASCLE'PIUS (9).

La PE'RE'E vit naître trois Fils de Cronus. L'un apellé CRONUS, du même nom que son Pere, IOU BELUS & APOLLON.

IX. *Dieux des Eaux.*

Κατὰ τούτους γίγονται ΠΟ'ΝΤΟΣ καὶ ΤΥΦΩ͂Ν καὶ ΝΗΡΕΥ'Σ πατὴρ Πόντου.

Ἀπὸ δὲ τοῦ Πόντου γίνεται Σιδὼν (ἡ καθ' ὑπερβολὴν εὐφωνίας πρώτη ὕμνον ᾠδῆς εὗρε) καὶ Ποσειδῶν.

Τῷ δὲ Δημαροῦντι γίγνεται ΜΕΛΙ'-ΚΑΡΤΟΣ, ὁ καὶ ΗΡΑΚΛΗ͂Σ.

Εἶτα πάλιν Οὐρανὸς πολεμεῖ Πόντῳ καὶ ἀποστὰς, Δημαρούντι προστίθεται· ἔπεισί τε Πόντῳ ὁ Δημαροῦς, τροποῦταί τε αὐτὸν ὁ Πόντ@· ὁ δὲ Δημαροῦς φυγῆς θυσίαν ηὔξατο.

Dans le même tems vivoient PONTUS, TYPHON, & NE'RE'E Pere de Pontus.

Pontus fut Pere de POSIDON (10) & de SIDON. Celle-ci, douée d'une voix admirable, inventa le Chant des Odes.

Démaroon fut Pere de MELI-CERTE, qui est le même qu'HERCULE.

Uranus entreprend une nouvelle guerre contre Pontus, & s'unit dans cette vue à Démaroon, qui attaque lui-même Pontus : mais Pontus le met en fuite, & Démaroon offre en conséquence un sacrifice.

X. *Saturne vainqueur d'Uranus.*

Ἔτει ᾖ τριακοστῷ δευτέρῳ τῆς ἑαυτοῦ κρατήσεως καὶ Βασιλείας, ὁ ΙΛ@, τοῦτ' ἔστιν ὁ Κρόν@, Οὐρανὸν τὸν πατέρα λοχήσας ἐν τόπῳ τινὶ μεσογείῳ, καὶ λαβὼν ὑποχείριον, ἐκτέμνει αὐτοῦ τὰ αἰδοῖα, σύνεγγυς πηγῶν τε καὶ ποταμῶν.

Ἔνθα ἀφιερώθη Οὐρανὸς κ̀ ἀπηρτίσθη αὐτοῦ τὸ πνεῦμα, καὶ ἀπέσταξεν αὐτοῦ τὸ αἷμα τῶν αἰδοίων, εἰς τὰς πηγὰς κ̀ τῶν ποταμῶν τὰ ὕδατα, καὶ μέχρι τούτου δείκνυται τὸ χωρίον.

ILUS, c'est-à-dire Cronus, tend des embûches à son Pere, la 32 année de son Regne, dans des lieux entrecoupés (†) ; & s'étant rendu maître de sa personne, il le prive des marques de son sexe : c'étoit près des Fontaines & des Rivieres.

Quand Uranus eut rendu l'ame, il fut déifié. Son sang s'étoit mêlé avec les eaux des Fontaines & des Rivieres ; & l'on en montre encore aujourd'hui la place.

---

(9) ESCULAPE des Latins.   (10) Leur NEPTUNE.

(†) Et non *dans une grande plaine* ; ou *dans une espéce de vallon,* comme ont traduit l'HIST. UNIV. & FOURMONT.

Tels sont les exploits divins que les Grecs attribuent à Cronus; tel fut ce siécle qu'ils appellent l'âge d'or, & qu'ils disent avoir été le premier, & le bonheur dont jouit cette haute Antiquité (†).

Τοσαῦτα μὲν δὴ τὰ τοῦ Κρόνȣ, καὶ τοιαῦτά γε τȣ̃ παρ Ελλησι ᾳωμένȣ βίȣ τῶν ἐπὶ Κρόνȣ, τὰ σεμνὰ. Οὒς κ̀ φασι γεγονέναι πρῶτον χρύσεόν τε γένΘ μερόπων ἀνθρώπων, τῆς μακαριζομένης ἐκείνης τῶν παλαιῶν εὐδαιμονίας.

ASTARTÉ la Grande, IOU DEMAROON, & ADOD, le Roi des Dieux, regnerent alors dans le Pays par le consentement de Cronus.

ΑΣΤΑΡΤΗ ἡ μεγίςη, κ̀ ΖΕΥΣ. Δημαρȣ̃ς, κ̀ ΑΔΩΔΟΣ βασιλεὺς θεῶν, ἐβασίλευον τῆς χώρας, Κρόνου γνώμη.

Astarté mit sur sa tête, pour marque de sa Royauté, une tête de Taureau.

Η δ' Ασάρτη ἐπέθηκε τῇ ἰδίᾳ κεφαλῇ βασιλείας παράσημον κεφαλὴν Ταύρȣ.

Parcourant l'Univers, elle trouva un Astre tombé du Ciel; elle le prit, & le consacra dans la sainte Isle de Tyr.

Περινοςȣ̃σα δὲ τὴν οἰκȣμένην, εὗρεν ἀεροπετῆ ἀςέρα, ὃ καὶ ἀνελομένη, ἐν Τύρῳ τῇ ἁγίᾳ νήσῳ ἀφιέρωσε.

Les Phéniciens disent qu'Astarté est la même qu'APHRODITE (11).

Τὴν δὲ Ασάρτην Φοίνικες, τὴν Αφροδίτην εἶναι λέγȣσι.

Cronus parcourant aussi l'Univers, donna à ATHÉNÉ, sa Fille, le Royaume d'ATTIQUE.

Καὶ ὁ Κρόνος δὲ περιιὼν τὴν οἰκȣμένην, Αθηνᾷ τῇ ἑαυτȣ̃ θυγατρὶ δίδωσι τῆς Ατλικῆς τὴν βασιλείαν.

XI. *Saturne fait périr son Fils.*

La famine & la mortalité étant survenues, Cronus offre à son Pere Uranus son Fils unique: il se circoncit, & il ordonne à tous les Soldats de son Armée, de faire la même chose.

Λοιμȣ̃ δὲ γενομένȣ, καὶ φθορᾶς, τὸν ἑαυτοῦ μονογενῆ υἱὸν Κρόνος Οὐρανῷ πατρὶ ὁλοκαρποῖ, καὶ τὰ αἰδοῖα περιτέμνεται, ταυτὸ ποιῆσαι καὶ τοὺς ἅμ' αὐτῷ συμμάχȣς καταναγκάσας.

Peu de tems après, il consacra son Fils MUTH, qu'il avoit eu de Rhéa, & qui venoit de mourir. C'est le même que les Grecs (¶) apellent THANATHOS (12) & PLUTON.

Καὶ μετ' οὐ πολὺ, ἕτερον αὐτοῦ παῖδα ἀπὸ Ρέας ὀνομαζόμενον ΜΟΥΘ ἀποθανόντα ἀφιεροῖ. ΘΑΝΑΤΟΝ δὲ τοῦτον καὶ ΠΛΟΥΤΩΝΑ Φοίνικες ὀνομάζȣσι.

Il donna ensuite la Ville de BYBLOS à la Déesse BAALTIS ou DIONÉ:

Καὶ ἐπὶ τȣ́τοις ὁ Κρόνος ΒΥΒΛΟΝ μὲν τὴν πόλιν θεᾷ Βααλτίδι, τῇ καὶ Διώνῃ

(†) Ce Paragraphe est, sans doute, une réflexion du Traducteur Grec ou de Philon, plutôt que d'Eusébe, comme l'a cru M. FOURMONT. Elle m'a paru digne d'être conservée, parce qu'elle présente les vrais caracteres du siécle de Saturne.

(11) VENUS des Latins.

(¶) Il y a dans le Grec, *les Phéniciens*. L'on voit visiblement que c'est une inadvertence, ou une mauvaise façon de s'exprimer.

(12) LA MORT.

HISTOIRE DE SATURNE.

δίδωσι, ΒΗΡΥΤΟΝ ἢ Ποσειδῶνι, καὶ Καβήροις Ἀγρόταις τε καὶ ἁλιεῦσιν, οἳ καὶ πόντε λείψανα εἰς τὴν Βηρυτὸν ἀφιέρωσαν.

& Beryte à Posidon, aux Cabires, aux Agrotes (13), & aux Pêcheurs, qui consacrerent à Beryte les restes de Pontus.

XII. *Saturne peint par Thot ou Mercure.*

Πρὸς ἢ τούτων, Θεὸς Τάαυτ᾽ μιμησάμενος τὸν Οὐρανὸν, τῶν Θεῶν ὄψεις, Κρόνου τε καὶ Δαγῶν, καὶ τῶν λοιπῶν διετύπωσεν τοὺς ἱεροὺς τῶν στοιχείων χαρακτῆρας.

Ἐπενόησε ἢ καὶ τῷ Κρόνῳ παράσημα βασιλείας, ὄμματα τέσσαρα ἐκ τῶν ἔμπροσθίων καὶ τῶν ὀπισθίων μερῶν. δύο δὲ ἡσυχῆ μύοντα, καὶ ἐπὶ τῶν ὤμων πτερὰ τέσσαρα. δύο μὲν ὡς ἱπτάμενα, δύο δὲ ὡς ὑφειμένα. Τὸ δὲ σύμβολον ἦν ἐπειδὴ Κρόνος κοιμώμενος ἔβλεπε, καὶ ἐγρηγορὼς ἐκοιμᾶτο. καὶ ἐπὶ τῶν πτερῶν ὁμοίως, ὅτι ἀναπαυόμενος ἵπτατο, καὶ ἱπτάμενος ἀνεπαύετο. Τοῖς δὲ λοιποῖς Θεοῖς, δύο ἑκάστῳ πτερώματα ἐπὶ τῶν ὤμων, ὡς ὅτι δὴ συνίπταντο τῷ Κρόνῳ, καὶ αὐτῷ δὲ πάλιν ἐπὶ τῆς κεφαλῆς, πτερὰ δύο, ἓν ἐπὶ τοῦ ἡγεμονικωτάτου νοῦ, καὶ ἓν ἐπὶ τῆς αἰσθήσεως.

Ἐλθὼν δὲ ὁ Κρόνος εἰς Νότου χώραν, ἅπασαν τὴν ΑΙΓΥΠΤΟΝ ἔδωκε Θεῷ Τααύτῳ, ὅπως βασίλειον αὐτῷ γένηται.

Ταῦτα δὲ (φησι) πρῶτοι πάντων ὑπεμνηματίσαντο οἱ ἑπτὰ Συδὶκ παῖδες ΚΑΒΕΙΡΟΙ, καὶ ὄγδοος αὐτῶν ἀδελφὸς Ἀσκληπιός, ὡς αὐτοῖς ἐνετείλατο Θεὸς Τάαυτ᾽.

Ταῦτα πάντα ὁ ΘΑΒΙΩΝΟΣ ΠΑΙΣ πρῶτος τῶν ἀπ᾽ αἰῶνος γεγονότων Φοινίκων ἱεροφάντης ἀλληγορήσας, τοῖς τε

A cause de toutes ces choses, le Dieu Thaut imitant Uranus, tira le Portrait des Dieux, de Cronus, de Dagon & des autres, pour en faire les Caractères sacrés des Lettres (14).

Il donna à Cronus, pour signe de la Royauté, quatre yeux, deux par devant, & deux par derriere. Tandis que deux de ces yeux se fermoient & demeuroient en repos, les deux autres veilloient. De même, il mit sur ses épaules quatre ailes, deux déployées & deux abaissées. Il vouloit faire entendre par cet emblême, que Cronus veilloit en dormant, & qu'il se reposoit quoiqu'il veillât. Mais les autres Dieux n'étoient peints qu'avec deux ailes, pour marquer leur dépendance de Cronus; auquel d'ailleurs il donna deux autres ailes au haut de la tête: par l'une, il marquoit son intelligence dans l'art de gouverner; & par l'autre, son sentiment exquis.

Cronus, venant dans le Pays du Midi, donna toute l'EGYPTE au Dieu Thaut pour en être Roi.

Les CABYRES, ou les sept Fils de Sydyk, & Asclépius leur huitieme Frere, furent les premiers, qui, sur l'ordre de Thaut, transmirent par leurs écrits le souvenir de toutes ces choses.

Ce sont ces mêmes objets que le FILS de THABION, le premier Hiérophante (ou Directeur des Rites

---

(13) Les Dieux de la Campagne.   (14) Ou des Elémens, en général.

sacrés qu'il y ait eu chez les Phéniciens,) *tourna en allégories* (†); & *qu'il laissa*, après y avoir joint des idées physiques & des phénomènes naturels, *à ceux qui célébroient les Orgies, & aux Prophètes qui présidoient aux Mystères.*

Ceux-ci cherchant à exciter l'étonnement & l'admiration des Mortels, transmirent fidellement ces choses à leurs Successeurs, & aux Initiés.

L'un d'eux fut Isiris, l'Inventeur des trois Lettres (15), & Frere de Chna, le premier qui ait été apellé Phénicien.

φυσικοῖς καὶ κοσμικοῖς πάθεσιν ἀναμίξας, παρέδωκε τοῖς Ὀργιῶσι, καὶ τελετῶν καθάρχουσι προθήταις.

Οἱ δὲ τὸν Τύφον αὔξειν ἐκ παντὸς ἠγούντες, τοῖς αὑτῶν διαδόχοις παρέδωσαν, καὶ τοῖς ἐπεισάκτοις.

ἦν δὲ ἦν ΙΣΙΡΙΣ τῶν τριῶν γραμμάτων εὑρετὴς, Ἀδελφὸς ΧΝΑ τοῦ πρώτου ὀνομασθέντος ΦΟΙΝΙΚΟΣ.

(†) Et non, *défigura un peu*, comme traduit M. Fourmont.

(15) Des trois Écrits, ou des trois Figures.

OBSERVATIONS

OBSERVATIONS PRELIMINAIRES.

I.

Ce Monument jusqu'ici inintelligible & pourquoi.

TEL est ce Monument singulier, un des plus anciens que nous offre l'Antiquité profane. Le tour énigmatique qui y regne, les Personages illustres qui en font les Héros, la nature de leurs actions, celles sur tout qu'on attribue à SATURNE, & qui en font un Etre indéfinissable, l'impossibilité de trouver une Famille à laquelle conviennent tous les traits qui caractérisent celle dont il est parlé dans ce Monument, les absurdités dont il paroît rempli, telles qu'on ne sait jamais si c'est une Histoire, une Fable, ou l'Ouvrage d'un Auteur en délire qu'on a sous les yeux, les opinions oposées des Savans sur son authenticité, les explications diverses qu'on en a données, ses raports avec les objets les plus intéressans de l'Histoire & de la Fable, son obscurité même ; tout a rendu ce fragment célébre & piquant.

Il nous a été conservé par EUSEBE dans la Préparation Evangélique (1), avec un autre Fragment du même Auteur qui précede celui-ci, & qui contient une Histoire de X Générations.

Eusebe les emprunta de la Traduction que PHILON, Phénicien de Byblos, avoit faite en Grec de l'Histoire de Phénicie en VIII. Livres, écrite dans la Langue de ce pays par SANCHONIATON son compatriote.

Malheureusement l'Original Phénicien & sa Traduction Grecque n'existent plus : nous sommes réduits aux Fragmens qu'Eusebe en transcrivit.

Cette perte est d'autant plus grande que ce Fragment paroît d'une difficulté extrême à entendre ; & que ne pouvant s'expliquer par lui-même, on ne peut espérer d'y parvenir en le comparant avec le reste de l'Ouvrage & avec l'intention de l'Auteur.

On étoit donc obligé de deviner par le seul ensemble de ce Fragment dans quel esprit il avoit été écrit ; & à chercher au hazard les raports qu'il pouvoit avoir avec l'Antiquité Orientale : travail infructueux & sans certitude, tandis qu'on ne seroit pas en état de juger la Traduction elle-même : mais comment juger une Traduction, quand on étoit privé du texte original ? Ne soyons donc pas étonnés si l'on ne l'a jamais entendu.

Et qu'on ne l'ait pas entendu, c'est ce qui résulte du sens louche & absurde qu'offre par-tout cette Traduction, & de ce qu'on n'a jamais pû en donner une explication satisfaisante & qui portât sur l'ensemble.

---

(1) Liv. I. Ch. X.

Allégories.

2.

EXPLICATION que nous en donnons, neuve & aussi claire que naturelle.

C'est de ce Monument néanmoins que nous entreprenons de donner une explication à laquelle personne encore n'avoit pensé, mais cependant très-simple, très-naturelle, qui naît du fond des choses, qui se lie avec l'ensemble de l'Antiquité, & qui vérifiant tous nos principes sur l'origine des connoissances, ouvre un champ immense pour l'intelligence des tems anciens, & du Génie Allégorique qui y domina; & présente une Perspective inconnue jusques ici & dont on ne se douteroit point. La Mythologie prend une face toute différente: un ordre nouveau s'éleve du milieu des débris & des ruines de l'Antiquité; & il est aussi simple & aussi agréable que l'ancien paroissoit absurde & inintelligible.

3.

Patrie de Sanchoniaton & du Tems où il a vécu.

EUSEBE nous assure que SANCHONIATON étoit de BÉRYTE, Ville de Phénicie, sur laquelle nous aurons occasion de nous étendre dans l'explication de ce Fragment. Il ajoute, d'après PORPHYRE qui étoit lui-même Phénicien,
» que cet Auteur vécut avant la guerre de Troye & qu'il avoit écrit à
» l'égard des Juifs diverses choses conformes à ce qu'en disent leurs Au-
» teurs: qu'il les avoit apprises de JEROMBAAL, Prêtre de IEUO: qu'il
» avoit dédié son Ouvrage à ABIBAL, Roi de Phénicie: que non-seulement
» ce Prince, mais ceux même qui étoient préposés en Phénicie pour exami-
» ner les Livres, étoient convenus de la fidélité de son Histoire: que
» Sanchoniaton & Abibal avoient vécu dans un siécle peu éloigné de celui
» de Moyse, comme chacun pouvoit s'en convaincre par la liste des Rois de
» Phénicie; & qu'il avoit tiré son Histoire, soit des Archives de chaque Ville,
» soit de celles qui se conservoient avec soin dans les Temples.

Si l'on pouvoit ajouter foi à cette Notice, l'époque où vécut Sanchoniaton seroit très-connue. Le Dieu IEUO seroit le IEUE des Hébreux que l'on prononce aujourd'hui JEHOVAH: & son Prêtre JEROMBAAL, seroit ce Juge Hébreu qui fut surnommé JERUBBAAL, c'est-à-dire GÉDÉON: mais qualifié ici très-mal-à-propos du titre de Prêtre, par une faute du Traducteur qui ne fit pas attention que le mot qui signifioit *Prêtre*, signifioit également *Prince*, *Chef*. C'est la même faute que l'on a commise dans les versions de la Bible, où l'on donne aux Fils de DAVID le titre de *Prêtres*, au lieu de *Princes*; & aux

Beaux-Peres de Joseph & de Moyse, celui de Prêtres d'Heliopolis & de Madian.

Il est vrai que dans ces tems-là, le même homme réunissoit souvent les qualités de Prince & de Pontife : mais cela ne justifie pas un Traducteur qui dénature un mot, dès qu'il lui donne un sens plus restraint que dans son modèle.

Le nom de SANCHONIATON n'est point étranger à la Phénicie, quelqu'extraordinaire qu'il paroisse. La terminaison en *on* est commune aux Orientaux ; & l'on trouve dans les Livres Hébreux, un personnage apellé SAN fils de CHONIAS. Ces deux noms réunis forment celui de notre Auteur qu'il faudroit écrire SAN-CHONIAT-ON

A.

De son authenticité.

Cependant malgré toutes les circonstances dont est accompagné ce récit historique relatif à Sanchoniaton & qui paroissent naturelles & n'avoir pû être inventées, il s'est élevé parmi les Savans diverses opinions au sujet de son authenticité. Nous en allons mettre un Précis sous les yeux du Lecteur, sans prendre parti pour ou contre, quoiqu'il paroisse que ceux qui ont rejetté ce Monument, l'ont plutôt fait par l'impossibilité où l'on étoit de l'entendre, que par aucune raison directe.

WITSIUS (1), DODWELL (2), le P. SIMON (3), VANDALE (4), DON CALMET (5), le P. TOURNEMINE (6), STILLINGFLEET (7), le P. de MONTFAUCON (8), M. DUPIN (9), BRUCKER (10), &c, regardent tout ce qu'on en dit & ses Fragmens, comme une suposition de Porphyre, ou de Philon.

Tandis que Ger. Jean VOSSIUS (11), BOCHART (12), Théoph. GALE (13),

---

(1) Ægyptiac. Lib. III. C. I.
(2) Dissertation en Anglois, imprimée en 1681. & qui traite de l'Histoire Phénic. de Sanchoniaton.
(3) Bibl. Crit. sous le nom de M. de S. JORE, Tom. I. p. 131.
(4) Diss. sur Sanchoniaton, à la fin de son Faux-Aristée.
(5) Dissert. sur la *Circoncision*, pag. 57 du Comment. sur la GENESE.
(6) Journal de TREVOUX, 1714. Janv. p. 68. & Fév. p. 323.
(7) Origines sacrées, in-4°. Ch. II. Hist. des Phenic. & des Egypt.
(8) Antiquité expliquée, Liv. IV. p. 383.
(9) Diss. sur la Bible, & Bibl. des Histor. Profan.
(10) Hist. Phil. T. I. L. II. C. VI. §. VI.
(11) Orig. & Prog. de l'Idol. Liv. I. C. 22.
(12) Dans sa Canaan, Liv. II. Ch. II & XVII.
(13) Philos. General. Liv. I. Ch. III. §. 3.

ALLÉGORIES ORIENTALES.

If. Casaubon (14), Cumberland (15), le P. Pezron (16), Fourmont (17), &c, sont persuadés que cet Ouvrage eut Sanchoniaton pour Auteur, & le font servir de base à leurs systêmes.

Ceux-là disent que Sanchoniaton n'éxista jamais, puisqu'il a été inconnu à toute l'Antiquité; que Tatien, qui raporte les noms de divers Historiens de Phénicie, ne fait point mention de celui-ci; que Justin lui-même de la Palestine, & qui en devoit par conséquent connoître les Auteurs, n'en dit rien; qu'il n'est nommé ni par Theophile d'Alexandrie, ni par Origene, ni par Tertullien: que Jerôme de Tyr, Menandre d'Éphèse, Dius, Hestiée, Philostrate qui se sont occupés à déterrer les Monumens de la Phénicie & à les traduire en Grec, n'en parlent point; ni Josephe, ni Platon, ni Pythagore. Que Porphyre est absolument décrié du côté de la bonne foi; qu'en un mot, c'est une Fable inventée pour ruiner & décréditer les Livres des Hébreux: & que si Theodoret & Cyrille d'Alexandrie le citent, il paroît que c'est uniquement d'après les Extraits d'Eusebe.

Ceux qui tiennent pour l'authenticité de Sanchoniaton, répondent que les Savans Chrétiens qui vivoient au tems de Porphyre, qui ne l'aimoient pas, & qui connoissoient la Littérature Orientale, ne lui auroient jamais passé une imposture aussi hardie, & d'ailleurs tout-à-fait déplacée, puisque ces fragmens ne sont pas plus favorables au Paganisme, que peu propres à renverser la Religion Chrétienne: que l'objection tirée du silence des Anciens, prouve trop, puisqu'elle supposeroit qu'on nous a conservé les titres de tous les Ouvrages Orientaux; ou que tous les Anciens ont dû connoître exactement les mêmes Auteurs: conditions dont on ne trouveroit peut-être aujourd'hui aucun exemple. Que l'on se trompe d'ailleurs du tout au tout, en avançant que Sanchoniaton fut inconnu avant & après Porphyre, puisqu'Athenée, fort antérieur à Porphyre, en fait mention dans son Livre III: où il le met avec Mochus au rang des Historiens de Phénicie (8); que Suidas le cite également, & parlé non-seulement de son Histoire Phénicienne, mais de deux autres Ouvrages qu'il avoit composés sur la *Physiologie de Mercure* & sur la *Théologie Egyptienne*: que Cyrille le cite dans son VI. Livre contre l'Empereur Julien, d'après les Stromates de Clément d'Alexandrie; & que Philon en parle comme d'un Auteur connu, & qu'il » en fait cet Eloge intéressant : qu'il avoit acquis un grand nombre de

---

(14) Sur Athenée, Art. de Suniaithon.
(15) Traité sur Sanchoniaton, p. 9. &c.
(16) Antiq. Celt.
(17) Réflexions Critiques sur les Hist. des anciens Peuples, en 2. vol. On peut voir sur-tout, le compte qu'il rend de cette Controverse dans le I. vol. p. 24-85.

(18) C'est sous le nom de Suniaithon qu'il en parle. Dira-t-on que c'est un autre Historien? Il faut donc renoncer à l'objection tirée de ce que Sanchoniaton a été inconnu, puisqu'on voit ici un Historien de Phénicie qui n'est pas mieux connu.

» connoissances, & rassemblé beaucoup de choses curieuses : qu'il s'étoit
» sur tout apliqué avec soin à rechercher les origines de tout ». Ils ajoutent
que Philon étoit d'autant plus à portée de s'en assurer qu'il avoit fouillé avec
soin dans les Bibliothéques & dans les Archives de l'Orient, afin de connoître l'Histoire de sa Patrie aussi exactement qu'il se pourroit, comme Eusebe
le raporte d'après lui. Ils disent enfin que sa Doctrine est si conforme à celle
que Damascius nous a transmise sous le nom des anciens Philosophes
Phéniciens, sur l'origine du Monde (19), qu'on ne sauroit douter que ce
ne soit l'ouvrage d'une personne élevée à leur Ecole ; & qu'une Objection
négative ne sauroit détruire ce que des Auteurs estimables raportent, dès
qu'ils parlent affirmativement.

Mais quel que soit l'Auteur de ce Fragment, il est impossible de ne
pas regarder le Texte Grec comme la traduction d'un Ouvrage écrit ori-
ginairement en Phénicien, recueillie par Porphyre ; elle est remplie de
mots Phéniciens que le Traducteur n'a pû rendre par des mots grecs : nous
verrons même que tout ce qu'elle offre de louche, fut toujours l'effet des
divers sens des mots phéniciens employés par le premier Auteur. L'ensemble,
fort différent à beaucoup d'égards des idées grecques, est trop conforme aux
idées primitives de l'Orient pour avoir pû être inventé par Porphyre ou par
quelqu'autre Personnage que ce soit, de ce tems-là.

§. 5.

Des Commentateurs de Sanchoniaton.

Bochart dans sa Canaan, l'Auteur de l'Histoire Critique des Dogmes
& des Cultes, ceux de l'Histoire Universelle en Anglois, & Blackwell
dans ses Lettres sur la Mythologie, ont commenté cet Auteur, mais d'une
maniere très-abrégée ; ils l'ont considéré, presque tous, comme l'Histoire
de l'origine de l'Idolatrie ; & comme un Monument de la Théologie Phénicienne.

Mais deux autres Savans, l'un Anglois, l'autre François, n'y ont vu qu'un
Monument Historique, & ils ont écrit de très-longs commentaires pour
l'expliquer conformément à cette idée.

Cumberland regarde l'Histoire d'*Uranus* & de *Cronus* comme une suite
du Fragment de Sanchoniaton, qui contient l'Histoire des X premieres Générations avant le Déluge ; d'après ce principe, Elion, ou le Très-Haut
est *Lamech* Pere de Noé : Uranus devient *Noé* ; Cronus, son fils
Cham ; Misor, son petit-fils *Misraïm* ou *Menès*, premier Roi d'Egypte ;

---

(19) On peut voir dans les *Anedoct. Græc.* de Wolf, T. IV, des Extraits de l'Ouvrage
de Damascius, sur les premiers Principes.

& Thot, fils de Mifor, eft Athotes fecond Roi d'Egypte. Par conféquent, Sidik eft *Sem* & le vieux Nérée, Dieu des Mers, eft leur frere *Japhet*.

Si ce fyftême n'eft pas vrai, les diverfes parties en font du moins liées d'une maniere ingénieufe, qui fait honneur à celui qui l'inventa. Cependant il ne fatisfait pas. C'eft ce qui engagea M. Fourmont à en donner une nouvelle explication. Rival de Cumberland, & penfant qu'on pouvoit faire mieux, il voulut également expliquer notre Auteur d'une maniere hiftorique & lier fon récit avec les origines de tous les Peuples. Si quelqu'un devoit efpérer de réuffir, c'étoit cet Académicien verfé dans les Langues de l'Orient, & accoutumé à les analyfer : auffi imprima-t-il fes recherches fur cet objet avec la confiance la plus impofante. Malgré fes efforts prodigieux, fon fyftême n'eut aucun fuccès : on ne put fe faire à l'idée que tous les Dieux du Paganifme étoient nés de la Famille d'Abraham. Perfonne ne reconnut

Elion dans *Sem*, ou le *Haut*.
Uranus dans *Tharé* de la Ville d'*Ur*.
Cronus dans *Abraham*, de la Ville de *Caran*.
Jupiter, ou Sadid, dans *Ifac*, ou le *Lié*.
Rhéa dans *Sara*.
Minerve dans *Aggar*, ou *Onga*; & celle-ci encore moins dans la Pierre que Rhéa donne à Cronus.
Junon dans *Rebecca*.
Atlas dans *Lot*,
Thot, ou Mercure, dans *Eliezer* : encore moins dans *Boethos*, Roi de la feconde Dynaftie des Tinnites, en Egypte.
Ofiris & Bacchus dans *Efaü*, Prince de *Séir*.
Typhon dans *Jacob* qui *fuplante* Efaü.
Aftarté, ou Vénus, dans *Rachel*, mere du défir ou Jofeph, & de l'Amour ou Benjamin.
Efculape dans *Caleb*, compatriote & fucceffeur d'Eliezer.
Hercule dans *Efcol*, ou Ercol, Ami d'Abraham.
Cérès dans *Kethura*.
Silene & le Dieu Anamelech dans *Ana*, Prince des Horréens, & Beau-Pere d'Efaü.
Les Artémides dans les *Suivantes* des Femmes d'Abraham, de fon fils & de fon petit-fils.
Anaïtis dans la *Fille* d'*Ana*.
Britomartis dans la *Fille* d'*Omar*, petit-fils d'Efaü.
Nérée dans *Cham*.
Pontus dans fon fils *Phut*.

On cherche quelque lumiere, & l'on ne voit qu'un amas indigeste d'une vaste érudition & l'abus le plus étrange des Langues, que l'on honora faussement du nom de Science étymologique (†).

6.

Point de vue sous lequel on doit considérer ce Fragment.

L'on ne doit pas être étonné que ces Savans aient échoué, malgré leur érudition, dans les efforts qu'ils firent pour expliquer ce Fragment. Ils eussent trouvé la vérité sans doute, si le savoir seul suffisoit pour conduire jusqu'à elle : mais ils suivoient une méthode qui dut nécessairement les égarer. Aussi se trouvant à chaque pas dans un embarras dont ils ne pouvoient sortir, ils se jetterent dans les étymologies les plus fausses & les plus absurdes, dans les suppositions les moins soutenables : on diroit que tout leur est bon, pourvû qu'ils fassent illusion à leurs Lecteurs & à eux-mêmes.

Ils ont tous vû un récit historique dans ce monument : Elion, Uranus, Saturne, &c. ont été pour eux une suite de Rois d'une même Famille ; & ils ne se sont mis en peine que d'une seule chose, de découvrir le lieu & le tems où elle avoit regné, & quels personnages historiques avoient été désignés par ces noms. Mais où pouvoit-on trouver le modéle d'une Famille dont l'Histoire est aussi absurde & aussi révoltante ? Comment donner un air historique à ces Fables, & les changer en une suite de faits qui pussent paroître raisonables ?

Nous prendrons une route absolument oposée, plus fondée en raison & sur les anciens usages. Ce ne sera point un récit historique que nous aurons à expliquer : ce sera une Allégorie ingénieuse, liée à la Mythologie Orientale, mere de celle des Grecs & des Romains. Uranus n'aura fait des infidélités à sa femme, que dans le sens allégorique ; & les atrocités qui nous révoltent dans Saturne ne seront que des énigmes intéressantes, qui contiendront des Faits dignes de nous avoir été transmis.

Ceux qui nous ont précédé dans cette carriere, s'en seroient aperçus, s'ils avoient été moins préoccupés de préjugés de toute espéce ; s'ils s'étoient ren-

---

(†) Le Public aura la satisfaction de voir paroître dans la suite deux nouvelles explications de cet Auteur. L'une par M. l'Abbé MIGNOT, destinée pour les Mémoires de l'ACAD. des INSC. & BELL. LETT. & que je ne connois que de nom. Le Savant Auteur de l'autre a bien voulu m'en communiquer un Chapitre, celui qui a pour objet ASTARTÉ, rempli de recherches & de vues. Il est à désirer que son Ouvrage paroisse. On y défend le sens littéral, quoique quelquefois on y allégorise : de mon côté, je me borne strictement au sens allégorique, mais toujours fondé sur la Nature : le Procès seroit donc instruit, & le Public en état de juger enfin définitivement.

dus attentifs au génie des Anciens, à la nature des Fables, sur-tout à celles qu'offrent leurs Cosmogonies & leurs Théogonies ; au raport de ce fragment avec une portion considérable de l'Antiquité ; à ce qui nous est dit dans ce fragment même : « Que le Fils de Thabion avoit tourné en ALLÉGORIES » toutes ces choses, & qu'après y avoir joint des idées physiques & des » phénomènes naturels, il les laissa à ceux qui célébroient les Orgies & » aux Prophètes qui présidoient aux Mystères. Enfin, si dégagés de tout système, ils avoient pesé avec soin les propres expressions de l'Auteur qu'ils vouloient expliquer, & les divers sens dont elles pouvoient être susceptibles, & qu'ils les eussent sur-tout comparées avec le génie de la Langue Phénicienne qu'il ne faloit jamais perdre de vue, & auquel il faloit sans cesse ramener la Traduction qu'on avoit sous les yeux.

Par ce moyen, ce fragment se seroit présenté à eux sous un point de vue tout différent : ils auroient vû que l'Histoire de CRONUS ou de Saturne qu'il contient & celle de ses guerres contre son Pere URANUS, ne fut jamais l'Histoire de personnages humains devenus Dieux : que c'étoit se tromper du tout au tout, que d'y chercher des évenemens historiques : que ces évenemens devoient se raporter à Saturne considéré comme le Tems qui engloutit tout ; ce qui les eût conduits naturellement à l'Allégorie ; puisque la considération du *Tems* avoit pû conduire à l'idée de Saturne, tandis qu'il étoit sans raison qu'on eût lié l'idée d'un homme apellé SATURNE à celle du Tems, pour en faire le Dieu du Tems plutôt que le Dieu de toute autre portion du Monde, ou de toute autre propriété physique.

En considérant ensuite les symboles que l'on donna à Saturne, Dieu du Tems, ils auroient vû que ces symboles n'étoient point empruntés du Tems lui-même, mais de son analogie avec un autre Objet, dont les révolutions s'accordent avec celles du Tems, lui servent également de mesure, lui donnent un tout autre prix, & durent nécessairement faire la plus vive impression sur les Hommes. Cet Objet, sont les MOISSONS.

C'est des moissons que furent tirés en effet les symboles des tems antérieurs à l'époque où l'on arma le tems de la *Faux* moissonnante ; ce fut d'elles & du Moissonneur que l'on dut dire dans le commencement tout ce qu'on n'apliqua ensuite qu'au tems seul : ainsi l'Allégorie de Saturne considéré comme *Tems*, ne put être qu'une imitation & une extension de l'Allégorie de Saturne considéré comme Inventeur de l'Agriculture, ces deux Allégories étant inséparables, puisque le tems ou les années & les moissons marchent d'un pas égal & qu'elles engloutissent tous les Etres ; & ne voyons-nous pas en effet que dans toutes les mythologies, Saturne, Dieu du tems, fut toujours représenté comme l'Inventeur de l'Agriculture : ce qui conduisoit naturellement à en faire le Dieu du tems, puisque les moissons sont le *Tems* par excellence.

Cette Histoire de Saturne si absurde, si extravagante, qu'aucun Commentateur n'a jamais pu en rendre raison, est donc une Allégorie ingénieuse &

agréable

HISTOIRE DE SATURNE.

agréable de l'INVENTION du premier des ARTS, de cet ART sans lequel il n'y auroit sur la terre ni Sociétés nombreuses, ni Empires florissans, ni aucun des Arts & des Sciences qui font la gloire du Genre-Humain ; & qui dût produire la plus vive impression sur les Hommes auxquels on l'annonça : sur ceux auxquels on dit :

» Mortels, qui errez misérablement dans les Forêts afin de pourvoir à une » subsistance précaire, qui êtes exposés à toutes les intempéries des Saisons » sans pouvoir vous en garantir, à périr de faim & de misere faute d'ali- » mens, ou à trainer une vie languissante, ne sachant jamais où vous passerez » la nuit, ou la journée du lendemain, toujours obligés de disputer aux Ani- » maux quelques fruits sauvages, insuffisans même pour vous soutenir vous » & vos familles ; séchez vos larmes & réjouissez-vous : le tems est venu » où vous allez être les Rois de la nature, où vous la forcerez de pro- » duire pour vous des alimens en abondance, où vous en aurez pour vous, » pour vos voisins, pour une multitude même d'Animaux de toute espèce, » qui vous fourniront en retour tout ce qu'on peut désirer pour rendre » la vie plus commode & plus agréable : leur lait & leur chair garniront » vos tables, leur laine vous donnera des étoffes variées avec lesquelles » vous braverez les Saisons, leur peau vous fournira des meubles durables : » & avec les fruits que vous allez faire raporter à la terre, vous jouirez » de l'industrie & des talens de tous ceux qui accourront pour en profiter, » & qui s'estimeront heureux de vous devenir utiles par leurs travaux. »

Quelle impression ne dût pas faire un pareil discours sur ceux qui l'entendirent ? Et quelle ne dût pas être sur-tout la surprise des Sociétés restées sauvages, lorsque dans leurs courses vagabondes, elles virent tout-à-coup un Spectacle dont elles n'avoient aucune idée ; qu'elles virent des Campagnes immenses où l'on n'apercevoit ni ronces, ni arbres inutiles, ni eaux mal saines & croupissantes : où tout charmoit la vue par la distribution reguliere du terrain, par la variété des objets, par la beauté de la verdure & des fruits de toute espèce ; qui étoient couvertes de troupeaux nombreux, signe de l'abondance dans laquelle ils vivoient ; dont les possesseurs n'étant plus obligés de mener une vie errante & malheureuse, avoient fixé leur séjour dans ces lieux, s'y étoient construit des demeures agréables & se voioient environnés d'une nombreuse famille, dont la gaieté & la physionomie prospere annonçoient le bonheur ; tandis que la campagne retentissoit du son des Instrumens, qui se mêloient avec le chant du Laboureur & le bêlement des Agneaux.

L'Etablissement de l'Agriculture dut faire en effet une époque à jamais remarquable dans l'Histoire du Genre-Humain : elle dut se perpétuer par les Fêtes Agricoles auxquelles elle donna lieu : elle dut fournir aux Poëtes le sujet de leurs vers, & le fonds des Tableaux les plus variés de leurs Ouvrages. Cette invention dut se personifier dans leur langage ; & par ses contrastes, donner lieu aux Allégories les plus ingénieuses, mais en même

ALLÉGORIES.

tems les plus difficiles à découvrir, dès que l'on ne se transporteroit pas au tems où elles naquirent.

Il ne seroit donc pas surprenant que les Monumens anciens nous offrissent des allusions à cet Art, & que ce fût l'Objet de celui que nous mettons ici sous les yeux du Public.

Nous nous flattons que l'on verra avec plaisir la maniere dont nous l'éclaircirons d'après ces principes, & que l'on se réconciliera non-seulement avec Saturne qui paroissoit si dénaturé ; mais sur-tout avec cette Antiquité qui sembloit n'avoir déifié en lui qu'un Monstre, & s'être deshonorée pour toujours par une conduite aussi extravagante.

ARTICLE PREMIER.
Des IV premiers Personnages de Sanchoniaton, ELION & sa Famille.

AInsi commence ce Monument. « ELION, ou le Très-Haut, & sa Femme » BÉROUTH, qui habitoient aux environs de Byblos, eurent pour Enfans » ÉPIGÉE ou AUTOCTHON, que l'on apella dans la suite URANUS, & c'est de » lui que cet élément qui est au-dessus de nous, a été apellé URANUS (le *Ciel*), » à cause de son admirable beauté.

» Celui-ci eut une Sœur née des mêmes Parens, que l'on nomma » GHÉ; c'est à cause de sa beauté, qu'on apella la Terre du même nom »

On ne sauroit jetter les yeux sur ce passage avec la plus légère teinture de la Langue grecque & des Langues Orientales, sans s'apercevoir qu'il est absolument allégorique; & que l'Auteur n'eut jamais dans l'esprit d'y décrire une Généalogie de simples mortels. Il faloit que la préoccupation des Savans qui ont voulu l'expliquer, fût aussi grande, pour n'être pas frapés de la vive lumière qui résulte de la réunion de ces Noms. Ne soyons donc pas étonnés si en s'y refusant & en dénaturant cette belle Allégorie, on en a fait un chef d'œuvre d'obscurité & d'extravagance.

N'en exceptons pas le Traducteur lui-même. Sa Version, moitié phénicienne, moitié grecque, prouve qu'il n'avoit pas toujours entendu le vrai sens de son Auteur, & qu'il n'avoit pû conserver par tout le double sens qu'offroit l'Allégorie, ce qui en altéroit la beauté & l'énergie.

Heureusement il a laissé subsister nombre de Mots Phéniciens au moyen desquels on retrouve sans cesse le fil de l'Allégorie : ensorte qu'il est très-aisé de le rétablir par une nouvelle Version en une seule Langue ; & par conséquent, par la restitution de l'Auteur original dans son intégrité.

ELION n'est point un Homme : tout l'indiquoit, son nom, la manière dont Philon le traduit, les Enfans qu'on lui attribue.

HISTOIRE DE SATURNE.

§. I.

ELION en Phénicien signifie Dieu, le Dieu Suprême. C'est un mot également Hébreu: ELION עליון est déjà employé par MOYSE pour désigner la Divinité. Il a le plus grand raport avec leur ELLO-IM, ou le GRAND-DIEU, l'*Allah* des Arabes, mot à mot le TRÈS-HAUT; car ce fut pour désigner Dieu, sous le raport d'élévation, que les Orientaux lui donnerent ce Nom. De cette même racine vint HÉLIOS, ou HELION des Grecs (10), nom du Soleil, Chef des Divinités Orientales & qui réunit les mêmes propriétés sous lesquelles on envisageoit la Divinité, étant élevé & source de lumière.

Aussi Philon qui ne pouvoit rendre ce Nom par aucun mot grec qui lui convînt, le laisse subsister & le paraphrase par le mot grec HYPSISTUS, ou HUPS-ISTE qui signifie le TRÈS-HAUT; & qui est formé du primitif HUP ou HOUP, élevé.

Il l'a très-bien rendu; ce n'est donc pas un Homme dont on va lire l'Histoire; c'est de Dieu lui-même qu'il s'agit.

§. II.

Mais il a une Femme, & cette Femme s'apelle BÉROUTH. Ceci est encore vrai, exactement vrai, mais dans le sens allégorique, & rien de plus aisé que de le prouver: on n'a pour cet effet qu'à considérer la valeur de ce mot en Phénicien, & dans toutes les Langues Orientales.

BÉROUTH est un nom substantif féminin, formé du substantif BAR ou BER qui signifie CREATEUR, (d'où vint le verbe hébreu BARA ברא créer). Il signifie donc CREATION. Elle est inséparable du Tout Puissant: c'est par elle qu'il produit tout ce qui existe: elle est donc sa Femme au sens allégorique, dans ce sens qui personifie toutes les vertus & qui en fait les Femmes & les Filles de ceux qui les possèdent, ou qui les produisent.

§. III.

Ils ont deux Enfans, un Fils & une Fille; leurs noms grecs sont URANUS & GHÉ: ce seroit en Phénicien UR ou SHAM-*im* & ADAMA ou ARTZ: c'est en François le CIEL & la TERRE. Notre Auteur le dit lui-même, en ajoutant, que c'est d'eux que prirent leur nom, à cause de leur beauté, le Ciel & la Terre.

En effet, l'on donna toujours à ces deux portions de l'Univers des noms dignes de leur magnificence, de leur éclat & de l'harmonie qui y regne.

UR-anus signifie dans les Langues Orientales *l'éclatant*, *l'étincellant*, le

---

(10) *Helion* est l'accusatif Grec, c'est le mot même oriental. Antérieur au nominatif, ce cas nous répresente les mots orientaux, & c'est à lui qu'il faut s'adresser quand on veut connoître les raports des mots Grecs avec les orientaux.

lumineux. La racine en est UR, feu : tige d'une famille immense & d'où vint en droite ligne le Verbe UR o´ des Latins qui signifie *brûler*.

MUND-us & KOSMOS noms de l'Univers en latin & en grec, le désignent par l'idée d'arrangement & d'ordre, à cause de l'harmonie qu'offrent ses diverses Parties.

Uranus est aussi apellé ÉPIGE'E par notre Auteur. Ce mot est très-énergique : il signifie *au-dessus de la Terre*, ou *Monde supérieur*.

Les noms Orientaux de la TERRE sont ART & ADAMA. Ce dernier se trouve dans PLINE (1) pour désigner la Terre Vierge : le premier est de toutes les Langues, avec quelques légeres différences : il forma le Latin ARS ou culture, le premier des Arts étant celui de la Terre, ou d'ARZ. Quant au nom d'ADAMA, il signifia la parfaite, la souveraine, sens qu'il offre encore dans la Langue Ethiopienne ; & il vient de la racine DAM & DOM dont les Grecs firent DEM-ois qui signifie *Demoiselle*, les Latins DOM-inus & DOM-ina, Maître & Maîtresse ; nous en avons fait DON & DAME, DAM-oisel ou DAM-oiseau, DAM-oiselle & DEM-oiselle.

§ IV.

Cette phrase de Sanchoniaton » ELION & BEROUTH produisirent URANUS » & GHÉ, ou SHAM-im & ARS » est donc semblable à celle-ci.
ELOHIM BARA SHAMIM OU-ARZ.

Dieu créa le Ciel & la Terre, par laquelle Moyse attribue à Dieu ou à Elion la Création du Ciel & de la Terre, d'URANUS & de GHÉ ; de *Sham* & d'*Hertha*.

De ces deux phrases, l'une est historique, l'autre dans le stylé allégorique ; c'est la seule différence qu'il y ait entr'elles.

Cette différence est quelquefois presqu'insensible : elle consiste ici à regarder comme des Noms d'Hommes, des mots qui désignent des Etres qui ne furent jamais Hommes.

Ceci peut quelquefois arriver par inadvertance, par méprise : dès-lors bouleversement dans l'Histoire. Nous verrons dans la suite de ces recherches, une multitude de fautes pareilles.

§ V.

Ce morceau étant allégorique, & commençant par le récit de la création, prouve que les premiers Philosophes Phéniciens ne furent point Athées, & qu'ils s'énoncerent à cet égard comme les Chaldéens, les Egyptiens & les Hébreux : il est donc d'une grande importance, par l'uniformité qu'il met à cet égard entre les Traditions anciennes.

---

(1) Hist. Nat. L. XXXIII. C. III.
(2) La Phrase Phénicienne a plus de raport encore avec celle où MOYSE substituant au verbe *Bara* (GEN. XIV. 19.) le verbe קנה KANE, dit qu'EL-ELION engendra le Ciel & la Terre ; C'est le mot même dont se sert SANCHONIATON.

HISTOIRE DE SATURNE.

Il nous prépare en même tems à de grandes choses, sur-tout dans le style Allégorique, puisque toutes les fois que les Anciens vouloient peindre des choses sublimes, & vraiment Poëtiques, ils commençoient toujours par la Création de l'Univers.

§ VI.

Mais ne sommes nous pas arrêtés dès le premier pas ? *Elion*, ajoute notre Auteur, *fut tué par les Animaux* : c'est donc un homme, dira-t-on, puisqu'il fut tué ? Oui, c'est un homme pour ceux qui ne se doutent pas de l'Allégorie & qui attachent à une phrase à double entente, un sens décidé & absolu.

Telle étoit certainement cette phrase, puisque notre Auteur ajoute; » & alors Elion fut invoqué par ses enfans comme Dieu. »

Ce n'est pas un homme mort, sur-tout un homme qui vient d'être déchiré par des Animaux, que l'on s'avise de mettre au rang des Dieux ; ce n'est pas à une personne qui n'a pu garentir ses propres jours qu'on demandera la force nécessaire pour garantir les siens ; & les biens sans lesquels on ne sauroit subsister.

Mais c'est le Très-Haut que ses enfans invoquent, qu'ils regardent comme leur pere, comme leur Divinité, au service duquel ils se consacrent pour toujours.

Il faut donc que la phrase intermédiaire fut une phrase équivoque & susceptible de diverses explications, suivant qu'on la prendroit dans un sens historique ou allégorique, & que l'on feroit d'*Elion* un homme ou un Dieu.

Pour nous en assurer, remettons la phrase Grecque en Phénicien, ou en Hébreu, n'importe puisque ce fut la même Langue; Nous aurons ces mots

Elion Sabbatha mi-melakth-ou עליון שבת מי מלאכו

dont l'Analyse démontrera le vrai sens, & de quelle maniere il s'altéra nécessairement dans la Version Grecque.

Sabbatha est le verbe reposer ; il vient du mot Sabbath, qui apliqué aux jours désigne le jour du repos.

Mais le repos est un terme équivoque; susceptible d'un sens propre & d'un sens figuré, il peut se prendre historiquement pour l'interruption du travail ordinaire; & allégoriquement, pour la Mort qui fait cesser tout travail : ainsi dans notre propre Langue on *repose* sur un lit, sur le gazon: & l'on *repose* dans la Tombe.

L'un signifie *se délasser* & l'autre *être mort*. Qu'un étranger se trompe au choix *de ces sens*, il dira, on est *mort* sur le gazon, & on se *délasse* dans la Tombe.

Dès que l'on faisoit d'*Elion* un homme, il étoit naturel de prendre ce mot dans le dernier sens, & de dire qu'*Elion* avoit cessé de vivre, étoit mort, n'étoit plus.

Le mot MI qui suit n'est pas moins équivoque ; c'est une Préposition qui réunit le double sens de notre DE, qui tantôt répond au génitif des Latins, & tantôt à leur ablatif ou à notre Préposition PAR, tandis que les Italiens, pour éviter l'équivoque, en ont fait deux mots différens *di* & *de*. Ainsi on peut rendre MI par nos mots DE & PAR : c'est au sens à en déterminer le choix.

Vient ensuite le mot MELAKTH, au pluriel. Il n'est pas moins équivoque ; signifiant au sens simple TRAVAUX : & au sens allégorique *Compagnons d'œuvre*, tels que les ANIMAUX qui aident l'homme dans ses Travaux champêtres, les vrais Travaux des humains, ces Travaux auxquels ils furent destinés dès leur entrée dans le Monde.

Le dernier mot est OU, le HOU des Grecs & notre pronom SOI.

Nous avons donc ici une phrase qui sera susceptible de deux sens différens ; qui signifiera

1°. ELION *se reposa de ses Travaux*, si l'on prend Elion pour Dieu.
2°. ELION fut *tué par ses Animaux*, si on le prend pour un homme.

Mais il faut le regarder comme Dieu, nous venons de le prouver & Sanchoniathon le dit en propres termes : il n'a donc pas été tué par ses Animaux ; le Traducteur Grec ne fut qu'un mal-adroit : & les Savans qui ne se défierent point de sa version, & ne la comparerent pas avec le génie de la Langue Phénicienne, manquerent nécessairement le sens de Sanchoniaton.

Cette phrase ainsi rétablie, devient parallele à ce trait historique qui nous a été transmis par MOYSE, & par lequel il termine le récit de la Création dont nous avons vu le commencement ci-dessus (1).

ELOHIM... *Shabbath mi-melakth-ou* אלהים שבת מי מלאכתו
Ellé Tholdoth he-shamin, ou-he-arç be-iom Wasoth leou Elohim.
אלה תולדות השמים והארץ ביום עשית יהוה אלהים

Ce qui signifie mot à mot » ELOHIM *ou le Très-Haut* ..... *se reposa de* » *ses travaux*. Ainsi ces Générations (ou ses Enfans), le Ciel & la Terre dans » ce jour faire Dieu Elohim.

Phrase équivoque qui peut signifier : que le Dieu Très-Haut, le Dieu Elion fit alors ces Générations, le Ciel & la Terre ; ou par un contre-sens, » qu'alors le Ciel & la Terre firent Elohim Dieu : » & c'est le sens que n'a pas manqué le Traducteur, & qu'il devoit nécessairement saisir d'après sa maniere de voir.

---

(1) GEN. II. 3, 4.

Ceci est donc parfaitement conforme au récit de Moyse, & certainement à celui des plus illustres Philosophes de l'Antiquité, tels que Thot. Ne soyons donc pas surpris que Sanchoniaton qui avoit conversé avec un Prince Hébreu, & qui avoit fouillé dans les écrits anciens conservés dans les Temples, se soit exprimé comme eux.

§ VII.

BYBLOS.

Ce qu'il dit du séjour d'Elion & de Bérouth, paroît cependant impossible à concilier avec ce que nous venons de dire. » Ils demeuroient, dit-il, » aux environs de Byblos. » Or Byblos étoit une Ville Phénicienne, peu éloignée de Beryte. Assurément, rien n'étoit plus propre à désorienter le Lecteur ou l'Auditeur, & à persuader toujours plus que tout ceci n'étoit rien moins qu'une allégorie: certainement, dit-il, c'étoient des Personnages humains. Rien de plus faux cependant, nous venons de le voir, & la suite le prouvera toujours plus. Qu'on ne soit donc pas embarassé de voir ici le nom de Byblos: s'il fut choisi plutôt que tout autre, pour en faire l'habitation d'Elion, c'est qu'il s'accordoit parfaitement avec l'ensemble de l'Allégorie.

Byblos est composé de deux mots By & Blos. Le premier prononcé en Grec Bu, Bou, & dans toutes les Langues du Nord Bau & Bi, signifie habitation, séjour: 2°. le séjour actuel.

Le second est composé lui même, 1°. de la terminaison grecque Os qui n'est point de l'essence du mot, & 2°. du mot Oriental & primitif Bel, Belos, Belus, qui signifie Lumiere & Soleil.

By-blos n'est donc pas ici la Ville de Phénicie de ce nom; c'est la Ville du Soleil, le séjour de la Lumiere, vraie Habitation du Très-Haut: il fut donc très-bien choisi pour figurer dans cette Allégorie.

ARTICLE II.

D'Uranus & de Ghé, leur Mariage & leurs Enfans.

Uranus succéde à son Pere, & il épouse sa Sœur. Mais nous venons de voir que ce Prince est le Ciel, & sa Sœur la Terre; c'est-à-dire qu'ils sont des Personnages allégoriques: leur Mariage est donc une Allégorie lui-même.

Mais dans quel sens a-t-on pû dire que le Ciel étoit Mari de la Terre,

& que celle-ci étoit sa Femme, si ce n'est pour désigner la fécondité dont la Terre est redevable au Ciel.

C'est du Ciel que viennent les pluies & la chaleur nécessaires pour féconder la Terre. Sans le Ciel, condamnée à une stérilité éternelle, elle ne produiroit rien : au Printems, elle ne se couvriroit point de verdure & de fleurs ; en Automne, elle ne donneroit point de fruits : elle ne pouroit point s'apeler la MERE des Humains ; en vain on la représenteroit avec des Tours sur la tête & une Grenade dans la main.

Ce n'est pas chez les seuls Phéniciens que l'union du Ciel & de la Terre fut présentée comme un Mariage entre Uranus & Ghé : nous le retrouvons dans la Théogonie d'HESIODE ; ce Poëte fait de Ghé (1) la Femme d'Uranus.

Il en est de même des Atlantes ; selon DIODORE (2), ils faisoient d'Uranus le mari de TITÉE qui fut un des noms de la Terre.

§ II.

De ce Mariage naquirent selon les Crétois (3) un grand nombre d'enfans dont le plus jeune fut CRONUS, le SATURNE des Latins, & selon les Atlantes, un beaucoup plus grand nombre.

SANCHONIATON leur attribue aussi plusieurs enfans, du nombre desquels est également Cronus, appellé en Phénicien EL le haut, l'élevé.

Mais selon le Traducteur Grec, Uranus & Ghé eurent quatre enfans ; il les nomme Il, Betyle, Dagon, Atlas.

Ces personages ont embarrassé les Commentateurs CUMBERLAND pour qui Uranus est Noé qui n'eût que trois fils, les a prudemment passés sous silence. M. FOURMONT qui voyoit Il ou Cronus dans Abraham trouvoit un des Freres de ce Patriarche dans Dagon ; & il prenoit ses deux Neveux BETHUEL & LOT pour Betyle & pour Atlas apellés cependant les Freres d'Il. Avec de pareils procédés, il n'est rien que l'on n'arrange, ou plutôt on laisse tout dans les ténèbres, & l'on n'explique rien.

Observons que ces prétendus fils d'Uranus ne sont nommés comme ils le sont ici que par Sanchoniaton : que BETYLE est un personage chimérique, & de la façon uniquement du Traducteur ; & qu'Atlas n'a jamais été regardé comme le fils d'Uranus que dans la Cosmogonie des Atlantes, qui en font aussi un Astronome.

Je serois donc tenté de croire que le Traducteur Grec, toujours rempli de l'idée qu'il avoit sous les yeux un récit historique, aura pris pour autant

---

(1) Vers 133. de la Théogonie & ailleurs.
(2) Hist. Univ. Liv. III.
(3) Théogonie, &c.

de Fils d'Uranus & de Ghé, quatre mots qui formoient une phrase, dont il ne comprenoit pas le sens, & qu'il y aura été d'autant plus porté, qu'elle commençoit par un mot semblable au nom de son Héros. Ce ne seroit pas la première fois que pareille faute seroit arrivée : il existe dans le second Livre de l'Iliade une phrase pareille où l'on trouve plus ou moins de Noms propres, suivant la manière d'en considérer les mots.

Il, Bêthyl, Dagon, Atlas formeroient donc une phrase Phénicienne, & cette phrase signifieroit ; *Elle* (la Terre) *raportoit, quoique Vierge* ou *sans culture, du grain* en abondance : tandis qu'étant énoncée d'une manière allégorique, elle offrira ce sens, *quoique Vierge*, *elle fut Mere de Dagon* : sens parfaitement synonime au sens historique qui précede. Justifions ces vues.

Bêthyl est un mot primitif qui s'écrit en Hébreu, בתול & qui signifie *une Vierge*.

Atlas est formé du mot primitif תלא *Thla*, qui signifie *porter, produire*, & qui tient au Grec τλαω *TLAÔ*, *porter*.

Dagon, en Hébreu & en Phénicien דגן signifie *blé*, *grain*. Le Traducteur Grec en convient lui-même ; il dit plus bas que Dagon est celui que les Grecs apellent Σιτων Siton : mot qui est une épithéte de Cérès, qui désigne un Champ, un Terrain en blé, & qui s'est formé de l'Oriental שדה *Sedé* qui signifie précisément la même chose.

Bêthyl ou la Vierge sera donc une épithéte de Ghé, de la Terre qui produisoit du grain par le secours d'Uranus, sans être cultivée.

Les Anciens apelloient en effet *Terre Vierge*, celle où n'avoit point passé la Charrue, comme on le voit dans Pline (1). Il en étoit de même chez les Grecs ; ils donnoient à une Terre non cultivée le nom de Parthenie, qui étoit celui des Vierges, & ce mot dont aucun Etymologiste n'a connu l'origine est très-énergique. Composé de la racine primitive Par & Parth, qui signifie *Fruit* (2), & de la négation en ou ain, il signifie mot à mot, *qui n'a point donné de fruit*.

Au contraire, *Labourer une Terre* c'étoit la violer, faire cesser sa virginité. Ces expressions sont communes chez les Anciens.

Par une suite de la même figure, le Laboureur étoit le Mari de la Terre cultivée; & le même mot, tel que הנוי Woné, Goné, Gune' qui subsiste en Grec, dans le Nord, en Hébreu, &c. désigne également *Culture & Mariage*.

Par la même raison, les mots de *Siton* ou *Sedé* que nous avons vu il y a un instant, furent une allusion au primitif Sad שד qui signifie *Mammelles* :

---

(1) Hist. Nat. Liv. XXXIII. Ch. III.
(2) De-là vinrent les mots Latins Par-io accoucher, Par-tus accouchement, Par une Paire, un Couple, &c.

Allégories.

les Champs cultivés ne sont-ils pas en effet les Mammelles au moyen desquelles la Terre nourrit ses Enfans ?

C'est ainsi qu'avec un petit nombre de mots radicaux, l'homme fit face à tout : qu'il tira de lui-même les noms de presque tout ce qui existe, & qu'avec une seule Série de quelques termes, il peignit une multitude d'objets différens, mais liés entr'eux par des raports analogues à ceux de cette Série.

On trouvera peut être de la contradiction à apeller *Vierge*, celle dont on vient de dire qu'elle étoit Femme d'Uranus : mais c'est précisément parce qu'elle n'a point d'autre Mari qu'Uranus, qu'elle est Vierge : elle est *sa Femme*, puisqu'elle ne raporte des fruits que par son moyen : elle est *Vierge*, puisque le fer & la Charrue n'ont point déchiré son sein.

La contradiction n'étoit que dans les termes : & c'est ce qui faisoit le piquant de cette allégorie.

C'est par ce double raport qu'Isis ou la Nature Universelle, la Terre dont se forment les Êtres, CYBELE, VESTA, CÉRÈS, VENUS Syrienne, étoient apellées *Vierges* au sens allégorique, parce qu'elles produisoient sans secours humain ; & *fructifiantes*, *Nourrices*, *Meres*, parce qu'elles étoient les Meres & les Nourrices de toutes les Créatures, produisant tout, nourrissant tout.

Nous verrons bientôt sous quel nom fut désignée la Terre, lorsqu'une fois elle eut été cultivée de main d'Homme.

§. 3.

Raport de Sanchoniaton avec Moyse, au sujet de Ghé.

Tel est encore le raport étroit de Sanchoniaton avec les Anciens & avec Moyse en particulier, que nous trouvons dans l'Historien Hébreu la même description de la Terre : cette comparaison sera d'autant plus intéressante, qu'en confirmant ce que nous venons de dire, elle nous fera apercevoir des choses auxquelles aucun Critique en Langue Hébraïque n'avoit pensé.

Moyse après avoir dit comme nous avons vu, que Dieu fit le Ciel & la Terre, ajoute (3) : » & il fit tous les Arbres des Champs avant qu'ils
» eussent été produits par la Terre, & toutes les Plantes des Champs avant
» qu'elles eussent germé : car IEOÜ ELION (*le Seigneur Dieu*) n'avoit pas
» encore fait pleuvoir sur HERTA (*la Terre*.), & ADAM (*l'Homme*) n'avoit
» pas encore cultivé ADAMA (*la Terre*).

De même que dans Sanchoniaton Ghé ou la Terre est apellée Femme & Vierge, la Terre porte deux noms dans ce passage ; celui d'*Hertha* אֲ ,

---

(3) GEN. II. 4.

relativement à Dieu. Celui d'ADAMA relativement à l'Homme ou à ADAM ; & ceci est d'autant plus remarquable, qu'ADAMA est le féminin d'Adam, comme si elle étoit sa Femme. Tandis que l'autre nom de la Terre seroit relatif à sa qualité de Vierge, d'où paroît s'être formé le nom d'ARTEMIS, que Diane avoit en Grec & que l'on apelloit Vierge.

Ce n'est pas sans raison que Moyse met une différence entre *Hertha* & *Adama*, quoique ces deux mots désignent la Terre, puisque l'une la représente dans cet état d'*in-culture*, où elle ne produit que par le secours du Ciel, tandis que l'autre la peint cultivée par l'Homme, & devenue son Associée pour la subsistance.

Cette différence si sensible, si intéressante, si pitoresque, disparoît cependant dans nos Versions, où nous ne pouvons employer qu'un même mot, celui de Terre : défaut qui fait totalement disparoître le Tableau qu'offre ces mots, & change un Texte plein de beauté & d'énergie en un discours froid & languissant.

Mais c'est un vice presqu'inhérent aux Traductions, d'affoiblir ou de faire disparoître le coloris & la force des Tableaux qu'offre leur original, & sur-tout dans les Traductions des Poëtes. Défaut qui rend toujours nécessaire la connoissance des Originaux, malgré le nombre & la beauté des Traductions.

Ne soyons pas surpris que tandis que tous les Peuples du Midi ou de l'Orient, Hébreux, Phéniciens, Grecs, Latins &c. ont des mots différens pour désigner la Terre, suivant qu'elle est cultivée ou inculte, il n'en existe point de pareils dans notre Langue. C'est la suite nécessaire du Génie agreste & sauvage des anciens Peuples de l'Europe, qui ne vivant que de chasse, de pêche ou de pillage, avoient le plus souverain mépris pour l'Agriculture : sentimens qui n'ont que trop influé sur nos mœurs, sur notre Langue, sur notre Poësie, sur notre bonheur même.

On auroit néanmoins ici un moyen de conserver l'énergie de l'Original malgré le défaut de notre Langue, en changeant en adjectifs les deux noms Orientaux de la Terre, & les rendant par les mots de *Terre Hershéenne* & de *Terre Adaméenne*.

Les Latins apelleroient la première *Terre-Vierge*, & la seconde *Terre-mere* : ou TERRA & TELLUS.

Nous verrons bien-tôt que la différence que je mets ici entre *Hertha* & *Adama*, n'est point une suposition de Commentateurs qui prêtent souvent à leur Texte des finesses & des beautés auxquelles l'Auteur ne pensa jamais. Moyse observe par-tout de ne point confondre ces deux mots dans l'emploi qu'il en fait, & de ne les apliquer que conformément au sens qu'on y avoit attaché.

Lorsqu'il a voulu dire que Dieu avoit créé la Terre, il s'est servi du mot *Arth* ou *Herth*. Ici, il l'emploie encore dans le même sens ; tandis qu'il lui substitue celui d'*Adama*, pour désigner la Terre cultivée par l'Homme.

Ces deux noms de la Terre en Hébreu, ne sont donc pas synonimes comme on l'avoit cru. C'est une correction à faire aux Dictionnaires Hébreux.

Et c'est ainsi que nous trouvons dans Moyse même les preuves & l'origine de l'allégorie d'Uranus & de Ghé.

§. 4.

Enfans d'Uranus & de Ghé selon les Crétois.

Disons un mot des Enfans que les Crétois & les Atlantes attribuent à ces deux Personnages allégoriques.

Suivant les premiers, ils ont VI. Fils & VI. Filles.
Tels sont les Fils d'Uranus & de Ghé.
OCÉAN l'aîné, COEUS, CRIUS, HYPERION, JAPET & SATURNE le plus jeune.

Les VI. Filles furent
 THÉA femme d'Hypérion.
 RHEA femme de Saturne.
 THEMIS⎱ femmes de Jupiter, substitué comme Dieu de l'Air
 MNEMOSYNE⎰   à Japhet.
 PHŒBÉ femme de Coëus.
 THETYS femme de l'Océan.

Ce nombre, égal de part & d'autre, ne fut pas pris au hazard. C'étoit un abrégé de Physique-Cosmogonique.

Les VI Fils du Ciel désignoient VI Propriétés du Ciel : les VI. Filles, leurs effets.

L'Océan est l'eau, premier principe de tout, selon les Anciens : il environne la Terre, & il formoit les Eaux supérieures dans lesquelles nageoient le Soleil & la Lune : aussi ce mot signifia également l'Air ; & c'est par cette raison, que les premières Mythologies placerent le séjour des ames vertueuses, après la mort, au-delà de l'Océan, ce qu'on apliqua si ridiculement ensuite à l'Océan Atlantique (1). Ces Mers supérieures ou aëriennes subsistent encore dans la Mythologie Indienne, calquée sur les plus anciennes. Aussi lorsque STRABON crut que les anciens Théologiens & Poëtes plaçoient les Champs-Elyzées dans des Isles de l'Océan Atlantique, il n'entendit rien à leur Doctrine, & il la dénatura de la manière la plus

---

(1) HESYCHIUS explique le mot ΩΚΕΑΝΟΣ, Océan par celui d'Ανρ Air, comme par Mer, & celui d'ώκιανοῖο πόρῳ Voyage de l'océan, par le passage de l'ame après la mort dans l'Air ou le Ciel.

HISTOIRE DE SATURNE.

étrange. Comme il est tombé plus d'une fois dans de pareilles erreurs, on ne doit le suivre qu'avec beaucoup de précaution.

Coeus est la rondeur des Cieux ; c'est la voute céleste qui semble renfermer la Terre comme une envelope. C'est le mot primitif co, cov, cav qui signifie *creux*, *évasé*, qui forma l'ancien Latin cohum ou covum qui désignoit le Ciel & tout ce qui étoit creux (1) & d'où se forma le Grec Koos qui signifia cavité, abisme & son adjectif co-*ilos*, creux, concave ; d'où vint le Latin Cœlum, dont nous avons fait le mot Ciel qui n'a presque plus rien de sa première origine.

Crius est le troisiéme. C'est l'Immensité des Cieux, leur suprême élévation au-dessus de tout. Il vient du primitif cré, creh, crei, haut, élevé, fort, qui forma le comparatif grec krei-sson meilleur, & le latin, cre-sco, croître, c'est-à-dire devenir plus haut, plus élevé, plus fort. Aussi épousa-t-il Eurybée, Fille de Plutus, dont il eut, entr'autres Enfans, Astréus, qui ayant épousé sa Cousine Aurore, fut Pere des Astres & des Vents (2). Mais *Eurybée* signifie la Toute-Puissance.

Plutus, la source des biens: Astréus, le Ciel étoilé: Objets qui tous conviennent à Créus tel que nous venons de le définir.

Japet est l'Air, l'étendue : il vient du Primitif pat, *étendre*, *déployer*, qui a formé des dérivés sans nombre dans les Langues hébraïque, grecque, Celtique ; & du verbe substantif I ou *Je*.

Saturne est le dernier. Considéré comme le *Tems*, c'est la durée du Ciel & ses révolutions de toute éternité : aussi est-il peint en Vieillard.

Il est cependant le plus jeune : car il n'y a point de tems sans l'éxistence du Ciel, de l'Air, du Soleil &c.

Leurs Sœurs ne sont pas des Personnages moins allégoriques.

Théa est la Lumière ou le Jour : aussi est-elle Femme d'Hypérion, Mere du Soleil & de la Lune; ainsi que de l'Aurore. La racine de son Nom est Thé ou Di qui signifie le Jour.

Rhéa, Femme de Saturne, est oposée à Ghé, Femme d'Uranus: nous verrons dans la suite ce que l'on doit entendre par cette Fille du Ciel.

Mnemosyne
&   } sont Femmes d'Iov:
Themis

L'une est la Déesse de la Justice, & l'autre est devenue celle de la Mémoire & Mere des Muses.

Elles sont Femmes de Jov, parce que la Divinité est infiniment Juste,

---

(1) Jos. Scaliger s'en étoit très-bien aperçu : il dit dans ses Notes sur Varron, p. 86. « covum veteres Cœlum vocabant: « & il ajoute que c'est par la même raison que les Romains apelloient la Lune Junon Couella. Il cite à ce sujet Festus : mais dans Festus ce mot est écrit C*av-um* : il est écrit Cohum dans les Dictionnaires Latins.

(2) Apollod. Biblioth. des Dieux, Liv. I.

& qu'elle a une CONNOISSANCE sans bornes. Et elles sont Filles du Ciel, pour marquer l'excellence de ces Vertus dignes du Ciel.

PHŒBÉ est la Lune. Elle est Femme de CŒUS, parceque, comme lui, elle a une forme évasée, & que le Croissant est son symbole. Elle est Mere de Latone, & Grand'Mere de Diane, parce qu'elle est tantôt cachée & invisible, ce que signifie LATONE ; & tantôt entierement visible, & c'est ce que signifie le mot de DIANE. Ces mots viennent des Primitifs LAT cacher, & DI jour.

Celui de Thémis vient aussi du Primitif *Tham* juste, équitable, parfait : & qui prononcé *sang* à l'Orientale, a fait le *sanctus* des Latins dont l'origine étoit inconnue.

Enfin, THETYS est Femme de l'Océan, parce qu'elle n'est autre chose que l'Eau nourriciere des Êtres, celle que *tetent* en quelque sorte tous les Êtres, sans l'épuiser jamais. Et c'est ce que signifie son nom formé du primitif TET, *le sein*, qui subsiste encore en dérivés dans notre Langue.

Mais puisque tous ces Enfans, Fils & Filles, sont des Êtres allégoriques ; leur Pere & leur Mere ne le seroient-ils pas également ?

La Bibliothéque des Dieux par APOLLODORE, qui vivoit dans le sein du Paganisme, commence ainsi :

» Au commencement, URANUS fut le Seigneur de tout le Monde. De sa
» Femme GHÉ, il eut plusieurs Enfans ».

Sa Théogonie commence donc par le Ciel & par la Terre, comme celle de Sanchoniaton, d'Hésiode, des Atlantes, de tous les autres Peuples. Ce ne sont donc point ici des Rois de quelque Pays en particulier ; ce ne sont pas même des personnages humains. C'est le Ciel & la Terre : leurs noms seuls devroient nous l'aprendre.

Apollodore leur attribue VII. Filles, ajoutant à toutes celles que nous venons de nommer DIONÉ, qui fut aussi femme d'Iov, & qui devint Mere de Venus : nous verrons dans la suite ce que signifient ces noms, & pourquoi cette allégorie fut ajoutée aux autres. Il apelle d'ailleurs ces VII Filles les TITANIDES.

Mais il ne leur donne que VI Freres : c'est une faute qu'il n'avoit surement pas commise. Quand on attribuoit VII. Filles au Ciel & à la Terre, on les accompagnoit de sept Fils, & le septiéme étoit TITAN, si connu dans l'Histoire du Ciel & de Saturne, & dont il est dit qu'il avoit cedé l'Empire à Saturne, à condition que celui-ci le lui rendroit.

Les Atlantes de leur côté portent le nombre des Enfans d'Uranus & de Ghé, jusqu'à 18. & ils en donnent 27. de plus à Uranus, par d'autres Femmes. C'est en tout XLV. Je ne doute point que ce nombre, déterminé de cette façon & avec toutes ces circonstances, ne soit celui des Constellations connues des Atlantes. Elles sont toutes Filles du Ciel : mais une partie seulement, Filles de la Terre, parce que tandis que la Terre semble en porter une portion, l'autre est cachée & paroît naître d'ailleurs.

Ce font donc encore des Enfans allégoriques & des expressions allégoriques. Si l'on ne les entend pas, si le Génie allégorique de l'Antiquité est nul pour nous, cette Antiquité entiere continue d'être ce qu'elle a été jusqu'à préfent, un mêlange perpétuel d'extravagances & de folies inconcevables, à côté des plus grandes beautés. Rétabliffez l'allégorie, ces extravagances difparoiffent; les Tableaux, les Peintures les plus intéreffantes fe préfentent de toutes parts; nos richeffes augmentent: les Anciens deviennent raifonnables: & l'on fe reconcilie avec l'humanité, que l'idée de fa dégradation volontaire rendoit fi méprifable.

Ici l'Allégorie eft fi fenfible que fon plus grand Antagonifte, & qui entraîna l'Abbé BANIER dans fon fyftême abfurde d'une Mythologie hiftorique, n'a pu s'empêcher de convenir que la Famille des VI. Fils & des VI. Filles du Ciel, renfermoit plufieurs Perfonnages allégoriques: tandis que par une fuite de fes préjugés, les autres étoient hiftoriques. Il ne pouvoit fe diffimuler que THEMIS & que MNEMOSYNE ne fuffent des noms allégoriques, ce qui le força à cet aveu: tandis que leurs prétendus parens qui portoient des noms dont la valeur étoit moins fenfible, pafferent pour des Etres hiftoriques (1): & il ne s'apercevoit pas qu'il formoit ainfi un Tableau, auffi abfurde pour le moins que ceux dont Horace fe moque (2) & où l'on veut réunir des objets incompatibles.

§. V.

INFIDÉLITÉS D'URANUS.

Bientôt Uranus fait infidélité à Ghé; il devient mauvais Epoux & mauvais Pere.

Selon Sanchoniaton, Ghé eft obligée de fe féparer de lui à caufe de la manière dont elle en étoit abandonnée; & felon Héfiode, c'eft parce qu'il maltraitoit leurs Enfans communs. » Les généreux Enfans de Ghé & d'Ura-
» nus, dit-il, furent dès le commencement maltraités par leur Pere. Dès qu'ils
» naiffoient, il les cachoit dans le fein de la Terre, & il ne leur permettoit
» pas de voir le jour.

Mais quelles peuvent être ces infidélités & ces mauvais traitemens dans le ftyle allégorique, tandis que ces Perfonnages font le Ciel & la Terre?

Des infidélités terribles pour la Terre & pour fes Enfans: l'irrégularité des récoltes, lorfque les Hommes étoient réduits aux productions fpontanées

---

(1) HÆc, dit LE CLERC, fur le v. 134. de la Théogonie d'HESIODE, » partim funt » nomina virorum & mulierum, partim Perfonarum Poëticarum, quales funt Θέμις & Μνημοσύνη Juftitia & Memoria.

(2) Dans fon Art Poëtique.

de la Terre : les difettes & les famines qui en refultoient fans cefle, & qui couchoient dans la Tombe, ceux qui ne pouvoient y fupléer par la chaffe, ou par la pêche: l'infuffifance de ces productions, qui étant toujours médiocres ne peuvent fervir qu'à un très-petit nombre de Perfonnes, en forte que les Sociétés qui y font réduites, ne font que végéter; & ne forment jamais que des Peuplades peu nombreufes, toujours pauvres & fans force.

Si l'Homme avoit toujours été réduit à cette efpéce de productions, il n'eût prefque été fupérieur en rien aux Animaux; obligé fans cefle de leur difputer fa nourriture, il n'eût été en quelque façon qu'un animal féroce de plus : il n'auroit pu s'apeller le Maître & le Roi de la Terre. Jamais il n'eût connu cette abondance qui eft la fource des Peuples & la force des Empires. Ces Arts de toute efpéce qui les animent & qui multiplient les agrémens & les douceurs de la vie, en multipliant les jouiffances : cette induftrie au moyen de laquelle il fe civilife, il fe police, il s'éleve aux connoiffances les plus fublimes, il foumet la Nature entière à fon imitation & à fes vues.

Mais le tems arrive où Ghé fe venge des infidélités d'Uranus, & où elle produit régulièrement chaque année les Fruits les plus abondans.

ARTICLE III.

CRONUS, Fils de Ghé & fon vengeur.

GHÉ ou la Terre trouva cependant un Vengeur : & ce fut dans fon propre Fils, dans Cronus qui fit de fa querelle la fienne propre, & vengea fa Mere des injures de fon Pere.

» Dès que Cronus, dit Sanchoniaton, eut atteint l'âge viril, il époufa la
» querelle de fa Mere, & la protégea contre fon Pere ».

Héfiode nous aprend auffi le même événement; mais il le raconte d'une manière plus poëtique & plus détaillée.

Après avoir parlé comme nous avons vu, des mauvais traitemens qu'Uranus faifoit fouffrir à fes Enfans, il ajoute : » le cœur de fa magnanime
» Epoufe en étoit déchiré : auffi fa vengeance fut des plus cruelles. D'un
» Diamant brillant qu'elle venoit de former, elle en fait une faulx d'une gran-
» deur étonnante, & s'adreffant à fes Enfans chéris, elle cherche à enflam-
» mer leur courage, & elle leur dit dans l'amertume de fon cœur. Chers En-
» fans, Fils du plus coupable des Peres, vengeons-nous, fi vous avez quelque
» confiance en moi, de fon injufte mépris; il nous donna le premier cet
» exemple funefte.

» Elle dit : mais eux, faifis de terreur, ne peuvent proférer un feul mot.

» Le

» Le grand CRONUS, célébre par ses ruses, a seul la force de répondre au
» discours de son illustre Mere. » *Ma Mere*, dit-il, *je me charge avec plaisir*
» *de l'exécution de votre projet : pourquoi ménagerois-je un Pere aussi dur ?*
» *vous l'avez dit, il nous donna le premier cet exemple funeste.*

A ce discours, Ghé est transportée de joie, elle met son Fils en em-
» buscade; elle arme sa main de la Faulx aux dents acérées, & elle lui déve-
» lope son projet.

Telle est la narration d'Hésiode; la même que celle d'APOLLODORE, qui
l'avoit sans doute copié : celui-ci dit également que la Terre ou Ghé, pour
délivrer ses Enfans, précipités dans le Tartare, persuada aux autres ou aux
Titans, de dresser une embuscade à leur Pere, & qu'elle arma pour cet effet
Saturne de la Faulx de Diamant.

Nous voyons donc chez les Grecs un même fond d'allégorie que chez
les Phéniciens : la seule différence est que chez les uns, la Terre elle-même
remet la Faulx à Saturne ; & que dans Sanchoniaton, Saturne est conseillé par
Hermès ou Mercure & par Minerve; & que c'est sur leur avis qu'il fait faire
un Cimeterre & une Lance de fer.

Mais qui est CRONUS ? Est-ce un Personnage historique, comme on seroit
tenté de le croire ? Ou seroit-il un Personnage allégorique, de même que
son Pere & sa Mere ?

Tout ce qui peut se dire sur CRONUS, celui que les Latins apellerent
SATURNE, a été dit par les Anciens & par les Modernes : aussi point de
matière, peut-être, qu'on ait plus embrouillée. On diroit que les efforts qu'on
a faits pour l'expliquer, n'ont servi qu'à la rendre plus obscure.

Les uns n'ont vu dans Saturne qu'un Prince Cekté, fils d'Uranus & Pere
d'Iou, qui regna dans la Gréce, & ensuite en Italie, lorsque son Fils l'obli-
gea de s'y réfugier. Selon d'autres, il n'est autre chose que le tems : ils le
reconnoissent à la Faulx dont il est armé & à ses Enfans qu'il dévore. Ceux-
ci ne voyent en lui qu'un Dieu substitué à un autre changement dans la
Religion des Grecs, & ceux-là voyent naître l'Agriculture sous son regne,
& ils placent alors l'âge d'Or sur la Terre; tandis que pour d'autres, ce bel
âge n'est qu'une chimère ; & que d'autres prétendent que le regne de Saturne
ne fut l'âge d'Or, que parce que la Terre produisoit sans culture tout ce qui
étoit nécessaire à la vie.

L'on cherche quelque lumière, & l'on ne voit qu'opinions oposées, dont
aucune n'est assez forte pour convaincre & entraîner : l'on reste dans le
doute, ou l'on prend l'ensemble pour un amas de visions.

Pour nous, au contraire, c'est à cet ensemble que nous nous rendons attentifs ; & le prenant pour guide, il nous fera passer avec le plus grand succès à
travers tous les écueils, & nous en verrons sortir la lumière la plus vive.

Allégories. E

§. 2.

Histoire de Saturne, allégorie de l'Agriculture.

CRONUS ou SATURNE est un Personnage allégorique, dont le nom plein d'énergie se prêtant à l'illusion, servit à nous transmettre, sous l'aparence d'une Fable absurde ou d'un Conte de Fée, l'impression que fit sur les Hommes la découverte la plus-intéressante & la plus utile ; celle du LABOURAGE ou de l'AGRICULTURE.

Ce que nous avons dit jusqu'ici, nous préparoit à la découverte de cet Art: la faulx dont Ghé ou Hertha arme son Fils, nous en annonce la réalité : tout ce qui suit, n'en est qu'un dévelopement & une confirmation.

Mais comment n'avoit-on pas vu plutôt, que l'Histoire de Saturne étoit celle de l'Invention de l'Agriculture ; puisque son nom étoit lié avec celui de cet Art que l'on plaçoit dans son siécle, & qu'il en portoit les symboles ?

N'en soyons pas surpris ; ces symboles servirent ensuite à un autre but : Saturne le Moissonneur fut également le Tems, qui armé de sa faulx, moissonne les Humains. Cette aplication si naturelle de l'Allégorie qu'offre l'Histoire de Saturne, en fit totalement oublier le premier objet ; mais on auroit dû voir que cette faulx, cette moisson, la division du Tems même, ne peignoient pas moins l'Art dont tous ces mots sont tirés ; que le nom de cet Art avoit dû être le premier mot de l'Enigme : que tous ses raports au Tems n'en sont qu'une conséquence, ou une extension nécessaire ; qu'elle n'est que l'Allégorie de l'Agriculture, considérée dans le moment où le Laboureur termine le tems de ses travaux par la moisson de ses grains, qu'il abat de sa faulx tranchante & meurtrière ; que tout ceci fut transporté par analogie au Tems & à ses effets ; mais qu'il ne pouvoit être vrai & complet, qu'autant qu'on l'aplique à l'AGRICULTURE.

Telle est en effet la beauté, la fécondité des Allégories anciennes, que non-seulement elles se raportent complettement & dans le sens propre & absolu à un objet premier, mais qu'elles s'apliquent également par analogie & par extension à d'autres objets subordonnés au premier, & liés avec lui par les plus grands raports.

C'est ce qu'on ne doit jamais perdre de vue dans l'étude de l'Antiquité & de ses Allégories ; & c'est pour n'avoir pas aperçu cet Usage, que l'on a été si flottant dans leur explication. On les a apliquées à mille objets différens, & l'on en inféra qu'elles n'en avoient jamais eu de réel : mais avec nos Principes, on verra qu'elles ne peuvent convenir dans leur ensemble qu'à un objet connu & déterminé ; qu'une fois établies, on les apliqua par allusion à tout objet qui avoit quelque raport à celui-là ; & qu'avec quelque attention, on ne les prendra jamais l'un pour l'autre.

HISTOIRE DE SATURNE.

On ne doit pas être étonné non plus que l'Agriculture soit devenue, dès sa naissance, un sujet d'Allégories : son invention fut trop intéressante, pour ne pas affecter vivement les Hommes ; ils la déposerent dans les Archives du Genre Humain, ils la célébrerent par des Fêtes, ils la consacrerent par leurs Loix, ils en firent l'objet des Allégories les plus brillantes. Sur quel Sujet plus intéressant pouvoit s'éxercer leur esprit? Ils le saisirent donc avec d'autant plus d'ardeur, qu'ils lui devoient tout, & qu'il se prêtoit avec la plus grande facilité aux contrastes les plus variés & en aparence les plus bisarres ; par-là même, les plus propres à figurer dans une Allégorie.

Aussi fut-elle adoptée dans tous les lieux où se transporta l'Agriculture. Elle fut dans l'Orient l'Histoire d'ILUS ; dans la Gréce, l'Histoire de CRONUS; dans l'Italie, celle de SATURNE. Par-tout le fond de l'allégorie fut le même : le nom seul du HÉROS changea, quoique désignant toujours le même Personage, né des mêmes Parens ; mais prenant dans chaque Langue, un nom qui prêtoit à l'allégorie.

§. 3.

Explication des divers Noms de Saturne.

ILUS signifie dans les Langues Orientales, le Fort, le Puissant; il devint le nom de la Divinité (1) élevée au-dessus de tout ; du *Chêne*, qui surpasse tous les Arbres en force & en durée; du Laboureur, qui par son art, assure sa conservation, & fait naître les richesses & la puissance. Aussi verrons-nous ce mot devenir dans le même sens, le nom du Fondateur d'Ilium, ou de Troye.

CRONUS est un mot Oriental qui signifie au sens propre une *Corne* ; au figuré, *Puissance, Force, Grandeur, Empire* : de-là le nom de l'Agriculteur ; & on ne pouvoit mieux choisir : lui seul a une propriété assurée, de vraies richesses qui ayant la Terre pour base, en ont la solidité. Aussi plusieurs Chefs de Sociétés puissantes ont porté ce nom, tels que CRAN-AUS chez les Athéniens & CARANUS chez les Macédoniens. Il est même très-aparent que le mot COURONNE, commun à un très-grand nombre de Langues anciennes & modernes, est venu de la même source.

Ne soyons point surpris que la *Corne* soit devenue chez les Anciens, l'emblême de la Puissance & des Empires. La Corne est le symbole de l'Animal-Laboureur : les Etats Agricoles ne pouvoient prendre pour armes un sujet plus intéressant : c'étoit des Armes parlantes.

SATURNE étoit encore un nom très-convenable à l'Inventeur de l'Agri-

---

(1) DAMASCE nous aprend dans PHOTIUS, Cod. CCXLII. » que les Phéniciens & les Syriens apelloient Saturne EL, ou HEL, Bhel & Bolathen.

culture, soit qu'on le considére comme un mot latin, ou comme un mot d'origine Orientale Comme mot latin venu de SAT, semer, il signifie PERE, celui qui fait naître, qui produit: un Agriculteur, un Pere, une source féconde de biens.

Comme mot Oriental, il désigne un Roi, un Protecteur, celui qui met à couvert, & qui cache (1).

Mais il n'est aucune de ces significations qui ne convienne à Saturne ou Cronus, & qui ne s'accorde avec son Histoire allégorique; aussi en a-t-on fait un Roi, mais un Roi obligé de se réfugier dans le Latium, pour se garantir des entreprises de Jupiter.

En effet, l'unique ressource de l'Agriculteur contre Iou Roi de l'Air, est le LATIUM ou la Terre dans laquelle il cache ses grains, afin qu'ils s'y dévelopent, & qu'ils lui produisent de nouvelles richesses.

Ce mot LATIUM étoit très-bien choisi pour cette allégorie, venant de LAT, mot primitif qui réunit la double signification du nom LAT, *Pays*, *Terre*, & du verbe LAT*ere cacher*.

Il n'est pas étonnant qu'on ait tiré le nom de l'Agriculteur de cette circonstance, qui paroit la moins essentielle; mais il devoit paroître étrange qu'un homme qui n'avoit pas assez de grains pour subsister, se privât d'une portion de ces grains, & les cachât dans le sein de la Terre.

Tel on voit encore le Laboureur se priver du nécessaire dans l'année la plus désastreuse, & lorsque sa récolte a péri par les inondations & les orages, afin d'ensemencer ses champs; & se consoler par l'espérance d'une année plus heureuse.

Saturne étoit aussi apellé chez les Egyptiens & chez les Orientaux KIUN, כיון ou KHIVAN.

Ce nom étoit très-bien choisi, apartenant à la même Famille que le verbe כן KUN, qui signifie planter, faire produire, & que le mot כנה Kné, qui signifie germe, plante, racine.

---

(1) Ebn CHALECAN, né l'an 608. de l'Hegyre ou 1211. de notre Ere, parle dans la vie d'AL-BATTANIUS, d'un très-ancien Roi, qu'on appelloit SATRUN, mot, dit-il, qui signifie Roi (*Al-Melech*) dans la Langue des Syriens. Il ajoute que ce Roi fut adoré comme un Dieu. On trouve également dans la Mythologie des Indiens, un Roi nommé SATOURANOUNO. Tous ces noms viennent d'une source commune, sur tout dès que l'on sait qu'il y a le plus grand raport entre la Langue Indienne & celles de l'Orient.

ARTICLE IV.
CONSEILLERS DE SATURNE.

SANCHONIATON compose le Conseil de Saturne de deux Personnages illustres.

ATHENÉ ou Minerve, qui donna son nom à Athènes.

HERMÈS, le Thot des Egyptiens, ou Mercure.

C'est par leur conseil qu'il fait faire un Cimeterre & une Lance de fer; tandis qu'Hermès qui est en même tems son Secrétaire, engage les amis de Saturne à le soutenir contre le Ciel : Saturne leur donne en récompense, à celui-ci l'Egypte, à celle-là l'Attique.

§. 1.
ATHENÉ.

Ce n'est pas sans raison que ces deux Personnages sont entrés dans cette Allégorie de Saturne : ils y étoient essentiels ; aussi dans toute la Mythologie, Hermès & Athené sont inséparables : de-là, les monumens anciens où Hermès est peint, s'apuyant sur Athené (1) ou Minerve ; de-là les HERM-ATHENES, ou Statues qui représentent la réunion de ces deux Divinités.

ATHENÉ ou Minerve présidoit à la Sagesse. Le Sage ne fait rien sans son secours. Minerve, la Sagesse elle-même, put seule conduire l'Homme à l'invention de l'Agriculture, & à tous les heureux effets qui marcherent en foule à sa suite ; aussi retrouverons-nous cette Déesse dans l'Histoire d'Osiris, qui joue chez les Egyptiens le même rôle que Cronus en Phénicie.

On peut dire qu'ATHENÉ est fille de *Cronus* ou de Saturne, considéré comme l'emblême du tems: puisque ce n'est que l'âge, ou une longue expérience, qui donne la sagesse.

On ne doit pas être étonné de voir dans ce récit Oriental, le nom de la Ville d'Athènes qu'on trouve aussi dans l'Histoire d'Osiris : c'est un mot venu d'Orient, très-propre à figurer dans une Allégorie, & à désigner également Minerve la Patrone des Athéniens. Le nom de leur Ville, celui de leurs premiers Rois, ceux de leurs Divinités, &c. étoient Orientaux, & si PAUSANIAS y place avant Cecrops un Prince nommé PORPHYRION, qui y éleva un

---

(1) Entr'autres sur une belle Pierre de BELLORY, dans le Cabinet de la Chausse, p. 274.
(2) PAUSAN. Descript. de l'Attique.

Temple à Vénus Uranie (1), il ne nous contredit point : puisque *Vénus-Uranie* est une Divinité Orientale, & que Porphyrion est la Traduction de Melech, nom des Rois dans l'Orient; de la même manière que le Phénicien Malchus traduisit son nom en celui de Porphyre, sous lequel seul il est connu.

§. 2.

HERMÈS.

Dans l'état où est actuellement la Mythologie, l'on n'aperçoit aucune raison de la réunion que l'on fait ici de Saturne & d'Hermès. On est même fort étonné de voir un Personnage dont on se forme ordinairement de grandes idées, n'être que le Secrétaire ou le Conseiller de Saturne, & lui donner des conseils aussi inhumains. On ne l'est pas moins de retrouver ce Personnage dans l'Histoire d'Osiris, dont il est également le Conseiller, & de voir qu'il mette une Tête de Taureau sur celle d'Isis, pour dédommager cette Reine du Diadême qu'elle avoit perdu. On ne comprend pas mieux pourquoi il a un symbole aussi singulier que celui dont l'arment les Anciens, le *Caducée*. Cependant jusqu'à ce que l'on soit en état de rendre raison de toutes ces choses, en aparence si folles, si absurdes, on ne sauroit se flater d'entendre cette portion de l'Antiquité; les allegories renfermées dans l'Histoire de ces Personnages, seront totalement perdues, & tous les efforts que l'on fera pour y trouver quelque sens, en pure perte.

On avoit cru parvenir à leur explication, en séparant les Mythologies Occidentales d'avec les Orientales; en faisant des Personnages absolument différens d'Ilus, de Cronus & de Saturne; en disant que *Thot* des Egyptiens n'étoit pas le même personnage que le Mercure des Européens; en soutenant que la connoissance du Paganisme Asiatique & Africain, n'étoit d'aucune utilité pour expliquer le Paganisme des Grecs & des Latins : mais c'étoit se donner des entraves, & s'ôter tout moyen d'expliquer ces objets.

Toutes ces Divinités, toutes ces Mythologies, tous ces Cultes, n'eurent qu'une même origine; plus on réunira de Mythologies, & plus on en trouvera aisément la solution.

Nous comparerons donc tout ce que les Grecs nous ont dit d'Hermès avec ce que les Phéniciens & les Egyptiens nous ont dit de Thot; & nous nous assurerons que ce fut un seul & même Personnage; que tous ces Peuples désignerent par-là l'invention d'un Art indispensable pour l'Agriculture ou pour Saturne, & né dans le même tems; ensorte que Thot ou Mercure étoit, au pied de la lettre, le Conseiller de Saturne ou du Laboureur.

Que cet Art qui dut son origine à Hermès ou à Thot & que l'on a cru être l'Ecriture, déja inventée, est l'Astronomie elle-même, & le Calendrier ou l'Almanach, sans lequel le Laboureur ou Saturne ne peut rien faire, & qu'il est obligé de consulter sans cesse.

HISTOIRE DE SATURNE.

Que c'eſt préciſément ce que déſigne le Caducée, & que cette aſſertion eſt parfaitement conforme à ce que les Anciens nous ont dit ſur Mercure ou Thot.

Son nom lui-même nous l'aprend de la maniere la moins équivoque. Le mot THOT dans toutes les Langues de l'Orient, eſt notre mot *Signe*: devenu nom propre, il ſignifie donc l'*Homme aux Signes* C'eſt ſa ſignification propre en Celtique, MERC-URE l'*Homme aux Marques* ou *aux Signes*. Son nom d'HERMÈS dit la même choſe: il ſignifie l'INTERPRETE. En effet THOT eſt l'Interprète des Aſtres, & au figuré, celui des Dieux.

C'eſt par cela même, comme dit notre Auteur à la fin du Fragment que nous expliquons, qu'il imita ou qu'il peignit Uranus, c'eſt-à-dire le Ciel, & que les Egyptiens donnerent ſon nom au premier jour & au premier mois de l'année.

Mais en voilà aſſez pour faire ſentir le raport qui regne entre Saturne & Mercure, & que l'enſemble de l'Allégorie que nous examinons avoit exigé que l'on fît mention de ce dernier. Nous renvoyons un plus grand détail & les preuves de tout ce que nous venons d'avancer, à l'Allégorie ſuivante, qui offre l'Hiſtoire même de Mercure.

§. 3.

Inſtrumens qu'invente Saturne.

Par les conſeils d'Athené & d'Hermès, Saturne inventa deux Inſtrumens de fer que Philon apelle, ſelon les Traducteurs Anglois & François, un *Cimeterre* & une *Pique*.

Ils n'ont traduit de cette maniere que par convenance; c'eſt ainſi que nous avons tant de verſions peu fidelles, parce que les Traducteurs n'aperçoivent pas toujours, ou ne peuvent pas apercevoir le véritable ſens de l'Auteur qu'ils ont ſous les yeux.

En ſuivant le même principe d'après lequel on a rendu par cimeterre le mot grec *harpé*, on auroit pu rendre le ſecond par le mot *vaiſſeau*, ou navire, ſignification qu'il a auſſi.

Mais laiſſant de côté les objets particuliers auxquels on a apliqué ces mots, conſidérons la nature de ceux qu'offre leur ſignification & nous connoîtrons auſſi-tôt dans quels ſens on doit les prendre ici.

Le premier ne ſignifie pas un cimeterre, ou une épée en général, mais une épée en forme de faulx, parce que ſa ſignification propre eſt celle de *faulx*.

Il faloit donc traduire *faulx*, & non *Cimeterre*.

Si le ſecond déſigne une pique & un navire, c'eſt qu'il a une ſignification plus étendue, préſentant l'idée de tout objet qui coupe & fend en s'avançant. Ceci diſtingue parfaitement du premier, le ſecond des inſtrumens dont s'arma Saturne; l'un coupoit & tailloit de côté, l'autre fendoit de pointe.

Mais quels font ces deux instrumens de Saturne ou du Laboureur, si ce n'est la *faulx*, signification propre du mot *harpé*, & en effet, espèce de cimeterre ; & le Soc de la charrue, signification générique du mot Dory employé par le Traducteur Grec, & qui fend la terre comme un vaisseau sillonne la plaine liquide.

Ces mots ne pouvoient donc être mieux choisis ; & lorsque nos Traducteurs modernes s'y sont trompés, ils ont erré comme Philon, lorsqu'il fait tuer le Très Haut, ou Elion, par des Animaux.

§. 4.

Guerre ouverte entre Saturne & Uranus ; Compagnons ou Alliés du Premier ; avantages qu'il remporte, &c.

Aussi-tôt qu'Hésiode a fait passer la faulx meurtriere des mains de Rhéa dans celles de Saturne, il en vient à la conclusion de cette Histoire par la prise d'Uranus & par la peine qu'on lui fait souffrir ; il n'en est pas de même dans notre Fragment Phénicien. L'Auteur supose un long intervalle entre la premiere défaite d'Uranus & sa mort : ce qui donne une longue durée à la guerre qui s'éleva dès ce moment entre ses deux Héros. L'Ecrivain a par ce moyen le tems de raporter une foule d'événemens essentiels à son but, & qui sont autant de traits allégoriques qui caractérisent toujours plus fortement son personage principal, & dévelopent de plus en plus son Enigme.

Le premier de ces événemens, est le secours qu'Hermès engagea les compagnons de Saturne à lui donner, & qui leur valut le nom d'*Eloeim*, ou d'*Eloiens*, nom Oriental que le Traducteur grec rend par *Croniens*, & que nous pourions rendre par *Saturniens*.

» Hermès, dit-il, ayant ensuite adressé un Discours rempli de l'é-
» loquence la plus persuasive aux Amis de Cronus, il les engagea à com-
» battre contre Uranus en faveur de Ghé : par ce moyen, Cronus enleva l'Em-
» pire à son pere & regna à sa place. »

Il ajoute un peu plus bas : » Les Alliés d'Ilus ou de Saturne furent nom-
» més Elohim.

Ce nom d'*Eloiens* est très-remarquable. Il signifie mot à mot *les Puissans*. Quels sont en effet les Puissans de la Terre, si ce n'est ceux qui y ont de vastes possessions, bien cultivées, bien entretenues, & du plus grand raport ? Tous ceux-là sont, au pied de la lettre, les Compagnons de Saturne. Tous prennent son parti & celui de Ghé contre Uranus.

Telle fut l'origine des Grandes Maisons dans tous les tems ; telle fut celle des Familles Patriciennes de Rome. On se représente ordinairement leurs Chefs comme des gens sans aveu & sans fortune qui s'étoient réunis sous Romulus pour s'enrichir & avoir un État ; & l'on regarde ce titre de Patriciens,

HISTOIRE DE SATURNE.

comme une distinction inventée par ce Prince. Rien de tout cela n'est bien vu; les Familles Patriciennes durent leurs priviléges à leurs bras, à ces bras avec lesquels elles s'étoient créé des propriétés, & avoient acquis de grandes richesses en défrichant des terrains auparavant incultes. Loin de se renfermer dans les murs de la Ville de Romulus, elles continuerent à vivre sur leurs Terres où elles jouissoient des priviléges de Maîtres & de Seigneurs, par lesquels elles dominoient nécessairement sur cette multitude de gens sans Terres qui vinrent se réfugier sous leur protection, dans la Ville que ces Familles avoient bâtie pour être leur point de réunion, le lieu de leurs Assemblées communes, & qui étoit devenue un asyle respectable où l'on trouvoit travail & sûreté.

Le mot HEROS lui-même paroit n'avoir point d'autre origine : formé d'HERA qui désigne la Terre, en Celte, en Grec, en vieux Latin, dans les Langues de l'Orient &c. il signifia naturellement ceux qui étoient puissans sur la Terre & qui y opéroient de grandes choses. C'est une Etymologie que les Anciens avoient aperçue & que l'on peut voir dans l'ouvrage d'un Proconsul Romain cité en note. (1)

ARTICLE V.

FEMMES DE CRONUS.

» CEPENDANT, dit notre Auteur, Uranus qui étoit toujours fugitif,
» envoya vers Cronus, sa fille ASTARTÉ avec ses deux Sœurs RHEA & DIONE,
» afin quelles le fissent périr par quelqu'artifice. Mais Cronus les fit prison-
» nieres, & il en fit ses Femmes. A cette nouvelle, Uranus envoie contre
» lui EIMARMENÉ & HORA, avec une armée : Cronus gagne leur affection
» & les retient.

Voilà donc cinq Femmes qu'épouse Cronus ; & elles lui viennent toutes d'Uranus. Ce sont donc nécessairement cinq Personnages allégoriques, comme nous allons nous en convaincre.

§. I.

RHEA & ses sept Fils.

RHEA, nommée la seconde dans Sanchoniaton, est la principale Femme de Saturne, & celle qui lui donne sept Fils, tandis qu'il n'a d'Astarté que

---

(1) MART. CAPELLA, Nupt. Philol. Lib. II.

Allégories.

des Filles. Selon la Mythologie Grecque, Rhéa est non-seulement sa Femme; mais c'est la seule qu'il ait. Il en est de même dans la Mythologie Egyptienne, au raport de Plutarque. Les autres Femmes que lui attribuent les Phéniciens, ne le sont donc que dans un sens moins étroit & beaucoup plus allégorique: cette distinction ne sera pas inutile.

Les Mythologues ont très-bien aperçu que Rhéa étoit la Terre, & qu'elle étoit plus jeune d'une Génération que Ghé Mere de Saturne. Mais voilà la Terre personifiée deux fois. D'abord sous le nom de *Ghé*, comme Mere de Saturne, ensuite sous celui de *Rhéa*, comme sa Femme. D'où provient ce double emploi, cette confusion étrange? C'est ce qu'on demanderoit assez inutilement aux Mythologistes; mais qui s'explique par nos Principes, de la maniere la plus simple & la plus satisfaisante.

Ghé, Femme d'Uranus, Mere de Saturne, est, comme nous l'avons vu, la Terre telle qu'elle sortit des mains de la Nature, raportant ses fruits par elle-même & sans culture. Rhéa, Femme de Saturne, sera donc cette même Terre cultivée & mise en valeur par l'Homme, dont elle devient ainsi la chose propre, sa Femme en quelque sorte, celle qu'il pare, qu'il n'abandonne plus, & qu'il rend féconde tous les ans.

C'est ainsi que Moyse ayant dit qu'Hertha avoit été formée par la Divinité, ajoute, comme nous l'avons vu, que Noé devint *Mari d'Adama*, si l'on traduit cette phrase mot à mot ou dans le sens allégorique qu'elle présente; mais réellement *Homme de la Terre* ou Laboureur.

Il en fut de même chez les Latins: ils appelloient la Terre inculte, TERRA; & la Terre cultivée, TELLUS. Ces mots venoient de deux Racines primitives, analogues à ces significations différentes.

Tout démontre que *Rhéa* est la Terre cultivée: ses noms, ses symboles, son équipage, ses Fils.

RHEA est son nom principal. Ce mot est venu de l'Orient où il naquit: c'est celui de רעה RHWE ou RHAÉ, qui signifie *paitre*, *nourrir*, parce qu'elle est la nourriciere des Hommes & des Animaux. Il fut connu des Etrusques, qui l'associerent avec celui d'OPIS, l'Ops des Latins, qu'ils prononçoient UPI; & par lequel ils la désignerent comme la source des richesses & de la puissance. Ces deux noms sont réunis sur cette Inscription Etrusque (1).

VPIREE. LESPI. IUV. SEPHIRE. MUTHUR.
Et qui signifie:
« OPIS RHEA. MERE DU GRAND & DU FOUDROYANT IOU.

On s'est donc trompé lorsqu'on a fait dire à HESYCHIUS, que cette Déesse s'apeloit DEA chez les Etrusques: il faut lire REA. L'on sait que dans ces premiers tems, les Caractères D. & R. se confondoient sans cesse l'un avec

---

(1) PASSAREI Lettere Roncagliese, Lett. XII.

l'autre. Le nom d'Up-is étoit lui-même très-énergique, venant d'UP, mot primitif qui emporte toute idée d'élévation & de SUP-ériorité.

Elle paroît être la F-REA du Nord. Les Scythes l'apellerent APPIA, c'est-à-dire la MERE par excellence: les Thraces, COTIS & BENDIS. Ce dernier mot existe encore chez les Siamois, où il désigne également la Terre Celui de COTIS signifie l'Ancienne: il est de tous les Dialectes Celtiques; il fut Sabin, il est Persan; ne soyons donc pas surpris de le trouver chez les Thraces. Ce nom d'*Ancienne* étoit également l'attribut d'ISIS, qui a tant de raport elle-même avec RHEA.

Elle s'apella DAMIA chez les Latins. On a cru que ce nom venoit du Grec DAMION ou DÉMION *public*, parce qu'on lui offroit des Sacrifices pour le salut de la République: mais cette raison est trop vague pour être la vraie: ce mot DAMIA est le nom primitif donné à la Terre, qui a fait l'A-DAMA des Hébreux, qui désignoit si bien la Terre cultivée, & d'où vint le mot Grec DÉM AHM qui signifia la Terre, & forma *Démion* lui-même, & DÉMOS qui signifie le Peuple, le Vulgaire.

Enfin, elle s'apella CYBELE chez les Phrygiens. L'étymologie la plus vraisemblable qu'on ait donnée de ce nom, fut de le tirer du Mont-Cybéle; mais ce sera plutôt cette Montagne Phrygienne qui aura pris son nom de la Déesse. Diodore de Sicile, dit que les Phrygiens l'appelloient *Mere de Montagne*; traduction inexacte pour avoir été trop littérale: elle ne présente d'autre sens, si ce n'est que Cybéle étoit une Mere qui habitoit les Montagnes, ce qui ne dit rien. Dans la Langue primitive, comme de nos jours, un substantif à la suite d'un autre qui le régissoit, tenoit lieu d'adjectif: ainsi dès que *Montagne* désignoit élévation, grandeur, il falloit traduire le nom de CYBELE par *Mere élevée*, *Grande Mere*; & non Mere de Montagne; & telle est la Traduction littérale du mot Cybéle, composé des deux primitifs KU *Mere*, d'où vient KUEIN des Grecs, *devenir Mere*, & BAL, BEL, FAL, WAL, *grand*, *élevé*.

Des sept Fils de Rhéa.

Elle donne sept Fils à Cronus, dont le plus jeune fut consacré en naissant. On n'avoit pu jusques-ici découvrir quels étoient ces sept Fils de Rhéa, & sur-tout celui qui avoit été consacré dès le moment de sa naissance: mais si l'on avoit fait attention à l'usage des nombres allégoriques, ou consacrés par le langage symbolique, on y seroit parvenu sans peine.

Ces sept Fils sont les sept Soleils ou les sept jours de la semaine: ils sont Fils de Saturne & de Rhéa; car ils furent arrangés ainsi pour le besoin du Labourage: les six premiers sont les jours du travail; le septiéme est le jour du repos, il fut consacré dès sa naissance. Nous verrons bientôt de quelle maniere ils sont oposés aux sept Filles d'Astarté & de Saturne.

Ceci est d'une si grande clarté qu'il n'a nul besoin d'un plus grand dévelopement: d'ailleurs il s'accorde parfaitement avec l'esprit de l'Antiquité, qui regarda le nombre de SEPT comme le nombre sacré par excellence.

N'omettons pas que son nom de Sept vient de ce qu'il étoit consacré & parfait, & de ce qu'on se reposoit au septiéme jour; la même racine ayant été choisie pour exprimer toutes ces nuances. Aussi verrons-nous souvent revenir ce nombre, dans les allégories anciennes. De-là les sept Fils du Soleil, les sept Enfans d'Atlas, &c. (†)

Cette Allégorie du septiéme fils de Saturne consacré à sa naissance, nous fournit un fait très-remarquable : que le septiéme jour n'avoit pas seulement été observé par les Hébreux, mais par les Phéniciens eux-mêmes, & qu'il doit être antérieur à Moyse & remonter aux premiers Patriarches, par-là même commun à diverses Nations Orientales, comme on l'avoit déja soupçonné : ensorte que Moyse n'auroit fait qu'en renouveller l'institution parmi les Hébreux, en ramenant cette fête à des objets qui les regardoient eux-mêmes d'une maniere plus particuliere.

Le septiéme jour de la semaine fut consacré chez les Chinois, dès la plus haute antiquité. » Les anciens Rois, disent-ils (1), tel que CHIN-
» NONG, Successeur de Fo-HI, faisoient fermer les portes des maisons le
» septiéme jour, apellé le *grand jour*; on ne faisoit ce jour-là aucun com-
» merce, & les Magistrats ne jugeoient aucune affaire. » C'est ce qu'ils apellent l'ancien Calendrier.

Le septiéme jour étoit également consacré chez les Arabes long-tems avant Mahomet, à l'honneur de Vénus Uranie ; ce qui engagea ce Législateur, qui ne put ou ne voulut pas anéantir cet usage, à le purifier

---

(†) Le primitif SAB, signifie élevé, haut, excellent : de-là toutes ces Racines Hébraïques :

שאב	SAB, puiser de l'eau.	
שבה	SABhé, exalter, louer, estimer.	
שבל	SIBal, les branches d'un arbre.	
שבול	SHIBol, l'Épi du bled.	
שבס	SHABis, le Croissant d'or dont les Femmes ornoient leur tête.	
שבע	SEBW, sept : 2°. sept fois : 3°. nombre indéfini.	
נשבוע	NI-SEBUW, prêter serment.	
שבעה	SABWé, abondance, plénitude, rassasiement.	
שבת	SABat, repos, cessation, Sabath, septiéme jour, jour élevé, consacré.	
שבץ	SABatz, broder, relever l'éclat d'une robe par la broderie : mot composé de SAB & de BETZ, étoffe de lin, robe de lin.	
צאב	TSAB, enflé.	
צבת	TSAEth, amas, poignée, gerbe.	
צבר	TSABar, ramasser, mettre en tas.	
זאב	ZAB ou SAB, &c. le SOLEIL ; d'où vinrent	
זהב	ZEB, or.	
צהב	TSEB, jaune.	
זאב	ZAB, Loup.	

(1) Discours Prélim. du CHOU-KING, p. CXVIII.

en consacrant ce même jour, le VENDREDI, au culte de la Divinité Suprême.

Saint AUGUSTIN (1) nous a conservé au sujet de RHEA, un passage de VARRON qui s'accorde parfaitement avec tout ce que nous venons de dire, & que nous ne saurions omettre.

» TELLUS (c'est à-dire la *Terre cultivée*) est apellée OPS, disoit
» Varron, pour désigner la fécondité qu'elle acquiert par les travaux des
» Hommes: MERE *des* DIEUX & GRANDE MERE, parce qu'elle est la source
» de toute nourriture...... Les Tours qu'elle porte sur la tête repré-
» sentent les Villes..... Si elle est servie par des Prêtres Eunuques, c'est
» pour aprendre aux hommes que pour avoir des grains & des semences,
» il faut cultiver la terre, parce que tout se trouve dans son sein; & s'ils
» s'agitent & se trémoussent sans cesse en sa présence, c'est pour marquer
» que le travail de la Terre ne permet pas d'être un moment dans l'inaction.
» Le son de leurs cymbales représente le bruit des outils du labourage, &
» afin de le mieux imiter, elles sont d'airain, comme ils étoient dans
» l'origine. Les lions aprivoisés qui la suivent, aprennent aux hommes
» qu'il n'y a aucune terre qui ne puisse être domptée & mise en valeur.»

Ce passage trop négligé ne sert pas seulement à prouver que Rhéa n'est autre chose que la terre mise en culture, & par conséquent que SATURNE, mari de Rhéa, représente le cultivateur; mais il nous aprend que tout ce qui avoit raport à Rhéa, étoit symbolique; & quel étoit le but de ces Symboles.

Mais si tout ce qui regarde Rhéa, femme de Saturne, étoit symbolique, de l'aveu même des Anciens, & si elle n'a jamais été une Reine fille ou femme déifiée, son Mari doit être également un Être symbolique; & tout ce qu'on en dit doit s'accorder dans ce sens, avec tout ce qu'on attribue à Rhéa. Ce qui rend incontestable tout ce que nous avons avancé sur Elion, Uranus, Saturne & les autres personages dont nous venons de donner une explication qui paroîtra nouvelle, & qui est cependant conforme à l'antiquité.

L'on n'objectera pas que pour expliquer une Fable Orientale, nous en employons une Occidentale & enpruntée de tems infiniment postérieurs: puisque la Rhéa des Romains est la Rhéa des Grecs, la Cybéle des Asiatiques & la même que la Déesse de Syrie, servie avec tant de pompe à Hiérapolis; toutes représentées exactement avec le même équipage, & peintes de la même maniere jusques sur les rives du Phase (2).

Tout étoit donc symbolique dans Rhéa; sa taille grande & majestueuse, la rotondité de son ventre, les Tours dont elle étoit couronnée, les lions qui l'escortoient ou qui étoient attelés à son char, & jusques à la mutilation de ses Prêtres.

---

(1) Cité de Dieu, Liv. VII.
(2) ARRIEN, Périple du Pont-Euxin.

Les premiers de ces Symboles marquoient sa fécondité toujours constante ; les Tours dont elle se couronnoit, qu'elle étoit la source des Habitations, des Villes & des Empires ; les Lions aprivoisés se raportoient à la Terre mise en valeur : Symbole dont nous renvoyons l'explication à l'article du lion de Némée vaincu par Hercule, & dont celui-ci porte toujours la peau.

Le dernier de ces Symboles nous servira à prouver l'explication que nous donnerons de la mutilation d'Uranus par Saturne, événement inséparable de cette allégorie, dont toutes les parties seront ainsi développées par le propre témoignage des Anciens.

§. II.

Astarté & ses sept Filles.

Cette fille d'Uranus joue ici un très-grand rôle. Il en est parlé en plusieurs endroits, qui doivent servir à la caractériser & à faire reconnoître l'Être allégorique qu'on a voulu peindre en elle.

1. Elle est fille aînée d'Uranus.
2. Elle donne sept filles à Saturne.
3. Elle est surnommée *la Grande*.
4. Elle gouverne le pays du consentement de Saturne.
5. Elle met sur sa tête pour marque de Souveraineté, une tête de Taureau.
6. En parcourant l'Univers, elle trouve une Étoile qui venoit de tomber du Ciel ; elle la tue & elle la consacre à Tyr.
7. Quoique fille d'Uranus, elle n'est point apellée sœur de Cronus.
8. Les Phéniciens disent, ajoute le Traducteur, qu'elle est la même qu'Aphrodite.

Des sept premiers Caracteres.

Astarté n'est pas Rachel, comme l'a cru M. Fourmont. Son nom ne vient pas d'*Astaroth*, (Troupeaux de Brebis) comme le pensoit Bochart, dont l'erreur entraîna celle du précédent.

Il est composé de deux mots Orientaux : 1°. de *Star* ou *Astar* qui signifie Astre, & qui est Persan, Indien, Arabe, Latin &c. & né de la Racine St. *fixe, permanent* ; & 2°. de The' qui signifie *parfait* & est devenu le nom de Dieu dans un grand nombre de Langues.

Ce nom signifie donc Déesse des Astres : telle est en effet Astarté, la Reine des Cieux, ou la Lune. Elle est fille aînée d'Uranus, parce qu'elle domine sur les Étoiles & qu'elle en est la Reine.

Elle est surnommée la Grande, parce qu'elle est le plus grand des Astres qui nous éclairent pendant la nuit, & qu'on lui attribuoit un pouvoir sans bornes sur la Nature.

HISTOIRE DE SATURNE.

Elle donne à Cronus sept filles, que l'on apela *Titanides*, *Artémides* ou *Dianes*. Mais que sont ces sept filles oposées aux sept fils de Rhéa, si ce n'est les sept Lunes ou les sept Nuits de la semaine ? C'est ce que désignent tous ces noms dans la Langue primitive, d'où ils nous furent transmis par les Grecs & par les Latins.

Titan signifie en Langue primitive, lumiere de la terre ou lumière auguste.

Artemis, seul nom de Diane en Grec, composé d'Ar ou Art, Terre; de Tem, Loi, régle; mot dont on a fait Themis, Déesse de la Justice; & de Id, tems. Ar-temise signifie donc *celle qui est la* Regle *des* Tems *& de la* Terre (1).

Diane, est le primitif Di jour : de-là l'expression *battre la* Diane, pour dire réveiller l'Armée au point du jour ; phrase déja en usage sous le regne des Valois.

C'est du consentement de Saturne qu'elle gouverne tout le pays, parce que le Laboureur a pris la Lune pour régle de ses opérations, ce qu'indique si bien son nom d'Ar-temis; qu'il a calculé sur elle ses jours, ses semaines, ses mois. C'est elle encore qui étoit dans l'Orient, la Souveraine du Ciel & de la Terre ; & elle en avoit les Symboles.

Pour marque de Souveraineté, elle met sur sa tête celle d'un Taureau. Peut-on méconnoître à ceci la Lune ou son croissant ? toutes ses Statues sont surmontées de ce Symbole.

C'est encore le même signe de Souveraineté, que Mercure dans l'Histoire d'Osiris, met sur la tête d'Isis, en place de Diadéme.

Et c'est encore par le croissant, que cette Reine des Cieux est désignée dans tous nos Calendriers.

Fille d'Uranus, on ne dit cependant pas qu'elle soit sœur de Cronus : cette expression trop éloignée de la vérité, n'eût été propre qu'à jetter dans l'erreur, on l'a donc suprimée : nouvelle preuve que ce n'est ici qu'une Allégorie.

C'est la même que l'*Aphrodite* des Grecs, disent les Phéniciens, la *Vénus* des Latins : mais l'Aphrodite des Grecs n'est autre chose que la Lune d'Avril, qui préside au renouvellement de tous les Etres, de la Nature entiere, & qui a pour Symbole le Taureau.

Du dernier des huit Caracteres d'Astarté.

Mais que signifie le dernier des caracteres d'Astarté, cette Etoile qui

---

(1) Cette étymologie est d'autant plus certaine qu'elle laisse en leur entier les deux syllabes primitives, *Ar* & *Tem*, dont ce nom est composé, & qu'elle porte sur une idée essentielle. On ne trouvera cet avantage dans aucune autre étymologie de ce nom ; ni dans Wachter, qui y a vu le mot *Heort*, un Cerf, parce que Diane a un Cerf pour symbole; ni dans Thomassin, qui tantôt le confond avec celui d'Astarté, & tantôt le dérive du mot *Hartum*, Magicien, Devin.

tombe du Ciel & qu'elle tue ? expression en aparence si absurde & qui a arrêté tous les Commentateurs. C'est une faute, a dit Bochart : ce qu'Astarté tue & qu'elle consacre dans Tyr, c'est un aigle, selon lui.

Eût-il été étonnant qu'Astarté eût tué un aigle & l'eût sacrifié sur les Autels de Tyr ; & cet événement eût-il mérité d'être transmis à la postérité ? Il se peut bien cependant que les Tyriens dont les armoiries étoient un aigle, eussent imaginé en plaisantant, une pareille origine de cet usage : mais ce n'est surement pas ce dont il s'agit ici. L'Auteur Phénicien n'a pas mis ici le mot d'Etoile pour celui d'aigle : il y est question certainement des Astres célestes ; ce qui n'a rien d'étonnant, puisqu'on parle de la Lune. Cet Astre tue en effet les *Etoiles*, puisqu'il les fait disparoître par son éclat ; ce terme est le mot propre par lequel on désigne toujours leur disparition ; le mot Occident ne présente point d'autre sens : *occidere*, signifie *tuer*, & l'Occident, l'Etre ou *le Tems qui tue*, parce qu'il fait disparoître le Soleil & & tous les Astres Mais de quelle maniere la Lune tue-t-elle les Astres ? Notre Auteur nous l'aprend par le mot Tyr, qui n'est point ici le nom de la célebre Tyr ; mais un mot Oriental qui signifie *éclat, splendeur*, cette splendeur de la Lune par laquelle elle efface celle de tous les Astres ; & ce mot est le même qui servit à désigner Tyr & la Syrie, צר *Syr* ou *Tsyr*. Ce qui a occasionné l'erreur dans laquelle on est tombé, en manquant l'allégorie.

Il n'est pas surprenant non plus que le Traducteur ait dit, qu'après sa mort l'Étoile fut consacrée à Tyr, parce que le même mot qui signifie *consacrer à un bon usage*, signifie également *consacrer à un usage mauvais*, ou ternir & flétrir. Pouvoit-on mieux dire qu'Astarté, en parcourant les Cieux, faisoit disparoître les Étoiles obscurcies par son éclat ?

Nous verrons dans l'Histoire de Mercure & dans celle d'Orion, que le terme de *tuer*, s'est employé dans d'autres allégories, dans le même sens que nous lui attribuons ici.

Nous trouvons dans le XLe. Chant des Dionysiaques de Nonnus, un conte qui paroît relatif à l'Aigle d'Astarté. Ce Poëte fait dire à Bacchus, par Hercule Divinité de Tyr, que ceux qui par ses ordres bâtirent cette Ville, sacrifierent à Jupiter & à Neptune un Aigle, dont il leur avoit indiqué la retraite ; & que le sang de cet oiseau ayant affermi les rochers sur lesquels on le sacrifia, on fonda sur ces rochers la nouvelle Ville. Mais ce conte n'a rien de commun avec l'étoile d'*Astarté* : il fait allusion uniquement aux Armoiries de Tyr, qui étoient un Aigle, emblême de cette Ville perchée sur des rochers auxquels elle dut son nom.

Villes qui portent le nom d'Astarté.

Observons enfin que le nom d'Astarté est de la plus haute Antiquité : on voit déja des Villes apellées de ce nom, chez les Cananéens, au tems d'Abraham. *Chodorlahomer* bat les Réphaïms à Hasteroth-Carnaïm, c'est-à-dire

dire, à ASTARTE' LA CORNUE, ou *la Couronnée* (1). Son nom est même associé avec celui d'une Ville apellée HAM, & qui offre le nom Oriental du Soleil, d'où vint HAMMON des Egyptiens : celle-ci appartenoit aux ZUZIMS: quelques Traducteurs l'ont prise pour un pronom, faisant dire à Moyse que ce Roi avoit battu les Zizims *avec eux*, c'est-à-dire avec les *Réphaïm*, dont il vient de parler; au lieu de traduire qu'*ayant battu les Réphaïm à ASTEROTH-CAR-NAIM, il battit les Zizims à HAM* : faute très-aisée à commettre.

§. 3.

DIONÉ.

Notre Auteur donne à Saturne pour troisiéme Femme DIONÉ, autre Fille d'Uranus, qui, dans la Mythologie Grecque, épousa Jupiter, & fut Mere de Vénus ou de l'Amour : c'est donc encore ici un Mariage allégorique. *Dioné* vient d'un mot Oriental qui signifie abondance. L'abondance est en effet Fille du Ciel, Femme de Saturne, Mere de Vénus.

Fille du Ciel, puisque, sans le secours du Ciel, il n'y a point de moisson: Femme de Saturne, puisque le Laboureur, par son travail, vit avec elle en quelque sorte; Mere de Vénus & de l'Amour, puisque les mariages ne sont prospéres, & que les Hommes ne peuvent y penser qu'autant qu'ils sont dans une abondance aisée & honnête, qu'ils ont assez de biens pour soutenir une Famille.

§. 4.

EIMARMENÉ & HORA.

CRONUS met dans son parti EIMARMENÉ & HORA, Personnages aussi allégoriques que les précédens; ils signifient FORTUNE & BEAUTÉ. On peut même rendre ce dernier mot par SAISONS.

Le Maître d'une Terre assure en effet sa *Fortune*: il s'enrichit & se fait grand par les ressources qu'il se procure, & par les biens qu'il fait naître sans cesse.

Les SAISONS sont avec lui, parce que tous ses travaux sont toujours assortis aux Saisons, qu'elles le secondent sans cesse, & qu'elles prennent en quelque sorte sa défense.

---

(1) GEN. XIV. 5.

Allégories.

ARTICLE VI.
ENFANS DE SATURNE.

Outre les sept Titanides ou Artemides & les sept Fils que Saturne a de Rhéa, notre Auteur lui attribue plusieurs autres enfans qui ne sont pas moins allégoriques, & qui s'assortissent parfaitement avec l'Agriculture.

1°. *Trois Fils que Saturne a en Perée.*

» Il eut trois Fils en Perée : l'un apellé Cronus comme lui, l'autre Bélus, » le troisiéme Apollon ».

Cette Généalogie & cette Contrée ont désorienté les Critiques : l'intrépide M. Fourmont en a été en quelque façon saisi de crainte. Après être convenu qu'il y avoit un juste sujet de trembler, il se tire d'affaire en disant qu'Apollon étoit Orus, & Orus le Coré de Moyse : quant à ses Freres, il n'en dit mot. Essayons mieux.

Per e'e, en Oriental פרה, signifie *accroissement, production, fructification*. C'est le vrai Pays du Laboureur ; c'est ce qu'a très-bien vu Blackwell dans ses Lettres sur la Mythologie ; il explique Pere'e par *Fertilité*.

Il n'est pas moins certain que *Bel & Apollon* qui sont au nombre des Fils de Saturne, se raportent au Soleil : que Bel désigne le Soleil d'Eté, brillant de splendeur & dans toute sa force ; & qu'*Apollon* signifie le Destructeur. Celui-ci est donc le Soleil d'Automne & d'Hyver, qui détruit tout. Que sera donc *Cronus*, fils aîné de Saturne, si ce n'est le Soleil du Printems, le Tems ou la Saison par excellence, dans laquelle renait l'Homme Laboureur, en voyant naître & se développer ses productions & les biens de la Terre ?

Nous avons donc ici les trois Saisons primitives caractérisées de la maniere la plus sensible & la plus intéressante.

Ce nom de *Perée*, ou *Pherée* en Oriental, pris dans un sens allégorique comme Contrée, paroît avoir été le modèle sur lequel on forma dans la suite celui de Phrygie, que les plus anciens Ecrivains de la Gréce donnerent à leurs Poëmes, sur la naissance & les actions de Bacchus (1). Nous les retrouverons bientôt au sujet de Vénus & de ses Colombes.

2°. *SADID.*

Si dans l'Histoire de Saturne, quelque trait devoit nous faire soupçonner

---

(1) Diod. de Sic. L. III.

HISTOIRE DE SATURNE.

qu'elle n'étoit qu'un tissu d'allégories, c'étoit sa conduite barbare envers son Frere, son Pere & ses Enfans ; en voici un qu'il fait périr lui-même. » Cro-
» nus, dit le Conteur, tue de son propre fer son fils Sadid.

Ce nom tient à celui de Saturne ; & aux mots Orientaux, *Sadé* un Champ, & *Sadad* rompre les mottes d'un champ.

Ce prétendu fils est donc le terrein de l'Agriculteur qu'il a mis en culture, & qui est le fils de ses soins : il le tue de son fer, soit en labourant, soit en rompant les mottes qui se forment par le labour, & qui empêcheroient de semer par-tout d'une maniere uniforme.

3°. MONOGENÈS *ou son unique.*

Bientôt après & dans un tems de famine & de mortalité, il offre à son Pere Uranus, son fils unique.

Quels morceaux disparates, si tout ceci est historique ! On vient de faire l'énumération d'une vingtaine de fils de Saturne, & l'on parle aussi tôt de son fils unique. Comme Histoire, tout ce récit n'a pas le sens commun ; comme allégorie, il est tout-à-fait ingénieux.

Quel est l'unique Fils du Laboureur, ce Fils qu'il consacre en un tems de famine & de mortalité ?

Il n'y a point à hésiter ; c'est sa récolte ; elle est unique, car on n'en a jamais qu'une ; & c'est le fils du Laboureur Mari de Rhéa, puisque sans lui elle n'existeroit pas : c'est le fruit de ses soins les plus empressés, sur l'enfance duquel il a veillé avec le plus d'attention. Cependant il tranche impitoyablement le fil de ses jours en un tems de famine ; & cela est exactement vrai, puisque, sans la moisson nouvelle, Saturne & tout son monde *périroient de faim*, la récolte précédente étant déjà consommée. C'est ce que notre Auteur apelle en même-tems une Circoncision, parce que, pour se nourrir, on ne prend que l'extrémité des tiges.

L'Historien de Phénicie ne raconte donc ici ni l'Histoire d'Abraham & de son Fils Isac, ni l'établissement de la Circoncision dans le tems de Noé, comme on l'a cru.

4°. *MUTH.*

Cette Histoire de Saturne est comme l'hydre à sept têtes : à mesure que nous aplanissons une difficulté, il en naît mille. Voici encore un fils de Saturne, il est au moins le XXIme ; mais il est mort, & son pere l'a consacré après sa mort. Pere incompréhensible, plein de tendresse pour ses enfans morts, injuste & barbare envers ceux qui vivent ! Que ferons nous de celui-ci ? il s'apelle MUTH, nous dit-on ; & מות MUTH en Phénicien signifie la MORT : mais la mort ne fut pas fille de Saturne, & qu'est-ce que la mort consacrée après sa mort ?

Il y a donc encore ici équivoque dans les termes. MUTH est le grain battu, séparé de l'épi, moulu & converti en farine; de-là le nom de THAM-MUZ sous lequel on célébroit la Fête d'ADONIS, & que portoit également le mois qui suivoit la récolte & dans lequel on célébroit cette Fête. Si MUTH n'est consacré qu'après sa mort, c'est que l'on ne se sert du blé pour le manger & pour l'offrir aux Dieux en gâteaux, que lorsqu'il n'existe plus comme blé, & qu'ayant été torréfié, moulu, paitri, il ne conserve plus rien de son ancienne forme.

C'est alors qu'on l'appelle avec raison אב-אדר AB-ADDIR, mot dont on a beaucoup cherché la signification, qui se présentoit cependant d'elle-même; & qui est mot à mot FRUIT EXCELLENT (1). N'est-ce pas effectivement le plus parfait des fruits? La Nature en donne d'admirables : mais on diroit qu'elle avoit besoin de la main des Hommes pour produire celui qui les surpasse tous : qu'elle se plaît à prendre sous ses doigts & par ses travaux les formes les plus utiles & les plus agréables.

Ce nom d'*Abaddir* étoit aussi celui de quelques Divinités Carthaginoises, dont parle S. AUGUSTIN (2) & dont les Prêtres s'apelloient *Euc-addires*.

Ce fut encore le nom de la Pierre que Saturne prit pour JOV & que l'on apella aussi *Betyle*, comme nous le verrons plus bas.

Ceux qui ont cherché à cette occasion l'origine du mot *Abbadir*, y ont vu les mots *Pere-magnifique* en rendant *ab* par Pere & *addir* par magnifique : ou ceux de *Pierre Sphérique*, en le décomposant par *Aben-dir*.

Mais il n'est point étonnant que l'on donne le nom d'*Abaddir* (*Fruit excellent*) à la Pierre que Saturne prend pour un mets qu'il croyoit exquis: & que l'on ait apellé *Abaddires* des Divinités qui présidoient sans doute aux productions de la Terre, telles qu'on en adoroit à Carthage.

5°. *PERSEPHONE.*

C'est ici le nom d'une Fille de Saturne. Elle mourut vierge, dit notre Auteur. Ceci est vrai, mais dans le sens Allégorique.

PER-SEPHONE est un mot Oriental, qui, de l'aveu de tous les Savans dans les Langues d'Orient, signifie *Fruit caché*. Ce sont donc ici les *semailles*, ce grain fils du Laboureur, mais qu'il renferme en terre afin qu'il puisse en produire d'autres.

Ces Savans conviennent encore que *Persephone* est la même que les Latins apellerent Proserpine : mais Proserpine fille de Cérès & enlevée

---

(1) Il est en effet composé des mots AB fruit, & ADAR grand, parfait. Le premier de ces mots a même un sens beaucoup plus étendu; car il embrasse tout ce qui est relatif aux productions, la Tige qui produit tout, comme le fruit qui en provient, au moral comme au physique; relativement à l'homme, comme par raport aux êtres inanimés, &c.

(2) Epist. Max. Madaur. 44.

par Pluton tandis qu'elle s'amuſe à cueillir des fleurs, étoit, de l'aveu des Philoſophes de l'Antiquité, la Vertu Conſervatrice des Plantes, ou cette vertu qui les fait germer & déveloper dans le ſein de la terre ; tandis que Pluton. eſt le Soleil d'Hyver. C'eſt en effet alors que Proſerpine paroît morte, ſans vigueur, deſcendue dans le Tartare, que Pluton l'a enlevée, que le grain eſt enſeveli.

Par la même raiſon, la Fête de l'Enlevement de Proſerpine ſe célébroit le 2 d'Octobre ; c'étoit donc la Fête des *Semailles*, comme les Anciens l'avoient encore très-bien vû : auſſi Salluste le Philoſophe, l'opoſe aux Fêtes agréables de l'Equinoxe du Printems. Celles-ci peignoient le retour de Proſerpine, que l'Hyver avoit fait diſparoître.

Il eſt vrai que, ſelon le même Salluste, la Fête de Proſerpine en Octobre étoit celle de la deſcente des Eſprits dans le Tartare : mais ceci prouve ſeulement qu'à la raiſon phyſique de cette Fête, on en avoit joint une purement morale. En effet, l'une s'uniſſoit naturellement à l'autre par une ſuite de leur analogie : & comme le grain caché en terre devenoit alors le Symbole des corps qui y étoient dépoſés, la nouvelle vie de ce même grain devenoit un heureux préſage de la vie future dont ces mêmes corps devoient jouir.

C'eſt par le raport de Persephone, ou Proserpine, avec le Laboureur ou Saturne, que les Romains, comme nous l'apprend le Proconſul *Capella*, (1) l'apelloient Centesima, *celle qui centuple* ; nom qui, ſelon Fulgence, eſt la Traduction littérale de ſon nom grec Hecate, qu'il tiroit du mot ἑκατόν *hécaton*, cent : & qui lui fut donné avec raiſon, ajoute-t-il, puiſque les grains ſemés raportoient le centuple chez pluſieurs Peuples de l'Antiquité.

ARTICLE VII.

Des Prétendus Freres de Saturne, Betyle, Dagon & Atlas.

C'est une choſe très-remarquable qu'il n'eſt aucun des mots que Philon a pris pour autant de Freres de Saturne ou d'Ilus, qui ne reviennent dans le Corps de l'allégorie ; mais, de maniere à démontrer qu'il n'en avoit pas entendu, ou qu'il avoit feint de n'en avoir pas entendu le ſens.

1°. Betyle. » Le Dieu Uranus, dit-il, inventa les Betyles, fabriquant » des Pierres animées ».

2°. Dagon. » Celui-ci, dit-il, trouva la Charrue, & il en fut apellé Iov- » Arotrius, mot à mot Iou., ou Jupiter *le Laboureur* ».

---

(1) Mart. Capella, *de Nuptiis Philologiæ*, &c. Libr. I. p. 21.

2°. ATLAS. Il nous aprend que celui ci, sur un simple soupçon, fut jetté & enterré par Cronus, dans une fosse profonde, par l'avis même d'Hermès.

Ces objets méritent d'autant plus d'être expliqués qu'ils paroissent révoltans, soit par leur obscurité, soit par la barbarie qu'ils suposent dans les Héros de cette Histoire.

1°. *DES BETYLES.*

Ces Betyles, qui sont des Pierres animées, seroient d'une absurdité sans égale, si l'on avoit pris cette expression au pied de la lettre; mais c'est un terme figuré, dont nous allons voir le dévelopement.

Ce sont des Pierres en effet; & si l'on en parle dans ce récit, c'est sans doute par allusion au prétendu BETYL, Fils d'Uranus, dont on avoit parlé plus haut, & que l'on semble rapeller; car ces *Betyles* sont présentées elles-mêmes comme étant de la façon d'Uranus, Pere également du prétendu Betyl.

Ce n'est cependant pas le même mot. Celui que nous avons vu plus haut étoit BETYLE, & ces pierres sont des BAITYLES. Par-là, on imitoit exactement l'orthographe de mots Orientaux, très-différens: dans le premier, le mot BETYL ou *Betul*, écrit par un *é* bref, & que nous avons vu signifier *Vierge*. Dans le dernier, le mot Oriental בית אל *beit-el* ou *beit-yl*, & ce mot signifie *Maison de Dieu*. Tel fut le nom que JACOB donna à la Pierre qui lui avoit servi de chevet, lorsqu'il la consacra en l'apellant BETH-EL.

Les BETYLES étoient donc des Pierres consacrées au Culte Divin, & destinées aussi à conserver le souvenir des événemens remarquables, dûs à la protection des Dieux.

Ces Pierres représentoient les Dieux même: elles en étoient la vive image: elles étoient donc, au pied de la lettre, des Pierres animées ou vivantes. C'est sous ce nom en effet que les Statues furent connues chez les Anciens. Les Grecs les apelloient *Eikones empsykhoi*, Images animées. VIRGILE fait respirer l'airain, & anime le marbre lorsqu'il dit:

» Excudent alii SPIRANTIA mollius AERA;
» Credo equidem VIVOS ducent de marmore VULTUS (1).

Ce mot *Bétyle*, n'est donc pas de l'invention de Philon. C'est le terme par lequel les Phéniciens désignoient les Statues & les Pierres consacrées. On voit dans PHOTIUS (2) qu'ASCLEPIADES disoit qu'étant monté sur le Liban, près d'Héliopolis, il y avoit vu un grand nombre de Betyles; qu'il en raportoit des choses surprenantes; & qu'ISIDORE les vit également après lui.

Ce mot termine l'Inscription Etrusque que nous avons raportée, à l'Article

---

(1) Eneid. Liv. VI. v. 847.
(2) Biblioth. Cod. CCXLII. p. 1047. Extrait de la Vie d'ISIDORE le Philos. par DAMASCIUS.

de Rhéa, & qui finit ainſi LAPI VEITHI. C'eſt *Lapis Beithi*, ou *Pierre Betyle*, dit très-ingénieuſement PASSAREI (1), à qui nous devons cette remarque. Ce qui prouve la haute Antiquité de la Religion des Etruſques, & ſon raport avec celles de l'Orient.

M. FOURMONT n'étoit point embarraſſé à trouver l'origine des Betyles. Elles furent apellées ainſi, dit-il (2), parce qu'elles étoient l'ouvrage de *Bethuel*, neveu d'Abraham. Mais comment laiſſa-t-il échaper un raport bien plus ſenſible entre Uranus & la famille d'Abraham, qui eût donné beau champ à ſon ſyſtême? Ce n'eſt pas *Bethuel*, mais Uranus, qui nous eſt donné ici pour le Compoſiteur des Betyles : or Uranus étoit, ſelon lui, THARÉ, Pere d'Abraham ; THARÉ dont l'Orient entier dit qu'il étoit Statuaire, préciſément comme on le dit d'Uranus. Ce raport eſt très-ſingulier, quelle qu'en ſoit la cauſe.

2°. *DAGON*.

Quelque ſoin que notre Auteur ait pris pour envelopper le mot de l'Enigme allégorique que nous expliquons, il perce à travers le voile dont il le couvre ; & il démontre en même tems que nous avons eu raiſon de regarder Dagon, non comme un Perſonnage réel, mais comme le nom du blé.
» DAGON, dit-il, eſt l'Inventeur de la Charrue ; c'eſt le même qu'Iou Ara-
» torius ou le *Laboureur* ». Et c'eſt celui, ajoute le Traducteur, que les Grecs apellent SITON.

Mais ce mot & toute ſa Famille furent conſacrés chez les Grecs au Labourage.

SITON eſt un Champ de blé. C'eſt l'Hébreu שדה SADE', champ cultivé, que nous avons vû plus haut.

SITÓ eſt Cérès.

SITOS ſignifie blé, denrées, pain, ou ſubſiſtance.

SITE-*ein* manger, ſe nourrir.

SITI-*phage*, qui ſe nourrit de blé, & cent dérivés pareils.

Ce nom de *Dagon* n'eſt pas particulier à notre Auteur. Perſonne n'ignore qu'un Dieu Phénicien, ou plutôt des Philiſtins, porta le même nom. Il eſt vrai qu'on l'a pris pour un Dieu Marin ; mais on ne faiſoit pas attention qu'en Hébreu même, ce mot ſignifioit du *blé*, & que de ſa racine TAG vint le TAGÈS des Etruſques, ce Perſonnage dont ils faiſoient un Héros qui leur avoit enſeigné l'Art de la Divination.

Ce qu'ils diſent de ce Tagès a trop de raport à notre matière, quoiqu'on n'en voye aucun entre le blé & la divination, pour l'omettre ; d'autant plus que l'Hiſtoire de Tagès eſt énoncée d'une maniere ſi fabuleuſe, qu'on ne l'a jamais regardée que comme une tradition indigne, par ſon abſurdité, de la moindre attention.

---

(1) *Lett.* Roncaglies : citées ci-deſſus.
(2) Tom. I, p. 165.

» Tagès étoit né, difent les Etrufques, d'une motte de terre qu'un La-
» boureur avoit dérangée en faifant entrer en terre fon foc de charrue,
» plus profondément qu'on n'a accoutumé : & il enfeigna auffi-tôt à cet
» Homme & aux autres Etrufques les Principes de l'Art des Augures».

C'eft donc une Hiftoire pareille à celle des Poiffons, des Dragons, des Tortues qui inftruifirent les Orientaux : abfurdes fi on les prend au pied de la lettre ; pleines de fens & de juftefle, en les regardant comme des allégories.

Tagès eft le blé : il naît de la Terre, & d'un foc de charrue enfoncé profondément : il devient en même tems l'Auteur de l'Art des Augures, puifqu'il n'y a point de labourage fans obfervation, fans pronoftic, fans augure. Il eft inféparable de l'obfervation du Ciel, du lever & du coucher des Etoiles, de l'afpect du tems, du cours des vents, de l'arrivée & du départ des oifeaux de paffage, & qui changent de demeure fuivant les Saifons : objets affujettis aux Loix immuables de la Nature, de la même maniere que les opérations du Laboureur : qu'eft un Calendrier, fi ce n'eft la connoiffance des tems ; & cette connoiffance n'eft-elle pas un genre de prédiction ?

Nous voici donc à une fource de Divination augufte & refpectable, fondée fur la Nature pour l'utilité des Peuples & la profpérité de leurs travaux, nourrie par l'expérience, confiée aux Sages, communiquée aux Hommes pour leur inftruction la plus effentielle, & unie chez les Anciens à tout ce qu'il y avoit de plus grand. Malheureufement, les Hommes ne favent point garder de juftes bornes, fur-tout dans les tems d'ignorance & d'enfance : peu à peu ce genre de divination dégénéra en minuties, changea d'objet, devint un Art trompeur qu'entretint une curiofité vaine & frivole : de-là l'extravagance des anciens Augures, la frivolité de l'Aftrologie, & les folies de nos Almanachs que nous retrouvons dans les Poëtes de la plus haute Antiquité. Lorfqu'Hésiode nous dit : » le treize du mois eft
» bon pour planter, le feize dangereux pour les plantes, mais favorable
» à la naiffance des garçons, le quatorze bon pour les filles : évitez
» toutes fortes de chagrins le quatre, le quatorze & le vingt-quatre ; jours
» facrés, &c. on croit entendre Mathieu-Lansberg ou le Meffager-Boiteux. C'eft ainfi que des meilleures chofes naît la corruption, & que dans le cours de ce bas Monde, le mal fe loge fans ceffe à côté du bien, & en interrompt les bons effets.

3º *ATLAS.*

Sur un foupçon, Saturne, par les Confeils d'Hermès, jette fon frere Atlas dans une foffe & l'y enfevelit.

---

(1) Dans fon Poëme intitulé : *Les Travaux & les jours.*

Et

HISTOIRE DE SATURNE.

Et ce sont les Héros du Paganisme, dont on raconte froidement de pareils crimes, comme on parleroit des plus grandes vertus ! sur un simple soupçon, dont on ne daigne pas même dire l'objet, un frere ensevelira son frere tout vivant : ce sera d'après l'avis de son Conseiller le plus sage ; & l'on prendra cela pour une histoire réelle ! & l'on voudra que c'en soit une, malgré ceux même qui le racontent & qui disent que l'on avoit tourné toutes ces choses en Allégories. C'est embrasser sans refléxion un système aussi absurde que dénué de tout fondement.

Atlas n'est point frere réel de Saturne ; ce n'est point un Être vivant, un personnage humain qui a été enseveli dans cette fosse creusée par Mercure : mais des choses relatives à l'Agriculture. ATLA signifie produire, porter ; nous l'avons vu ; s'il est frere de Saturne, c'est dans un sens énigmatique & pour dérouter l'auditeur, quand il n'aperçoit pas à l'instant que le grain n'est frere de Saturne que parce qu'ils viennent tous les deux de la terre.

Ou pour mieux dire, l'épithéte de *frere* de Saturne a été donnée aussi mal-à-propos à Atlas qu'à Betyle & à Dagon.

Atlas représente, non les grains semés & qui sont rares, mais les grains recueillis & très-abondans, qu'un très-grand nombre de Peuples anciens & modernes déposent dans des fosses bien couvertes pour les conserver. On en dut user par tout ainsi, dès le commencement de l'Agriculture, où l'on n'avoit pas les mêmes facilités que l'on eut dans la suite pour conserver les grains & les garantir du froid & des autres injures de l'air.

Atlas est alors enseveli sur un soupçon, le soupçon que ces biens ne se conserveroient pas s'ils n'étoient renfermés de cette maniere.

Les Arabes & les Maures d'Afrique ont encore cet usage. « J'ai vu en-
» semble, dit SHAW (1), jusques à deux ou trois cent de ces souterrains, qu'ils
» apellent *Mattamores*; les plus petits pouvoient contenir 400 boisseaux
» de Blé. » Il en est déja parlé dans HIRTIUS (2) comme d'un usage Africain. PLINE (3) attribue le même usage aux CAPPADOCIENS, aux THRACES, aux ESPAGNOLS &c. D'autres Auteurs, en avoient déja observé un pareil chez les PHRYGIENS, les SCYTHES, les HIRCANIENS, les PERSES, &c.

Il n'étoit donc pas indigne d'entrer dans cette allégorie, puisqu'il étoit si propre à en faire un des traits énigmatiques. Il étoit d'ailleurs moins difficile à deviner dans ces Contrées, où il étoit mis en pratique, & où les mots même y conduisoient ; puisque si *Atlas* consacré à l'Abondance & à l'Agriculture, pouvoit désigner un Personnage humain, le mot de *Mattamore*

---

(1) Voyag. T. I. 187.
(2) Dans la Guerre d'Afriq. Ch. 57.
(3) Hist. nat. Liv. XVIII. C. 30.

Allégories.   I

lui-même, composé de deux mots Orientaux (†) qui signifient *couvert de terre*, s'apliquoit très-bien à Atlas, dans quelque sens qu'on le prît.

§. 1.

Concubine d'Uranus enlevée par Cronus ou Saturne : elle étoit enceinte, & elle accouche de Démaroon.

Si quelqu'un des caractères de cette Histoire paroît absolument contraire à notre manière de l'envisager, ou impossible à expliquer allégoriquement, c'est certainement celui-ci ; d'autant plus que notre Auteur n'indique point le nom de cette Concubine d'Uranus que lui enleve Cronus, & qu'il ne dit rien sur le Fils qu'il lui attribue, qui puisse donner des lumieres sur sa Mere, se contentant de dire que ce fils s'apelloit Démaroon.

Cependant ces deux Caractères allégoriques ne seront pas difficiles à expliquer, & formeront un très-bel ensemble avec tout ce que nous venons de dire.

Le Laboureur ou le Cultivateur n'emploie pas uniquement la Terre pour ses travaux : il fait encore usage d'un autre Élément non moins fécond, & sans lequel la Terre ne produiroit rien. Cet Élément est l'Eau. Elle contribue essentiellement à l'abondance & à la beauté des productions de la Terre. Mais de toutes les Eaux, la plus fertile, la plus féconde, celle qui fait le plus prospérer les Plantes, c'est l'*Eau du Ciel*, dans le style allégorique l'*Eau d'Uranus* : mais cet Élément n'est pas sa principale Femme ; car c'est *Ghé* qu'il féconde ; l'Eau est donc sa Concubine dans ce même style allégorique. Aussi verrons-nous bientôt la manière énergique avec laquelle les Anciens exprimoient la vertu *fécondante* de l'Eau, & l'emblême dont ils se servoient pour la peindre. C'est par cette raison que Moyse peignant la fertilité de la Terre vierge, & voulant faire sentir qu'elle n'étoit point due à des causes secondes, dit, comme nous l'avons vu, « Dieu n'avoit pas encore fait *pleuvoir sur elle*, & l'Homme ne l'avoit pas encore *cultivée*.

Cette eau est reçue par le Cultivateur, par *Cronus*, dans des Réservoirs, d'où elle est distribuée par des canaux dans toute sa terre : mais en Oriental le mot qui désigne des Canaux, ne diffère presqu'en rien de celui qui désigne une Concubine ; l'un est פלגה *Peleguth*, & l'autre פלגש *Pellegesh* : on peut avoir joué sur le raport de ces deux mots ; raport cependant dont nous n'avons nul besoin pour notre explication.

Mais qu'est Démaroon, Fils de cette Concubine, si ce n'est la fécondité

(†) Ce mot est composé du mot Primitif subsistant en Arabe טם Tam, qui a produit l'Hébreu טמן Taman, *cacher, couvrir* ; & du prim. Ar la Terre. Du premier de ces mots radicaux est née la Famille Grecque Tameion & Tamieion, Magasin de Blé, Grenier, Cellier, Chambre, tout ce qui est propre à renfermer.

HISTOIRE DE SATURNE.

qui marche à la suite des *irrigations* & des eaux de pluie ? C'est ce qu'exprime son nom, composé de deux racines primitives : DE' & MAR. La premiere, le די *Di* ou *Dei* des Hébreux signifie incontestablement *abondance* : la seconde peut signifier *Seigneur* ou *Côteau*. Car ces deux noms sont réunis par l'idée commune d'élévation supérieure, de domination. Suivant que l'on se décidera pour l'un ou pour l'autre de ces sens, ce nom signifiera *le chef*, ou la source de *l'abondance* : ou *l'abondance des colines* : car les meilleurs Réservoirs du Laboureur sont ceux des Montagnes.

Il est pere de MELICERTE, surnom d'Hercule chez les Orientaux ; mais *Melicerte* signifie le Maître de la Ville ; & ceci est vrai : que sont en effet les Villes & les Empires, si-non les Filles de l'Abondance ?

§. 3.

DIEUX DE SATURNE.

Saturne ou Cronus n'étoit pas le Dieu de la Contrée : mais il en reconnoissoit. » En même tems, dit notre Auteur, ADOD, le Roi des Dieux, gouvernoit le Pays avec ASTARTE' & IOV DEMAROON.

Nous avons déja vu qu'*Astarté* étoit la Lune, la même qu'Isis des Egyptiens.

Qu'est donc ADOD, si ce n'est le Soleil, le seul, l'unique ? & c'est ce que signifie ce nom en Oriental.

Il est étonnant qu'on ait pu hésiter un seul instant à ce sujet : qu'on ait vu en lui Cham, Chus, Nimrod ou tel autre. C'est un Dieu Syrien, dit cependant M. Fourmont (1) : la faveur étoit grande !

Qui est-ce en effet qui gouverne le Pays où regne le Laboureur ou Saturne, si ce n'est le SOLEIL Roi des Dieux ou des Astres, le BELUS des Chaldéens ; & la LUNE ou *Belisame* & *Astarté*, Reine des Cieux ; ces Astres dont le cours forme les années ; & sur les arrêts desquels le Laboureur est obligé de régler toutes ses opérations, s'il veut qu'elles soient faites à propos, & qu'elles prosperent ?

Mais, par-dessus tout est IOV DEMAROON : & ceci est encore vrai. Iov est le Dieu suprême, le Jove des Latins, le JEHOV des Hébreux ; L'ÊTRE par excellence, le seul qui EST véritablement & par essence. C'est lui qui est au-dessus du Laboureur, & du Maître de la Terre, au-dessus du Soleil & de la Lune & de tout ce qui est.

Il est encore DE-MAROON, au pied de la lettre, c'est-à-dire le Seigneur de l'Abondance. Sans la protection du Maître de l'Univers, les travaux des

---

TAMIAS, qui a les clés & la garde des provisions, du Trésor, &c.
(1) Recherches sur l'Histoire des Peuples, p. 217-218. du Tom. I.

Hommes feroient infructueux & ftériles : ils périroient eux-mêmes. C'eft une de ces vérités dont les Hommes ont été pénétrés dans tous les tems, & que reconnoiffoit l'Auteur de ces Fragmens. Ce n'eft donc pas ici le Catéchifme d'un Athée, comme on l'en a accufé faute de l'entendre ; mais le Catéchifme d'un homme rempli d'eftime & d'admiration pour l'Agriculture, & de reconnoiffance envers la Divinité qui l'infpira aux Hommes, & qui répand fa bénédiction fur leurs Travaux.

§. 4.
De Sydyk, des Cabires & d'Efculape ou Afclépius.

« D'une des Titanides, dit notre Auteur, SYDYK ou le Jufte eut ASCLEPIUS » (ou Efculape). Plus bas, il lui donne fept autres Fils.

« Les CABIRES, dit-il, ou les fept Fils de Sydek, & Afclépius leur huitiéme
» Frere, furent les premiers qui, fur l'ordre de Thaut, tranfmirent par leurs
» écrits, le fouvenir de toutes ces chofes.

L'on n'a pas été plus heureux jufqu'ici, dans l'explication de ces Perfonnages, que pour les autres. M. FOURMONT a vu dans Afclépius ou Efculape, un *Caleb*, fucceffeur d'Eliefer, Intendant d'Abraham. Selon CUMBERLAND, Sydyk eft *Sem* fils de Noé : & s'il eft apellé *Sydyk*, *Sydek*, c'eft qu'il eft le même que MELCHI-SEDECH.

Leurs fyftêmes les conduifoient néceffairement à ces explications hazardées : s'ils euffent confulté l'Antiquité, au lieu des convenances que leur fourniffoit leur imagination, ils fe feroient facilement aperçus combien celle-ci les égaroit.

Pour éviter leurs erreurs, voyons ce que les Anciens nous difent des Perfonnages dont il s'agit ici : cette comparaifon nous inftruira de ce que notre Auteur ne nous dit ici qu'en paffant, & comme une chofe trop connue pour mériter plus de dévelopement.

1°. SYDYK.

SYDYK, de même que les CABIRES, font des noms purement Phéniciens ou Orientaux : il en doit être de même de celui d'ASCLEPIUS ou Efculape ; avec cette différence que les deux premiers exiftent en nature dans les Langues Orientales, & que ce dernier peut être confidéré comme un compofé de deux autres.

Philon a très-bien rendu celui de Sydyk, en le traduifant par δίκαιος Dικαιος, le Jufte. Ce Perfonnage n'eft ni Sem, ni le Pere de Caleb ; c'eft le Pere des Cabires.

Ce dernier mot fignifia les *Grands*, les *Puiffans* : il fut fynonime en Grec du nom des DIOSCURES, ou Fils d'*Iou*, Fils du Dieu fuprême.

HISTOIRE DE SATURNE.

Il est vrai qu'Esculape ne passoit pas, chez les Grecs, pour Fils de Jupiter ; mais seulement pour son Petit-Fils ; Apollon étant son Pere. Nous verrons plus bas que c'est une innovation qu'ils firent à la tradition Orientale, & comment elle arriva.

Sydyk est donc *Iou*. C'est le nom même de la Planette qui porte son nom dans les anciens Livres Juifs, tels que le Zohar, le Beresith Rabba, &c.

C'est ce même nom qui devint celui sous lequel Jérusalem fut désignée par les Cananéens. Les Orientaux, livrés au Sabéisme, donnoient à leurs Villes les noms de leurs Dieux ou des Planettes ; ainsi Jérusalem en s'apellant *Sedeck*, étoit la Ville de Jupiter.

De-là le nom de ses Princes *Adoni-Sedech* & *Melchi-sedech*, qui signifient, l'un *Seigneur*, l'autre *Roi* de Sedech.

2°. CABIRES.

Que seront les sept Cabires Fils de Sydyk ou du Dieu suprême, si ce n'est les sept Planettes, ou les sept Génies qui président aux Planettes, & qui dirigent par leur moyen, l'Univers.

Ils sont Fils de *Sydyk* ou du *Juste*, parce qu'il les forma lorsqu'il arrangea cet Univers, aux révolutions duquel président ces Globes célestes.

Cependant on a beaucoup disputé sur le nombre des Cabires, sur l'idée qu'on devoit s'en former : c'est que leur nom n'est qu'une épithète, & qu'on le prenoit pour un nom propre.

On devoit donc se perdre nécessairement, parce qu'il n'étoit plus possible de faire accorder les faits avec cette suposition gratuite.

Cabir étoit l'épithète consacrée aux Grands Dieux : il y en avoit ainsi nécessairement plusieurs classes.

Nous en trouvons au moins sept dans Sanchoniaton.

On en comptoit quatre à Samothrace.

Les Lacédémoniens en reconnoissoient deux.

Souvent, une seule Divinité portoit ce nom.

Vénus s'apelloit Cabar, dans l'Arabie ; & Cérès, Cabira à Thébes en Béotie. Iou étoit apellé du même nom chez les Etrusques, comme le prouve l'Inscription que nous avons raportée plus haut au sujet de Rhéa.

On désignoit donc par-là dans l'Orient ce que l'Occident a apellé les Grands Dieux, & dont il porta le nombre jusqu'à XII. Les XII. Grands Dieux, Protecteurs des XII. Signes ou des XII. Mois.

Vénus ou Astarté s'apella donc avec raison Cabire, de même que Cérès, qu'Iou, que le Soleil.

Lorsqu'on en comptoit deux, Castor & Pollux, l'un mortel, l'autre immortel, l'un aux Enfers, l'autre dans les Cieux, & chacun pendant six mois, c'étoient le Soleil d'Hyver & le Soleil d'Eté.

Si les Cabires étoient Fils d'Iou selon les Grecs, & de Sadyk selon les Phéniciens, ils étoient Fils de Vulcain selon les Egyptiens, comme nous l'aprenons d'Hérodote. Et en cela, il n'y a de différence que dans le mot. Vulcain, ou le Dieu-Feu, s'apelloit en Egyptien Phta, c'est-à-dire celui qui dirige *tout*, comme l'a fort bien prouvé Jablonsky (1). C'est toujours le Dieu suprême.

C'est de ce *Feu* & des VII Cabires que Xénocrates parloit, quand il disoit (2): » il y a huit Dieux. Un qui est (*Unité* ou) sans parties, & » qui préside à toutes les Etoiles fixes, comme si elles ne formoient qu'un » Tout. Cinq, qui président aux Planettes; le Soleil est le septiéme: & » au huitiéme rang, la Lune. »

Clément d'Alexandrie en raportant cette opinion de Xénocrates, lui fait dire (3) qu'il y avoit sept Dieux pour les sept Planettes, & que le huitiéme, composé de tout, étoit le Monde.

Ces VIII Dieux étoient représentés dans les peintures Egyptiennes dont parle Marcien-Capella. (4)

» On voyoit, dit-il, dans un cercle Solaire un vaisseau avec sept Pi-» lotes, qui étoient freres & parfaitement semblables l'un à l'autre. Et » ce vaisseau étoit rempli d'une lumiere céleste, intarissable, qui se ré-» pandoit dans tout l'Univers.

Cette lumiere céleste qui éclaire l'Univers entier sans s'épuiser jamais & qui est au-dessus du Soleil & de tous les Astres, est le Dieu Suprême, feu & lumiere, auquel on consacra le nombre VIII. *premier Cube & parfait* ; qui fut pour les Egyptiens Phta, que les Grecs rendirent par Vulcain, que les Phéniciens apellerent Esmunus & qui devint Asclépius ou Esculape. Aussi Vulcain & Esculape étoient-ils apellés le *Dieu de Memphis*, parce qu'on y adoroit le Dieu Suprême sous le nom de Phta, synonime de ceux de Vulcain & d'Esculape. Ce dernier est apellé par Ammien-Marcellin (5), le *Dieu de Memphis*, tout comme Vulcain, chez les Anciens.

Voyons comment il dégénéra en un fils de Sydyk, & comment il devint le Dieu de la Médecine.

3°. *ASCLÉPIUS* ou *ESCULAPE*.

L'Histoire de Sydyk & celle des Cabires ne paroît liée à celle de Saturne ou de l'Agriculture, que relativement à Esculape.

Il est cependant difficile d'apercevoir par le peu qu'en dit notre Auteur, sous quel point de vue l'Histoire d'Esculape s'unit à celle de l'Agriculture, quoi-

---

(1) Panthéon Ægypt. Prolégomènes, p. LX, &c.
(2) Ciceron, de nat. Deor. Lib. I. C. 13.
(3) In Protrept.
(4) In Satyric. L. II.
(5) Hist. Liv. XXII.

HISTOIRE DE SATURNE.

que ce raport ait paru affez étroit aux Orientaux pour les engager à les réunir comme ils ont fait ici, de même que dans l'Hiſtoire de Cérès & de Proſerpine, Hiſtoire également relative à l'Agriculture ; & où l'on dit qu'Ascalaphe, certainement le même qu'Asclepius, fut cauſe que Proſerpine ne fut pas rendue pour toujours à ſa Mere, parce qu'il raporta qu'il lui avoit vu manger dans le Tartare ſix grains de Grenade.

Cherchons donc quelqu'autre Monument propre à éclaircir cet objet.

En voici un tiré de la vie d'Iſidore par Damascius (6), d'autant plus intéreſſant, qu'outre qu'il s'accorde avec notre Auteur, il entre dans un plus grand détail.

Ὁ ἐν Βηρύτῳ Ἀσκληπιὸς ὐκ ἔςιν Ἕλλην, ὐδὲ Αἰγύπτιος, ἀλλά τις ἐπιχώριος φοῖνιξ. Σάδυκῳ γὰρ ἐγένοντο παῖδες οὓς Διοσκόρυς ἑρμηνεύυσι, καὶ Καβείρυς. Ὄγδοος δὲ ἐγένετο ἐπὶ τύτοις ὁ Ἔσμυνος, ὃν Ἀσκληπιὸν ἑρμηνεύυσιν. Οὗτος κάλλιςος ὢν ἰδεῖν, καὶ νεανίας ἰδεῖν ἀξιάγαςος, ἐρώμενος γέγονεν, ὡς φησὶν ὁ μῦθος, Ἀςρονόης θεῦ φοινίσσης, μητρὸς θεῶν· εἰωθὼς τε κυνηγετεῖν ἐν ταῖς δε ταῖς νάπαις, ἐπειδὴ ἐθεάσατο τὴν θεὸν αὐτὸς ἐκκυνηγετῆσαν, καὶ φεύγοντα ἐδιώκυσαν, καὶ ἤδη καταληψομένην, ἀποτέμνει πελέκει τὴν αὐτοῦ αὐτῷ παιδοσπόρον φύσιν. ἡ δὲ τῷ πάθει περιαλγήσασα, καὶ Παίανα καλέσασα τὸν νεανίσκον, καὶ τῇ ζωογόνῳ θέρμῃ ἀναζωπυρήσασα, θεὸν ἐποίησεν, Ἔσμυνον ὑπὸ φοινίκων ὠνομασμένον, ἐπὶ τῇ θέρμῃ τῆς ζωῆς. οἱ δὲ ἢ τὸν Ἔσμυνον ὄγδοον ἀξιῦσιν ἑρμηνεύειν, ὅτι ὄγδοος ἦν τῷ Σαδύκῳ παῖς, ἐν σκότῳ διολυγίῳ πῦρ ἀγαθὰς.

» Asclepius ou Eſculape, que l'on honore à Béryte, n'eſt ni Grec ni Egyptien, mais Phénicien : car Sadyc eut des enfans qu'on appella Dioſcures ou Cabires : le huitiéme étoit Esmunus, c'eſt-à-dire Eſculape. C'étoit un jeune homme d'une ſi grande beauté, qu'Astronoé, Reine de Phénicie, Mere des Dieux, ſoupira pour lui, s'il faut en croire la Fable. Celui-ci, qui ne prenoit plaiſir qu'à tendre des piéges aux animaux des Forêts, s'apercevant que la Déeſſe lui en tendoit à lui-même, & qu'il ne pouvoit lui échaper par la fuite, il s'eunuchiſa avec une hache. La Déeſſe affligée de cet événement, donna à ce jeune homme le titre de *Paian* ; & lui rendant ſa chaleur vivifiante, elle le mit au rang des Dieux. C'eſt à cauſe de cette chaleur vitale, qu'il fut apellé *Eſmunus* par les Phéniciens ; quoique d'autres eſtiment que ce fut parce que ce mot ſignifie huitième, & que ce nom lui fut donné à cauſe qu'il étoit le huitième fils de Sadyk : c'eſt lui qui portoit la lumiere au milieu des ténèbres ».

Nous avons donc ici un Fragment de Mythologie Phénicienne, précieux par ſes détails & par les lumieres qu'il nous donne ſur cette portion de l'Antiquité, ſi peu connue.

Damascius s'accorde avec Philon, en diſant que *Sydyk* fut Pere des Dioſcures ou des Cabires, & qu'*Eſmunus* ou *Aſclépius* fut le huitième. Il ajoute, qu'il fut apellé Eſmunus, ſoit parce que ce nom ſignifie huitième,

---

(6) Phot. Bibl. Cod. CCXLII. p. 1074.

soit plutôt à cause de la chaleur vitale, ou vivifiante, dont il étoit la source, & par laquelle il étoit Dieu; & qu'il portoit la Lumiere ou le Feu, dans les Ténèbres les plus épaisses ; & qu'il avoit le titre de PAIAN.

Ce titre de PAIAN ou de *Sauveur*, ce Feu qu'il porte dans les ténèbres les plus épaisses, cette chaleur vitale par laquelle il est Dieu, caractérisent de la maniere la plus parfaite le *Soleil*, ou le Dieu Feu, le Dieu suprême dont les Attributs se confondirent toujours avec celui du Soleil son symbole.

Nous venons de voir qu'ils étoient du nombre des Cabires, ou des VIII. Grands Dieux Primitifs du Sabéisme. Esmunus étant pris pour le Soleil, étoit donc un des sept Fils de Sydyk. Étant pris pour l'Être élevé au-dessus du Soleil ou des sept Planettes, il étoit un huitiéme Cabire; mais pris mal-à-propos par les Écrivains postérieurs pour un Frere des sept.

Il étoit donc *Esmunus* ou *Huitiéme*, sous quelque point de vue qu'on l'envisageât. Relativement à son association avec les sept autres, il étoit ESMUNUS, *le Huitiéme*, en le composant du mot Oriental SHMAN, qui signifie *Huit*, en Égyptien SHMÊN.

Relativement à sa qualité de Feu vivifiant, il est encore ESMUNUS, c'est-à-dire, le *Feu* qui *régle* les Saisons : il est alors composé du mot Es qui signifie *Feu*, & du mot MUN qui signifie *éclairer*, *avertir*, & dont vinrent MON la Lune, MINOS le Soleil, MON-*ere*, avertir, &c. ou de l'Oriental מן *Meni* la chaleur vitale, comme l'a soupçonné un Savant Anglois (7).

Avec le tems, cet Esmunus ou Asclépius fut distingué du Soleil lui-même, ou d'Apollon ; & comme Fils d'Apollon, il devint le Patron particulier des Asclépiades ou des Médecins, & le Dieu de la Santé.

Mais comment arriva ce changement? & quelle fut l'origine du nom même d'*Asclépius*, ou d'*Esculape* ? C'est ce qu'il ne sera pas difficile maintenant de trouver.

Deux Villes d'Egypte portoient le nom d'Esmunus : l'une est l'ACHMIN que les Grecs traduisirent par le nom de *Panople*, ou Ville du Dieu Pan ; l'autre est l'ACHMIN, qu'ils rendirent par le nom d'*Hermople*, ou Ville de Mercure.

Voilà donc Esmunus ou Asclépius, confondu chez les Grecs avec Mercure. D'où provint cette erreur, si ce n'est de ce qu'Esmunus & Mercure étoient peints en Egypte avec un symbole commun, qui les fit prendre l'un pour l'autre.

Ce symbole étoit la Tête du Chien, qui les distinguoit de tous les autres Dieux.

Asclépius, désigné par une Tête de Chien, en auroit donc le nom; il seroit composé des deux mots As ou Es , & CALEB Chien; il signifieroit le CHIEN étincelant de lumiere ; & il seroit la *Canicule*, qui faisoit l'ouverture de l'année chez les Egyptiens.

---

(7) Le Docteur SWINTON, dans sa Diss. sur l'Inscr. de CITIUM, p. 37, &c.

Ici

Ici la Canicule ou Sirius repréſenteroit exactement le huitiéme Cabire, ce Dieu ſuprême qui ſeul préſidoit à toutes les étoiles fixes, indiquées par celle qui eſt la plus brillante, & qui marchoit à leur tête à l'ouverture de l'année Egyptienne.

Bientôt on le peignit avec un Chien à ſes côtés: il devint ainſi un Être adonné à la chaſſe, en même-tems qu'il faiſoit l'ouverture de l'année; ne ſoyons donc pas étonnés qu'on en ait fait un Chaſſeur.

Macrobe (8) peint parfaitement l'idée qu'on avoit d'Eſculape & ſes raports avec le huitiéme Cabire, lorſqu'il dit » qu'il eſt la vertu ſalutaire qui » deſcend du Soleil ſur les corps des Mortels, & qui les ranime ». Alors on pourroit dire, qu'Ascalaphe eſt compoſé des deux mots Orientaux As ou Es, le feu, comme ci-deſſus, & Calaph fraper: auſſi arma-t-on le Soleil d'une Maſſue. Et cette étymologie me plairoit beaucoup plus que la précédente, étant plus naturelle & ſans aucun changement de lettre.

Notre Auteur nous aprend que les Cabires & Eſculape, par l'ordre de Thot ou de Mercure, tranſmirent par leurs écrits le ſouvenir de ces choſes. Ceci s'accorde avec un paſſage que l'on nous a conſervé de Manethon, où cet Hiſtorien dit que Mercure ſe ſervit du ſecours & des conſeils d'Eſculape, pour tracer ſur des colonnes ſes découvertes, & les principes des Sciences; mais la diſcuſſion de cet objet ſera mieux placée dans l'Hiſtoire de Mercure, qui ſuit celle-ci.

§. 5.

PONTUS, TYPHON, NERE'E, SIDON.

» Dans le même tems, ajoute notre Auteur, vivoient Pontus, Typhon
» & Nerée Pere de Pontus, qui le fut lui-même de Poseidon (*Neptune*)
» & de Sidon. Celle-ci dont la voix étoit admirable, inventa le chant de
» Odes.

1° PONTUS.

Cette Généalogie paroît hiſtorique: rien de plus allégorique cependant. Ceux qui ont quelque teinture de la Fable, ſavent que Nerée, Neptune & Pontus, furent toujours regardés comme des Dieux Marins.

Pontus eſt un mot qui ſignifie Mer: de-là le Pont-*Euxin* ou Mer noire, & l'*Hellés*-Pont, ou mer d'Hellé; mais ce mot n'étoit qu'une épithéte qui ſignifioit *vaſte, immenſe*. C'eſt le Primitif Pot, immenſe, ſublime, vénérable, qui étant naſalé ſe prononce Pont. Les Grecs ne le naſaloient que dans la racine, tandis qu'il redevenoit ſimple dans tous ſes compoſés. Auſſi diſoient-ils:

---

(8) Sat. Lib. I. C. 20.

Allégories.

Pot-Amos, pour dire un Fleuve, c'est-à-dire une grande-eau.

Pot-Nios vénérable, c'est-à-dire un Être immense, sublime, élevé par-dessus tout.

Ce mot fut de toutes les Langues Celtiques: les Latins en firent leur mot, PONTIFEX, *Pontife*, dont on n'avoit pu trouver l'origine; & qui ne désigne pas, comme on l'a cru, un *Faiseur de Ponts*; mais *celui qui remplit des fonctions augustes & vénérables.*

Notre mot *Pont*, vint de la même source. Qu'est en effet un PONT, si ce n'est un chemin exhaussé sur les eaux ?

Ce n'est donc pas dans notre mot ordinaire un *Pont*, mais dans la signification générique de cette Racine, qu'il faut chercher l'origine de tous les noms propres qui en sont formés.

2°. NÉRÉE.

On s'est donné beaucoup de peine pour découvrir l'origine du mot NÉ-RÉE(9); mais c'est un mot Oriental qui désigne une eau courante, & qui devient le nom d'un grand nombre de Fleuves & de Ruisseaux: tels que le *Nar* en Italie, & le *Nairet* du Mont Pila dans le Lyonnois. C'est aussi un mot Grec, NAROS, & NÈROS signifiant dans cette Langue, *coulant, liquide*.

Hésiode parle de Nérée dans la Théogonie: il en fait le fils aîné de Pontus: il ajoute qu'on le peignoit sous la figure d'un vieillard, parce qu'il étoit toujours juste & moderé dans ses jugemens, toujours vrai, & ennemi du mensonge & de toute espéce de déguisement & de fard.

ΝΗΡΕΑ τ' ἀψευδέα καὶ ἀληθέα γείνατο Πόντος,
Πρεσβύτατον παίδων· αὐτὰρ καλέουσι γέροντα
Οὕνεκα νημερτής τε καὶ ἤπιος· οὐδὲ θεμιστέων
Λήθεται, ἀλλὰ δίκαια καὶ ἤπια δήνεα οἶδεν.

Théog. v. 233 & suiv.

Les Anciens ont été fort en peine des motifs qui avoient engagé les premiers Poëtes à peindre Nérée de cette maniere. Un Scholiaste d'Hésiode (10) s'imagina qu'on avoit voulu dire par-là que les Gens de mer ayant toujours la mort peinte devant les yeux, en apprenoient à être justes & doux. Nos Modernes se sont moqués avec raison du bon Scholiaste: mais ils n'ont pas mieux rencontré, lorsqu'ils ont vu l'origine de ce portrait, dans le raport du nom de Nérée avec des mots Orientaux qui signifient avoir de l'intelligence, être sage.

C'est ainsi que ceux qui n'ont suivi que les lueurs de leur esprit dans l'explication des Fables, abandonnant le sens que leur présentoit la Nature &

---

(9) Voyez le Clerc, notes sur la Théogonie d'Hésiod.
(10) JEAN, Diacre.

les besoins qui seuls conduisoient les hommes, se sont sans cesse égarés dans leurs conjectures.

Nérée est l'eau : & l'eau ne fut-elle pas dans tous les tems un miroir fidelle & vrai ? un Juge ennemi de tout fard & de tout déguisement ? C'est dans ce miroir que les Bergeres contemploient leurs graces ingénues, & qu'elles ornoient leurs têtes de fleurs, lorsqu'elles se préparoient à quelque Fête solemnelle, ou à briller dans quelque danse. C'est ce que savoient très-bien les premiers qui composerent des Vers : ce que savoit encore très-bien Hesiode, lorsqu'il fit ce charmant Tableau, devenu froid & sans vie, dès qu'on en eut perdu l'objet de vue ; & ce que les Critiques auroient aperçu s'ils s'étoient rapellés l'expression de Miroir des eaux, *speculum lympharum*, que leur avoit offert dans leur jeunesse l'ingénieux Fabuliste Latin.

3°. *TYPHON*.

Typhon joue un grand rôle dans la Mythologie Egyptienne : c'est l'ennemi d'Osiris, c'est l'Hyver, c'est le mauvais Génie, c'est la Tempête & le Tourbillon ; en un mot tout ce qui est mauvais & nuisible. Ici, c'est la Mer, parce que les Egyptiens qui haïssoient la Mer, l'appelloient Typhon, c'est-à-dire l'Elément funeste & mauvais, ennemi de l'Agriculture : & par la même raison ils peignoient Typhon sous l'emblême de l'Hippopotame & du Crocodile, habitans des Eaux.

4°. *POSEIDON* ou *NEPTUNE*.

Selon les Phéniciens, Neptune fut Fils de Pont ou de la Mer. Leur Mythologie n'est donc pas exactement la même que celle des Grecs : nouvelle preuve que notre fragment est d'origine Phénicienne, & que ce n'est pas une simple supposition de Philon : il n'eût pas imaginé une Mythologie qui n'eût été ni Grecque ni Phénicienne. Neptune s'apelle en Grec *Posidón* : ce nom est composé de celui de Sidon, qui se prononçoit Seidon, d'où vient le nom moderne de cette Ville *Saïd*. C'est le même que le nom de Beth-Saïda, Ville de la Palestine sur un Lac. Ce nom vient de Said, qui signifie Pêche : Sidon signifie donc *Pêcherie*, endroit propre à la pêche. Bethsaida est *maison de Pêche*. Poseidon, signifie donc *la grande Pêcherie*, étant composé de Pot & de Said.

Neptune fut également bien nommé : ce nom est la réunion de deux mots primitifs ; 1°. Nep qui signifie *étendue d'eau*, mot resté dans le François Nappe, relatif aux eaux, comme lorsqu'on dit, une belle Nappe d'eau, & qui forma le Grec *nipsé* au futur second, & Nipto au présent, qui signifie laver : *nipho* & *neipho* laver, *niphas* neige, *napthé*, bitume liquide, napthe : 2°. de Fun ou Dun élevé, profond.

Étymologie qu'a très-bien vue un Savant Moderne (1).

Tous les noms réunis ici ne sont donc que différentes épithétes de la Mer & des Eaux.

§. 5. SIDON.

Il n'est pas étonnant non plus qu'on ait fait de Sidon la fille de Pontus. Toutes les Villes Maritimes sont filles de la Mer : sur-tout celles qui ne seroient rien sans la Mer, comme Sidon. Mais pourquoi lui attribue-t-on une voix admirable & l'invention de l'Ode? Peut-être parce l'Ode fut en effet inventée à Sidon : des Villes aussi florissantes sont remplies de beaux esprits, de Poëtes, de Spectacles; ce n'est que dans leur sein que peuvent fleurir les beaux Arts. On sait d'ailleurs à quel point les Phéniciens cultivoient les Lettres, preuve de l'aisance & de la prospérité dont ils jouissoient.

§. 6.

BAALTIS, les CABIRES, les AGROTES, &c.

« Après ces choses, Saturne donna la Ville de Byblos à la Déesse Baaltis » ou Dioné, & Béryte à Poseidon ou *Neptune*, aux Cabires ou aux *Grands*, » aux Agrotes ou *Campagnards* & aux *Pêcheurs* qui consacrent à Béryth les » restes de Pontus ». L'Auteur avoit dit plus haut » que Saturne ayant fait » entouré son habitation d'un mur, fonda Byblos la premiere Ville qu'il y » ait eu en Phénicie.

Byblos & Béryte étoient deux Villes Maritimes & très-florissantes, dont nous ferons un article à part pour ne pas charger celui-ci : elles furent consacrées naturellement à *Dioné* ou à l'Abondance, & à *Neptune* ou au Commerce Maritime & à la Navigation. Et l'on y consacra les restes de Pontus, c'est-à-dire cette portion de richesses que la Mer fournit, & que les Pêcheurs réservent pour les Habitans du Pays.

C'est le fruit des travaux de Cronus ou Saturne, parce que sans Agriculture il n'y auroit ni Villes, ni Ports, ni Abondance, ni Navigation, ni Commerce : les hommes seroient aussi peu nombreux, & aussi épars sur la Terre que les animaux des bois.

§. 7.

Navigations des Descendans des Dioscures.

Ce que nous venons de dire nous donne la clé de ce que notre Auteur a rapporté plus haut, que » dans ce tems-là les Descendans des Dioscures

---

(1) M. l'Abbé Bergier dans son Origine des Dieux du Paganisme, Tom. II, p. 16.

HISTOIRE DE SATURNE.

» ayant conſtruit des radeaux & des Vaiſſeaux, ſe mirent en mer : & qu'ayant
» été jettés ſur le rivage ſous le Mont Caſſius, ils y éleverent un Temple.

Cet article qui ſemble n'avoir aucun raport avec l'Hiſtoire de Saturne,
& qui ne paroît mis ici que pour conſerver le ſouvenir d'un ſimple fait hiſtorique, eſt cependant intimement lié avec l'Allégorie que nous expliquons,
& trop intéreſſant pour être omis.

Les Dioſcures ou les Cabires, (car ce ſont les mêmes Perſonnages ſous deux
noms différens,) ne ſont autres que les grands Propriétaires, les Maîtres de
la Terre, les Fils du Soleil ou du Ciel dans le ſtyle allégorique. Ce ne ſont
pas eux qui s'embarquent ; mais leurs Deſcendans, les Êtres auxquels ils
ont donné naiſſance. Mais quels ſont les Êtres qui naiſſent des grandes Propriétés, ſi ce n'eſt ceux qui conſtruiſent des radeaux, des Vaiſſeaux & qui
les chargeant des Productions fournies par les grands Propriétaires, en font
un objet de Commerce, & les vont échanger, troquer, vendre, débiter dans
les pays lointains, & ſubſiſtent eux-mêmes par ces moyens ?

Ces premiers Navigateurs ſont jettés ſur les rivages que domine le Mont
Caſſius, & ils y élevent un Temple.

Cette anecdote, qui ſemble elle-même jettée ici comme par hazard,
eſt de la plus grande vérité, & peint admirablement les Tems anciens.

Le Mont Caſſius eſt entre la Phénicie & l'Egypte. C'étoit donc un lieu
heureuſement ſitué pour y ouvrir le plus grand Commerce entre la Phénicie
& l'Egypte, entre l'Aſie & l'Afrique. Nos Navigateurs durent donc en faire
le but de leurs voyages.

Ils y éleverent un Temple : c'eſt encore dans le Coſtume. Sur les Frontieres de deux ou pluſieurs Peuples, on choiſiſſoit le lieu le plus favorable
pour le Commerce : il devenoit comme la Capitale, le point d'union, le
centre de tous ces Peuples : là, étoit toujours un Temple conſacré à la Divinité Tutélaire du lieu ; là, dans les tems marqués chaque année, & qui
tomboit toujours au tems de la Fête du Dieu, ſe raſſembloient tous ces Peuples pour leur Commerce : c'étoit tout à la fois un tems de Foire, de Péle-
rinage, de fête & de danſes : les Marchands trafiquoient, les dévots alloient
au Temple, la Jeuneſſe danſoit, toutes les denrées ſe vendoient bien, &
chacun s'en alloit gai, diſpos & content. Telles ſont encore nos Foires &
nos Pélérinages : juſqu'aux Fêtes des Paroiſſes toujours unies au Commerce,
& accompagnées de quelque Foire, grande ou petite. Ces choſes ſont &
ſeront de tous les tems, parce qu'elles tiennent aux premiers beſoins & à
la Nature Humaine. Ces lieux furent toujours privilégiés & à l'abri de toute
inſulte, de toute attaque, de toute viſite, parce qu'ils ne pouvoient ſe
ſoutenir que par ce moyen.

L'on ne va que là où l'on ne craint rien ; & le commerce fuit tout lieu où
il ſeroit gêné ou violenté. De-là les franchiſes de toutes les Égliſes & de
tous les lieux ſacrés, parce qu'ils furent toujours deſtinés à aſſembler & à
réunir les hommes.

L'utilité en étoit encore bien plus sensible dans ces premiers Tems, & sur-tout dans ces Contrées où l'on avoit infiniment moins de ressources pour le Commerce qu'aujourd'hui, & où les Lieux consacrés pour cela étoient moins nombreux.

N'omettons pas que le Temple du Mont Cassius fut très-célébre dans l'Antiquité : qu'il étoit consacré au Dieu suprême, apellé par les Latins Iou Cassius : & qu'il tenoit dans sa main une Grenade pour marquer qu'il étoit le Dieu Tutélaire de l'Agriculture, source des Empires & de la Population.

Ajoutons qu'au pied de ce Temple, s'éleva une Ville considérable, bâtie sur le bord de la Mer, & qui servoit de port au Temple & aux Habitans de la Montagne.

Au Nord de la Phénicie, est une autre Montagne près de Séleucie, & au pied de laquelle passoit l'Orontes, qui s'apella aussi Cassius, & sur laquelle étoit également un Temple consacré à Iou Cassius. Il avoit donc été élevé entre la Phénicie & la Syrie, par la même raison que celui dont nous venons de parler entre cette même Phénicie & l'Egypte : un pareil point de réunion n'étoit pas moins nécessaire au nord de la Phénicie qu'au midi.

En tirant l'étymologie de ce nom du mot Oriental קץ Qats, qui signifie *terme*, *borne*, la situation de ces Montagnes est rendue exactement, de même que leurs effets, & s'assortit au mieux avec tout ce que nous venons de dire.

ARTICLE VIII.

§. I.

Détronement et Mutilation d'Uranus.

Récit de Sanchoniaton & d'Hésiode à ce sujet.

Nous voici parvenus enfin au dénouement de cette longue Histoire, à l'action la plus dénaturée de Saturne, bien propre à le rendre odieux, & qu'on n'eût dû raconter qu'avec horreur, qu'on chante cependant comme digne d'une gloire éternelle, & qui éleve Saturne au rang des Dieux. Faits inexplicables, s'il faut prendre ceci au pied de la lettre : mais vrais & à leur place, dès que l'on considere cette derniere marque de cruauté de Saturne sous un point de vue allégorique, qui la lie avec toutes les autres portions de son Histoire, & qui en fait la clé de tout ce qui a Saturne pour objet.

» Saturne, dit notre Auteur, tend des embûches à son Pere la 32ᵉ année

HISTOIRE DE SATURNE.

» de son règne, dans des lieux entrecoupés : & s'étant rendu maître de la
» Personne, il le prive des marques de son sexe ; c'étoit près des Fontaines
» & des Rivieres Quand Uranus eût rendu l'ame, il fut déifié : son sang se
» mêla avec les eaux des Fontaines & des Rivieres : & encore aujourd'hui,
» l'on en montre la place.

Hésiode dans sa Théogonie (1) chante la même catastrophe ; mais dans un plus grand détail, & en l'assortissant à la Mythologie Grecque.

Après avoir dit comme nous l'avons vu, que Rhéa avoit armé Saturne de la faulx meurtriere, il ajoute :

» Bientôt arrive le Grand Uranus, menant la Nuit à sa suite : déja il em-
» brasse Ghé : son Fils sort aussi tôt du lieu où il s'étoit mis en embuscade ;
» & prenant sa grande faulx longue & affilée, il tranche la virilité de son
» Pere : il la jette en arriere.

» Ce n'est pas sans fruit qu'elle s'échape : Ghé reçoit dans son sein, toutes
» les gouttes qui en distillent ; la révolution de l'année en fait naître les vail-
» lantes Erynnides, les redoutables Géans aux armes brillantes & aux
» grandes lances, & les Nymphes MELIADES.

« Cependant cette portion d'Uranus tombe dans la Mer agitée : long-
» tems elle flotte sur les eaux : de ce Corps immortel se forme une écume
» brillante : les flots la portent à Cythere, & de-là dans la terre de Chypre,
» qu'environnent les Eaux. Alors la plus belle des Divinités sort de cette
» écume, & l'on voit par-tout la verdure naître sous ses pas. Les Dieux s'ac-
» cordent à l'apeller APHRODITE, la Déesse née des eaux écumantes,
» CYTHÉRÉE couronnée de fleurs, la beauté Cyprienne parce que c'est-là
» où elle vit le jour, l'Amante de la fécondité parce qu'elle naquit de ses
» sources.

Les Dieux l'admirent aussi dans leur Assemblée immortelle, & avec elle
» l'Amour & Cupidon qui marchent à sa suite.

» Depuis ce tems, elle est toujours honorée par les Dieux & par les Hom-
» mes. Elle préside aux conversations des Amans, aux ris, aux jeux, à la
» volupté séduisante, aux Amours & aux Graces.

2.

Preuves que ce récit est allégorique.

Nous avons dans ce récit d'Hésiode deux faits à discuter ; le premier qui lui est commun avec notre Auteur : le second né de celui-là ; mais devenu beaucoup plus intéressant entre les mains des Grecs : ce qui confirme l'opinion que Sanchoniaton est antérieur de beaucoup, même à Hésiode.

La naissance de Vénus est certainement une Allégorie : mais liée étroitement avec la mutilation d'Uranus, celle-ci ne seroit-elle pas elle-même une allégorie ? Auroit-on sans cela pensé à unir une idée aussi agréable à un parricide avec lequel elle n'auroit rien eu de commun ?

Mais afin qu'on puisse nous suivre plus aisément dans l'explication que nous en donnerons, & qu'on ne puisse douter que ce ne soit réellement une allégorie, & une allégorie liée intimément avec l'Agriculture ou avec Saturne, ne la séparons point du reste de la Mythologie ; c'est de cet ensemble que doit naître la lumiere propre à dissiper ces ténébres.

Ce n'est pas l'Histoire de deux Particuliers ou de deux Rois qu'on chercha à célébrer, en chantant la maniere dont Saturne avoit fait perdre à Uranus les marques de son sexe ; & ce ne fut pas un fait historique, qu'on eut dessein d'apprendre aux hommes, en ajoutant que les Eaux des Fontaines & des Rivieres en avoient été fécondées : c'étoient des objets physiques, dont on vouloit conserver la mémoire ; & qui étant communs à tous les Peuples agricoles, sont racontés chez tous par des allégories de la même nature : les noms seuls sont changés.

Passons-nous en Egypte ? Osiris y éprouve de la part de Typhon les mêmes traitemens, qu'Uranus de la part de Saturne : & ce qu'il perd tombe également dans les eaux ; Isis ne le retrouve plus, il est mangé par les Poissons : & cet événement devient le sujet d'une Fête solemnelle.

Nous transportons-nous en Syrie ? Vénus y pleure Adonis : il est mort, blessé par un sanglier, dont les dents cruelles ont atteint en lui les sources de la vie.

En Phrygie, le même spectacle s'offre à nous. Cybéle y déplore la fureur d'Attys, de son cher Attys qui n'a pas eu plus de compassion pour lui-même, que le vilain sanglier qui tua Adonis n'en eut pour cet Amant de Vénus, & qu'Osiris n'en éprouva de la part du barbare Typhon.

Ce ne sont même que des Hommes aussi malheureux qu'Attys, qu'Uranus, qu'Osiris, qui peuvent être les Prêtres de Cybéle.

A Rome où cette coutume Asiatique n'avoit pû s'introduire, des Femmes seules avoient le privilége de voir la Déesse : rien du sexe oposé, ne pouvoit paroître en sa présence, pas même en Tableau.

Dans ces récits postérieurs, les traits à la vérité, sont adoucis, ce n'est plus Ghé qui fait maltraiter à ce point URANUS par son propre Fils : mais c'est toujours une Déesse qui n'a plus de mari réel, & qui dans sa douleur ne veut plus voir des Personnes capables d'en renouveller l'amertume.

Il n'est pas jusqu'aux Grecs, qui ne veulent avoir une Rhéa aussi infortunée que les autres, & de leur façon : & ils font pour cet effet traiter son mari Saturne, de la même maniere par son fils Jupiter.

Ces raports ne sont point formés par le hazard : ils ne peignent point non plus des aventures réelles : c'est une allégorie, répétée par-tout ; mais toujours avec quelque circonstance de plus ou de moins, & sous des noms différens, par cela même que ce n'est qu'une allégorie.

Ne soyons pas surpris qu'elle soit commune à tous ces Peuples, & qu'elle ne s'étende pas plus loin ; cette Allégorie est essentielle à Saturne, c'est-à-dire à l'Agriculture ; elle aura donc été adoptée par tous les Peuples agri-

coles.

coles ; & elle ne se sera pas étendue à d'autres. Une même vérité n'est cachée sous toutes ces Fables, que pour les Peuples qui jouissent des effets de cet Art.

3. *Explication de l'Allégorie qui y est renfermée.*

Est-elle difficile à trouver, cette vérité ? Ne naît-elle pas de l'ensemble que nous venons de parcourir ? Et peut-elle être mieux caractérisée que par ces Eaux fécondées aux dépens d'Uranus, d'Osiris, d'Adonis & de tous les autres qui éprouvent le même sort, & par la naissance de la Déesse de la Fécondité qui sort elle-même du sein de ces Eaux ?

L'on chante ici les heureux effets de l'Agriculture : par elle la Terre, Ghé, Cybéle, Isis, ou de tel autre nom qu'on voudra l'apeller, semée, arrosée, cultivée, moissonnée par l'Agriculteur ou par Saturne, est devenue en quelque sorte son Épouse ; il a ravi au Ciel l'Empire qu'il possédoit sur elle, tandis qu'elle ne produisoit que par son secours. Mais Uranus n'est pas seulement privé de son Empire : il perd encore ces forces par lesquelles il fécondoit cette Terre, puisque c'étoit son Empire même.

C'est dans les Eaux que tombent ces symboles de sa puissance : ce sont les Eaux qui se teignent du sang d'Uranus, d'Adonis, d'Osiris, &c. puisque l'Homme ne peut rendre la Terre féconde sans le secours des Eaux ; & que ces eaux ne tirent pas même de lui leur fécondité : c'est à la Nature qu'elles la doivent ; & si elles deviennent fécondes entre les mains de l'Agriculteur, ce n'est qu'autant qu'il les a mises en état de recevoir l'influence des Cieux : qu'il a dépouillé en quelque sorte ceux-ci de toute leur vertu, pour la faire passer dans ces eaux ; & faire raporter à la Terre des fruits qu'elle n'eût point produits sans cet artifice.

Telle est donc l'origine de toutes ces Fables, calquées sur le même modèle, & en aparence si barbares ; elles aprenoient à l'Homme, que quoiqu'il eût inventé l'Agriculture, le plus excellent des Arts, cet Art source des Empires & des Sciences, il n'en devoit point le succès à lui-même : qu'il n'en étoit qu'un Agent étranger : que le succès dépendoit des influences du Ciel sur la Terre, par le moyen des Eaux propres à la féconder.

Ce n'est donc pas sans raison que l'on place ces événemens sur les bords des Fontaines & des Fleuves ; & c'est avec autant de raison, que l'on fait naître du sein des Eaux, Vénus, la Déesse brillante de la fécondité.

L'Eau fut en effet chez les Anciens le premier Principe des Êtres physiques : mais lorsqu'on fait dire à ces Anciens qu'elle est le premier Principe, dans le sens absolu, la seule Cause de ce qui existe, le Créateur même, on leur prête une extravagance à laquelle ils ne pensérent jamais : on les calomnie dans toute l'étendue du terme.

Mais disons un mot de Vénus.

Allégories. L

§. 2.

Naissance & Triomphe de VENUS.

Elle n'est donc point honteuse, la naissance de Vénus; & l'on ne pouvoit célébrer d'une maniere plus agréable, les heureux effets de la culture de la Terre. Aussi Vénus fut apellée APHRODITE: non du Grec ΑΦΡΩ APHRÔ, écume, explication qui fut une suite de l'allégorie; mais du primitif PHRÉ פרה qui signifie *Production*, *Fécondité*: & d'où naquirent des familles immenses dans toutes Langues: d'où vinrent chez les Grecs ΦΕΡΩ, *Pheró* φόρος, *Phoros* &c. Chez les Latins *fero*, *ferax*, *fertilis*, *fructus*, *fruor*, &c. En François, *Frai & frayer*; mots qui se disent des Poissons, &c. tous relatifs à la fécondité & aux productions.

De-là se forma encore le nom que les Grecs donnerent au charmant Oiseau de Vénus. La Colombe s'apelloit chez eux PERISTERA: ôtez la double terminaison *Ter-a* dont la premiere est commune à un si grand nombre de mots, reste PERIS venant de PHERI, & qui signifie *Fécond*; nom si convenable à la Colombe, & qui peint si bien les qualités qui la firent choisir avec tant de raison, pour le symbole de la Mere des Amours.

Enfin Vénus ne naît, que lorsque Saturne a établi l'Agriculture, lorsqu'il a ravi au Ciel l'Empire qu'il exerçoit lui seul sur la Terre. Car ce n'est que du moment où les Hommes cultivent la Terre, que Vénus présida aux productions de la Nature entiere; que les subsistances naquirent de toutes parts; que l'abondance fut connue des Mortels; qu'ils goûterent dans toute son étendue la douceur d'être Maris & Peres, & d'avoir des Propriétés; que le Mariage & une Famille nombreuse furent des biens réels, & que l'on put jouir de la vie. La Terre put alors, & alors seulement, se couvrir d'Êtres raisonnables, capables de sentir le prix de l'existence; & tout prenant une nouvelle face, il sembla que la Terre avoit été engourdie jusques dans ce moment: que ses principes de fécondité, jusqu'alors renfermés dans son sein, ne faisoient que de se déveloper: qu'en un mot, Vénus, les Amours & les Graces n'existoient que de cet instant. Et pouvoit-on imaginer un Tableau qui peignît plus vivement la différence extrême que l'on apercevoit entre ces deux Epoques? Mais veut-on en sentir la beauté & l'énergie? il faut le remettre en place, & le voir sous son vrai jour: seule maniere de lire la Fable, & de pénétrer dans l'Antiquité.

§. 3.

L'AMOUR & CUPIDON.

C'est par la même raison, que l'on associe toujours Vénus avec l'Amour.

& Cupidon. Mais ces deux Personnages allégoriques ne sont pas de l'invention des Grecs : nous les trouvons dans notre Auteur, comme Fils de Saturne, ou de l'Agriculture : & cela est vrai.

§. 4.

Etats dont dispose Saturne.

Notre Auteur nous assure que Saturne donna l'Attique à sa fille ATHENÉ ou Minerve ; & l'Egypte à MERCURE.

Nous aprenons donc d'ici que les Athéniens adoroient Minerve ; & les Egyptiens, Thot ou Mercure, par des raisons relatives à l'Agriculture ; ce que l'on ne savoit pas, & qui servira de confirmation à tout ce que nous avons dit jusqu'ici.

Personne n'ignore que Minerve, Déesse des Arts, étoit la Patrone des Athéniens & de l'Olivier : & que l'Attique étoit un Pays stérile, & où l'on ne cultivoit en quelque sorte que l'Olivier.

Personne n'ignore encore que l'Egypte, Pays très-fertile & très-cultivé, attribuoit à Mercure toutes ses connoissances, & sur-tout celles relatives aux Terres, à leurs mesures & à leurs divisions.

Mais pourquoi notre Auteur attribue-t-il ce partage à Saturne ?

Celui-ci avoit-il regné en effet sur l'Attique & sur l'Egypte ?

Non sans doute : ceci n'est vrai qu'allégoriquement : mais dans ce sens, il est très-vrai & très-instructif.

Si une Déesse est Patrone d'Athènes, tandis qu'un Dieu est Patron de Memphis ; & si les Arts sont cultivés à Athènes, tandis que l'Agriculture domine en Egypte ; tout ceci est l'effet de la Nature : les hommes n'y ont rien mis du leur ; ils n'ont fait que se conformer aux loix éternelles & immuables de l'Ordre.

L'Egypte, Pays de plaine & du sol le plus fertile, devint un Pays d'Agriculteurs ; & ceux-ci livrés à des travaux pénibles, prirent un Dieu pour leur Patron.

L'Attique, Pays montagneux & du sol le plus ingrat & le plus stérile, devint un pays d'Artistes, de Fabriquans, de Cultivateurs d'Oliviers, de vendeurs d'huile ; ces Arts bien différens de celui du labourage, n'exigeant qu'une vie sédentaire & intérieure, se faisant non au-dehors, & aux ardeurs du soleil, mais au dedans, mais dans le ménage, district de la Femme, de la Mere de Famille, de la Dame du Logis, furent mis sous la protection d'une Déesse, & cette Déesse fut la Lune, l'ATHENÉ des Grecs, la MINERVE des Latins.

Cette distinction si naturelle & attribuée à Saturne par les Phéniciens, prouve la différence singuliere que ces Peuples mettoient entre l'Agriculture

L ij

le vrai Art productif, l'art Egyptien, & de tout grand Empire, & les Arts qui confiftent à mettre en œuvre les matières premieres fournies par l'Agriculture; Arts qui ne font point productifs, qu'on a apellés avec raifon dans ces derniers tems *Arts ftériles*, & qu'on apella fymboliquement dans l'Antiquité, *Arts de l'Attique*, Pays un des moins productifs de l'Antiquité, & un des plus ftériles.

Et cependant, ils font fous la direction de la Fille de Saturne, parce que fans l'Agriculture les Arts ne feroient rien, puifqu'il feroit impoffible qu'il exiftât des Artiftes, là où ils n'auroient aucun moyen de fe procurer leur fubfiftance, en échange de leurs Fabriques & de leurs inventions: fans les Arts l'Agriculture fubfiftera, puifqu'elle aura toujours le néceffaire, tandis que fans l'Agriculture les Arts feront morts & fans vie.

Ces vérités font d'une fi grande évidence & fi naturelles, qu'il eft auffi peu furprenant de les voir enfeignées par l'Antiquité, qu'il étoit furprenant de voir qu'on ait héfité un inftant de les admettre dans ce fiécle Philofophe.

ARTICLE IX.

SATURNE, URANUS, &c. PEINTS *par* THOT.

Diverfes manieres dont on a traduit cet article.

SANCHONIATON nous aprend que Thot peignit Saturne, Uranus, Dagon, & qu'il inventa divers caractères. Mais comme on ne s'étoit formé aucune idée jufte de ce fragment, on pouvoit encore moins réuffir à entendre le paffage dont il s'agit; ne foyons donc pas étonnés qu'aucun de ceux qui l'ont traduit, n'ait pû le faire d'une maniere intelligible. « Thot, difent les Auteurs de l'Hiftoire Univerfelle, » ayant auparavant repréfenté Uranus, » forma des images des Dieux Cronus & Dagon, & fit les caractères facrés » des autres Elémens. » Selon M. Fourmont, « Thot imitant Uranus, avoit » tiré les portraits des Dieux, de Cronus, de Dagon & des autres, pour en » faire les caractères facrés des Lettres. » Et felon Cumberland, » Thot » ayant auparavant imité ou repréfenté Uranus, peignit les vifages des » Dieux Cronus & Dagon, & forma les caractères facrés des autres » Elémens. »

Ces Traductions font auffi obfcures les unes que les autres. Qu'eft-ce que cette imitation d'Uranus? Thot avoit-il imité fes actions, ou l'avoit-il déja peint, comme il peignit enfuite Cronus, Dagon & les autres Dieux? Qu'eft-ce que cette peinture des Dieux? Quel fens doit-on attacher à ces caractères facrés des Elémens ou des Lettres?

L'on sent très bien qu'on ne pouvoit faire mieux, sans avoir comparé ce passage avec l'Histoire entiere de Thot. Mais cette Histoire elle-même est si embrouillée, elle a été si peu éclaircie, elle tient si fort à tout l'ensemble de l'Histoire d'Uranus & de Saturne jusqu'à nous si obscure, qu'il étoit impossible de la déveloper.

2. Son vrai sens.

Le point de vue absolument nouveau sous lequel nous envisageons la Fable, devra tout éclaircir au contraire, s'il est juste : & tout ce que nous avons dit jusqu'à présent sur ce Fragment en particulier, sur Uranus & sur Saturne, comparé avec l'ensemble de l'Histoire de Thot, doit ne plus laisser d'embarras sur celle-ci, si nous sommes dans le bon chemin. C'est aussi ce que l'on éprouvera, nous osons le dire, lorsqu'on fera la comparaison de notre explication de Saturne ou de l'Agriculteur avec l'Histoire de Thot, qui suivra celle-ci : L'on verra, que faites l'une pour l'autre, elles se soutiennent mutuellement, & que ce fut avec raison, que les Anciens représenterent Thot comme le Conseiller & le Secrétaire de Saturne.

L'Agriculteur ne peut rien sans l'observation des Astres & des Saisons : il faut qu'il recoure sans cesse au Calendrier ou à son Almanach, pour diriger toutes ses Opérations : mais qui lui fournit cet Almanach, ce Calendrier, ces Observations, si ce n'est THOT ou *Saturne*, c'est-à-dire l'Homme aux Signes ?

THOT en un mot, est l'Astronome, comme SATURNE est l'Agriculteur ; & c'est en faveur de ce dernier, que le premier *imite* à la lettre *Uranus* ou le Ciel, c'est-à-dire, qu'il peint les Constellations, & qu'il rend sensibles leurs révolutions. C'est encore au pied de la lettre, qu'il *peint Saturne & Dagon*, ou qu'il classe toutes les opérations du labourage & des champs, relativement aux Tems & aux Saisons.

Ainsi *Thot* & *Saturne* sont inséparables dans l'Allégorie, parce qu'ils le sont dans le fait, & que l'Allégorie eût été incomplette & inexacte sans cette réunion.

Enfin, ces caractères tracés par Thot, sont des caractères sacrés, parce qu'ils servent à la perfection de l'Agriculture, source sacrée & respectable des Peuples & des Empires.

Parce qu'ils furent gravés dès les premiers Tems sur les murs des Temples, seuls points de réunion des premiers Peuples Agricoles, comme ils le sont encore aujourd'hui pour les Campagnes.

Parce qu'ils furent toujours associés avec les Fêtes solemnelles & le culte divin, établis pour l'homme agricole.

Telle est l'explication simple & vraie d'un passage, qui sans cela, seroit inintelligible : mais dont la vérité se fera mieux sentir, après qu'on aura lû le dévelopement de l'Allégorie renfermée dans l'Histoire de Thot.

3. *Comment Thot peignit Saturne.*

Notre Auteur ajoute que Thot ou Mercure peignit Saturne avec quatre yeux & quatre aîles: que des quatre yeux, deux étoient alternativement ouverts & deux fermés; & qu'il avoit de même alternativement deux aîles déployées & deux en repos; pour marquer, dit-il, qu'il veilloit en dormant, & qu'il dormoit en veillant. C'étoit dire que le Laboureur a besoin d'être toujours sur pied, de ne se reposer jamais, & de mettre tous les instans à profit, s'il veut réussir dans ses projets.

Ceci peut encore signifier, que l'Agriculture est un mélange continuel de biens, dont les uns naissent & les autres périssent dans le même tems.

Thot peignit encore Saturne avec deux aîles à la tête, pour marquer, dit-on ici, son intelligence & sa sensibilité: vertus essentielles aux Nations agricoles, & par lesquelles elles s'élevent si fort au-dessus de celles qui ne le sont pas, si l'on peut donner le nom de Nations à de foibles Peuplades qui ne tiennent à rien.

ARTICLE X.

L'Antiquité elle-même regarda Saturne, 1º. comme l'Inventeur de l'Agriculture.

Nous ne nous sommes donc pas trompés. L'Histoire de Saturne n'est qu'une allégorie relative à l'invention de l'Agriculture; cette Histoire, indéfinissable sans cette explication, devient par ce moyen aussi intéressante qu'ingénieuse; & aucun trait dans son ensemble, qui ne s'accorde parfaitement avec tous les autres, tandis que sans elle il est impossible de les concilier.

Ce qui acheve d'ôter tout doute à ce sujet, c'est que l'Antiquité entiere a toujours représenté Saturne comme l'Inventeur de l'Agriculture: son Histoire doit donc être relative à ce fait; & dès qu'étant prise allégoriquement, elle s'ajuste à tout, il ne doit plus rester d'incertitude.

Rien de plus aisé à prouver, que ce que j'attribue ici à l'Antiquité: c'est une vérité si sensible, que l'Abbé BANIER lui-même n'a pû s'empêcher d'en convenir.

» On peignoit généralement, dit-il, Saturne vieux & courbé, tenant une
» faulx à la main, pour marquer qu'il présidoit à l'Agriculture qu'il avoit en-
» seignée aux Latins. « (1)

---

(1) Myth. T. III, in-12. p. 429-430.

Si ce savant Abbé avoit toujours suivi de pareils guides, & qu'il s'en fût tenu aux faits, sans chercher à les expliquer, son Ouvrage eût été meilleur, & il n'eût pas embrouillé la Mythologie. Ici, il compte cinq Saturnes, Adam, Noé, le Saturne des Phéniciens, celui de Carthage & celui des Latins. Il eût pû y ajouter un Saturne Grec, un Egyptien, peut-être un Indien aussi, & certainement un Saturne Gaulois, &c.

PLUTARQUE regardoit Saturne comme l'Inventeur de l'Agriculture. » Ce Dieu, dit-il dans la XLIe. de ses Questions Romaines, est l'Auteur » & l'Inventeur de l'Agriculture. Aussi porte-t-il la faulx dans ses mains.... » & il est regardé comme le gardien & la cause de la félicité, parce que l'a-» bondance des productions de la Terre, & leur vente, est une source de » richesses. C'est par cette raison que les *Nundines* ou Marchés lui sont con-» sacrés, & que le Trésor public est gardé dans son Temple.

Il en est de même de VIRGILE, qui lui attribue la réunion des Hommes en Société, & l'établissement des Loix ; objets inséparables de l'Agriculture.

» Primus ab æthereo venit Saturnus Olympo,
» Arma Jovis fugiens & regnis exul ademptis.
» Is genus indocile & dispersum montibus altis
» Composuit, legesque dedit, Latiumque vocari
» Maluit, his quoniam latuisset tutus in oris ;
» Aureaque ut perhibent, illo sub rege fuere
» Sæcula, sic placida populos in pace regebat.

» Saturne, dit-il, exilé de ses Etats, & fuyant les armes victorieuses de » Jupiter, descendit le premier de l'Olympe. Alors il rassembla les Peuples » épars sur les sommets des Montagnes, & qui n'avoient jamais connu les » avantages d'une sage subordination. Il prit plaisir à faire porter le nom de » LATIUM, c'est-à-dire *cachés*, à ces rivages, sur lesquels il avoit trouvé » une retraite sûre ; c'est-là qu'il fit fleurir les Siècles d'or ; & qu'il main-» tint les Hommes dans une paix constante & profonde.

C'est ce qu'avoient déja dit les Crétois : » Saturne, l'aîné des Titans, di-» soient-ils (2), devint Roi ; & après avoir donné des mœurs & de la poli-» tesse à ses Sujets, qui menoient auparavant une vie sauvage, il porta sa » réputation & sa gloire en différens lieux de la Terre. Il établit par-tout la » justice & l'équité ; & les Hommes qui ont vécu sous son Empire, passent » pour avoir été doux, bienfaisans, &c....

VARRON s'exprime aussi sur Saturne, d'une manière qui ne nous est pas moins favorable. » Il tient une Faulx, dit-il, à cause de l'Agriculture ; & si » l'on dit qu'il mutila son pere, c'est pour marquer qu'il dispose des semen-» ces ; car elles sont sur la Terre, & ne descendent pas du Ciel..... C'est par » la même raison, ajoute-t-il, qu'on dit qu'il dévore ses Enfans, parce que » les sémences retournent là d'où elles sont venues.

---

(2) Diod. de Sic. Liv. V. T. II. p. 301. de la Trad. Franç.

Denys d'Halicarnaſſe (3), dérive ſon nom de Satu (ſemence), comme nous raſſaſſiant (Sat urando) de biens, lui ſeul ayant apris aux hommes à cultiver la Terre & à lui faire raporter des grains.

Il en eſt de même de Macrobe (4). » Les Fêtes, dit-il, que l'on célébroit » en réjouiſſance de ce que l'on avoit cueilli & renfermé tous les biens de la » Terre, étoient conſacrées à Saturne, & à Ops ſon Epouſe, parce qu'on » les regardoit comme les Inventeurs des Fruits, & comme les Auteurs » par-là même, de toutes les douceurs dont la vie étoit accompagnée.

Auſſi y faiſoit-on participer les Eſclaves, puiſque c'étoit de leurs bras que l'on s'étoit ſervi pour faire naître & pour récolter ces biens.

Ces Fêtes terminant l'année du Laboureur, qui voyoit ſes travaux couronnés par le ſuccès le plus heureux, étoient donc apellées avec raiſon SATURNALES.

C'eſt par la même raiſon que les Grecs les apellerent CRONIENNES; c'étoit toujours le même nom.

L'Orient qui les apelloit SACÉES à Babylone & dans la Perſe, dut les apeller dans la Phrygie & en Syrie, FÊTES ILÉENNES, ou d'ILUS, puiſque c'étoit le nom Oriental de Saturne: mais ce nom ſe confondoit avec les *Fêtes Iléennes* ou *Troyennes*; & je ne doute pas qu'elles n'ayent été ſouvent priſes l'une pour l'autre.

2°. *Comme le Dieu du Tems.*

L'Antiquité ayant toujours regardé Saturne comme le Dieu du Tems, nous prouve encore par-là qu'elle l'enviſageoit comme l'Inventeur de l'Agriculture: & ſi cette ſeconde maniere de conſidérer Saturne, fit preſqu'entiérement oublier l'ancienne, ce fut l'effet du raport intime qui regne entre ces objets, & du Génie allégorique qui fit toujours préférer l'allégorie à la lettre. Tout ce qui ſe dit des moiſſons du Laboureur, s'eſt dit du Tems: ſi le Tems eſt armé de la Faulx meurtriere, le Laboureur engloutit les moiſſons: ſi le Tems dévore ſes propres enfans, le Laboureur ſe nourrit de ſes propres fruits: ſi le Tems ſert à calculer la durée des choſes, le Laboureur régle tout par ſes moiſſons; tout autre calcul lui ſeroit inutile.

L'invention du Labourage étant peinte avec tous ces emblêmes, devint donc la peinture du Tems; & le nom de l'une fut tranſporté à l'autre. Ainſi Saturne eſt également le Tems & les Moiſſons; & s'il s'apelle en Grec CRONOS ou le Couronné, le Tems s'apelle dans la même Langue, CHRONOS: tant il eſt vrai que l'un fut toujours calqué ſur l'autre.

---

(3) Ant. Rom. L. I. ch. 38.
(4) Saturn. L. I. ch. X.

HISTOIRE DE SATURNE.

3°. *Comme le Roi de l'Age d'Or.*

Saturne, devenu le Dieu du Tems, fut relégué dans le pays des Fables : là fut aussi relégué son âge d'or, si vanté par les Poëtes, & par ceux qui ne louent que le tems qui n'est plus, & qui trouvent sans cesse qu'il n'en est jamais comme du tems jadis.

Quant à nous, nous maintenons que ce Tems ne fut point un songe ; qu'il a paru sur la Terre ; qu'il y parut dans le tems de Saturne ; qu'il ne tient qu'aux Hommes de le ramener au milieu d'eux, & qu'il reparoîtra dans tout son éclat, dès qu'ils voudront se rendre attentifs à la voix de l'Ordre, & mettre ses leçons en pratique.

L'Age d'or est le Tems, où l'Agriculture s'établissant dans les belles Contrées de l'Orient & du Midi, fit succéder l'abondance & la prospérité, à l'état de foiblesse & de misere, d'animalité si l'on peut se servir de cette expression, dans lequel les Hommes étoient plongés. Alors la Terre prit une face nouvelle, aussi belle, aussi fortunée, aussi opulente que les générations passées avoient été pauvres & malheureuses : siécle d'or à tous égards, puisque ce fut la source des biens, des richesses les plus précieuses, de même que la source d'une population immense & d'un état tranquille & stable : alors naquirent propriété, liberté, sûreté : propriété des richesses que l'on faisoit naître ; liberté pleine & entiere de jouir de ces richesses ; sûreté pour leur conservation ; parce que tous ceux du dedans en étoient pourvus, & ne cherchoient pas à en priver les autres, & qu'on étoit assez fort pour résister à ceux du dehors, qui eussent voulu s'en emparer.

Alors, chaque morceau de Terre cultivée fut un Paradis terrestre : il se couvrit de fruits & de biens de toute espéce : ses Possesseurs y éleverent des demeures commodes & agréables : là habiterent avec eux l'abondance, la joie, la paix, l'innocence & la justice : qu'est-ce qui pouvoit manquer au bonheur de ces Peuples ? Et quels charmes ne répandoit pas sur cet état, le souvenir du passé ?

Malheureusement au bout de plusieurs siécles, des Nations vagabondes & brigandes attirées par la prospérité & les richesses de ces Peuples, corrompus eux-mêmes & affoiblis par l'abus de leurs avantages, se jetterent sur les Empires du Midi qui n'étoient plus en état de leur résister, & les dépouillerent du fruit de leurs Travaux. Alors les vices les plus funestes aux Nations, l'ambition, les guerres, la soif de tout envahir, la fureur insensée de donner des fers au reste des Mortels, d'être seul libre, seul Maître, s'empara de tous les esprits, séduisit les plus illustres Monarques, fit perdre de vue la véritable gloire, fit mépriser l'Agriculture, replongea les Peuples dans un cahos effroyable, & fit évanouir cet Age d'or, ce siécle de Saturne, dont il ne resta plus qu'un triste souvenir qu'on prit bien-tôt pour un rêve.

Allégories.

4°. *SANCHONIATON dit lui-même que cette Histoire de Saturne est une Allégorie.*

Voici encore un trait qui devoit mettre sur la voie, & auquel cependant personne n'a fait attention, quelqu'intéressant qu'il dût paroître. Notre Auteur nous assure, » que le Fils de Thabion tourna toutes ces choses en *allé-* » *gories*; & qu'y joignant des idées physiques & des phénomènes naturels, » il les confia à ceux qui célébroient les Orgies, & aux Prophétes qui prési- » doient aux Mystères.

Nous ne nous sommes donc pas trompés : tout cet ensemble n'est qu'une allégorie ; mais allégorie ancienne, connue & sacrée, puisqu'elle servoit de fondement aux Hymnes chantées dans les Mystères & dans les Orgies sacrées.

On n'en doit pas être surpris : c'est un fait connu que les Mystères des Anciens & les Hymnes qu'on y chantoit, avoient l'Agriculture pour objet : qu'*Osiris*, *Bacchus*, *Cérès*, *Isis*, *Adonis*, *Cybéle*, *Saturne*, *Janus*, &c. étoient la répétition des mêmes Tableaux : qu'à Eleusis on ne célébroit que l'invention de l'Agriculture ; qu'il en étoit de même sur les rives du Nil, & sur celles de l'Oronte.

Le nom même de ces ORGIES dans lesquelles on chantoit SATURNE armé de la Faulx & mangeur de ses Enfans, prouve également que c'étoit une Allégorie, & qu'elle étoit relative à l'Agriculture.

Ce nom d'Orgies vient du mot Grec ORGAS ΟΡΓΑΣ, qui signifie dans son origine un Champ, un Terrein mis en culture.

Une ORGIE étoit donc une Fête agricole, & qu'y pouvoit-on chanter, si ce n'est Saturne ou l'Agriculture, & ses heureux effets présentés d'une maniere poëtique & par-là même figurée & allégorique ?

Il est vrai que par Orgies, on entend des Fêtes tumultueuses où regnent la licence & le désordre : mais alors, on peint ce qu'elles furent quand on en abusa, & non ce qu'elles étoient dans l'origine.

Aussi le mot ORGHÊ ΟΡΓΗ qui signifia dans les suites *licence* & *fureur*, signifioit primitivement *travail assidu*, *soin*, *peine*, *étude*, tout ce que nous entendons par le mot CULTURE.

Cette Famille de mots n'est elle-même qu'un dérivé de la Famille ΕΡΓΟΝ *Ergon*, qui désigne le travail des champs, les récoltes, & plus en général tout travail, toute peine, toute étude.

Famille née elle-même du mot primitif HER ou ER la Terre.

Sanchoniaton nous découvre jusqu'aux motifs qui déterminerent les Anciens à transmettre ces allégories à la postérité : c'étoit pour exciter l'étonnement & l'admiration de tous les Peuples. On ne pouvoit s'y prendre mieux : l'Histoire de Saturne a étonné toutes les Générations ; & lors même qu'elle a été le moins entendue, on l'a conservée avec soin.

HISTOIRE DE SATURNE. 87

L'Invention de l'Agriculture & ſes effets bienfaiſans étoient bien propres à faire l'admiration de tous les Mortels, lors même que l'Hiſtoire en auroit été racontée avec la plus grande ſimplicité. De quel merveilleux ne dut-elle donc pas ſe charger, chez un Peuple auſſi amoureux des figures, & de l'enthouſiaſme poëtique ? Auſſi il en réſulta l'Enigme que nous venons d'expliquer, & nombre d'autres que nous verrons dans la ſuite.

L'époque de celle-ci remonte aux Tems les plus réculés. Notre Auteur l'attribue au Fils de Thabion, le premier Hiérophante, ajoute-t-il, le plus ancien Directeur des Rits ſacrés qu'il y ait eu en Phénicie ; c'étoit même avant que le nom de Phénicien exiſtât ; car il met au nombre de ſes Succeſſeurs ou de ſes initiés, (la phraſe grecque étant ſuſceptible de ces deux ſens) Chna qui fut le premier qu'on ait apellé Phénicien : ce qui revient à ce que dit Moyſe, que Chna ou Canaan fut le Pere des Cananéens. Tout ceci arriva donc antérieurement au tems où les Cananéens furent établis en Corps de Nation, dans un Terrein ſéparé des Ancêtres de leur Fondateur. En s'établiſſant entre les rives de l'Oronte, du Jourdain & de la Méditerranée, ils ne firent qu'emporter avec eux ce qu'avoit déja enſeigné le Fils de Thabion, & le goût naiſſant des Allégories dont ils firent le plus grand uſage.

ARTICLE XI.

VILLES DE BYBLOS ET DE BERYTE.

Les Villes de Byblos, de Beryte & de Sidon, dont il eſt parlé dans ce Fragment, étoient autant de Villes Phéniciennes & Maritimes, célébres dans l'antiquité & même dans la Mythologie : ne ſoyons donc pas étonnés de les trouver dans l'Hiſtoire Allégorique du Laboureur, telle que la contoient les Phéniciens ; encore moins qu'ils en attribuaſſent la fondation au Laboureur ou à Saturne, puiſque ſans Agriculture, il n'y a point de vraies Villes, de grandes Sociétés, d'Empires policés ; & que dans l'origine, les Villes ne furent que des retraites où l'on mettoit à couvert ſes richeſſes & ſes ſubſiſtances.

1. *DE BYBLOS.*

Nous dirons peu de choſe de Byblos, que nous retrouverons dans l'Hiſtoire Egyptienne d'Iſis & d'Oſiris. Cette Ville, fameuſe par le culte d'*Adonis* bleſſé par un ſanglier, étoit ſur un fleuve de même nom, dont les eaux dans une certaine ſaiſon de l'année devenoient rouges comme du ſang ; & c'étoit, diſoit-on, à pareil jour où Adonis avoit été tué. Cette Ville ſubsiste encore, mais sous son nom Oriental de *Gebal*, ou *Gibyle* comme l'appellent le Texte Hébreu & MAUNDRELL. Les LXX. le traduisent par Byblis. Son Port est dans une très-belle situation. Ses Campagnes sont des plus agréables. On y voit de très-grands Sycomores & une infinité de colonnes de granite renversées & à demi-ensevelies ; restes de son ancienne splendeur. C'est d'ailleurs une remarque que nous aurons sans cesse occasion de faire, que les Villes célebres de l'Antiquité, ont toujours été placées dans les terreins les plus propres à la culture & au commerce.

2. *BERYTE*.

La Ville de BERYTE est également renommée par la beauté de sa situation : son sol est de la plus grande fertilité, & couvert d'arbres de toute espéce ; le paysage en est délicieux : son port autrefois très-bon, est peu profond actuellement. On voit dans cette Ville les ruines célébres du Palais & des Jardins qu'avoit fait élever le fameux FACCARDIN ; l'on y admire encore de grandes allées d'Orangers superbes, & du côté de la mer, une forêt de très-beaux pins que ce Prince avoit fait planter au cordeau.

Cette Ville ruinée sous les Rois de Syrie, par Tryphon, fut rétablie par les Romains( ). Auguste lui donna le Droit Italique : Agrippa y conduisit deux légions. Vespasien y établit son Conseil, dès qu'il eût été nommé Empereur dans l'Orient. Ce fut pendant long-tems la seule Ville après Rome, où il y eût des Ecoles publiques de Droit. Elle fut presqu'entierement renversée par un tremblement de terre dans le IV siécle : mais la bonté de son terroir la relevoit toujours. Prise par les Croisés, elle eut long-tems des Seigneurs feudataires des Rois de Jérusalem. N'omettrons pas qu'elle fut la patrie de SANCHONIATON.

M. l'Abbé BARTHELEMI dans sa Lettre sur les Médailles Phéniciennes, publiée en 1763, en a inséré une de cette Ville, N°. 1. On y voit pour Symbole, Isis sur une proue de vaisseau : & pour Type, Ghé ou Cybéle couronnée de Tours.

Les Arabes l'apellent BIRUT. Elle est apellée *Béroe* & Beryte par NONNUS, qui dans les Dionysiaques a consacré trois Chants entiers à sa gloire. En attendant que nous donnions l'analyse de ce Poëme peu connu, & où l'Allégorie perce de toutes parts, donnons une idée de ce que renferment les trois Chants qui ont Beryte pour objet.

Nous nous assurerons par-là du raport étroit du nom de Beryte avec la Mythologie, puisque non-seulement Sanchoniaton qui étoit de cette Ville en parle, mais qu'un Poëte Etranger lui consacre trois Chants entiers.

---

(1) STRAB. Liv. XVI. C. 756.

3. *Analyse des trois Chants de Nonnus sur Beryte.*

» Muses du Liban, dit ce Poëte (1) après avoir fait arriver Bacchus dans
ces Contrées »; Muses du Liban, en faveur de la Justiciere Beroé, Ville
» de votre voisinage, chantez l'Hymne d'Amymone (3), celle de l'Auguste
» fils de Saturne, de Bacchus si favorable aux chants, de l'impétueux Mars,
» & les combats de la treille.

» *Beroé* est la source de la vie, le port des Amours: unie à la mer, elle
» tient à la terre par un Isthme qui s'éleve sur les eaux, & dont les arbres
» antiques fournissent un ombrage aussi agréable qu'épais. Environné du
» Liban Assyrien, il en reçoit des Zéphirs chargés de l'agréable odeur des
» Cyprès qu'ils agitent légèrement. Là, habitent les Laboureurs: là, Cérès
» avec sa famille s'unit à Pan, le Chantre des campagnes. Ici, on voit un
» semeur jetter derriere lui sur la terre récemment labourée, des grains qui
» doivent lui donner une nouvelle récolte. là, celui qui a mis sous le joug le fier
» Taureau, s'entretient avec le pâtre dont les troupeaux paissent aux bords
» de cette fertile forêt. Du côté oposé, la Ville ouvre son sein au Dieu
» des mers. Cet Epoux dont la tête est toujours couverte d'eaux, embrasse la
» tête naissante de sa Nymphe chérie: il la presse de ses flots, seuls baisers
» qu'il puisse lui donner. Elle en reçoit pour dot, les troupeaux nourris dans
» ses profonds étangs: ses tables sont couvertes de poissons, brillans de
» mille couleurs, délices du vieux Nérée. C'est sur-tout dans le Golfe
» du Nord plus avancé dans les terres, que la pêche est la plus abondante.

» Sur les rivages du midi, sont les chemins sablonneux qui menent à
» Sidon, à travers de rians vergers couverts d'arbres & de seps. Une ombre
» délicieuse y met sans cesse le voyageur à couvert de l'ardeur du jour: le
» souffle des vents le rafraîchit; & le chant des Bergers qui se confond avec
» celui des Pêcheurs, lui ôte tout ennui.

» Saturne fonda cette Ville, lorsque trompé par Rhéa, il fit ce repas où
» il avala la pierre *Ilithye* d'un poids énorme.....

» La charmante Tarse n'existoit pas encore, ni Sardes qu'enrichit le
» Pactole......

» C'est dans ces lieux que vint aborder Vénus, lorsqu'elle sortit du sein
» des eaux. Elle préféra cette Ville à Paphos & à Byblos......

» Elle y devint mere de Cupidon..... Mais tandis qu'aucune mammelle
» n'est suffisante pour le nourrir, *Beroé* y parvient, elle seule rassasie ce
» Dieu: Beroé aussi ancienne que le Monde, la nourrice des Villes, la
» gloire des Rois, le séjour de Mercure, la terre de la Justice, la Ville des

---

(1) Chant XLI.
(3) Fille de l'Océan.

» Loix, l'habitation des Plaifirs, le Palais de Vénus, la demeure des Amours,
» les délices de Bacchus, les Galleries de la Chafferefse..... l'Orchoméne
» des Graces (†), l'Aftre des campagnes du Liban.....

» Selon les uns, elle eft fille de l'Océan & de Phœbus : felon d'autres,
» Vénus fut fa mere ; & Adonis, fon pere.

Le Poete ajoute, qu'à la naiffance de cette Nymphe, la Nature entiere
fut remplie de joie, & qu'Aftrée la nourrit de fon lait & de fon miel.

Vénus veut enfuite donner à une Ville le nom de cette Nymphe ; elle
fe tranfporte pour cet effet au Palais d'Harmonie » Mere des Générations,
» foutien de la vie, efpérance du Monde. » Celle-ci doit lui enfeigner
les deftinées de fa nouvelle Ville.

HARMONIE a dans fa poffeffion fept Tables, fur lefquelles font gravées
les deftinées de l'Univers : elles portent le nom des Planettes ; la premiere
eft celle de la Lune ; la feconde, de Mercure ; la troifiéme, de Vénus ; la quatriéme, du Soleil : les trois autres de Mars, de Jupiter & de Saturne. Le
» vieux OPHION les traça de fa propre main, il les traça en caractères
» Phéniciens. »

4. *D'Ophion & des Ophionides.*

Arrêtons-nous un moment fur cet endroit : il eft d'autant plus digne d'attention qu'ici notre Poëte fe trouve d'accord avec Sanchoniaton, au fujet
d'OPHION, perfonnage abfolument inconnu aux Mythologues ; & fur lequel
la comparaifon de ces deux Auteurs Allégoriques répand un grand jour.

Nous voyons d'abord ici les idées Philofophiques des Egyptiens, des
Pythagoriciens & des Platoniciens fur l'Harmonie de l'Univers, fondée fur
les fept Planettes & fur leurs raports, & en général fur le nombre de *fept*.
Nonnus donne ici aux Planettes le même arrangement qu'elles ont dans le
fyftême mufical des Egyptiens, où le Soleil, placé au quatriéme rang, ou au
milieu de la progreffion, terminoit & commençoit les deux quartes qui
forment ce fyftême : c'eft le même arrangement que leur donnoient les Mages,
comme nous l'avons obfervé dans notre analyfe des Livres Liturgiques des
GUÈBRES (4) & que leur donnoient par conféquent les Chaldéens placés
entr'eux & les Egyptiens.

» OPHION, le vieux Ophion eft celui qui traça cette Harmonie. »

C'eft de ce Perfonnage que Sanchoniaton & Philon fon Interprete parloient
dans un troifiéme fragment, qu'Eufebe nous a également confervé.

(†) ORCHOMENE étoit une Ville de la Gréce : confacrée aux Graces, on dit qu'elles
s'y plaifoient ; n'en foyons pas furpris : ce nom fignifie mot à mot *la Danfe de Diane*, ou
de la *Lune*; mais les Graces danfent, & les Nymphes de Diane ne cedoient en rien à
cet égard à celles de Vénus. Nous retrouverons cette Ville dans l'Hiftoire d'Hercule,
& la *Danfe de la Lune* ou d'ATHENÉ dans le refte de nos allégories.

(4) EPHÉMÉRIDES du Citoyen, Tom. VIII. ann. 1771. p. 138.

HISTOIRE DE SATURNE.

» PHÉRÉCYDES, difoit Philon, marchant fur les traces des Phéniciens, » traita fort au long dans fa Théologie, de ce Dieu qu'il apelle OPHION, » & des OPHIONIDES.

Or, c'eſt au ſujet de cet Ophion, que Sanchoniaton en nous aprenant que THOT & enſuite les Phéniciens & les Egyptiens peignoient la Divinité ſous l'emblême du Serpent, venoit de dire : » le Serpent qui l'emporte fur » tous les autres, eſt celui qui a la tête d'Epervier, il a l'afpect le plus agréa- » ble ; s'il ouvre les yeux, tout eſt rempli de la plus éclatante lumiere : les » ferme t il ? tout retombe dans les ténebres les plus épaiſſes. L'expreſſion » même qu'emploie à ce ſujet EPÉEIS, Grand-Interprête des Myſtères chez » les Egyptiens, & qu'Aſius d'Heracleopolis qui l'a traduit en Grec a rendu » par le mot (DIAUGASAI) *éclairer*, prouve que c'étoit un Être tout de » feu.

C'eſt ce Serpent à tête d'Epervier, que les Egyptiens plaçoient dans un cercle bleu d'où s'échapoient des flammes de tous côtés, & que les Thébains d'Egypte apelloient CNEPH.

» Tout ceci étoit allégorique, » ajoute Sanchoniaton : & quand il ne l'auroit pas dit, nous en aurions été également convaincus.

OPHION eſt un mot Egyptien & Grec, qui ſignifie *Serpent*. Ainſi le nom eſt ici d'accord avec la peinture : ce qui ſe concilie également avec nos principes ſur l'Allégorie, & ſur-tout ſur l'Allégorie à Tapiſſeries.

En jettant les yeux ſur ce cercle enflammé & ſur ce Serpent à tête d'Epervier qui le ſoutient & qui l'anime, pouvons-nous méconnoître le Tableau Allégorique de la Divinité, ſans organes extérieurs comme le Serpent, à la vue perçante comme l'Epervier, pénétrant tout l'Univers dont elle eſt le centre, ſource de toute lumiere. C'étoit la peindre en caractères parlans.

EUSEBE ajoute à ce ſujet, que ZOROASTRE dans ſa définition de la Divinité repréſentoit Dieu avec une tête d'Epervier ; ce qu'il faut concevoir, non comme ſi Zoroaſtre pour définir Dieu, diſoit qu'il avoit une tête d'Epervier, mais que l'Être que l'on peignoit en tapiſſeries avec une tête d'Epervier, étoit le Créateur de l'Univers, &c. . . .

Il eſt donc vrai qu'*Ophion*, le vieux Ophion, a tracé de ſes propres mains l'Harmonie de l'Univers, puiſqu'on déſigna ſous ce nom Dieu lui-même, le Créateur de cette harmonie : idée ſublime, & bien honorable pour ces anciens Philoſophes, puiſqu'une harmonie auſſi vaſte, auſſi belle, auſſi conſtante, ne peut avoir été produite que par un Être capable de concevoir & d'exécuter ces accords étonnans, auxquels aucun homme ne peut s'élever. Mais revenons au récit de notre Poëte.

Les deux Déeſſes conſulterent les Tables. Elles virent ſur la ſeptiéme, ſur celle qui porte le nom de Saturne, que Beroé ſeroit une Ville auſſi ancienne que le monde, & que les Romains l'apelleroient *Béryte*. Sur la ſeconde, que lorſqu'Auguſte gouverneroit la terre & qu'il auroit terminé la Guerre pour l'Empire des mers contre Cléopâtre, cette Ville jugeroit la Terre & la Mer réunissant toutes les Villes par le rempart des Loix.

Vénus de retour, demande à son Fils, de rendre Neptune & Bacchus sensibles aux graces de sa sœur Beroé. Elle lui promet en récompense, la lyre d'or, qu'Apollon donna à Harmonie le jour de ses nôces.

Dans le Chant suivant, le fils de Vénus blesse en effet Bacchus & Neptune. Bacchus étoit alors dans son char conduit par Maron, par ce Maron si renommé dans l'Histoire d'Osiris, comme nous le verrons un jour & qui désigne ces Côteaux si célébres par leurs excellens vins.

Ces Dieux blessés cherchent à attendrir la Nymphe, par les discours les plus touchans; celui de Bacchus qui, sous la figure d'un Laboureur du Liban, offre ses services à Beroé & lui vante son adresse, renferme de grandes beautés.

La Belle est insensible à tout: ses Amans, désespérés de ses refus, s'adressent à sa mere: mais Vénus ne veut pas prononcer entr'eux; elle leur conseille de vuider leur différend par un combat: ainsi finit ce second Chant.

5. *Guerre entre Bacchus & Neptune pour Beryte.*

Aussi-tôt, les deux Rivaux font avancer leurs Troupes, en ordre de bataille, d'où résulte une Guerre Allégorique entre NEPTUNE Dieu de l'*Eau*, & BACCHUS Dieu du *Vin*. L'Armée de Bacchus est divisée en cinq Corps, commandés par

Œn-*eus* le Cilicien, riche en Vignobles & fils d'EREUTHALION.

HELIC-*aon* aux joues de roses & aux cheveux noirs qu'il roule sur sa tête, en forme de tresses.

Œn-opion } tous deux Enfans d'Œn-*omaus* qui fit ses délices du vin
STAPHILÉ } pur.

MELAN-*thius*, Prince des Indiens & fils d'Œn-*one*, elle-même fille de KISSÉE.

Tous ces noms sont Allégoriques, comme le sujet de cette Guerre; ils ne pouvoient être mieux choisis, étant tous relatifs à Bacchus ou au Vin. Quatre sont composés du mot ŒN, OIN, qui signifie Vin : ainsi,

Œn*eus* signifie le Vigneron.

Œno-*pion*, celui qui boit du Vin.

Œno-MAus, celui qui est passionné pour le Vin.

Œn*one*, une Vendangeuse.

STAPHILÉ signifie en grec *Grappe de raisin.*

HELIC-*aon*, est le pressureur, celui qui roule les machines pour écraser le raisin, & qu'on apelloit *Hélice* en grec.

MELANTHIUS désigne les raisins noirs : il signifie mot à mot, Fleurs noires.

KISSÉE Mere d'Œnone est le *Lierre*, Symbole de Bacchus, soit parce

que

que le lierre s'attache aux arbres comme la vigne, soit parce qu'il étoit propre à en faire des couronnes, & à servir d'enseigne pour le vin : soit parce qu'il conserve le vin, quand on en fait des vases, tandis qu'il laisse passer l'eau.

Les Généraux, après avoir harangué leurs Troupes, en viennent aux mains.

Cependant au plus fort du combat, la Nymphe Psamathe (1) suplie Jupiter de le faire cesser. Ce Dieu l'exauce, le Tonnerre gronde, les Combattans se retirent, & Neptune épouse Beroé; tandis que Cupidon, pour consoler Bacchus, lui aprend qu'il sera un jour uni à la belle Ariadne, fille de Minos : digne épouse en effet de Bacchus, puisque ce nom signifie *Coteau délicieux* (2), comme nous le verrons plus en détail dans l'Histoire de Thésée & d'Ariadne.

Ce morceau allégorique se lioit trop naturellement avec l'allégorie de Sanchoniaton, & avec ce qu'il dit de Byblos & de Beryte, pour n'en pas parler. Nous voyons d'ailleurs ici un exemple sensible de la manière dont les anciens Poëtes élevoient leurs inventions poëtiques sur des faits vrais & intéressans pour les hommes; & que le berceau des allégories fut si visiblement dans l'Orient, & sur-tout dans la Phénicie, que les Poëtes étrangers tels que Nonnus, ne purent le déplacer lorsqu'ils voulurent marcher sur les traces de leurs Prédécesseurs.

6. *Etymologie du nom de Beryte.*

Ajoutons que le trait par lequel Nonnus caractérise *Beryte*, en disant qu'elle est parfumée de l'odeur des Cédres, me persuaderoit que le nom de cette Ville ne vint, ni de Bher qui signifie *un Puits*, ni de Bir qui signifie *Force*, étymologies dont M. l'Abbé Barthelemy a déja suspecté la bonté; mais d'un mot oriental écrit en Hébreu Beryt ou Beruth, qui désigne des Cyprès, & des Cédres, ou des arbres qui ont l'odeur des Cédres (3); ce qui est d'autant plus croyable que dans l'origine, ces Forêts de Cédres voisines de Beryte, s'étendoient très-certainement jusqu'à la Mer; & que la Ville ne put

---

(1) Psamathe est un mot Grec qui signifie *Côte*, *rivage*. Il sépare ordinairement les districts du Dieu des Eaux & du Dieu du Vin. Cette Nymphe étoit déja connue dès les premiers tems. Hésiode dans sa Théogonie v. 1003. en fait une Fille de Nérée, & ajoute qu'elle donna à *Eacus* un Fils apellé *Phocus* : allégorie qu'a expliquée fort ingénieusement M. l'Abbé Bergier, dans ses Remarques sur la Théogonie.

(2) Ce nom très-énergique est composé du mot Ar ou Or qui signifie Montagne, Côteau, & du mot Hadné qui plaît, délicieux, agréable. Les Vignobles sont en effet des Côteaux charmans.

(3) En Hébreu ברית. C'est l'Arabe بيروت, *Beirits* qui désigne, selon Golius, un Arbre semblable au Cyprès.

Allégories.

être peuplée & cultivée que par le défrichement de cette portion de la Forêt de Cédres, qui étoit sur les bords de la Mer.

N'omettons pas que le nom de BEROÉ se retrouve dans l'Histoire Grecque de Bacchus, tant ce nom est inséparable de cette allégorie. EURIPIDE, dans sa Tragédie intitulée BACCHUS, & d'autres Auteurs, racontent que Junon voulant perdre Semelé sa rivale, prit la figure de BEROÉ, nourrice de celle-ci, pour lui inspirer des soupçons contre son Amant. Nous avons donc eu raison d'envisager ce nom comme étant allégorique.

7. *Beryte, Patrie d'un Auteur Agricole.*

BERYTE fut aussi la Patrie d'un Savant qui donna des régles sur l'Agriculture, mais dont nous avons perdu malheureusement l'ouvrage, qui étoit divisé en XII Livres; Recueil précieux où étoit déposé ce qu'un grand nombre de Savans avoient composé avant lui sur ces matieres; & où il faisoit entrer les allégories Grecques sur l'Agriculture. Voici de quelle maniere s'exprime à ce sujet PHOTIUS, le seul qui nous en ait conservé une notice.

ΑΝΕΓΝΩΣΘΗ Οὐïνδανίε Ἀνατολίε Βηρύτε συναγωγὴ γεωργικῶν ἐπιτηδευμάτων. συνοίθεισαι δ᾽ αὐτῷ τὸ βιβλίον ἐκ τε τῶν Δημοκρίτε, Ἀφρικανῦ τι, καὶ Ταραντίνε, καὶ Ἀπελλίε, καὶ Φλωρεντίε, καὶ Ὀυάλεντῶ, καὶ Λέοντῶ, καὶ Παμφίλε, καὶ δὴ καὶ ἐκ τῶν Διοφάνες παραδόξων. τόμοι δὲ εἰσι τὸ βιβλίον δεκαδυο. χρήσιμον δ᾽ τὸ βιβλίον ως καὶ δια πείρας αυτης ἐπὶ πολλῶν εἴδομιν, πρὸς τὰς κατὰ γῆν ἐργασίας, καὶ τας γεωργικοὺς πόνες, καὶ σχεδόν τι χρησιμώτερον τῶν ἄλλων, ὅσοι τῆς αὐτῆς αὐτῷ πραγματείας ἥψαντο. ἔχει δ᾽ ὅμως ἴνια καὶ τῦτο τὸ βιβλίον τερατῶδη καὶ ἄπιςα καὶ τῆς ἑλληνικῆς πλάνης ὑπόπλεα. ἃ δεῖ τὸν ευσεβῆ γηπόνον ἐκτρεπόμενον, τῶν λοιπῶν συλλέγειν τὰ χρήσιμα. καὶ οἱ ἄλλοι δ᾽, τῶν τῆς γεωργικῆς πραγματείας συγγραψαμένων, σχεδόν τι τὰ αὐτὰ περὶ τῶν αὐτῶν, ὅσα ἐμὲ εἰδέναι ἀποφαίνονται: ἐκ ἐπὶ πολλοῖς δὲ διαφωνοῦσιν, ἐν οἷς δὲ διαπεφωνήκασιν, ἢ τε Λέοντῶ τῶν ἄλλων περιοκνεῖται πεῖρα.

» J'ai lu le Recueil de VINDANIUS » ANATOLIUS de Béryté sur l'Agricul- » ture. Il est formé des Ouvrages de » Démocrite, d'Africain, de Taran- » tin, d'Apulée, de Florent, de Valens, » de Léon & de Pamphile, de même » que des Paradoxes de Diophane. Il » est divisé en XII. Livres. C'est un » Ouvrage très-utile, comme nous le » savons par notre propre expérience, » pour les labours & les autres travaux » de l'Agriculture: il est même supé- » rieur à cet égard, à tous ceux qui » ont paru en ce genre. L'Auteur y a » fait entrer les prodiges & les choses » incroyables & fabuleuses des Grecs: » le Laboureur pieux les sautera pour » ne s'attacher qu'à ce qui lui sera vrai- » ment utile. A ce qu'il m'a paru, il » embrasse les mêmes objets que ceux » qui ont écrit sur l'Agriculture, & » ces Auteurs ne different entr'eux » qu'à peu d'égards, & dans ce cas, » l'on préfére toujours Léon ».

SUIDAS parle aussi de ce dernier, & dit qu'il avoit composé trois Livres sur l'Agriculture.

ARTICLE XII.

Traduction libre du second Fragment de Sanchoniaton.

Parvenus ainsi à la fin de l'explication de notre Auteur, nous pouvons essayer de reprendre son Texte, & d'en donner une nouvelle Traduction raprochée du point de vue sous lequel nous l'avons consideré. Ce sera une récapitulation de tout ce que nous aurons dit ; & l'on sera mieux en état de juger si nos vues s'accordent avec l'Auteur, & si l'explication des diverses parties de cette Allégorie est liée d'une maniere naturelle, & propre à porter la conviction avec soi.

Alors regnoit Elion ou le Très-Haut. Il habitoit aux environs de Byblos (dans le sein de la lumiere). De lui & de Berouth (la Création) naquirent le Ciel & la Terre.

Le Très-Haut se reposa ensuite de ses Travaux. Ses Enfans l'honorerent comme Dieu.

La Terre ne produisant que par le seul secours du Ciel, celui-ci est regardé comme le Mari de la Terre, & comme le Pere de ses productions.

Mais le Ciel néglige la Terre & ses productions. Celle-ci en est irritée : elle demande un vengeur. Son Fils Saturne (le Laboureur, celui qui le premier cultiva la Terre) se charge de sa querelle, par les conseils & avec le secours de Mercure Trismegiste (l'Homme aux signes, l'illustre Inventeur du Calendrier ou Almanach).

Saturne eut pour Enfans Persephone (la Déesse des Sémailles); & Athené (la Déesse des Arts) : la premiere mourut Vierge.

Par l'avis de Mercure & d'Athené, Saturne se procure un Cimeterre (la Faulx) & une Lance (le Soc de Charrue).

Son Secrétaire, l'Homme aux Signes, adresse ensuite un discours enchanteur aux Amis de Saturne : il les détermine à prendre aussi la défense de la Terre contre le Ciel ; ainsi Saturne ou le Cultivateur regne sur la Terre.

Dans ce Combat, on se rend Maître d'une Femme du Ciel (la Reine des Eaux): on la donne en mariage à Dagon (le Dieu des Champs); il en naît Demaroon (le Seigneur de l'Abondance).

Saturne environne sa demeure d'un mur : c'est la premiere des Villes.

Ayant alors conçu quelque soupçon au sujet d'Atlas (Productions de la Terre) il le jette dans une Fosse profonde, & l'y enterre.

Dans ce tems-là les Descendans des Maîtres de la Terre construisent des Vaisseaux, se mettent en mer, & élevent un Temple sur le Mont Cassius,

(c'est-à-dire des Franchises ou un Marché sur un Mont de la Frontiere sous la protection des Dieux).

Les Alliés de Saturne sont apellés ILIENS ou SATURNIENS (c'est-à-dire Patriciens ou Seigneurs).

Saturne frappe ensuite de son propre fer son Fils SADID (champ labouré) & il devient le meurtrier de son propre sang. Il coupe de même la tête à sa Fille (la Fénaison), action qui étonne les Dieux.

Cependant le Ciel toujours fugitif envoie contre lui ASTARTÉ (la Reine des Astres ou la Lune) RHEA (la Nourriciere ou la Terre cultivée) & DIONE (l'Abondance) comme pour le venger. Saturne s'en rend maître & les épouse.

A cette nouvelle, le Ciel envoie contre lui la FORTUNE & la Beauté (ou le Tems favorable) avec une armée ; mais Saturne gagne leur affection & les épouse aussi.

Le Ciel invente alors les BETYLES, Pierres animées (les Représentations des Constellations ou de leurs Dieux).

Saturne a d'Astarté sept Filles (les sept Lunes de la semaine).

Il a aussi de Rhéa sept Fils (les sept Soleils de la semaine) dont le plus jeune est consacré en naissant (le jour du repos qui est le septiéme). De l'Abondance, il a encore des Filles. Et d'Astarté (la même que Vénus) deux Fils, l'AMOUR & CUPIDON.

DAGON (Dieu des Champs) invente le Froment & la Charrue : il est honoré sous le nom d'*Iou Laboureur.*

D'une des Titanides (les sept Lunes de la semaine), SADIK (le Juste ou Iou) a Esculape (ou ESMUNUS).

Dans la PERÉE (Contrée de Production) Saturne a trois Fils, CRONUS (ou le Printems) BELUS (ou l'Été) APOLLON ou l'Automne.

Dans le même tems vivoient l'Océan, TYPHON (la Tempête) & Nerée (le Fluide) Pere de NEPTUNE (les Eaux profondes) & de SIDON (Ville de Pêche); celle-ci douée d'une voix admirable, inventa le Chant des Odes.

DEMAROON (Seigneur de l'Abondance) fut Pere de MELICERTE (le Roi de la Ville ou Hercule, Directeur & Ordonnateur des Travaux champêtres).

Démaroon offre un sacrifice à l'honneur des Eaux par lesquelles il prospere, comme s'il en avoit été vaincu dans une ligue faite contr'elles avec le Ciel.

Saturne saisit son Pere, le Ciel, auprès des Eaux & de Fontaines, & le prive des marques de son sexe; (c'est-à-dire que Saturne, rendant son Terrein fertile par les Eaux fecondées par le Ciel, semble s'être rendu maître de la fécondité du Ciel, & l'avoir mêlée avec les Eaux qu'il employe).

ASTARTÉ la Grande (la Lune), IOU DEMAROON (le Dieu suprême Auteur de l'Abondance), & ADOD le Roi des Dieux (le Soleil Roi des Astres), regnent alors dans le Pays par le consentement de Saturne,) adorant l'un & dirigeant ses travaux par le cours des deux autres).

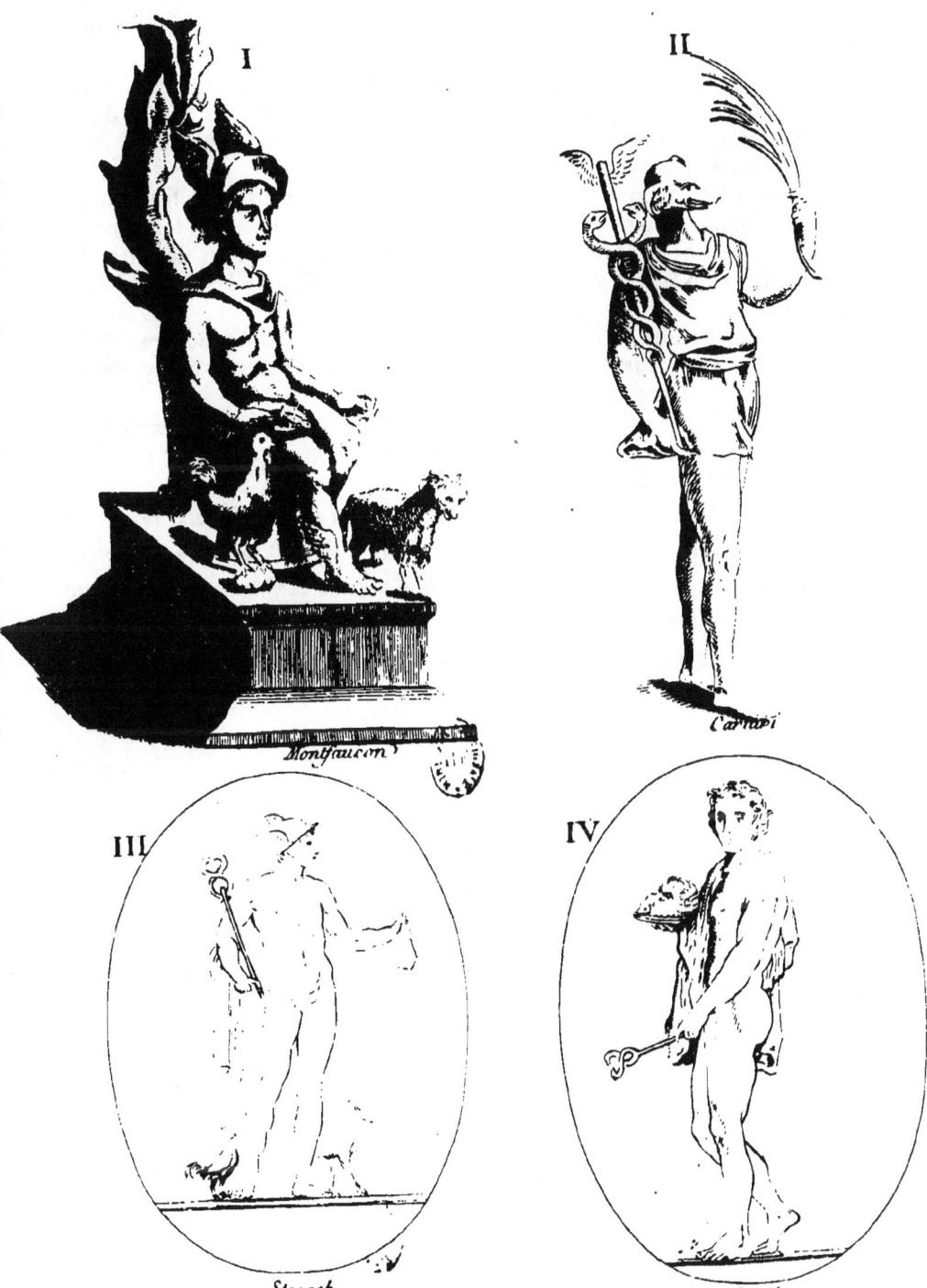

HISTOIRE DE SATURNE.

Aftarté pour marque de fa Royauté porte fur fa tête une Tête de Taureau (le Croiffant).

Parcourant l'Univers, elle rencontre les Aftres qui roulent dans les Cieux, elle les fait difparoître par fon éclat. ATHENÉ (Déeffe des Arts) regne dans l'Attique (Pays ftérile), par la volonté de Saturne (ou du Laboureur, fans lequel point d'Arts).

La famine & la mortalité étant furvenues, Saturne offre fon fils unique (en moiffonnant fon champ). Il coupe fes extrémités (les épis); fon monde en fait de même : il confacre ainfi fon Fils MUTH qu'il avoit eu de Rhéa (la Terre cultivée) & qui venoit de mourir. C'eft le Pluton des Grecs (l'Automne).

Il difpofe enfuite de fa Ville de Byblos, en faveur de l'Abondance; & de celle de Beryte, en faveur du Dieu des Eaux & des Pêcheurs qui y confacrent les dépouilles de la Mer.

Il fait de Mercure (l'Homme aux Signes, l'Inventeur du Calendrier & des Hiéroglyphes) le Roi de l'Egypte, où les Sciences (qui ne font rien fans l'Agriculture) font floriffantes. . . . . . .

La fuite de cette Allégorie ne roulant plus fur les actions de Saturne, mais plutôt fur les inventions de Mercure, qui font le fujet d'une autre Allégorie, nous pouvons nous arrêter ici. En voilà d'ailleurs fuffifamment pour juger de la nature de cette Allégorie, & fi fon explication n'eft pas intéreffante, naturelle, vraie & la plus conforme à l'Antiquité.

C. P. Marillier inv. 1772. J. Romanet Sculp. 1773.

HISTOIRE DE MERCURE
OU THOT.
ALLEGORIE SUR L'INVENTION
DE L'ASTRONOMIE.

INTRODUCTION.

SI l'Histoire de Saturne dont nous venons de donner l'explication, offre une brillante Allégorie, où l'on voit d'une maniere à ne pouvoir se méprendre, l'invention de l'Agriculture, & les grandes idées que les Anciens se formoient de cet Art; si par ce moyen, toutes les absurdités & tous les crimes que renfermoit ce récit, & qui noircissoient la mémoire de ce Personnage, disparoissent ou se changent en autant de traits, qui complettent l'Allégorie & la rendent plus piquante, plus vraie; si cette maniere de voir l'Antiquité, répand sur elle plus de lumiere & plus d'intérêt; il en sera de même de l'Histoire de MERCURE, Secrétaire & Conseiller de Saturne.

L'Histoire du Secrétaire étoit aussi embrouillée, aussi inexplicable en aparence que celle du Maître. Pourquoi en effet eût-elle été plus claire? Le but qu'on s'y proposoit eût été manqué; mais dès le moment que l'une se débrouilloit, l'autre devoit n'avoir plus rien d'obscur: la lumiere de celle-là devoit rejaillir nécessairement sur celle-ci. Si Saturne étoit un Personnage allégorique, son Secrétaire devoit en être un également: les traits allégoriques qui caractérisoient l'un, devoient être une extension, un complément de ceux qui caractérisoient l'autre.

C'est aussi ce que nous avons éprouvé, ce que le Lecteur éprouvera sûrement avec nous, & qui démontrera combien est vraie notre maniere d'expliquer l'Antiquité.

AGRICULTURE étoit le mot de l'Allégorie énigmatique que nous offroit Saturne & sa Fable. ASTRONOMIE sera le mot de celle que nous offre Thot ou Mercure, armé du Caducée, Interprete des Dieux, Conseiller de Saturne, suivi du Coq, du Chien & du Bélier, & composant 36525 rouleaux.

Je ne parle pas de cette haute Astronomie qui consiste dans la mesure des Cieux, dans les principes par lesquels on rend raison des mouvemens des Astres, dans les découvertes qui ont produit les sublimes Théories des Modernes sur les mouvemens de la Lune, des Planettes & des Cométes, dues à la perfection de nos Instrumens, & à cet esprit critique & créateur qui distingue les Modernes; quoiqu'à cet égard les Anciens ayent eu des aperçus beaucoup plus considérables qu'on n'a cru, comme nous le ferons voir ailleurs, quelle qu'en ait été la cause.

Mais il s'agit ici de cette Astronomie pratique, qui consiste dans la simple observation, & qui se borne à l'expérience, connoissance suffisante pour régler l'année, pour fixer le Calendrier, pour le diviser conformément aux révolutions annuelles du Soleil & de la Lune; & pour empêcher que les opérations de la Campagne s'écartent trop du cours du Soleil, & ne restent ainsi sans effet.

Cette Astronomie vulgaire naquit avec l'Agriculture & pour l'Agriculture: dès le moment qu'il y eut un Agriculteur, il exista un Calendrier & des Astronomes; & il ne falut point d'efforts pour cela. Ce Calendrier se trouvoit dans la Nature; elle seule forma les premiers Astronomes; il ne faloit qu'ouvrir les yeux; & qui les ouvre mieux à cet égard, qui est le plus à même de le faire avec succès, qui y est plus intéressé, que celui qui a des Terres à cultiver & des récoltes à renfermer, source de toutes ses richesses, unique soutien de sa vie, & récompense de ses Travaux?

Les Mois étoient déterminés par la nouvelle Lune; l'Année par le lever des Étoiles les plus remarquables; les Saisons, par les jours où le Soleil étoit le plus voisin, le plus éloigné, &c. & ces momens étoient fixés par ceux où les monumens consacrés à l'Astronomie, tels que les Pyramides, vrais Observatoires, & les Obélisques donnoient à l'heure de midi l'ombre la plus courte & la plus longue.

Dès qu'on eut mis en allégories l'invention de l'Agriculture, il ne fut pas plus difficile de tourner en allégories celle du Calendrier; l'une fut une conséquence de l'autre. L'allégorie Astronomique dut même plaire davantage, parce qu'elle prêtoit infiniment plus par sa grande variété, & par la singularité des figures employées pour tracer le Calendrier, & le peindre aux yeux de ceux qui ne savoient ou qui ne pouvoient lire. Car chaque jour, chaque mois, chaque dixaine de jours, chaque Planette, chaque Signe, chaque Saison, &c. furent représentées sous des Figures propres à chacune, & toujours relatives à l'usage dont étoient ces objets. Ces Figures personifiées par l'Allégorie devenoient autant de Héros d'Histoires merveilleuses, source inépuisable d'où naquirent les richesses de la Mythologie & de ses Fables; & dont l'Allégorie de Mercure, unie à celle de Saturne, donne la clé la plus complette & la plus intéressante.

ARTICLE PREMIER.

§. 1.

Des noms de Mercure & combien l'Antiquité en compta.

Mercure s'apeloit Hermès en Grec, Thot, Thaut, Teut, Toyth en Egyptien, Teutates chez les Celtes.

On a été aussi embarrassé pour expliquer ces noms, que pour fixer l'idée qu'on devoit s'en former, & le nombre de Mercures que reconnoissoit l'Antiquité.

Lactance en comptoit quatre : « l'un fils d'Iou & de Maia ; le second, » du Ciel & du Jour ; le troisieme, de Bacchus & de Proserpine ; le qua- » trieme, d'Iou & de Cyllene : celui-ci tua Argus, & s'enfuit ensuite en » Egypte, où il porta la connoissance des Lettres.

Ciceron (1) en comptoit cinq : « l'un fils du Ciel & du Jour : un autre » fils de Valens & de Phoronis, celui-ci se tient sous terre & est le même » que Trophonius ; le troisieme est le fils d'Iou & de Maia ; il eut Pan de » Pénélope ; le quatrieme est fils du Nil, & les Egyptiens croient qu'il n'est » pas permis de le nommer ; le cinquieme, adoré par les Phénéates, est

---

(1) De nat. Deor. l. 2.

Allégories. O

» celui, ajoute-t-il, qui tua Argus, ce qui lui valut l'Empire de l'Egypte ; &
» il donna aux Egyptiens les Loix & les Lettres.

L'Abbé BANIER reconnoissant qu'entre tous ces Mercures, plusieurs étoient calqués sur le même moule, a cru éclaircir leurs histoires (2) en ne suposant que deux Mercures, l'un contemporain d'Osiris & Législateur de l'Egypte : l'autre contemporain de Saturne & d'Iou , & qui regna après eux sur l'Italie , les Gaules & l'Espagne, de même que sur l'Afrique Seprentrionale après la mort de son Grand-Pere Atlas. Il adopte ainsi le Roman du P. PEZRON sur le prétendu Empire des Titans, qui a ébloui quelques Savans , sans avoir rien de réel.

D'ailleurs, ce parrage d'un seul être en plusieurs, n'éclaircit rien, comme nous avons déja eu occasion de le dire ; & lorsqu'on éléve ainsi un mur de séparation entre la Gréce & l'Egypte, on s'ôte tout moyen d'éclaircir les Mythologies de l'une & de l'autre Contrée.

M. FOURMONT (3) avoit très-bien senti que tous ces Mercures n'étoient qu'un seul & même Personnage : la preuve qu'il en allégue a son mérite ; c'est qu'ils avoient tous un même Pere, Iou : car le CIEL ou l'Ether est Iou ; VALENS ne fut qu'une Epithéte d'Iou, sans doute le même que BAL des Orientaux , avec la terminaison Latine ; l'Egyptien passa pour fils d'AMMON, qui est encore Iou, &c.

Cette observation intéressante, lorsque l'on a déja établi l'identité de tous ces Mercures , étoit trop foible toute seule pour démontrer cette identité : il n'est donc pas surprenant que l'Abbé BANIER n'ait pas adopté à cet égard le sentiment de son Confrere.

Quant à nous, fondés sur des preuves d'une toute autre force, nous partons de ce Principe qu'il n'y a eu dans l'Antiquité qu'un seul MERCURE ; que l'Egyptien , le Phénicien , le Grec, le Gaulois, l'Etrusque , le Romain , &c. ne sont qu'un même Personnage Allégorique ; qu'ils ne présentent tous qu'une seule & même Allégorie relative aux mêmes objets , liée avec les mêmes faits & les mêmes Personnages , née des mêmes besoins & des mêmes connoissances , consacrée aux mêmes événemens.

Voyons pour cet effet, de quelle maniere les Anciens ont caractérisé Mercure.

§. 2.

Idée que les Anciens avoient de Mercure.

Mercure joue le plus grand rôle dans l'Allégorie Phénicienne, transmise sous le nom de Sanchoniaton.

1. Il y est apellé TRISME'GISTE ; le SECRETAIRE, & le CONSEILLER de Saturne.

---

(1) Tom. IV. 112-135.
(3) Mém. de l'Acad. des Inscrip. & Belles-Lettres, T. VII. p. 10.

2. Par son Conseil, Saturne forge des Armes & prend parti contre le Ciel. Lui-même tient un discours enchanteur aux Amis de Saturne, & il les détermine à le seconder dans cette entreprise.

3. Il décide Saturne à ensevelir ATLAS tout vivant.

4. Saturne l'établit Roi sur l'Egypte entière.

5. Imitant Uranus ou le Ciel, il invente les Caractères Sacrés, & il peint son Maître avec quatre yeux & quatre ailes.

6. Il étudia les Dragons, ajoute Sanchoniaton dans un autre Fragment que nous a conservé EUSEBE à la suite du précédent ; & il leur attribua la Nature Divine. Il enseigna qu'ils abondoient plus en esprits que tous les autres reptiles ; qu'ils étoient d'une Nature ignée ; qu'ils se mouvoient avec la plus grande vitesse, quoique privés des Organes communs à tous les autres animaux : il fit voir quelles étoient les diverses formes que prenoit leur corps, & tous les plis & replis avec lesquels ils s'élançoient ; que leur vie étoit très-longue, rajeunissant plusieurs fois, & prenant toujours de plus grands accroissemens jusqu'à ce qu'ils fussent parvenus à un certain nombre de révolutions, au bout desquelles ils cessoient d'être : il grava enfin toutes ces choses sur les Tables Sacrées. De-là vint la coutume de faire entrer l'usage de ces Animaux dans les Cérémonies Sacrées & dans les Mystéres. » Nous en avons
» parlé plus au long, ajoute l'Historien, dans les Commentaires que nous
» avons intitulés ETHOTHIA, & où nous avons fait voir qu'ils étoient immor-
» tels, & qu'ils se résolvoient en eux-mêmes.... C'est celui que les Phé-
» niciens apellent le BON-GÉNIE, & les Egyptiens CNEPH & qu'ils peignent
» avec une Tête d'Epervier. EPÉIS, le Chef de leurs Interprètes Sacrés,
» dont ARIUS d'Heracléopolis a traduit les Ouvrages en Grec, a dit les
» mêmes choses allégoriquement. Entre les Serpens, dit-il, il en est un tout
» Divin, à Figure d'Epervier & de l'aspect le plus agréable ; dès qu'il
» ouvre les yeux, tout brille de la plus vive lumiere : dès qu'il les ferme,
» tout rentre dans les ténébres.

» PHE'RE'CYDES a traité fort au long de cette Divinité Phénicienne, qu'il
» apelle OPHION ; & des OPHIONIDES.

» N'oublions pas, ajoute l'Auteur, que les Egyptiens pour peindre le
» Monde, représentoient dans la même vue, un Cercle rond de couleur
» bleue, environné de flammes qui s'en échapoient de toutes parts : &
» dans le centre duquel étoit un Serpent à Tête d'Epervier ; figure parfaite-
» ment semblable au Thêta Θ des Grecs : ainsi, tandis que le Cercle repré-
» sentoit l'Univers, le Serpent qu'il renfermoit étoit le Symbole du Bon-
» Génie.

Ce long récit finit par ces traits remarquables ». THAUT, celui que les
» Egyptiens apellent THOT, illustre chez les Phéniciens par sa sagesse, donna
» le premier aux Hommes des Loix & des leçons sur la Religion & sur le
» Culte des Dieux, éclairant ainsi le Peuple qui jusqu'alors avoit été plon-

» gé dans l'ignorance : il jetta, il est vrai, sur sa Théologie un voile allé-
» gorique qui la couvroit de son ombre : mais le Dieu SURMUBEL & THURO
» apellé CHUSARTHIS, l'éclaircirent, après une longue suite de Généra-
» tions ».

Nous avons cru devoir inférer ici sans aucun retranchement, ce récit relatif aux instructions données aux Hommes par Mercure & qui paroissent si peu propres à fixer l'idée qu'on doit se former de ce Personnage, parce qu'il confirmera ce que nous avons à proposer à ce sujet & qu'il en fera une démonstration, à laquelle on ne pourra se refuser. Elle fera voir combien on se trompoit dans l'idée qu'on se formoit ordinairement de Mercure ; & de quel secours on étoit privé, en négligeant ce récit, faute de l'entendre.

§. 3.

Idée qu'en eurent les Egyptiens.

DIODORE de Sicile nous a conservé l'Histoire de Mercure, telle que la racontoient les Egyptiens ; morceau précieux que nous ne saurions omettre ; & qui apuiera tout ce que nous aurons vû, à l'occasion du Mercure Phénicien.

» OSIRIS (1), dit-il, honora Hermès ou Mercure, parce qu'il reconnut en
» lui des talens extraordinaires pour tout ce qui peut contribuer au bien de la
» Société humaine. En effet, Mercure changea le premier en une Langue
» exacte & réglée, les dialectes grossiers & informes auxquels on avoit été
» réduit jusques alors : il donna des noms à une infinité de choses d'usage
» qui n'en avoient point : il inventa les premiers Caractères, & régla jus-
» qu'à l'Harmonie des mots & des phrases. Il institua plusieurs pratiques
» touchant les Sacrifices & les autres Parties du Culte des Dieux, & il don-
» na aux Hommes les premiers principes de l'Astronomie. Il leur proposa
» ensuite pour divertissemens la lutte & la danse, & leur fit comprendre
» quelle force & même quelle grace le Corps humain peut tirer de ces exer-
» cices. Il inventa la Lyre à trois Cordes, à l'imitation des trois Saisons
» de l'année (†) ; car ces trois Cordes rendant trois sons, le grave, l'aigu,
» & le moyen, le grave répond à l'Hyver, le moyen au Printems, &
» l'aigu à l'Eté. C'est lui qui enseigna l'interprétation ou l'élocution aux
» Grecs, qui l'ont apellé par cette raison Hermès ou Interprète : il fut le
» Confident d'Osiris, qui lui découvroit tous ses secrets & qui faisoit le

---

(1) Diod. de Sic. L. I.
(†) Les Egyptiens ne comptoient en effet que trois Saisons, chacune de quatre mois.

HISTOIRE DE MERCURE.

» plus grand cas de ses conseils. C'est enfin lui qui, selon les Egyptiens,
» a planté l'Olivier, que les Grecs croyent devoir à Minerve....

» Osiris avant son départ, laissa à Isis l'administration générale de son
» Etat déja parfaitement réglé. Il lui donna pour Conseiller & pour Ministre
» Hermès, le plus sage & le plus fidéle de ses Amis ; & pour Général de
» ses Troupes, Hercule, &c.... Et lorsqu'Osiris eût passé de la Terre
» au Ciel, Isis & Mercure lui firent des Sacrifices & instituerent en son honneur
» des Initiations avec des Cérémonies secrettes & mystérieuses.

Diodore entre encore plus bas (2) dans un assez grand détail sur Mercure ». Mercure, dit-il, dirige l'envoi des Hérauts en tems de Guerre,
» les Propositions de paix & les Traités. On lui donne pour Symbole le Ca-
» ducée que portent ceux qui sont chargés de ces sortes de Commissions,
» & qui fait leur sureté au milieu même de leurs Ennemis. C'est par-là que
» l'épithéte de commun convient à Mercure, puisque ceux qui s'entre-
» mettent de la paix travaillent à l'utilité commune des deux Partis. On
» dit aussi que ce Dieu a établi le premier les mesures, les balances &
» tout ce qui sert à régler le gain du commerce ; au point qu'on lui a
» attribué l'adresse de mettre tout l'avantage de son côté dans les échanges.
» Il a été regardé d'ailleurs comme l'Ambassadeur des Dieux, & un excel-
» lent Interpréte de leurs volontés & de leurs ordres. Aussi, ce dernier
» nom est-il devenu le sien propre, non qu'il ait inventé les mots & les
» phrases, comme le disent quelques-uns, mais parce qu'il expose avec
» une clarté parfaite & avec une éloquence inimitable, le sens des Com-
» missions dont il est chargé. On attribue encore à Mercure l'institution de
» la Lutte, & l'on prétend qu'il plaça sur une grande écaille de Tortue
» la Lyre d'Apollon : ce qui forme un Corps de guitarre.....

On trouve dans Plutarque quelques traits relatifs à Mercure, & pro-
» pres à répandre du jour sur l'idée qu'on doit s'en former.

» Le Soleil, dit-il (3), s'étant aperçu que Rhéa étoit devenue enceinte
» de Saturne, la maudit, & fit cette imprécation contr'elle, qu'elle ne pût
» accoucher dans aucun mois, ni dans aucune année : mais Mercure qui
» étoit amoureux de Rhéa, & qui en étoit bien traité, joua aux dés avec
» la Lune, & lui gagna la soixante & douzieme partie de chaque jour : il
» mit ensuite toutes ces portions bout à bout & en forma cinq jours, qu'il
» ajouta aux 360. dont l'année étoit composée. Ce sont ces jours que les
» Egyptiens apellent Epactes (ou Epagoménes), & qu'ils célébrent comme
» l'anniversaire de la naissance des Dieux, (Rhéa ayant accouché ces jours-
» là). Au premier jour naquit Osiris, à la naissance duquel on entendit
» une voix qui crioit que le Seigneur de tout le Monde venoit de naître.

---

(2) Ib. Liv. V. T. II. p. 37.
(3) Traité d'Isis & d'Osiris.

» Aroueris ou Apollon, apellé auſſi Orus l'aîné, naquit le ſecond jour ;
» Typhon, le troiſieme jour ; Iſis, le quatrieme ; & enfin au dernier jour,
» NEPHTÉ, que l'on apelle auſſi TELEUTE', ou la *fin*, VE'NUS & VICTOIRE.

Il ajoute plus bas, qu'Orus ayant arraché à Iſis ſon Diadême, Mercure lui donna en place un Caſque fait en forme de tête de Taureau.

Le même Auteur dit dans ſes Sympoſiaques (4), « que Mercure eſt le pre-
» mier des Dieux qui trouva en Égypte les Caractères, & que c'eſt par cette
» raiſon que les Égyptiens mettent l'IBIS à la tête des Caractères : en quoi,
» ajoute-t-il, ils ont tort de donner la premiere place à une lettre muette
» & qui n'eſt pas une voyelle. » Paſſage obſcur s'il n'eſt raproché d'un autre, où Plutarque nous aprend (5) que les Égyptiens diſoient « que cette
» lettre repréſentoit la figure de l'Ibis, ou d'un Triangle, lorſque cet Oi-
» ſeau cache ſon bec dans ſa poitrine » ; & de celui où MARCIEN CAPELLA (6)
dit, » que l'Ibis porte le nom d'un mois Égyptien ».

C'eſt encore Mercure qui, ayant reçu l'ordre de délivrer Io d'Argus aux cent yeux qui la gardoit à vue nuit & jour, l'endormit aux ſons harmonieux de ſa Lyre, & lui coupa enſuite la tête : exploit qui lui valut le titre d'ARGIPHONTE, *Meurtrier d'Argus*.

§. 4.

Autres Caractères de Mercure.

Ajoutons quelques autres traits propres à le caractériſer.

1. Le premier mois & le premier jour de l'année Égyptienne lui étoient conſacrés, & portoient ſon nom de Thot.

2. SUIDAS & PLINE diſent qu'on l'apelloit PHANNOS.

3. PLATON dans divers endroits de ſes Ouvrages (7), l'apelle *Ouvrier admirable*, *Pere des Lettres*. Il dit qu'Iou lui-même l'envoya ſur la Terre, pour donner aux Hommes des loix qui les liaſſent par un amour mutuel ; qu'il fleuriſſoit ſous le regne de THAM, &c.

4. On le repréſentoit, tantôt le Caducée en main, tantôt avec une Tête de Chien : ſymboles remarquables par leur ſingularité, & ſur l'explication deſquels il doit être impoſſible de ſe méprendre.

5. On lui attribuoit 36525 livres, ou Rouleaux.

6. Il étoit apellé chez tous les Peuples, l'INTERPRÈTE DES DIEUX.

---

(4) Liv. IX. Queſt. 3.
(5) Ib. Liv. IV. Queſt. 5.
(6) Liv. II.
(7) Sur-tout dans le *Protagoras* & dans le *Philebe*.

7. Le Coq & l'Ibis lui étoient consacrés; aussi le voit-on souvent accompagné de ces animaux, ainsi que de la Tortue & du Bélier.

8. Ses Fêtes se célébroient dans la Gréce au mois de Mai; & les Latins plaçoient sa naissance dans le même mois, & le faisoient fils de Maia.

Lorsque les Egyptiens eurent ramené à une même formule les Planettes, les jours de la semaine, les notes de la Musique, les Métaux, les Couleurs armoriales, &c. Mercure tint son rang dans toutes ces séries, il fut Planette, jour de la semaine, Note de Musique, Métal, Couleur, &c.

Passant continuellement de Cascade en Cascade, son nom devint celui des *Bornes*: celui des livres périodiques, & le nom honnête de Gens qui ne le sont guères.

Par quel caprice donna-t-on un même nom à tant d'objets aussi disparates ? Et comment ce nom s'est-il transmis jusqu'à nous, augmenté sans cesse de nouvelles significations ?

Il étoit difficile sans doute de trouver un fil, au moyen duquel on pût sortir de ce labyrinthe, & qui liât des faits qui paroissent en être si peu susceptibles. Ne soyons donc pas étonnés si jusqu'ici on a été si fort partagé à cet égard, & si l'on n'a dit sur un objet aussi intéressant que des choses triviales, ou qui n'expliquoient rien; d'autant plus qu'on laissoit de côté les Caractères tranchans & distinctifs, sans lesquels on ne sçauroit se former une idée exacte de ce Personnage & de l'Allégorie qu'il offre: allégorie qu'on ne soupçonnoit même pas.

ARTICLE II.

Sentimens des Savans à l'égard de Mercure.

Nous avons déjà vû que l'Abbé Banier posoit en fait qu'il y avoit eu deux Mercures, l'un Egyptien, l'autre Celte: c'étoit mettre deux difficultés à la place d'une, & ne rien expliquer.

L'Auteur de l'*Histoire du Ciel* qui avoit entrevu tant de vérités, n'a rien dit de satisfaisant sur ce personnage: Il le réduit à être un simple signe de la Canicule & du moment, où par son lever elle annonçoit l'arrivée de l'inondation: il ajoute que si on l'arma d'un bâton qui fut ensuite changé en Caducée, c'est qu'on se servoit de ce signal pour avertir le Peuple de se retirer sur les hauteurs, afin d'éviter la crue des eaux.

Jean Nicolaï, dans son Traité sur Mercure,

Et l'Evêque d'Avranches M. Huet, crurent que Moyse avoit été le modèle sur lequel les Payens forgerent ce Dieu.

Gudworth, Mosheim & Brucker, sont convaincus qu'il exista réellement : ce dernier va même jusqu'à dire, que le nier, ce seroit renverser toute certitude historique.

Le P. MONTFAUCON (8), VOSSIUS dans son Ouvrage sur l'Idolâtrie (9), & SCHUCKFORD dans son Histoire Ancienne (10), n'ont fait que se perdre dans ce cahos & l'embrouiller de plus en plus.

Mais distinguons deux illustres Modernes qui ont discuté cet objet avec plus de soin, & qui firent imprimer dans la même année leurs Recherches à ce sujet, WACHTER (11) & JABLONSKY (12).

Ce dernier lui a consacré un Chapitre fort long; & le premier, presque la moitié de son livre.

Ils ont embrassé un systême exactement oposé l'un à l'autre : heureusement, c'est leur faute, & non celle du sujet qu'ils n'ont pas traité avec l'exactitude qu'on admire dans leurs écrits.

WACHTER est persuadé que Thot exista réellement, qu'il fut contemporain de Moyse & d'Osiris; qu'il présenta ses Ouvrages à ce dernier Prince; que celui-ci est le THAM de Platon; & que s'il inventa les lettres hiéroglyphiques, Ménès, après sa mort, inventa les lettres alphabétiques, les mêmes que celles des Coptes & des Grecs.

JABLONSKY au contraire, est persuadé que Thot ne désigne autre chose que l'époque dans laquelle les Sciences furent inventées, & où l'on en grava les premieres esquisses sur des colonnes; & que s'il y a eu un vrai Thot, c'est SIPHOAS, le XXXVe Roi de Thèbes depuis Ménès, qui perfectionna l'Astronomie, & porta l'année de 360 jours à 365.

Les preuves dont ils s'apuient, ne sont que des raisons de convenance, relatives à leurs systêmes sur l'origine des lettres hiéroglyphiques qu'ils ont cru n'avoir rien de commun avec les alphabétiques & leur être antérieures; & ces systêmes eux-mêmes étant dénués de tout principe sûr, & de points fixes & fortement caractérisés, ne peuvent servir ni à se décider pour aucun d'eux, ni à parvenir au vrai.

Laissons donc de côté leurs vues, & essayons de nous tracer une route qui nous conduise à la vérité aussi promptement que sûrement.

---

(8) Ant. Expl. T. I.
(9) De orig. & progr. Idolol. Tom. I. Lib. II. C. XXXII.
(10) Liv. VIII. p. 172 & suiv. Tom. II.
(11) Dans son Ouvrage intitulé, Accord de la Nature & de l'Ecriture.
(12) Panthéon Egyptien, Tom. II.

ARTICLE III.

ARTICLE III.

MERCURE Inventeur de l'Astronomie.

L'ON doit regarder chaque Fable comme un Tout, dont les diverses parties, quelque disparates qu'elles paroissent, ne sont que des dévelopemens, & forment entr'elles un ensemble parfaitement d'accord. qui offre cette unité, sans laquelle aucun Ouvrage de l'Esprit Humain, Tableau, Drame, ou quel autre que ce soit, ne sauroit subsister. L'on ne peut donc espérer de saisir l'esprit d'une Fable, d'une Allégorie, de même que d'un Drame, qu'autant qu'on en considérera l'ensemble, & le raport de chacune de ses parties; mais avec une précaution pareille, on en voit nécessairement l'objet, & aucune de ses beautés ne peut échaper. C'est pour avoir négligé ce principe, pour avoir suposé qu'il n'y avoit point d'unité dans les Fables Mythologiques, qu'on n'a pu jusques ici s'en former une juste idée, & qu'on a manqué totalement l'Objet désigné par le Héros, ou l'Acteur principal de chaque Fable.

Nous ne nous écarterons jamais de ce principe: c'est le fil qui nous dirigera à travers les détours ténébreux de la Fable; & le Lecteur qui apercevra sans peine l'harmonie qui en résulte & qui sera frapé aussi-tôt de la vérité du Tableau, ne pourra refuser son aprobation.

C'est d'après ce principe, que nous avons vû que SATURNE & son Histoire étoit l'invention de l'AGRICULTURE présentée aux Hommes sous le voile de l'Allégorie.

Ce sera d'après ce même principe, que nous allons voir dans Mercure & son Histoire, l'invention de l'ASTRONOMIE, présentée également d'une maniere allégorique.

Nous verrons même plus: car non-seulement, chacune de ces Allégories offrira unité dans son ensemble, mais leur réunion présentera également la même unité, ensorte que l'une de ces Allégories ne sera qu'une suite & un complément de l'autre.

Ce n'est point l'Inventeur des Caractères Alphabétiques ou de l'Ecriture, que l'on a voulu peindre dans Mercure; ni le patron des Hérauts, ni le Messager des Dieux, ni le conducteur des Ames dans l'autre monde, ni le Dieu des Marchands, ni celui des Voleurs, ni le protecteur des Grands Chemins, ni le flatteur de Jupiter, ni .... rien en un mot de tout ce qu'on y a vu, en mettant sans cesse l'accessoire à la place du principal & en confondant les usages auxquels on a apliqué successivement l'idée de Mercure, avec le but de ceux qui les premiers en firent une Fable. Ce qu'on

Allégories. P

désigna par Mercure, ce fut l'inventeur de l'Astronomie & sur-tout du Calendrier ou Almanach à l'usage de l'Agriculteur.

Tout le prouve.

1°. Ses TITRES; il est Conseiller & Secrétaire de Saturne & Interprête des Dieux

2°. Son SYMBOLE; c'est le Caducée. Ses autres attributs; ils sont composés de la Tortue ou la Lyre à trois cordes, du Bélier, du Coq & du Chien.

3°. Ses ACTIONS; il donne un Casque à Isis; il fait une partie de dez avec la Lune: il contemple les Dragons; il est Auteur de 36525 Rouleaux, &c.

4°. Son NOM, porté par le premier jour & par le premier mois de l'année Egyptienne; tandis qu'il est Protecteur chez les Romains du mois de Juin.

5°. Les CARACTÈRES dont les Anciens lui attribuent l'invention; & la LETTRE qui lui étoit consacrée.

6°. Les NOMS par lesquels on le désigne chez les différens Peuples.

7°. L'aveu uniforme de l'Antiquité entiere.

PREMIERE CLASSE DE PREUVES.

TITRES DE MERCURE.

1°. Secrétaire & Conseiller de Saturne.

Dès la plus haute Antiquité, il fut désigné par le titre de Secrétaire & de Conseiller de Cronus ou de Saturne chez les Orientaux; & par celui de Conseiller d'Isis & d'Ami d'Osiris, chez les Egyptiens.

Mais quel est le Conseiller du Laboureur? De qui écoute-t-il les Oracles, en qui a t-il quelque confiance, si ce n'est dans son Calendrier, ou dans l'Almanach? C'est lui qu'il consulte sans cesse; c'est de lui qu'il prend conseil pour toutes ses opérations; c'est par son Almanach qu'il sait le Tems où il faut préparer ses Terres, labourer, semer, cueillir, travailler ou se reposer, être aux champs ou aux assemblées. Ne soyons donc pas étonnés que le nom d'Almanach soit devenu synonyme de Conseil, & que l'on dise; *portez vos Almanachs à d'autres*, comme on diroit, néant de vos Conseils, nous n'en voulons point.

Dès le moment que l'Agriculture fut inventée, l'observation ou la connoissance des Tems devint absolument nécessaire: l'Astronomie naquit donc aussi-tôt que le Labourage: car un Art amene un autre Art, & dès qu'une invention a donné l'éveil aux humains, la foule des Chercheurs se jette de ce côté-là ; c'est à qui perfectionnera, inventera, mettra à profit les découvertes déja faites, viendra à leur apui, &c.

Tel est le point dont il faut partir pour se former une juste idée de Mercure, & pour dissiper l'obscurité, qui jusqu'à présent envelopoit ses gestes : rien dans son Histoire dont on ne rende très-facilement raison par ce moyen, tandis que sans lui on est sans cesse dérouté.

L'ALMANACH, le Calendrier, le Labourage, l'Astronomie, les Fêtes, les Jours, les Mois, &c. tout nous est ainsi venu de l'Orient. Ne soyons donc pas étonnés que tous les mots qui y entrent ;

ALMANACH.	SEMAINES.	SABATH.
CALENDRIER.	SIGNES.	CIEL.
CALENDES.	NÉOMENIES.	TERRE.
IDES.	SOLEIL.	ÉTÉ.
MOIS.	LUNE.	HYVER.
JOURS.	ASTRES.	&c.
HEURES.	CONSTELLATIONS.	

soient tous venus de l'Orient, tous nés dans la plus haute Antiquité ; tous existans dans les Langues des Nations, chez lesquelles naquirent ces Arts.

2. *Interpréte des Dieux.*

N'est-ce pas encore par ce moyen, que Mercure devient, au pied de la lettre, l'Interpréte des Dieux ? Les Dieux sont les Cieux & leur Armée, le Soleil qui est leur Roi, la Lune qui est leur Reine, les Planettes qui sont leurs Gardes ou leurs Ministres, les Signes qui président aux Mois, les Constellations qui leur sont subordonnées. Ils ont un langage qui n'est entendu que de leur Observateur : & cependant ce qu'ils disent est absolument nécessaire à l'Homme Agriculteur ; il lui faut donc un Interpréte, qui placé entre les Dieux & lui, explique leur volonté & le mette à même de profiter de leurs avis. Cet Interpréte, c'est Mercure ou l'Astronome. Interpréte admirable qui lit dans les Cieux la destinée des Humains, & qui régle & fixe leurs opérations & leurs mouvemens sur ceux des Globes Célestes, immuables dans leur course toujours fixe & réglée.

SECONDE CLASSE DE PREUVES.

Symbole & Attributs de Mercure.

MAis quel est le symbole de ce Héraut, avec quel sceptre se présente-t-il à nous ? Ses attributs ne peuvent être plus singuliers. Il s'avance avec précipitation : des aîles sont à ses pieds & à son chapeau : il tient en main un bâton, autour duquel s'entortillent deux serpens, qui y forment un nœud sur le milieu de sa longueur : un Chien, un Bélier & un Coq l'accompagnent : il porte une Lyre à trois cordes.

Ces symboles & ces attributs inexplicables, lorsqu'on n'en apercevoit pas l'ensemble, deviennent de la plus grande vérité, dès qu'on sçait que Mercure est l'inventeur de l'Astronomie ; qu'il est l'Astronomie personifiée.

Des deux Dragons qui composoient le Caducée, l'un étoit mâle & l'autre femelle, disent les Anciens ; & le point où ils se réunissoient s'apelloit HERCULE.

Voici de quelle maniere s'exprime à ce sujet MACROBE (1): « *In Mercurio Solem coli etiam ex* Caduceo claret, quod Ægyptii in specie Draconum maris & fœminæ conjunctorum figuraverunt, Mercurio consecrandum. Hi Dracones parte media voluminis sui invicem nodo quem vocant *Herculis*, obligantur : primæque partes eorum reflexæ in circulum, pressis osculis, ambitum circuli jungunt ; & post nodum caudæ revocantur ad capulum Caducei : ornanturque alis ex eadem capuli parte nascentibus. *C'est-à-dire* : Le Caducée démontre que Mercure est le Soleil. Les Egyptiens le consacrerent à la premiere de ces Divinités, sous la forme de deux Dragons réunis, *mâle & femelle* : le point auquel ils sont unis s'apelle *Hercule* : leur avant-corps forme un Cercle, qui se termine par l'union de leurs têtes ; & leurs queues se réunissent également en cercle sur le manche du Caducée, tandis que des Aîles naissent de ce manche ».

Ces circonstances nécessaires pour déterminer le but & l'origine d'un ornement aussi singulier, ne furent point l'effet du hazard ou de quelque mauvaise peinture, comme on l'imagina si mal à propos : il vaudroit mieux dire simplement qu'on ne sçait pas quelle en avoit été l'origine.

Ce n'est point par hazard que ce symbole fut inventé : moins encore par hazard qu'il devint le symbole de Mercure ; tout comme ce ne fut pas par hazard que Saturne fut armé de la Faulx, Hercule de la Massue, Astarté

---

(1) SATURN, Lib. I. C. XIX.

HISTOIRE DE MERCURE.

du Croissant, &c. Tous ces symboles furent toujours représentatifs du Personnage auquel on les attribuoit : ils en furent toujours une description ou une définition courte & vive.

Il en est donc de même de Mercure, & l'on n'aura trouvé l'explication de ce qui regarde celui-ci, que lorsqu'on en verra naître celle de tous ses symboles & de ses attributs.

En faisant de Mercure l'Inventeur de l'Astronomie, le Caducée devient son symbole distinctif & naturel ; & il est de la plus grande vérité.

Personne n'ignore que les Serpens étoient chez les Anciens les symboles du Tems, de l'Année & des Moissons. Le Caducée composé de deux Serpens, étoit donc relatif au Tems, à sa régle, ou à l'Astronomie.

De ces deux Serpens, l'un est Mâle & l'autre Femelle.

L'on a donc voulu peindre ici deux objets différens, relatifs à l'Année, dont l'un étoit Mâle, l'autre Femelle ; qui, tantôt étoient réunis en un point & tantôt séparés, & dont la route serpentante imitoit la figure des Dragons du Caducée.

Mais quels sont ces deux Objets ? si ce n'est le Soleil & la Lune, qui dans le cours d'une année, parcourent l'Ecliptique sur lequel ils sont tantôt séparés, tantôt unis ; & qui tracé sur une carte, ressemble exactement à la figure de chacun des Dragons du Caducée. C'est d'après cela que l'on fit ce Conte raporté par Athenagore : « Iou étant devenu amoureux de Rhéa, elle » se changea en Couleuvre, afin d'échaper à ses poursuites ; il prit aussi-tôt » lui-même la figure d'un Serpent ; & de-là, les deux Serpens du Caducée, » en mémoire de cet événement ». Cette Fable, trop absurde pour être née sans raison, prouve que les Anciens étoient convaincus que la réunion des deux Serpens du Caducée étoit allégorique & destinée à peindre quelque grand événement.

Armer Mercure du Caducée, c'étoit donc lui mettre en main une Carte Céleste ; c'étoit dire de la maniere la plus énergique, qu'il avoit observé les mouvemens du Soleil & de la Lune, leur passage sur l'Equateur, cercle peint par le bâton du Caducée, le moment où ils y étoient réunis, & le moment où ils en étoient les plus éloignés ; momens qui font la base de l'année, qui la circonscrivent, qui la divisent en parties égales : c'étoit aprendre qu'il avoit réglé tout ce qui a raport à l'année ; en un mot, qu'il avoit fait le Calendrier.

Il étoit donc impossible de caractériser Mercure par un symbole plus frapant, plus relatif à l'idée qu'on devoit s'en former, qui ne convînt qu'à lui.

Ce symbole est sur-tout parfaitement d'accord avec le langage des Astronomes. Dans cette langue, Tête & Queue de Dragon, sont les points de l'Eclyptique où se réunissent les mouvemens du Soleil, de la Lune & des Planettes ; & le mot Nœud désigne leur rencontre.

Il est donc vrai ; le Caducée peint l'année, ou le Cours du Soleil & de la Lune, pour une année. Le bâton du Caducée est l'Equateur, ce Cercle qui coupe le Globe en deux portions égales, & sur lequel le Soleil passe deux fois l'année aux Equinoxes.

Le *Dragon mâle* peint l'Eclyptique, ou le chemin en zigzag que le Soleil parcourt dans le cours de l'année, *qui forme un zigzag ou une S*, relativement à l'Equateur; & qui est peint précisément de même sur nos Cartes.

Le *Nœud des deux Dragons* formé à leur point de rencontre sur le bâton du Caducée, est le moment où le Soleil & la Lune se rencontrent sur l'Equateur, dans le point où il est coupé par l'Eclyptique.

Ce nœud s'apelle Hercule, dit Macrobe; circonstance intéressante, & qui vient à l'apui de tout ce que nous avons dit en prouvant toujours mieux le raport de nos trois Personnages allégoriques, Saturne, Mercure & Hercule.

Ces deux Dragons, dont l'un est mâle & l'autre femelle, & qui sont l'Emblème des deux Principes de toutes choses, l'*Actif* & le *Passif*, deviennent la clé des deux aîles que Mercure mit à la tête de Saturne, & qu'il apella *Intelligence & Sentiment*. L'intelligence imprime l'action, & le sentiment la reçoit; Saturne est l'Intelligence, l'Être actif qui sème. La Terre est l'Être passif qui est sémé & qui reçoit.

Le Caducée lui-même est quelquefois représenté avec des aîles; rien de plus juste encore: ce sont les aîles du tems; à peine paroît-il, qu'il s'est déjà envolé: le présent disparoît à l'instant, & l'avenir arrive avec rapidité, tandis que le moment qui le précédoit est déjà bien loin.

Nous verrons bientôt que le nom même du Caducée, ne fut pas choisi avec moins de justesse.

Décrivez un cercle autour du Caducée, & vous aurez la Sphère, Emblème parlant de l'Astronomie; mais ce cercle est difficile à tracer, & cette figure est trop parlante: on suprima donc le cercle, & il resta le Caducée; vrai hiéroglyphe qui sembloit inexplicable, & qu'on n'eût jamais pu déchiffrer que par l'ensemble, tout comme une énigme ne se dévelope que par sa masse.

Nous aurons occasion de voir dans la suite d'autres caractères ou figures, dont la source étoit inconnue uniquement à cause de la supression du cercle qui les circonscrivoit & qu'on ôta, parce qu'il devenoit aussi embarassant qu'inutile.

2°. *Le Coq, le Bélier & le Chien.*

C'est comme inventeur de l'Astronomie que ces trois animaux sont à la suite de Mercure, & que le dernier est devenu un de ses symboles.

Le Coq, horloge vivant qui annonce les heures pendant la nuit, ne pouvoit être mieux choisi pour accompagner l'Astronome. Aussi est-il apellé dans un grand nombre de langues, même en Indien, *Morga*, c'est-à-dire, l'*Oiseau du matin*, ce que signifie également ce mot, dans les langues dérivées de l'ancien Theuton.

HISTOIRE DE MERCURE.

Le Bélier, signe par lequel s'ouvroit l'année pour tous les Peuples chez qui elle commençoit au mois de Mars, devenoit un symbole très-naturel de l'Astronomie.

Le Chien, qui, sous le nom de Canicule, préside à la moitié du mois d'Août, devenoit encore le vrai symbole du Mercure des Egyptiens, leur année commençant au lever de cet Astre.

Au milieu de ce mois, expiroit en Egypte l'année ancienne ; alors arrivoit la fin, ou Teleuté (1), & ce jour étoit la fête de la Déesse Nephté, enlevée du milieu des Hommes. Le lendemain étoit celle du Rosh ou du commencement (2) de l'an nouveau ; c'étoit la Fête de Mercure & de son Chien, ou celle de l'ouverture de l'année par la Canicule, & de l'Almanach par l'Astronome.

3°. *LA LYRE.*

Mais pourquoi la Lyre à trois cordes ? & qu'a-t-on voulu peindre par cette harmonie de trois Tons, le grave, le moyen & l'aigu qu'il invente & qui répondent à l'Hyver, au Printems & à l'Eté ? Rien qui ne soit très-simple & parfaitement relatif à l'Année.

Cette Harmonie à trois cordes, est l'harmonie des mouvemens célestes & de l'Année formée des trois saisons Egyptiennes, l'Hyver, le Printems & l'Eté ; car ils n'en comptoient que trois, de quatre mois chacune, nous l'avons déjà vu, & nous aurons occasion de le prouver ailleurs. Nous verrons en même tems que les trois Modes Grecs apellés *Phrygien, Dorien & Lydien* dont ce Peuple s'est attribué l'invention, que personne ne lui avoit encore disputée, ne sont autre chose qu'une imitation des trois Tons, qui formerent la Lyre de Mercure, & qui dominoient alternativement dans les Hymnes & dans les Poëmes, suivant que leurs sujets étoient relatifs à une saison, ou à une autre, comme nous aurons occasion de le voir dans la suite dans un plus grand détail.

---

(1) Teleuté est un mot Grec qui signifie *Fin, mort, expiration*, & Nephté signifie la même chose en Egyptien, de l'aveu de tous les Savans en cette langue & nommément de Jablonsky. Il désigne aussi la *Victoire* qui est la fin de tout combat, de toute guerre.

(2) Rosh est le mot Oriental ראש qui signifie l'oposé de Nephté, *commencement, entrée.*

TROISIEME CLASSE DE PREUVES.
ACTIONS DE MERCURE.

1°. *Il donne un Casque à Isis.*

Isis ayant perdu son Diadême qui lui avoit été arraché par Osiris, reçoit de Mercure en dédommagement un Casque qui représentoit une Tête de Taureau. Mais une Tête de Taureau est également l'emblême de la Dignité Royale dont Astarté étoit revêtue. L'on sait d'ailleurs qu'Isis ou Io passoit pour avoir été métamorphosée en Vache; Osiris étoit également peint avec une Tête de Bœuf: emblême qui lui étoit commun avec l'ancien Bacchus des Grecs, celui qu'invoquoient les Femmes de l'Elide.

Tout ceci étoit relatif à l'Année. Astarté est la même qu'Isis: Mercure lui donna donc un Casque à Tête de Bœuf, parce qu'il peignit la Lune dans son Calendrier, sous la forme du Croissant, ou d'une Femme qui avoit une Tête de Bœuf dont les Cornes peignoient celles du Croissant. Cette Femme à croissant fut apellée *Io*, *Pasiphaé*, *Isis*, &c. & l'on inventa ensuite les Fables fondées sur cette peinture, & que l'on donna pour autant de Métamorphoses surprenantes.

2. *Il joua aux Dez avec la Lune.*

Nous avons vu plus haut qu'il joua une partie de Dez avec la Lune, & qu'il lui gagna la soixante-douziéme partie de ses jours, ou simplement la soixante-dixiéme, suivant ceux qui ne s'attachent qu'à des nombres ronds. De toutes ces fractions, il forma cinq jours qu'il plaça entre l'année finissante & l'année commençante de 360 jours; ensorte que Rhéa pût accoucher dans un tems qui ne faisoit partie ni d'aucun mois ni de l'année, & éluder ainsi l'imprécation du Soleil contr'elle.

Ce tems fut hors des mois, parce qu'on eut soin d'intercaler ces cinq jours entre le dernier jour de l'ancienne année & le nouvel an, sans les incorporer dans aucun mois.

Ce sont ces jours, qui sont apellés *Épactes* ou *Épagoménes*, par les Grecs & dans l'Orient, & que nous avons retrouvés chez les Romains, quoiqu'aucun Savant ne les eût encore remarqués chez ce Peuple; il est vrai que les Romains eux-mêmes avoient tellement perdu les traces de leur origine, que les plus savans d'entr'eux n'ont jamais pu la découvrir.

Ces cinq jours sont ce qu'ils apelloient Quinquatres; ils en avoient de

deux

HISTOIRE DE MERCURE.

deux fortes, les petits & les grands; les petits étoient les cinq jours qui précédent le folftice d'Été; ils finiffoient l'année, lorfque l'ancienne Année Romaine commençoit en Juin, mois confacré par cette même raifon à Mercure.

Lorfqu'ils eurent tranfporté le commencement de l'année à l'Equinoxe du Printems, les cinq jours Epagoménes ou intercalés furent les cinq jours qui précédoient l'Equinoxe; mais accoutumés d'en célébrer cinq en Juin, ils continuerent de célébrer ceux-ci : enforte qu'ils eurent une double Quinquatrie, la grande ou la moderne, & la petite ou l'ancienne. C'étoit pour eux le tems de la naiffance & de la Fête de Minerve; alors les Eléves faifoient un préfent à leur Maître, comme on en fait encore la veille du jour de l'An ; & c'eft ce qu'ils apelloient LE MINERVAL.

Ovide chante les grandes Quinquatries dans fon IIIe. Livre des Faftes.

» Una dies media eft: fiunt cùm Sacra Minervæ,
  » Nominaque adjunctis quinque diebus habent:
» Sanguine prima vacat, nec fas concurrere ferro,
  » Cauffa quod eft illa nata Minerva die.   v. 806-812.
» Summa dies è quinque tubas luftrare canoras
  » Admonet & forti facrificare Deæ ».   v. 849-850.

» Un jour fe paffe: arrivent enfuite les Fêtes de Minerve qui prennent
» leur nom de cinq jours réunis. Il n'eft pas permis de répandre le fang au
» premier, ni de fe battre à l'épée, parce que la Déeffe naquit ce jour-là...
» Le cinquiéme jour nous avertit de faire la purification des Trompettes,
» & de facrifier à la belliqueufe Déeffe.

Et il parle des petites Quinquatries dans le VIe.

» Et jam Quinquatrus jubeor narrare minores.
» Nunc ades, ô cœptis, flava Minerva meis.   v. 651.

» Obligé de parler des petites Quinquatries, blonde Minerve, venez
» vous-même à mon fecours.

Il demande enfuite à la Déeffe pourquoi ce tems-là portoit un pareil nom.

» - - - Supereft mihi difcere, dixi
» Cur fit Quintanus illa vocata dies »   v. 693.

» Je n'ai plus qu'une queftion à vous faire, dis-je à la Déeffe: pourquoi ce jour fut-il apellé Quinquatre ?

Et la Déeffe lui répond par un conte qui n'y a aucun raport.

VARRON & FESTUS ne furent pas mieux en état de l'expliquer: CHARLES

Allégories.

DE NAPLES, Commentateur si estimés des Fastes d'Ovide, y renonça absolument; & leur Traducteur, le bon Abbé de Villeloin, ne put s'en tirer avec plus d'honneur.

Il n'étoit pas moins étonné de ce que le dernier jour des Quinquatres étoit la Fête des Trompettes: mais ceci n'a plus rien de surprenant: ces Trompettes annonçoient la fin de l'année & le commencement de l'autre. C'est comme nos Cloches, la veille des grandes Fêtes. VARRON nous aprend que ce jour-là même, les Trompettes célébroient la Fête de Minerve dans son Temple, parce que, comme nous l'aprend ici OVIDE, Minerve passoit pour avoir inventé la Trompette.

QUATRIEME CLASSE DE PREUVES.

NOMS DE MERCURE DONNÉS A DES PORTIONS DE L'ANNÉE.

1°. Chez les Egyptiens.

SI tous les faits que nous avons parcourus jusques ici, s'accordent à faire de Mercure l'Inventeur de l'Astronomie ou du Calendrier, on peut le dire à plus forte raison de celui dont il s'agit dans cet article. Le premier jour de l'année Egyptienne & le mois qu'il commençoit, portoient son nom Egyptien THOT: Époque qui tomba sur la mi-Août, lorsque l'année devint fixe. A ce jour répondoit dans le Calendrier, Thot à Tête de Chien, ou un Homme avec un Caducée & un Chien à côté de lui. Il devint Esculape chez les Grecs: il a fait place dans notre Calendrier à Saint ROCH & à son Chien, qui guérissent de la Peste: c'est le même Emblême, dépouillé des superstitions payennes.

Le mois qui précédoit celui de Thot & par lequel se terminoit l'année, s'appelloit MISOR ou MESORI. CUMBERLAND a cru que c'étoit parce que MISOR étant le Pere de Mercure ou Thot, on avoit donné le nom du Pere au mois qui précédoit celui qui portoit le nom du Fils: cela peut être: mais ne pourroit-il pas aussi être arrivé que Thot eût été regardé comme le Fils de Misor, uniquement parce que le mois Thot succédoit au mois Misor, & qu'il en étoit ainsi le Fils dans le style allégorique? mais nous aurons occasion de revenir à cette question.

Ajoutons simplement ici que chez les Romains, Mercure ne fut regardé comme le Fils de Maia que parce qu'il présidoit au mois qui suivoit celui de Maia: c'est à dire, au mois de Juin.

2°. Chez les Romains.

Mais cette même observation, que Mercure étoit Protecteur du mois de Juin, de celui où arrivoit le solstice d'Eté, & où commençoit l'ancienne année des Pelasges, prouve encore qu'il étoit regardé chez tous les Peuples comme l'inventeur de l'Astronomie.

CINQUIEME CLASSE DE PREUVES.

Caractères dont les Anciens lui attribuent l'Invention.

Les Caractères dont l'Antiquité attribue l'Invention à Mercure, fournissent une nouvelle preuve qu'il fut toujours regardé comme l'inventeur de l'Astronomie.

C'est un principe reçu de tout le Monde, que Mercure ou Thot inventa des Caractères; & que ces Caractères étoient Sacrés. Mais en quoi consistoient-ils? C'est ici où l'on a échoué totalement. On a cru qu'il s'agissoit des Caractères Hiéroglyphiques, antérieurs aux Alphabétiques, avec lesquels on les a mis par-là même en oposition : mais ceci ne disoit rien, ou étoit une erreur.

Cette distinction de Caractères Hiéroglyphiques & de Caractères Alphabétiques, a été une source intarissable de préjugés & d'obscurité. Dans nos Principes sur l'origine des Langues & de l'Ecriture, nous tâcherons de fixer d'une maniere satisfaisante & sure les idées qu'on doit s'en former ; mais nous dirons en attendant que les Caractères Alphabétiques sont eux-mêmes Hiéroglyphiques & très-Hiéroglyphiques : qu'ils remontent à la plus haute Antiquité : qu'ils sont par-là même très-antérieurs au tems où l'on a cru qu'ils étoient nés, & dans lequel on abandonna les Hiéroglyphes Egyptiens : que ceux-ci existoient en même tems que les Alphabétiques, parce que leur usage étoit différent; & que ceux qu'inventa Mercure, furent relatifs à l'Astronomie, ceux qui furent indispensables pour son Almanach, & qui subsistent encore dans les nôtres : les preuves n'en seront pas difficiles à administrer.

Sanchoniaton nous a dit, que Mercure imitant le Ciel, avoit fait les portraits des Dieux & avoit inventé les Caractères Sacrés.

Mais imiter le Ciel, & peindre les Dieux, n'est autre chose que tracer les Figures des Constellations, des Signes, & des Planettes : ce qui constitue exactement l'Astronomie, ou la Connoissance des Tems ; & ces Figures furent autant de Caractères Sacrés, parce qu'elles furent gravées sur les Colonnes des Temples, & qu'elles dirigeoient les Peuples pour toutes les Cérémonies Sacrées, comme encore de nos jours.

Cette explication de ce qu'il faut entendre par la peinture des Dieux attribuée à Mercure l'Aſtronome, eſt d'autant plus juſte, que perſonne n'ignore que l'unique Idolâtrie, fut le Sabéiſme, c'eſt-à-dire l'adoration des Aſtres : c'eſt de-là même que les Grecs tiroient leur définition du mot *Dieu*, ou Theos ». Les Aſtres, diſoient-ils, furent apellés Theoi, parce qu'ils ſe » meuvent & qu'ils courent ſans ceſſe ». Ceci eſt encore une Étymologie à la Grecque ; mais ſi elle ne vaut rien comme Étymologie, elle prouve du moins que les Aſtres étoient les Dieux du Paganiſme, & que c'eſt eux que Mercure peignit en imitant les Dieux.

Les Aſtres furent nommés avec raiſon Theoi, parce que le mot ſignifie dans ſon ſens propre & primitif, *un Etre lumineux & parfait*. Ce nom & ces attributs leur étant communs avec la Divinité Suprême, ils furent cauſe qu'inſenſiblement on les confondit en quelque façon avec la Divinité, & qu'on les crut animés par des Dieux inférieurs.

Si les Grecs crurent enſuite que ce nom venoit de The-*ein* courir, c'eſt qu'ils oublierent le ſens propre de ce mot pour conſerver le figuré. Parce que ces Dieux-Aſtres couroient, leur nom ſignifia également coureur : de-là cette fauſſe Étymologie, par laquelle le ſens primitif du mot *Dieu* prenoit la place d'un ſens ſubordonné.

2. Caractère propre à Mercure ou Thot.

Ce que nous venons de dire ſe confirme en plein par le Caractère dont parlent les Anciens, comme étant la Lettre Symbolique de Thot ou Mercure. Remettons-en le Texte ſous les yeux du Lecteur.

Plutarque nous aprend » que les Egyptiens mirent l'Ibis à la tête des » Caractères, parce qu'ils étoient de l'invention de Mercure ; & que ce » Caractère avoit la figure d'un Triangle ; figure que forme cet Oiſeau quand » il cache ſa tête ſous ſa poitrine.

Ce qui fit croire à Kircher (1) que cette Lettre étoit l'A ; mais Jablonsky ayant obſervé que, ſelon Martien Capella, l'Ibis porte le nom d'un mois Egyptien, il en inféra (2) que la Lettre déſignée par l'Ibis, Oiſeau de Mercure, étoit le Theta des Grecs qui commence le nom de Thot, premier mois Egyptien, & par-là même à la tête des Caractères Sacrés.

Ce qui confirme cette idée, c'eſt que Plutarque dit expreſſément que la Lettre de Mercure n'étoit pas du nombre des voyelles.

Ajoutons que Philon nous aprend pourquoi le Théta devint la Lettre

---

(1) Œdip. Egypt. T. I.
(2) Panth. Egypt. Tom. II, Liv. V. p. 162, &c.

HISTOIRE DE MERCURE.

de Mercure, & de quel objet il fut l'Hiéroglyphe ou la Peinture chez les Egyptiens ». Les Egyptiens, dit-il, comme nous l'avons vu plus haut, » voulant peindre l'Univers, tracent un Cercle de couleur bleue, envi- » ronné de flammes qui s'échapent de toutes parts ; & dans le centre duquel » on voit (comme pour lui servir de diamètre) un Serpent étendu à tête » d'Epervier : figure, ajoute-t-il, parfaitement semblable au Théta des » Grecs .... & ce Serpent est le Symbole du Bon-Génie », Ame de l'Univers.

Il est vrai qu'ici, le THÉTA est représenté comme arrondi, tandis que Plutarque le peint triangulaire : il n'y a cependant point de contradiction entr'eux : le Théta Grec a eu toutes sortes de formes, il a été quarré, rond, triangulaire : le Théta des Hébreux, & sur-tout celui des Médailles étoit triangulaire & rentrant en lui-même, parfaitement comme l'Ibis de Plutarque ; les Egyptiens en auront eu aparemment deux aussi, l'un rond, l'autre triangulaire, & tous deux également la Lettre de Thot.

Le premier mois de l'année ou le mois de Thot, est désigné sur la Table d'Isis par l'Ibis (figure X) ; & il est suivi d'Isis assise sur son Trône, (figure Z) & qui indique la Canicule, ouverture de l'année Egyptienne, au premier jour de Thot.

C'est parce que l'Ibis est consacré à Mercure, que les Anciens disoient que dans le Combat contre les Géans, où les Dieux effrayés se métamorphosèrent chacun en un animal différent, Mercure avoit pris la forme de l'Ibis.

S'ils prirent l'Ibis pour le Symbole de Mercure, c'est sans doute parce qu'il leur étoit de la plus grande utilité, en détruisant les insectes que les Eaux du Nil laissent après leur retraite.

La Lettre de Mercure étoit donc relative à l'Astronomie : preuve que Mercure & tout ce qui le regarde, a raport à cet objet.

Il seroit illusoire d'objecter que les Caractères inventés par Mercure s'apellent GRAMMATA en Grec, comme si ce mot ne se prenoit que dans le sens de *Lettres* : mais il signifie aussi *Caractères* en général : ce qui offre un sens bien plus étendu que celui de Lettres. Toute Lettre est un Caractère sans doute ; mais tout Caractère n'est pas Lettre.

CLÉMENT *d'Alexandrie* (3) parle de quatre Statues d'Or que l'on portoit dans les Processions d'Isis, & qui représentoient deux Chiens, un Epervier & un Ibis ; il leur donne le nom de GRAMMATA : or ce n'étoient pas des Lettres.

---

(3) Strom. Liv. V.

3. *Caractères Astronomiques inventés par Thot.*

Si le Caractère consacré à Thot ou Mercure, indiquoit en même tems le premier mois de l'année qui étoit sous sa protection, on doit lui attribuer également les Caractères des autres mois & ceux des Planettes.

Les signes Astronomiques des Planettes remontent à la plus haute antiquité, & ils sont, comme nous le prouverons ailleurs, l'abrégé ou l'esquisse des figures sous lesquelles on représentoit les Planettes, ou leurs Dieux Protecteurs.

Les douze mois furent aussi sous la protection de douze Divinités qu'on apella les Grands Dieux : il y en eut six femelles ou six Lunes ; & six mâles ou six Soleils. Chacune de ces Lunes, chacun de ces Soleils avoit une forme différente, selon les Travaux relatifs à ces mois : d'où résultoient douze Tableaux différens ou douze Grands Dieux.

Tels furent les Caractères inventés par ce Personnage ; & qui s'accordent tous avec l'idée générale qu'en donnent ses divers attributs.

4. *Thot ou Mercure contemple les Dragons.*

Les Instructions que Mercure donne sur ces Dragons qui se meuvent avec vitesse, qui rajeunissent sans cesse, qui voyent une longue suite de révolutions ; & le soin qu'il prend de graver ces Instructions sur les colonnes sacrées, annoncent très-certainement des choses intéressantes, cachées sous des expressions & des figures allégoriques. Est-il difficile de les découvrir ? Les Serpens sont les années : celles ci rajeunissent continuellement ; & répétées un certain nombre de fois, elles forment des Cycles dont la durée faisoit partie du Calendrier de Mercure. Ce sont ces Êtres immortels, qui se résolvoient en eux-mêmes : car *ils ne finissent que pour recommencer*, dit l'Auteur des Etnothia, dans le fragment que nous avons raporté plus haut.

Ce nom d'Etnothia convenoit d'ailleurs très-bien à ce sujet : il est certainement composé des deux mots Ed le Tems, & Thot nom Oriental de Mercure : & nous verrons plus bas, quand nous serons aux noms de Mercure, le sens qu'offroit la réunion de ces deux mots.

5. *Il compose 36525. Rouleaux.*

On lui attribue 36525. Ouvrages. Cette assertion est très-certainement fabuleuse : mais sur quoi tombe l'erreur ? Seroit-ce sur les nombres, ou sur la valeur que l'on attribue à ces nombres ? C'est ce qu'il seroit difficile de décider, si l'on ne trouvoit dans l'Antiquité les lumieres nécessaires pour

HISTOIRE DE MERCURE.

sortir de cet embarras. Nous venons de voir que Mercure avoit inventé des Cycles astronomiques. Or ce nombre de 36525. est un Cycle, formé de plusieurs autres, & le plus grand de ceux qu'inventa Mercure. Voici comment il étoit parvenu à celui ci.

Il avoit d'abord formé un Cycle de 4. ans, celui qui servit aux Grecs pour les Olympiades & qui finit par l'intercalation d'un 366ᵉ. jour. Ce nombre multiplié par 365. ans, égal au nombre des jours d'une année, forme le Cycle de 1460. ans, si célèbre chez les Egyptiens.

A ces 1460. ans, on ajoutoit une année composée d'un jour intercalé de 4. en 4. ans; & qui dans 365. révolutions pareilles de 4. ans, forment un an; en tout 1461. ans, pour ce grand Cycle.

Multipliant ensuite 1461. par 25. années, qui forment le quart d'un siécle, on a exactement un Cycle de 36525. ans, au bout desquels tout recommençoit de nouveau avec l'entrée du Soleil au signe du Bélier; & les Astres parcouroient comme du passé la même révolution.

$$\begin{array}{r} 365 \\ 4 \\ \hline 1461 \\ 1 \\ \hline 1461 \\ 25 \\ \hline 7305 \\ 29220 \\ \hline 36525 \end{array}$$

Tandis que ce même Cycle de 1461. ans, étant multiplié par un siécle entier, produit le nombre astronomique de cent cinquante mille ans Chaldéens, en nombres ronds, qu'on a prétendu si mal à propos être un vrai nombre historique (†).

(†) Mais d'après quels élemens a été calculée la multiplication de 1461 ans par 25 ans ? L'Auteur d'une Dissertation sur la grande année Patriarchale de 600. ans, qui a paru dans le Journal des Savans du mois de Janvier 1761. a avancé comme un fait démontré que ces 25. ans étoient un Cycle Luni-Solaire de 9125 jours, inventé par Mercure II. Si cela étoit, le grand Cycle de 36525. seroit une combinaison de trois Cycles; du Cycle de 4 ans, du Cycle de 1461 ans, & du Cycle de 25 ans.
Ce même Auteur ajoute que Ptolomée combina ce Cycle de 25 ans, avec le Cycle Caniculaire de 1461, en ajoutant 14 ans à celui-ci, pour le rendre divisible par 25. En effet, 25. est 57 fois dans 1475, & il cite Syncelle. Mais ce n'est pas précisément ce que dit ce Chronologiste.
Celui-ci, parlant (1) de la grande révolution de 36525. ans, dit qu'étant divisée par 25. elle se résout en 1461. ans; que ces calculs sont contenus dans les Livres de Mercure, apellés *Géniques* (2) ἐν τοῖς Γενικοῖς τοῦ Ἑρμοῦ, & dans les Livres Κυραννισι *Cyrannides* mot qui ne signifie rien, & qui est, peut-être une altération de quelque dérivé du mot Κοιραννῷ *Coirannos*, qui signifie Souverain : ensorte que ces Livres auroient roulé sur la Chronologie des Souverains de l'Egypte : livres qui malheureusement ne subsistent plus (3).

(1) Pag. 52.
(2) Mot qu'on peut rendre par ceux d'*Elémens*, ou d'*Origines*.
(3) Ce passage auquel Personne n'a fait d'attention, est très-intéressant en ce qu'il prouve qu'il existoit encore dans les premiers siécles de l'Eglise, d'anciens Livres Egyptiens, du nombre de ceux qu'on pouroit apeller leurs *Livres Classiques*.

ALLÉGORIES ORIENTALES.

Ces Cycles étoient apellés PHÉNIX, du mot primitif PHEN qui signifie *lumière*, *aparition*, & qui forma nombre de dérivés dans les Langues anciennes, & même dans la nôtre. De-là viennent nos mots :

FEN-*être*, ouverture par laquelle la lumière entre dans nos maisons.

PHE'NO-*mène*, météore lumineux ; tout ce qui frape la vue.

FIN, tout ce qui est pur, délié & brillant comme la lumière.

Comme le Tems est représenté avec des ailes, on n'eut pas de peine à faire du PHÉNIX, un Oiseau d'une espèce aussi belle que rare, d'un plumage or & cramoisi, unique & sans compagne, & qui après avoir vécu une longue suite d'années, 500. ans selon les uns, dit TACITE (1), & 1460. ans selon d'autres, venoit de l'Arabie en Egypte pour expirer dans la Ville du Soleil sur l'Autel de cette Divinité, & renaissoit de ses cendres.

Ce Phénix, sur lequel on a tant écrit, n'est donc qu'un Être allégorique, comme tant d'autres; & tous ses Caractères sont vrais & pris dans la nature même des choses. Il est de couleur d'or & cramoisi, couleur de la lumière ; unique de son espèce, car il n'existe jamais qu'un Cycle à la fois ; il renaît de ses cendres, parce qu'un Cycle n'existe que par la cessation de celui qui le précéde : il vient de l'Arabie pour mourir & renaître, parce que ce mot signifie COUCHANT, *Nuit*, *Ténèbres*. Il renaît sur l'Autel du Soleil, parce que c'est le Soleil qui le forme; dans la Ville du Soleil (2), parce que les plus grands Astronomes Egyptiens faisoient leur séjour à Héliopolis, fameuse par l'Ecole la plus célébre des Prêtres d'Egypte.

Les Egyptiens convenoient eux-mêmes que le Phénix n'étoit qu'une allégorie de leur grand Cycle, comme ORUS-APOLLO nous le dit expressément dans ses Hiéroglyphes Egyptiens. (3) ». Les Egyptiens, dit-il, peignent » un Phénix pour désigner le renouvellement qui arrive après une longue » suite de siécles; parce qu'au moment de sa renaissance, commence une » nouvelle révolution ». Il est vrai qu'il paroît suposer l'existence du Phénix : mais il ne faut jamais perdre de vue que les explications d'Orus Apollo sont presque toujours emblématiques elles-mêmes, comme nous l'avons fait observer dans notre Plan général & raisonné.

Il ajoute, que c'est ce Cycle, qui, selon toutes les aparences, donna à PTOLOMÉE l'idée d'ajouter 14. ans au Cycle de 1461. ans, pour le rendre divisible par 25. & qu'aux 1475. ans qui en résulterent, il ajouta ensuite une année, afin de faire accorder son calcul avec les révolutions Lunaires.

On m'a fait observer à ce sujet que dans l'Astrée, l'espace de 25. ans est apellé un siécle.

(1) Annal. Liv. VI.
(2) Héliopolis.
(3) Liv. II. Symbol. LVII.

C'est ce grand Cycle de 36525. ans dont les années changées par quelque mal-adroit en autant d'Ouvrages, formoient une assertion monstrueuse & qu'on ne pouvoit expliquer. Cette erreur étoit arrivée cependant d'une maniere bien simple.

Les Livres étoient apellés chez les Anciens Orientaux ROULEAUX, par là même raison qu'on les apella VOLUMES dans l'Occident, c'est-à-dire parce qu'on les tenoit roulés : d'où vint l'expression si commune dans les Livres Hébreux *rouleau de la Loi*, *rouleau de vie* &c. en parlant des Livres Sacrés : aussi les Traducteurs voyant le mot *rouleau* attribué à Mercure qu'on regardoit comme l'Inventeur de l'Ecriture, ne manquerent pas de le prendre dans le sens de Livre : de-là, le nombre fabuleux de Livres qu'on lui attribue. Les Savans Modernes ne pouvant douter qu'un texte pareil ne fût fautif, & ne pouvant se persuader que l'erreur consistât dans le mot *Livres*, regarderent comme fabuleux le nombre 36525. qui l'accompagnoit, & ils se priverent par-là du seul guide qui auroit pû les éclairer. Des erreurs de cette nature, sont sans nombre relativement à l'antiquité. Demandera t'on ce que signifioit ici le mot *rouleau* ? C'étoit un terme à double sens qu'on employoit exprès pour faire illusion à ceux qui s'y laisseroient prendre, comme cela est arrivé à tous les Interprêtes & à tous ceux qui ont cité ce passage d'après eux ; & comme cela est également arrivé dans une multitude d'autres rencontres, ainsi que nous le verrons dans la suite, sans en excepter même les plus fameux, qui n'ont jamais soupçonné qu'on leur eût tendu de pareils piéges.

Les 36525. rouleaux de Thot sont donc les années, dont son grand Cycle étoit composé, & qui roulent continuellement à la suite les unes des autres.

SIXIEME CLASSE DE PREUVES.

§. 1.

Noms donnés à Mercure.

LES divers noms donnés à ce Personnage démontrent également, que son histoire n'est autre chose qu'une allégorie relative à l'invention de l'Astronomie.

1°. THOT.

Il s'apelloit THOT en Egyptien, ou TAAUT en Phénicien, HERMÈS en Grec, MERCURE en Latin.

Le premier de ces noms est le mot Oriental תו THO, THAU, qui signifie un signe, & dont se forma le verbe תוה Thoe tracer des signes, désigner, signer. Ezechiel (1) a dit

והתוית Ou-the-thoith Tho,

» Vous mettrez le Tho (le signe) sur leur front.

Les Grecs associant ce mot à l'adjectif MA qui signifie *grand*, *admirable*, en firent les mots

ΘΑΥ-ΜΑ   Thau-ma, un Prodige, un signe étonnant.
ΘΑΥ-ΜΑ-ζιν   Thau-maz-*ein*, admirer.
ΘΑΥ-ΜΑ-ςης   Thau-mast-*és*, admirateur.
ΘΑΥ-ΜΑΤ-υργ-ος   Thau-mat-*urge*, faiseur de miracles.

Ce mot Thau s'est formé de la lettre Thau, écrite par tous les anciens Peuples en forme de croix ; & qui signifia Perfection & Dix, comme nous le prouverons dans nos Principes sur l'Origine du Langage & de l'Ecriture.

De-là l'expression usitée dans les Gaules, pendant les premiers siécles de l'Ere Chrétienne, *Crucis Thaumate notare*, signer avec le signe de la Croix.

Le mot Tho signe, étoit très-certainement Egyptien. Il subsiste encore dans la langue des Coptes descendans des anciens Egyptiens, chez qui il a formé divers dérivés qui tiennent étroitement à cette premiere idée.

Ⲑⲟⲓ   Thoi, désigne chez eux une Tache sur le front, un signe sur le visage.

Ⲑⲟⲓ-Ⲑⲟⲓ   Thoi-Thoi, des taches de différentes couleurs.

Ⲑⲱⲟⲩⲧ   Thôout est encore chez eux le nom du premier mois.

Ⲑⲱⲟⲩⲧⲥ   Thôouts, Assemblée, Congrégation, parce qu'on s'assembloit aux jours marqués, & sur-tout les premiers jours du mois à la Néoménie.

Ⲑⲱⲟⲩⲑ   Thôouth, s'assembler.

Ⲑⲟϣ   Thôs, Borne, Terme, Colonne terminale.

Tous ces mots sont dans le Dictionnaire Manuscrit de la langue Copte, composé par le célébre LA Croze.

Ce mot existe en Hébreu avec une signification pareille. תאות *Thauth* est employé par Moyse (2) dans le sens de Hauteur, de Montagne. » Ces bé-
» nédictions, dit-il, dureront à jamais, elles égaleront la hauteur des Col-
» lines éternelles. Les Coptes ont rendu par un pareil mot, par celui de *Thôout*, prononcé *Thau-out* le mot *Colonne* employé par Moyse dans l'histoire de la Femme de Loth (3).

Ce nom est resté au Pic de Ténériffe, Montagne élevée & qui a exactement la figure d'une colonne : les habitans de la contrée, restes des anciens Atlantes, l'apellent Teithe, le Pic de *Teithe*. De là encore l'équivoque des Montagnes changées en Colonnes d'Hercule.

---

(1) Chap. IX. 4.
(2) Gen. XLIX. 26.
(3) Gen. XIX. 26.

Jablonsky tire le nom de Thot de ce mot Thôouth (1) signifiant *Colonne*. Les Principes des Sciences se gravoient en effet sur des Colonnes; mais tous ces Principes étoient attribués à une même Divinité : elle en fut donc apellée le Dieu des Colonnes, ou Thoth. Tel est le raisonnement de ce Savant, qui a répandu une grande lumière sur l'ancienne sagesse de l'Egypte : cependant je ne saurois être ici de son avis. Les Colonnes ne furent apellées Thot, que parce qu'elles servoient de signes : postérieures à ce nom, elles n'en furent donc pas le principe.

Tout ceci démontre que nous ne nous sommes pas trompés en avançant que les Ethothia dont il est parlé un peu plus haut, étoient des ouvrages relatifs à Thot ou au Calendrier : ce nom signifie manifestement *les Signes des Tems* : Eid-Thoth-ia.

2°. *HERMÈS.*

Hermès est le nom que les Grecs donnerent à Mercure : il signifioit Interprète. Ils en firent le verbe Hermeneuein expliquer, interpreter. Jablonsky soupçonne que c'est le même nom qu'Armaïs des Egyptiens. Il étoit tenté de le dériver des deux mots Er & Meh, qui signifient *completer*, parce que Mercure en ajoutant cinq jours à l'année, l'avoit rendue complette, de défectueuse qu'elle étoit. Les Etrusques l'écrivirent Urms & quelquefois T-urms, avec l'article Oriental. Il paroît que Terminus, un Terme ou borne, doit venir de là.

3°. *MERCURE.*

Mais que signifie le nom de Mercure, donné par les Latins au même Dieu ? Est-il Oriental, ou fut-il de la façon des premiers Habitans du Latium ? Suivant qu'il auroit l'une ou l'autre de ces origines, il se décomposeroit de différentes manieres : aussi est-il difficile de l'expliquer, d'autant que c'est très-certainement un mot composé.

Après l'avoir examiné sous toutes sortes de sens, je crois n'être pas fort éloigné de la vérité, si même je ne l'ai pas rencontrée, en y voyant un composé des deux mots Merc & ur, également Celtes & Latins, qui signifient Signe & Homme; ensorte qu'il présenteroit mot à mot ce sens, l'*Homme aux signes* : nous dirions Marqueur; ce qui est exactement la traduction du nom Egyptien Thot.

Personne ne contestera l'existence des deux primitifs Marc ou Merc; & ur, wr, eur, vir, dont les Latins firent vir; tandis que l'on forma sur le premier les mots Mercari négocier, Merces négoce, marchandise, le mot oriental מהר Mher qui signifie échange, parce qu'on ne mettoit rien en vente qui ne portât la marque du vendeur : tout comme encore de nos jours toutes les marchandises ont une marque, & tous les balots de marchandises,

---

(1) Panthéon Egypt. Liv. V. p. 180.

& tous les animaux qu'on vend aux marchés & dans les foires, &c. en un mot tout ce qui est considéré comme marchandises, & qui entre dans le commerce.

De-là vinrent encore les mots *Marché* & *Marque*.

Toute MARQUE est un signe, & le MARCHÉ est le lieu des choses marquées, destinées aux échanges à faire dans la Place qu'on prépara, qu'on marqua, qu'on assigna pour cet effet, & où étoit la figure de Mercure.

Le mot MERK qui est de toutes les anciennes langues d'Europe, subsiste encore dans celles du Nord avec les mêmes significations.

MERK y designe tout ce qu'il peut signifier comme marque & signe, un étendard, une marque, des limites, une mesure, des caractères, les lettres, &c.

4°. *ANUBIS*.

C'est ici un autre nom de Thot, celui qu'il portoit lorsqu'il étoit représenté avec une tête de Chien. L'explication de ce nom a dérouté tous les Mythologues. La plûpart l'ont tiré du mot Hébreu נבח NEBAH, qui signifie *Abboyer*. JABLONSKY le dérive du Copte ANOUS qui signifie OR, parce, dit-il, que ses Statues étoient d'or ; & parce que l'aurore & le crépuscule ou les deux Portes Célestes désignées par les deux Chiens qu'on portoit dans les processions d'Isis, ont une couleur d'or.

Mais il existe en Hébreu, en Arabe & même en Ethiopien, un mot qui doit être la racine de celui-ci, le mot נוב NUB, dont le sens propre & primitif existant encore dans l'Arabe, est *révolution*, *période*, *succession*, tout ce qui succède ; ensorte qu'il signifia de plus en *Arabe*, un Vicaire : en *Hébreu*, fleurir, germer, les productions d'une année qui succèdent toujours à celles d'une autre : en *Hébreu* & en *Ethiopien*, discours, élocution, éloquence, parce que les paroles succèdent les unes aux autres.

Il fut donc apellé avec raison ANUBIS, puisqu'il régloit les révolutions des années, & qu'il expliquoit éloquemment la volonté des Dieux ou des Astres; & il fut peint sous la figure d'un Chien ou d'un Personnage à tête de Chien, dont le nom étoit déja si ressemblant à celui d'Anubis; parce qu'on le regarda comme le Gardien ou le Portier des Cieux, & qu'il faisoit l'ouverture des tems ou des années. C'est par la même raison que la Constellation par laquelle s'ouvroit l'année Egyptienne, étoit apellée CANICULE, ou le Grand-Chien.

5°. *CYLLENIUS*.

On le surnommoit aussi CYLLENIUS. « Hermès Cyllenius évoquoit les » ames, » dit HOMERE (1). Cette épithéte a embarassé : c'étoit, disoit-on,

---

(1) Liv. V. vers. 621-622.

HISTOIRE DE MERCURE.

parce qu'il étoit né fur le Mont-Cyllene en Arcadie, ou parce qu'il y avoit un Temple, ou parce qu'un ruiſſeau apellé Hermès, couloit au pied de cette Montagne, ou parce qu'il étoit Fils de la Nymphe Cyllène.

Cette épithéte n'eſt point Grecque, elle vient des Orientaux qui la donnerent à Mercure, à cauſe de ſa Lyre. Ce mot ſignifie exactement *un Joueur de Lyre*: il eſt compoſé de l'Oriental כלי Celi, Culi, Cylli, &c. qui ſignifie Tortue ou Lyre; & d'où vint le mot grec Χελις Khelis, Lyre.

§. 2.

Il eſt le meurtrier d'Argus, & en eſt apellé ARGIPHONTE.

Ceux qui ont la plus légere teinture de la Fable, ſavent que Junon étant jalouſe d'Io qu'aimoit Iou, la métamorphoſa en vache & la mit ſous la garde d'un perſonnage apellé Argus, qui ayant cent yeux, en tenoit toujours cinquante ouverts. Mais qu'heureuſement pour Io, Mercure; à qui l'on avoit donné la commiſſion de la délivrer, endormit Argus au ſon de ſa douce harmonie; & lui coupa la tête; & qu'en mémoire de cet événement & pour ſe conſoler de la perte de ſon favori, Junon le changea en Paon, oiſeau couvert d'yeux & qui lui étoit conſacré: d'où vint le proverbe, c'eſt un *Argus*.

Mais ce qu'on ne ſait pas, c'eſt quelle fut l'origine de cette Fable; ce que l'on doit entendre par Io, par Argus qui l'épie; en quoi conſiſte ſon meurtre par Mercure.

Cependant avant d'en donner l'explication, ajoutons ici un uſage auquel on n'a rien compris juſqu'à préſent; mais qui eſt ici dans ſa vraie place, & dont l'explication ne ſera pas plus difficile.

Nous voyons dans les Faſtes d'Ovide (1) que chaque année, le jour des Ides de Mai, ou le 15 de ce mois, une Veſtale jettoit d'un pont du Tybre dans la riviere, des Figures de jonc, d'ozier, ou de paille, qui repréſentoient, dit-il, moins *d'anciens Perſonnages illuſtres*, comme traduit l'Abbé de Marolles; que des *Perſonnages antiques*, des vieillards décrépits. Ce Poëte n'en dit pas le nombre; mais j'ai lu quelque part qu'elles étoient au nombre de trente.

En jettant les yeux ſur le Calendrier Romain, on voit que ce même jour 15 Mai, étoit célébré comme jour de la naiſſance de Mercure; que c'étoit celui de la Fête des Marchands, & que la Lyre venoit de ſe lever le matin de ce jour-là même.

Tous ces objets ſont liés étroitement à Mercure comme Inventeur de l'Aſtronomie; & ils ſeront une nouvelle preuve du point de vue ſous lequel nous l'enviſageons.

Dans le ſtyle allégorique, tuer, en parlant des conſtellations, c'eſt en ter-

---

(1) Liv. V. 621, 622.

miner l'aparition : c'est la remplacer par une autre. Nous difons de même qu'une année expire, tandis qu'une autre naît : ces expreffions font de toutes les Langues ; mais elles font communes fur-tout dans la Langue Mythologique. C'étoit une remarque néceffaire, relativement à une Fable comme celle d'Argus, qui a pour objet l'Aftronomie.

Io c'eft la Lune ; Argus rempli d'yeux dont les uns veillent tandis que les autres dorment, eft le Ciel étoilé dont on n'aperçoit jamais que la moitié. Il a toujours les yeux ouverts fur Io, métamorphofée en vache, puifqu'on la peint fous la figure d'un Croiffant ou d'une tête de vache.

Mercure qui ouvre avec fon Caducée une nouvelle année, met donc fin à cette révolution qui épioit Io ou la Lune : il ne fait même que lui enlever la tête, car l'Almanach d'une année reffemble à celui de l'année précédente à la tête près, ou au titre qui a difparu pour faire place à un autre.

Auffi au jour de la Fête de Mercure, ou du renouvellement, on jette dans la riviere la vieille année fous la figure d'un vieillard décrépit, & qui n'eft plus.

C'eft ainfi qu'à la fin du Carnaval, & lorfque Pâques amène le renouvellement de tout, on jette à l'eau dans plufieurs Provinces *Carmentran* ou pour mieux dire *Carême-entrant*, fous la figure également d'un homme de paille. Ce font toujours les mêmes ufages fous des noms divers.

Telle fut furement encore l'origine de ce grand nombre de Figures coloffales qu'on promene dans la Flandres un jour de l'année, & auxquelles on donne des noms d'anciens Rois.

MACROBE avoit entrevu l'explication que nous donnons ici du meurtre d'Argus ; comme nous, il faifoit d'ARGUS, le Ciel (1) ; mais il voyoit la terre dans Io, & le Soleil dans Mercure ; ainfi Argus étoit tué, en ce que tout fon éclat & toutes fes étoiles difparoiffent au lever du Soleil ; *veluti enecat*, dit-il, *vi luminis fui, confpectum earum auferendo mortalibus*.

Ne foyons pas furpris que des trois Caractères que renfermoit cette énigme, Macrobe en ait manqué deux, & fur-tout celui de Mercure ; c'eft qu'il partoit d'un fyftême dont le fond étoit vrai, que toutes les Divinités Payennes fe réduifoient au Soleil & à la Lune.

N'omettons pas une nouvelle preuve de notre explication : c'eft que peu de jours après la Fête des Argées, on célébroit à Rome celle de Janus. C'eft la nouvelle année qui fuccéde à l'ancienne, & entre ces deux cérémonies, s'écoulent cinq jours, en mémoire des cinq épagoménes. Les voilà donc trois fois dans le Calendrier Romain de Jules-Céfar, parce que le commencement de l'année avoit été attaché fucceffivement à trois époques différentes ; & que les anciennes Fêtes, au lieu de changer de place avec le commence-

---

(1) Saturn. Liv. I. Ch. XIX.

ment de l'année, ne faisoient que se répéter, se doubler & se tripler, autant de fois que la tête de l'année changeoit.

§. 3.
Raports de Mercure avec Janus.

Afin de nous former une idée juste de Mercure, sur-tout de Mercuré tel que le peignoient les Egyptiens, avant que les Occidentaux eussent ajouté de nouvelles idées à celles qu'en avoient les Peuples d'Orient, comparons ce qu'on nous en dit avec le JANUS des Latins. Car le Mercure de ceux-ci ne répond qu'en partie au Mercure Egyptien; il faut le réunir à Janus, si l'on veut retrouver à Rome tout ce qui constitue le Mercure ou Thot Egyptien.

En effet, c'est Janus qui ouvre l'année à Rome comme Thot en Egypte. C'est Janus qui est contemporain de Saturne, qui le reçoit dans ses Etats, qui féconde ses desseins & son invention de l'Agriculture pour le bonheur des Hommes, tout comme le Thot des Egyptiens.

Le double visage que Mercure donne à Saturne, se retrouve dans Janus.

C'est à lui qu'on offre du miel tout comme à Thot. PLUTARQUE (1) dit qu'on offroit à THOT le vingtiéme jour du mois qui portoit son nom, jour de sa Fête, du Miel & des Figues, en récitant cette formule γλυκυ η Αληθεια, gluku hê alêtheia, *douce est la vérité.*

Tels étoient les objets offerts en sacrifice à Janus au mois de Janvier.

» Quid vult palma sibi, rugosa que carica, dixi,
» Et data sub niveo candida mella cado ?

» Que signifient, demande Ovide à Janus (2) ces dattes & ces Figues » ridées ? pourquoi ce miel blanc renfermé dans un baril de la même cou- » leur ; » *qu'on vous offre le jour de votre Fête.*

C'est JANUS qui préside au commerce, & dont la Statue est placée à la bourse publique.

C'est encore lui qui tient en main un Serpent qui mord sa queue, & qui de ses doigts montroit le nombre 365, pour aprendre aux hommes qu'il régla le cours des années.

Janus est donc une répétition de Mercure; les seules différences qui régnent entr'eux, viennent de ce que l'un préside au Solstice d'Eté & l'autre au Solstice d'Hyver : il faloit bien que la même Figure relative à ces deux Saisons, eût des noms & des caractères différens pour chacun de ces rôles.

Si la Figure qui désigne le Solstice d'Hyver ou le renouvellement de l'année Romaine, s'apelle *Janus,* c'est, dit-on, parcequ'il est le portier des Cieux & qu'ainsi il prend son nom de JANUA, qui signifie porte : fort bien ; mais d'où

---
(1) Dans son Traité d'Isis & Osiris.
(2) Fast. Lib. h v. 185. 186.

vient le mot JANUA lui-même? & pourquoi forma-t-on le nom de Janus plutôt de *Janua* que de *Porta*, qui signifie la même chose? Il faut donc chercher une autre cause de ces Noms.

Les portes sont des jours, mais IAN signifioit primitivement jour : il désigna donc au figuré & par Métonymie, une porte. De là, IANUS, mot à mot le Dieu du jour, & puis le Dieu des portes, & la porte de l'année, parcequ'il présidoit sur-tout au premier jour.

Et de-là JANA ou DIANA la Lune, par la même raison, puisqu'elle est le Flambeau de la nuit.

Aussi Janus présidoit à chaque premier jour du mois; & c'est par cette raison qu'il avoit douze Autels à Rome, sur lesquels on sacrifioit successivement, chaque premier du mois.

S'il préside à la bourse, & si Mercure en porte également une, s'ils sont tous deux protecteurs de la monnoie, du commerce ou des échanges, & des Marchands, des Trafiquans, Vendeurs, Acheteurs, Changeurs, &c. c'est que la monnoie de quelqu'espèce qu'elle fût, d'or, d'argent ou de cuivre, étoit sous la protection du Soleil ou de Janus; soit parcequ'il étoit regardé comme le Dieu de l'Or, le plus précieux des métaux; soit parce que la monnoie éclairoit les achats & les ventes, & les rendoit aisés & surs, comme le Soleil éclaire les opérations des hommes.

SEPTIEME ET DERNIERE CLASSE DE PREUVES.

L'Antiquité nous l'offre comme un Astronome.

ON aura sans doute regardé comme un paradoxe, le point de vue sous lequel nous avons offert jusques-ici à nos Lecteurs cette portion de la Mythologie; il n'est peut-être personne qui ne craignît encore de se faire illusion s'il se rendoit à nos preuves, comme étant trop oposées aux idées qu'on s'est toujours formées de Mercure.

Il faut en effet convenir, qu'aucun de nos Modernes ne s'étoit jamais avisé de considerer Mercure comme l'Inventeur de l'Astronomie; & qu'au lieu d'aprofondir le sens caché sous les emblêmes qu'offre son Histoire, on n'en prenoit que quelques traits particuliers les plus aisés à saisir, au moyen desquels Mercure étoit fort au-dessous des titres qu'on lui donnoit; & paroissoit plus digne de mépris que d'estime.

Ainsi, lors même que nos idées sur son sujet, ne seroient pas aussi démontrées qu'elles le sont, on devroit les adopter par le bel ensemble qu'elles offrent, par l'intérêt qu'elles répandent sur ce Personnage, par la

lumiere

HISTOIRE DE MERCURE.

lumiere qu'elles jettent sur toutes les énigmes dont son Histoire est remplie, par le dégré de connoissances & d'industrie qu'elles suposent chez les premieres générations agricoles, & par la maniere dont elles nous présentent le dévelopement d'une science de premier besoin, & aussi intéressante que l'Astronomie.

Mais quel prix n'acquerront pas ces considérations, lorsqu'en jettant les yeux sur ce que les Anciens disent de Mercure, on remarquera qu'ils s'accordent tous à lui attribuer l'invention de l'Astronomie ; & qu'il a falu que la préoccupation des Modernes fût aussi grande qu'elle étoit pour ne pas s'en apercevoir ?

» Il donna », dit Diodore dans le Passage que nous avons raporté au commencement de cette allégorie » ; il donna aux hommes les premiers » principes de l'Astronomie.

Les Anciens ne se sont donc pas contentés de nous le dire d'une maniere énigmatique : ils nous ont encore donné la clé de leurs énigmes relatives à Mercure.

Tout comme ils avoient dit que Saturne avoit inventé l'Agriculture, ils disent également que son Conseiller a inventé l'Astronomie.

Ils ont donc bien vu l'Histoire de Mercure, puisqu'ils l'ont raportée à l'Astronomie ; & celle-ci en est réellement la clé, puisque les faits absurdes & inconcevables que renfermoit cette Histoire, deviennent si lumineux & si intéressans dès qu'on part de ce Principe.

Ce qui faisoit illusion, c'est que l'on envisageoit Mercure rélativement à une invention attrayante & qui absorboit l'imagination des Critiques ; l'invention de l'écriture, qu'on lui attribuoit, & qu'on regardoit comme la principale de ses découvertes, comme celle qui le distinguoit le plus.

L'on devoit sentir cependant que le but de l'Antiquité n'avoit pas été de nous offrir dans Mercure l'inventeur de l'Ecriture, plutôt que celui des Caractères *Astronomiques* & de l'Astronomie ; puisqu'avec cette Méthode, son Histoire entiere étoit un vrai cahos ; & que cette Antiquité gardoit le plus profond silence sur ces prétendus Caractères *Scripturaires* qu'on supose qu'elle lui attribuoit : car si l'on demandoit à ces Critiques, quelle étoit la nature de ces Caractères, s'ils étoient Alphabétiques, ou Hiéroglyphiques, & quels raports ils avoient avec l'Histoire entiere de Mercure, ils seroient réduits à garder le silence ; & toutes les beautés que l'Histoire de Mercure nous a offertes jusques-ici, seroient totalement perdues.

Allégories.

ARTICLE IV.

Divers raports sous lesquels Mercure fut considéré dans la suite.

THOT ou Mercure, Inventeur de l'Aftronomie, ne fut pas réduit chez les Anciens à ce feul genre d'occupation ; il devint fucceffivement le Dieu des BORNES, celui des MARCHANDS & des VOYAGEURS, le Conducteur des AMES après leur mort, le Patron des HÉRAUTS, JOUR, PLANETTE, MÉTAL, &c. Peu de Divinités anciennes ont eu un district plus étendu & plus varié : mais comment penfa-t-on à le regarder comme le centre d'un fi grand nombre d'Objets ? C'eft à en rendre compte que nous deftinons cet Article : on y démontrera que ce fut par un fimple dévelopement des premieres idées que l'on s'en forma ; & par l'aplication fucceffive de fon nom, aux objets qui y avoient quelque raport.

1. *DIEU DES BORNES.*

THOT étoit un mot primitif parfaitement fynonyme de notre mot SIGNE : nous l'avons vu, de même qu'en Celte *Mercure* eft compofé du mot *Marque* qui emporte également avec lui toute idée de figne.

Mais les Bornes font des fignes qui diftinguent les Terres les unes des autres & qui repréfentent les droits qu'ont fur elles ceux auxquels elles apartiennent. Toute borne fut donc un Thot, un Mercure ; & elles furent tout naturellement fous la protection de ce Dieu, lorfque le tems arriva où tout dut être confacré à une Divinité particuliere.

De-là, les noms de *Marque*, *Marca*, *Comarca*, *Marche*, donnés aux Frontieres ou aux Divifions de Pays, dans nos Langues modernes d'Europe ; & d'où font venus nos mots *Marquifats* & *Marquis*.

Il arriva même que ces Bornes furent fculptées fous la figure de Mercure : elles étoient alors doublement des *Hermès*, ou Mercure. Souvent, elles furent furmontées d'une Tête de Minerve, compagne fidelle de Thot dans fes Travaux ; alors on les apelloit HERM-ATHÉNES, des noms qu'avoient en Grec Mercure & Minerve.

De ce même mot ERMÈS défignant les Bornes, joint à l'article T, vint le mot latin T-ERM-*inus*, une borne ; de la même maniere que le mot TERRE n'eft autre chofe que ce même article T & le primitif ER : & de Terminus, vint notre mot un TERME.

HISTOIRE DE MERCURE.

2. *DIEU DU COMMERCE.*

Mercure dut devenir par toutes fortes de raisons, le Dieu du Commerce & des Marchands.

1°. Parce qu'en réglant l'Année, & en construisant le Calendrier, il avoit fixé les jours qui seroient consacrés plus particulierement aux échanges, aux Marchés, & aux Foires.

2°. Parce que son nom chez tous ces Peuples, étoit celui des *signes* qui facilitent les échanges ; qu'il devint le nom même des échanges & des choses mises à part pour être échangées : de-là tous nos mots *Marque*, *Marché*, *Marchandises*, *Marchand*, *Commerce*, *Commercer* : & les mots Marc & poids de Marc, donnés aux signes comparatifs du poids des objets mis dans le Commerce.

3°. Parce que les grands échanges de Nation à Nation, se faisoient dans les places frontieres, & près des bornes des deux Peuples, sous l'œil & sous la sauve-garde de la Divinité protectrice des Bornes.

3. *Dieu des Voyageurs & des Chemins.*

Dès que Mercure étoit devenu le Dieu des Bornes, & celui des Commerçans, il se trouvoit tout naturellement le Dieu des Chemins & des Voyageurs : les chemins ne s'ouvrent que pour faciliter le Commerce ; c'est par eux que les Peuplades & les Nations communiquent les unes avec les autres ; & dès qu'il y eut deux Peuplades l'une à côté de l'autre, elles durent être unies par un chemin, au moyen duquel elles ne restoient pas isolées, & elles pouvoient vaquer entr'elles à des échanges qui alloient doubler en quelque sorte leurs travaux, leurs jouissances & leurs biens, par la communication mutuelle de ce que chacune avoit de propre : principe pris dans la nature, & qui étant poussé de proche en proche, tend à faire de la Terre entiere une seule société, divisée par les productions & réunie par leurs échanges.

Les Anciens étoient tellement convaincus de la nécessité des chemins pour la prospérité des sociétés, qu'ils représentoient comme une action vertueuse & agréable aux Dieux, de travailler à leur entretien ; de-là l'usage d'en enlever toutes les pierres & de les porter à des monceaux élevés d'espace en espace, & consacrés également à Mercure : usage dont on ignoroit la raison, & qu'on croyoit n'avoir été établi que pour honorer Mercure.

Salomon dans ses Proverbes (1) fait allusion à cet usage, en disant

---

(1) Chap. XXVI. verf. 8.

» que celui qui honore un infenfé, eft comme celui qui jette une pierre
» fur un de ces monceaux *élevés dans les* grands chemins ». Vincent de
Beauvais (2) attribue un pareil ufage aux Arabes de fon tems & à quelques Nations Indiennes.

4°. *Conducteur des Ames après la Mort.*

Mercure eft repréfenté déja par Homère, comme le Conducteur des Ames dans les Enfers, & comme celui qui ayant pu les y conduire, étoit également en état de les en ramener. Ce privilége de Mercure, qui ne paroît avoir aucun raport à fes autres fonctions, a fort intrigué les Mythologiftes: on peut voir dans leurs Ouvrages les raifons qu'ils en alléguent, trop peu fatisfaifantes pour être feulement tranfcrites. Rien cependant n'étoit plus fimple.

Dès que les chemins & les voyages avoient été mis fous la protection de Mercure, ne devenoit-il pas le Protecteur né du grand voyage?

Ajoutons qu'il étoit encore très-naturel de mettre les grands chemins & les voyages de toute efpéce, fous la protection de la Divinité qui avoit tracé en quelque forte par le Calendrier le chemin du Soleil, & qui par les Tropiques avoit fixé les points du départ & du retour, de la mort & de la vie.

C'eft par une fuite de cette idée que l'on confidera les deux Tropiques, comme les portes de la vie & de la mort, & le chemin des Ames: elles étoient donc fous la garde de Mercure & de fon Caducée, puifque ce Symbole n'étoit autre chofe que la peinture du chemin même que le Soleil parcourt d'un Tropique à l'autre.

5°. *PATRON DES HÉRAUTS.*

Enfin, pourquoi les Hérauts font-ils armés du Caducée? Ce Symbole qui leur eft commun avec Mercure, a d'autant plus embaraffé les Critiques, qu'ils ignoroient l'origine du Caducée: on s'imagina donc que Mercure n'étoit armé du Caducée, que parce qu'il étoit confidéré comme le Héraut des Dieux, comme leur Interprète. C'étoit éluder la queftion, & non la réfoudre; car on étoit en droit de leur demander pourquoi les Hérauts portoient le Caducée, & ce qu'il fignifioit dans leurs mains; à quoi, nulle réponfe fatisfaifante.

Ce n'eft pas Mercure qui doit fon Caducée aux Hérauts: ce font ceux-ci qui empruntent de Mercure fon Symbole, parce que comme lui ils font les Interprètes des volontés d'un autre: & s'il porte le Caducée, c'eft

---

(2) Miroir Hiftorial, Liv. IV.

qu'il explique par-là, comme nous avons vu, la volonté des Dieux Astronomiques.

Dès qu'il étoit considéré comme un Interprète, comme un Héraut, & qu'en cette qualité il portoit le Caducée, Symbole parlant de la Commission dont il étoit chargé, les Hérauts durent le prendre pour leur Patron, & s'aproprier son Symbole, porter son ordre ; mais dès ce moment il n'eut plus la même valeur ; & de-là, l'impossibilité où l'on avoit été jusqu'à présent de remonter à sa premiere origine.

C'est pour marquer que les Hérauts avoient pris pour Patron Mercure, qu'on disoit que KÉRYX, le Pere de tous les KÉRYCES ou Hérauts, étoit Fils de Mercure & d'une Fille de Cécrops, Roi d'Athènes, soit d'AGLAURE, selon PAUSANIAS (1) ; soit de PANDROSE, selon POLLUX (2) & selon le SCHOLIASTE d'Homère (3).

Ils avoient d'autant plus lieu d'emprunter le Caducée pour Symbole, qu'ils étoient chargés de diverses fonctions relatives au Calendrier : ils annonçoient, par exemple, la *Néomenie* ou la nouvelle Lune, le commencement des mois (4) & les jours qu'il faloit fêter. Ils faisoient donc par conséquent encore l'ouverture de l'année.

N'omettons pas l'origine du nom du CADUCÉE : le mot Grec KERYX (un Héraut,) le même que *Kerux*, se prononçoit en Dorien KARUX : de-là KARUKHION, nom du Symbole que portoient les Hérauts. Les Latins changeant ici R en D, par un changement très-commun, en formerent le mot CADUCÉE, qui nous est resté.

Et s'il est le Symbole de la Paix, c'est parce qu'il est déja celui de l'Harmonie céleste qui regne entre les Astres ; & qu'il est destiné à faire regner la même Harmonie entre les opérations Champêtres & les mouvemens des Cieux.

§. 2.

Autres Acceptions de Mercure.

Lorsque l'on voulut donner des noms aux jours du mois, & que l'on eût divisé ceux-ci en quatre portions ou semaines relatives aux quartiers de la Lune ou des mois Lunaires, on les mit sous la protection des sept Planettes. On eut dès-lors une double série de sept Jours, & de sept Planettes portant les mêmes noms. Il en fut de même lorsqu'on voulut donner des noms aux sept Métaux : ceux-ci formerent une troisieme sé-

---

(1) Attiq. Chap. 38.
(2) Onomast. Liv. VIII. C. XI. §. 22.
(3) Sur l'Iliade, Liv. I.
(4) ATHENÉE, Liv. XI.

rie, désignée toujours par les mêmes noms que les deux précédentes : le nom de Mercure en fit partie ; de-là il résulta que Mercure fut

    Une des sept Planettes,
    Un des sept Jours,
    Un des sept Métaux.

Nous allons le considérer sous ces trois acceptions.

1. *Mercure, une des Planettes.*

Les Planettes, au nombre de sept, furent regardées dès la plus haute antiquité, comme les directrices des Tems : on commença par leur imposer des Noms relatifs aux idées que l'on s'en formoit. Il étoit bien juste que celui qui avoit inventé le Calendrier, donnât son nom à l'une des Planettes : aussi une des deux qui sont placées entre la Lune & le Soleil, porta en Egypte, dans la Gréce, & en Italie, le nom de *Mercure*. On peut même dire qu'elle le porte chez tous les Peuples éclairés de l'Europe & de l'Asie, parce que les noms qu'on a substitués à celui-ci chez les autres Peuples, désignent toujours le même Personnage.

2. *Mercure, un des Jours de la Semaine.*

Les Noms des jours de la semaine furent arrangés avec un tel ordre, que le SOLEIL présidoit au premier, la Lune au second ; tandis que MERCURE donnoit son nom au jour qui étoit exactement au milieu de la semaine. Cet arrangement ne s'étoit certainement pas fait au hazard : on crut que l'inventeur de l'Astronomie devoit occuper une place distinguée entre les jours, & comme la premiere étoit prise par le Soleil & celle du jour du repos par Saturne, on donna à Mercure celle du milieu, ou du cœur ; mots synonymes dans ces tems-là.

Ceci est arrivé tellement de dessein prémédité, qu'afin que Mercure pût occuper cette place, on ne le compte pas dans le rang Astronomique que la Nature lui a assigné. En effet, les noms des jours n'étant pas empruntés des Planettes, suivant l'ordre Physique ou naturel des Planettes, mais en prenant celles-ci de quatre en quatre, puisque Saturne & le Soleil qui donnent leurs noms au Samedi & au Dimanche qui se suivent, ont deux Planettes entr'eux deux, Jupiter & Mars, & qu'il en est de même du Soleil & de la Lune, &c. il faudroit qu'il y eût également deux Planettes entre Mars & Mercure, dès qu'ils donnent leur nom aux deux jours qui suivent ceux-là ; ce qui n'est pas, puisqu'il n'y a entre ces deux Planettes que le Soleil. Aussi les Egyptiens & les Perses (& sûrement les anciens Peuples Agricoles) ne nomment Mercure dans l'ordre des Planettes qu'après Vénus, de cette maniere;

SATURNE,	VÉNUS,
JUPITER,	MERCURE,
MARS,	LA LUNE.
LE SOLEIL,	

à moins qu'on ne fupofât que ces deux Planettes changerent réellement de nom dans la fuite ; & que celle que nous apellons aujourd'hui Vénus, s'apelloit dans l'origine Mercure, afin que le nom de cette derniere fe trouvât au milieu de la femaine.

Ce feroit donc par cette raifon que la Planette de Mercure s'apelloit STILBO, c'eſt-à-dire, *l'étincelante*, la *lumineufe* : ce qui n'eſt vrai que de Vénus.

3. *Mercure, un des Métaux.*

Lorfque les Egyptiens s'étant apliqués à l'Hiſtoire Naturelle & à la Chymie, eurent reconnu qu'il exiſtoit fept Métaux, ils leur donnerent encore le nom des fept Planettes ; & dans le choix qu'ils en firent, ils chercherent à fe régler d'après les raports qu'il pouvoit y avoir entr'eux.

Ainfi les deux Métaux les plus précieux pour les échanges, l'OR & l'ARGENT, furent confacrés au Soleil & à la Lune : l'un s'apella OR, parce qu'il étoit blond comme le Soleil ; & l'autre ARGENT, parce qu'il étoit blanc comme la Lune. Mais pourquoi celui que nous apellons MERCURE échut-il à l'Inventeur de l'Aſtronomie, ou à la Planette qui donnoit fon nom au jour qui occupe le milieu de la femaine ?

Peut-être ne reſtoit-il que celle-ci à pourvoir, lorfqu'on trouva le Mercure : peut-être reconnut on dans l'argent vif quelque raport avec les idées qu'on fe formoit de Mercure, confidéré comme Aſtronome : il avoit afſigné à chaque Planette fes fonctions : il avoit démêlé leurs divers mouvemens & leurs féparations réciproques : de même, le Métal apellé de ce nom, fert à féparer les Métaux les uns des autres, & à reconnoître ainfi leurs conjonctions, leurs féparations, leurs raports, &c. Tous deux font en quelque forte des Interprètes dont on ne fçauroit fe paffer.

Cette connoiſſance des Métaux chez les Egyptiens, & le nom de Mercure porté par l'un d'entr'eux qui eſt d'une grande reffource dans la Chymie, a perfuadé à quelques Explicateurs des Fables, que la Mythologie entiere avoit pour objet la Chymie & la découverte du grand œuvre, de la Pierre Philofophale, de la tranfmutation des Métaux en Or. On a même compofé de gros Livres dans cet efprit.

La Mythologie renferme fans doute diverfes allufions à ces noms des Métaux, pris des Divinités Payennes : mais on ne sçauroit conclure de quelques faits, que la Fable entiere n'est qu'une allusion à la Chymie, ou que des préceptes relatifs au grand œuvre.

Les preuves sur lesquelles on s'apuie sont dénuées des conditions essentielles à une saine explication des Allégories anciennes, telles que l'aveu de l'Antiquité, leur raport aux besoins essentiels des hommes, & des motifs plus forts que ceux qu'on tire du travestissement des mots par des Etymologies, qui se bornent à les décomposer à volonté, & de la maniere la plus arbitraire.

§. 3.

Des Colonnes sacrées de Thot.

Nous ne saurions omettre un passage de MANÉTHON, cité par tous ceux qui ont voulu expliquer l'Histoire de Thot ou du Mercure Egyptien, & sur lequel ils se fondent tous pour faire de Mercure l'Inventeur de l'Ecriture, inconnue jusqu'à lui.

« MANÉTHON, nous dit Eusébe (1), racontoit dans un de ses Ouvrages
» intitulé SOTHIS ou la Canicule, diverses choses sur l'Empire des Egyptiens,
» tirées des Colonnes qui sont dans la Terre Sériadique, & gravées dans le
» Dialecte Sacré & en lettres hiéroglyphiques, par Thot le premier Mercure,
» & après le Déluge transcrites dans des Livres en lettres hiéroglyphiques
» par Mercure, Fils d'Agathodémon, Pere de Thot, & placées dans les Sanc-
» tuaires des Temples Egyptiens ».

Passage obscur, que chacun explique à sa guise, & que Jablonsky traduit ainsi (2).

« Les choses que Thot, le premier Mercure, avoit gravées dans le Dia-
» lecte Sacré & en caractères sacerdotaux sur les Colonnes placées dans la
» Terre Sériadique, furent traduites dans la langue des Grecs, par Agatho-
» démon, fils du second Mercure, & Pere de Thot ».

Il convient cependant que le nom des *Grecs* s'est glissé ici mal-à-propos ; & il a outre qu'on ne peut s'empêcher de reconnoître dans ce passage un parallèle de ce que JOSEPHE raporte (3) sur les Colonnes de Seth, chargées d'Inscriptions Astronomiques, & qui subsistoient encore dans la Terre Syriade.

Ainsi, selon les Juifs, comme selon les Egyptiens & selon les Auteurs Orientaux, il y auroit déja eu des Observations Astronomiques gravées avant le Déluge ; & le second Mercure n'auroit fait que les renouveller dans la suite.

---

(1) Prép. Evang. Liv. I. Ch. IX.
(2) Panth. Egypt. Liv. V. p. 175.
(3) Ant. Jud. Liv. I. C. II. §. 3.

Quant à cette Terre Syriade, Jablonsky y voit les Syringes ou Souterrains qui servoient d'archives sacrées aux Prêtres Egyptiens, & où les Anciens conviennent qu'étoient renfermées les Colonnes de Mercure. Il cite pour cet effet, ce passage remarquable d'Ammien-Marcellin (4). « Les Syringes sont » des souterrains remplis de détours que creuserent, à ce qu'on assure, » ceux qui présidoient aux Cérémonies religieuses, lorsqu'ayant appris qu'il » devoit arriver un Déluge, ils voulurent empêcher que la mémoire de ces » cérémonies se perdît ; & sur les parois de ces souterrains, ils tracerent » diverses figures d'animaux & d'oiseaux, qu'ils apellerent Lettres Hiéro-» glyphiques, & qui sont inconnues aux Latins ».

Il apuie ceci d'un autre passage de Manethon (5) qui assure que « Thot » avoit-trouvé ou *inventé* des Colonnes, sur lesquelles il avoit ordonné » que l'on gravât les décrets des Astres ».

Mais quel que soit le sens de ces passages réunis, & quelque parti que l'on prenne relativement à leur authenticité, il en résulte très-clairement & évidemment ;

Que Thot étoit regardé comme l'Inventeur de l'Astronomie :

Que ses Colonnes étoient relatives à cette science ;

Qu'elles étoient renfermées dans les Sanctuaires Egyptiens & confiées aux Prêtres, conformément à l'usage constant de tous les siécles & de tous les Peuples agricoles ;

Qu'elles avoient pour objet l'utilité publique ; & que c'étoit par ce motif qu'on prenoit de si grandes précautions pour en perpétuer la connoissance.

Ainsi ces passages, loin de venir à l'apui de ceux qui ne voyent dans Mercure que l'Inventeur de l'Ecriture, confirment de la maniere la plus expresse tout ce que nous avons dit pour démontrer qu'on l'envisagea toujours comme l'Inventeur de l'Astronomie ; & que ses instructions gravées sur des Colonnes, contenoient ses Observations Astronomiques, ses Cycles, son Calendrier, & nullement l'Histoire d'Egypte, comme on le pensoit.

ARTICLE V.

Si Thot ou Mercure fut un Etre réel ou allégorique.

Après avoir vû que l'Histoire de Mercure est une allégorie relative à l'invention de l'Astronomie & du Calendrier agricole, il resteroit à examiner

---

(4) Liv. XXII.
(5) Tiré des Apotelesm. Liv. V. v. 2. 3.

s'il exista en effet un personnage apellé THOT par les Egyptiens, HERMÈS par les Grecs, Mercure par les Latins ; par tous, l'*Homme aux signes* ; & qui inventa ce qu'on lui attribue ici ; ou s'il n'est lui-même qu'un Être allégorique.

Cette question est plus difficile à résoudre peut-être, que l'allégorie même qu'offroit l'Histoire de Thot. JABLONSKY, si célébre par ses profondes recherches sur la Mythologie Egyptienne, a consacré à son examen une portion très-considérable du Chapitre où il traite de Thot (1) ; & tout ce qui résulte de cette longue discussion, c'est 1°. que THOT fut un nom allégorique donné à VULCAIN ou PHTA, Dieu des Arts & des Sciences en Egypte ; & aux Colonnes sur lesquelles étoient inscrites les Instructions publiques, & qu'on mettoit ainsi sous la protection de Vulcain.

2°. Que les Egyptiens comptoient trois Mercures & au moins deux, comme on le voit par le passage de Manéthon que nous avons raporté, & où il est fait mention de deux personanges apellés Mercures, & d'un troisiéme apellé *That*, qui est très-certainement le même nom que Thot.

3°. Que de ces différens Mercures, l'un devoit être considéré comme l'Inventeur des Lettres, & l'autre comme leur Restaurateur.

4°. Que le premier de ces Mercures représente le tems où les Sciences commencerent à être cultivées sous le regne de MENÈS, premier Roi d'Egypte, ou au tems de son successeur ATHOTÈS.

5°. Et que le second Mercure est l'époque de la perfection du Calendrier sous le regne du XXXVe Roi de Thèbes, apellé mal-à-propos, *Siphoas*, dont le vrai nom fut SAPHTA, c'est-à-dire, *Fils de Vulcain* ; & que Manéthon dit être Fils d'*Agatho-demon*, le même que Vulcain ; ce qui fait que ce Prince est surnommé par ERATOSTHENE (2), ERMES, de deux mots Egyptiens, qui signifient *celui qui conduit une chose à sa perfection*.

6°. Que ce Prince est apellé ARMINON par CENSORIN (3) dans son Traité sur le jour de la naissance ; & qu'il lui attribue l'addition des cinq jours, faite à l'ancienne année, pour la raprocher du vrai mouvement du Soleil.

Cependant cette question n'est point éclaircie, malgré tout ce détail : l'on n'y aperçoit rien de décidé, & l'on ne sauroit accorder l'arrangement des deux Mercures, avec le passage de Manéthon sur lequel Jablonsky s'apuie cependant ; car celui-ci ne donne que comme Restaurateur des sciences après le Déluge, le Mercure que Jablonsky nous présente comme en ayant été l'Inventeur. D'ailleurs ce Savant a trop négligé quelques passages de l'Antiquité, au moyen desquels il auroit répandu un plus grand jour sur cet objet intéressant.

Essayons de faire mieux.

---

(1) Panth. Egypt. T. II. p. 166-190.
(2) Catal. des Rois de Thèbes.
(3) De *die natali*, Cap. XIX.

Les Egyptiens nous préfentent les fciences comme n'ayant été que renouvellées après le Déluge. Manéthon le dit expreffément dans le paffage cité ci-deffus : les Prêtres Egyptiens l'avoient déja dit à Platon, qui en parle dans fon Ifle Atlantide. On a donc trop dédaigné ce paffage.

Qu'il y ait eu plufieurs renouvellemens des connoiffances humaines, c'eft ce dont on ne peut douter : il eft donc plus que probable que celui, ou ceux qui inventerent le Calendrier après le Déluge, ne firent que fuivre des traces de ceux qui en avoient établi un avant cette révolution ; & qu'avant cette époque, avoient déja exifté des Colonnes chargées d'Obfervations Aftronomiques & vrais Almanachs.

Mais quel eft le perfonnage, qui, lors du renouvellement des fciences, inftitua le Calendrier, & que les Egyptiens défignent fous le nom de Thot ou de Mercure ? Fut-il allégorique ou non ? c'eft le vrai état de la queftion ; & ce qu'il s'agit de réfoudre.

Pour cet effet, raffemblons tout ce qu'on nous en a dit ; & ce qui regarde les Perfonnages avec lefquels on le fait vivre ; feule maniere de répandre quelque clarté fur cet objet.

1°. Nous le voyons étroitement lié avec l'Hiftoire d'Ofiris & d'Ifis, comme on peut s'en affurer par le paffage de Diodore, que nous avons mis à la tête de cet Ouvrage.

2°. Il n'eft pas lié moins étroitement avec l'Hiftoire Phénicienne de Saturne.

3°. Il étoit contemporain du Roi THAM, nous dit PLATON (4), qui l'apelle en même tems un *Dieu* ou *un homme divin*, & l'Inventeur des Sciences.

4°. Sanchoniaton, à la fin du Premier Fragment, dit qu'il fut fils de MISOR, qui, avec SYDYK ou le JUSTE, forment la derniere des dix générations dont ce Fragment nous donne l'hiftoire, & auxquels il attribue l'invention du fel.

5°. Il régna en Egypte, ajoute-t-il.

Ces circonftances réunies femblent indiquer un perfonnage hiftorique réellement exiftant ; & doivent même donner d'une maniere fûre, le tems où il vécut.

Ce fut très-certainement dans le tems où les Nations du midi de l'Afie, les Chaldéens, les Cananéens, les Egyptiens, &c. devinrent agricoles fous la conduite des Chefs de leurs premieres Colonies, fous celle de CHNA dont parle Sanchoniaton pour les Cananéens, & de MENÈS pour les Egyptiens ; c'eft-à-dire, lors du renouvellement après le Déluge, qui avoit ravagé ces Contrées.

MISOR eft le même que MISRAÏM de Moyfe, tige des Egyptiens, & celui-ci paroît être le même que *Menès*, premier Roi de Thèbes ou d'Egypte.

---

(4) Dans fon PHEDRE.

Son succeſſeur eſt apellé ATHOTÈS. Ce nom reſſemble fort à Thot; mais il ſignifie ſeulement, ſelon Eratoſthène, *Fils de Thot*; & ſelon Jablonsky, *Contemporain de Thot*, ou de l'invention des ſciences.

Thot ſeroit donc Pere d'Athothès & Contemporain de Menès, ou Menès lui-même, puiſqu'il eſt apellé Roi d'Egypte.

Manéthon dit qu'il préſenta ſes ouvrages au Roi THAM, nom qui ſignifie le JUSTE : c'eſt un ſynonyme de Sydyk.

Mais celui-ci eſt placé dans la Xme Génération du monde : SYDYK ou THAM ſeroit donc le même perſonnage que celui que Moyſe apelle SA-DYK-THAM-im, ou le *Juſte des Juſtes*, qu'il place également dans la Xme Génération du monde, & qui eſt de la même famille que MISRAÏM & que CHNA, Chefs des Peuples.

Sadyk-Thamim étant le Chéf de ces Familles, il étoit très-naturel que Thot lui offrît ou lui dédiât les Ouvrages qui contenoient ſes inventions aſtronomiques; ſur-tout dès que ce même Chef des Peuples eſt repréſenté par Moyſe lui-même, comme le mari d'Adama, de Ghé ou de la Terre; c'eſt-à-dire, comme l'inventeur de l'Agriculture.

Motif de plus pour que Thot lui offrît ſes ouvrages ſur l'Aſtronomie, puiſqu'ils étoient deſtinés à la perfection de l'Agriculture.

Jablonsky, comme nous avons vu, étoit tenté de confondre Thot avec Vulcain, les Arts n'ayant pu être inventés que par le *feu* du Génie; or Vulcain s'apelle en Egyptien PHTA : ceci nous donneroit une nouvelle preuve que Thot eſt le même que Miſraïm ou Ménès.

Moyſe faiſant l'énumération des Enfans de *Cham*, du nombre deſquels eſt Miſraïm, ſemble en compter quatre, CHUS, CANAAN, PHUT & MISRAÏM.

Cependant, il ne parle plus que de trois, lorſqu'il s'agit d'indiquer les Enfans de ceux-ci, & les lieux de leurs établiſſemens; PHUT eſt totalement paſſé ſous ſilence. D'un autre côté, ces noms ſont écrits dans le Texte Samaritain de maniere que celui de PHUT n'eſt point ſéparé du nom de MIS-RAÏM. On pourroit donc ſupoſer que ces deux noms n'indiquent qu'un ſeul & même perſonnage, & l'on reconnoîtroit dans le nom de PHUT un dérivé de celui de PHTHA, donné à ce perſonnage avec d'autant plus de raiſon, qu'il auroit établi dans ſa Colonie les Connoiſſances aſtronomiques déja inventées.

Le nom de MÉNÈS ne lui conviendroit pas moins. Ce nom eſt le même que celui de MEN, qui dans toutes les anciennes Langues, déſigna le Soleil & la Lune, flambeaux & guides de l'Univers. Il étoit donc donné avec raiſon aux Chefs des Colonies, tels que MINÈS le guide des Peuples. Il ne convenoit pas moins à THOT, ſoit qu'il ait été le même que Miſraïm ou Menès, ſoit qu'il ait été un de ſes Contemporains, pour avoir inventé ou perfectionné le Calendrier, guide indiſpenſable & lumineux de toute Société agricole.

HISTOIRE DE MERCURE.

Thot feroit donc un Être réel quant à l'invention de l'Aſtronomie, & à l'époque où elle naquit; il feroit un Etre allégorique, quant à l'extenſion que l'on fit de ſon nom pour le donner, à la Divinité qui préſidoit au Calendrier ; aux Fables inventées relativement à l'Aſtronomie, & à tous les Ouvrages que l'on compoſa dans la ſuite ſur cette matiere, ou auxquels on donna la forme de Journal, comme ceux qui exiſtent en Europe ſous le nom de Mercure.

Mais, quoi qu'il en ſoit de cette diſcuſſion chronologique, il reſtera démontré que Mercure ou Thot fut toujours regardé comme l'Inventeur de l'Aſtronomie & de ſes caractères ; que tous les ſymboles dont il eſt accompagné, furent abſolument relatifs à cet Art; & qu'à cet égard, il fut au pied de la lettre le Secrétaire & le Conſeiller de Saturne : ce que nous nous étions propoſés d'établir.

HERCULE et ses Travaux.

Allégories Pl. III.

C. n. Marillier inv. 1773. Ch. L. Lingée Sculp.

HISTOIRE D'HERCULE
ET DE
SES DOUZE TRAVAUX.
ALLÉGORIE
Relative au Défrichement des Terres & aux Travaux de la Campagne.

INTRODUCTION.

DE toutes les Histoires Mythologiques, la Vie d'Hercule le Thébain est une de celles où le Génie allégorique & symbolique de l'Antiquité se déploye avec le plus de magnificence & de vérité. C'est-là qu'embrassant la carrière entière de la vie d'un Héros, depuis sa naissance jusqu'à sa mort, ce Génie symbolique a pu revêtir la forme la plus intéressante, varier ses scènes à l'infini, prendre les déguifemens les plus opofés, jetter le plus grand contrafte entre fes diverfes Parties, entaffer les fymboles, multiplier les allufions; & ne fortir cependant jamais d'un CENTRE D'UNITÉ, au moyen duquel toutes ces bifarreries apparentes & ces Fables entaffées forment un Tout agréable, qui n'eft point difficile à faifir; & qui fait fentir auffi-tôt, la juftefle de chacun des fymboles & des emblêmes dont il eft compofé.

Cette nouvelle Hiftoire s'uniffant elle-même de la maniere la plus étroite avec l'Hiftoire de Saturne & avec celle de Mercure, & toutes trois offrant des Allégories de la même nature, relatives aux mêmes objets, leur explication, déja fenfible prife féparément, acquiert par cet accord & par cette harmonie une évidence irréfiftible.

Mais, afin d'avoir un point d'apui qui ne foit point arbitraire, & qui puifé dans l'Antiquité, foit conforme à fes idées, & ne puiffe être fufpect, nous commencerons par mettre fous les yeux du Lecteur, l'Hiftoire de notre Héros actuel, telle que la recueillit autrefois DIODORE DE SICILE, ce Rédacteur exact des Mythologies & des Traditions anciennes.

Cette Vie d'Hercule eft d'autant plus digne d'attention que Diodore dit à la tête du Livre dont elle fait partie (1), que *le détail n'en peut être fixé par aucune Chronologie*; & que cette vie eft placée immédiatement à la fuite de l'Hiftoire de Bacchus & de celle des Mufes, dont il affure que les noms font *allégoriques*. C'étoit plus qu'il n'en faloit pour faire comprendre au Lecteur attentif, que l'Hiftoire d'Hercule n'avoit elle-même rien d'hiftorique, & qu'elle étoit une pure *Allégorie*.

---

(1) Liv. IV. de fa BIBL. UNIV. Nous nous fommes fervis de la Traduction de l'Abbé Terraffon, quoique trifte, trainante & hériffée de participes, mais en la retouchant çà & là.

PREMIERE PARTIE.

PREMIERE PARTIE.

Vie d'Hercule le Thébain, par Diodore.

C'Est ici le lieu de parler des grandes actions d'Hercule. Les Auteurs se trouvent extrêmement embarrassés quand ils arrivent à l'Histoire de ce Dieu. Car on sait d'une part qu'il a surpassé par le nombre & par la grandeur de ses exploits, tout ce qui s'est jamais fait de mémorable parmi les hommes ainsi il est très-difficile de raporter dignement des actions dont l'immortalité a été le prix. D'un autre côté, comme quantité de gens n'ajoutent aucune foi aux récits de la Mythologie, tant à cause de leur ancienneté, que parce qu'ils paroissent incroyables, il faut nécessairement ou qu'omettant la plûpart des actions d'Hercule, on lui enlève une grande partie de sa gloire, ou que les raportant toutes, on s'engage dans une narration qui ne sera point crue; ... mais quand on accorderoit que la Mythologie a un peu enchéri sur l'exacte vérité, ce ne seroit pas une raison de la rejetter absolument..... Il ne seroit pas raisonnable d'envier aujourd'hui à Hercule, les louanges dues aux bienfaits qu'il a répandus par tant de travaux en divers endroits de la terre; & nous devons conserver du moins pour sa mémoire, la vénération & la reconnoissance que nos Peres ont marquées pour lui, en le plaçant au rang des Dieux. Cependant.... qu'il nous suffise de raporter par ordre ses actions, sur le témoignage des plus anciens Poëtes & Mythologistes.

ORIGINE D'HERCULE.

Pour commencer par son extraction, Persée fut fils de Jupiter, & de Danaé fille d'Acrisius. Ce Prince ayant épousé Andromede fille de Cephée, en eut un fils nommé Electrion. De celui-ci, & d'Eurymede fille de Pélops, naquit ALCMENE. Jupiter ayant eu commerce avec celle-ci, par le moyen d'un déguisement, en eut HERCULE...... On dit que ce Dieu étant en la compagnie d'Alcméne, voulut que la NUIT fût alors TROIS FOIS plus longue qu'elle ne l'est ordinairement..... & il trompa Alcméne en prenant la figure d'Amphytrion. Quand le tems fut arrivé qu'Alcméne devoit accoucher, Jupiter attentif à la naissance d'Hercule, déclara en présence de tous les Dieux qu'il donneroit le Royaume de Persée à un enfant qui devoit naître ce jour-là. Junon pleine de jalousie, ayant mis dans son parti sa fille Ilythie, suspendit la naissance d'Hercule, & fit naître Eurysthée avant terme.

Jupiter se voyant prévenu par cette adresse, ne révoqua point sa parole : mais il eut soin, en même tems, de la gloire d'Hercule.

Allégories.   V

Il donna donc à Eurysthée le Royaume, ainsi qu'il l'avoit promis, & il lui soumit Hercule; mais il persuada à Junon de placer ce dernier au rang des Dieux, après qu'il auroit accompli douze TRAVAUX, tels qu'Eurysthée les ordonneroit.

Hercule exposé & rendu à sa Mere.

Alcmène étant accouchée & craignant la jalousie de Junon, exposa son enfant dans un champ, qui s'apelle encore à présent le CHAMP D'HERCULE. Cependant Minerve se promenant avec Junon, fut frapée de la beauté de cet enfant, & elle persuada à cette Déesse de lui donner à tetter. Hercule ayant serré la mammelle de Junon beaucoup plus fort que son âge ne sembloit le permettre, cette Déesse pressée par la douleur jetta l'enfant à terre; mais Minerve le reporta à sa Mere, & lui conseilla de le nourrir.

On peut remarquer ici un coup surprenant de la fortune, Une mere qui devoit chérir & conserver son propre enfant, l'exposa: & celle qui devoit le haïr.... le sauva sans le savoir, on donna lieu de sauver celui qui devoit être naturellement son plus grand ennemi.

PREMIERS EXPLOITS D'HERCULE.

Cependant Junon envoya DEUX DRAGONS pour dévorer cet enfant: mais les ayant pris par le col, il les étrangla l'un & l'autre avec ses deux mains. Il avoit d'abord été nommé Alcée: mais les Grecs ayant apris cet exploit, lui donnerent le nom d'*Hercule*, parce que c'étoit de Junon qu'il tiroit toute sa gloire. Ainsi au lieu que les Parens imposent ordinairement le nom à leurs enfans, Hercule seul ne doit le sien qu'à sa vertu.

Amphytrion s'étant enfui de Tirynthe, vint habiter à THÉBES. Hercule fut ainsi nourri dans cette Ville; & s'étant adonné à différens exercices, il surpassa tous les autres hommes par la force de son corps & par la grandeur de son ame.

Il avoit à peine atteint l'âge d'adolescence, qu'il délivra Thébes de la servitude où elle étoit, & qu'il s'aquitta ainsi de la reconnoissance qu'il devoit à sa Patrie. Les Thébains étoient alors soumis à ERGINE, Roi des MINYENS; & ce Prince envoyoit tous les ans dans cette Ville, des Commissaires, pour exiger les Tributs: ce qu'ils faisoient en outrageant les Habitans. Hercule bravant les suites dangereuses que pouvoit avoir son dessein, entreprit une action qui le rendra à jamais fameux. Car ceux d'entre les Minyens qui venoient demander les tributs, étant arrivés, & ayant fait toutes sortes d'outrages aux Citoyens, il les mit hors de la Ville après leur avoir coupé LES EXTRÉMITÉS DU CORPS. Ergine demanda le coupable; & Créon, Roi de Thébes, redoutant sa puissance, étoit prêt de le livrer. Mais Hercule persuade à des jeunes gens de son âge de délivrer leur Patrie; il leur donne les armes qui

HISTOIRE D'HERCULE.

étoient suspendues dans les Temples, & qui faisoient partie des dépouilles des ennemis que ses Ancêtres avoient consacrées aux Dieux: car il étoit impossible de trouver dans toute la Ville des armes qui ne fussent consacrées; d'autant que les Minyens avoient enlevé aux Thébains toutes les autres, afin de leur ôter toute pensée de révolte. Dès qu'Hercule fut informé qu'Ergine s'aprochoit avec des Troupes, il l'attendit dans un passage étroit, & rendant par-là leur grand nombre inutile, il tua Ergine lui-même & fit périr presque toute son armée avec lui. S'étant ensuite jetté sur ORCHOMÈNE Capitale des Minyens, il brûla le Palais de leur Roi & rasa leur Ville.

Le bruit de cet exploit se répandit dans toute la Grece, & chacun en fut étonné comme d'un prodige. Créon lui-même frapé de la vertu & du courage de ce jeune homme, lui donna sa fille MEGARE en mariage, & le regardant comme son propre fils, il lui confia le gouvernement de sa Ville.

Ordre donné à Hercule d'exécuter ses douze Travaux : Fureur dans laquelle il entre à cet ordre.

Mais Eurysthée qui étoit le Roi d'ARGOS, craignant qu'Hercule ne devînt trop puissant, le fit apeller, & lui ordonna d'achever ses Travaux. Hercule refusa d'abord; mais Jupiter lui commanda d'obéir à Eurysthée son Roi. Il alla cependant lui-même à DELPHES, dont l'Oracle lui répondit que les Dieux vouloient qu'il exécutât ces douze Travaux, & qu'au bout de ce terme, il acquerroit l'IMMORTALITÉ. Hercule fut alors saisi d'une grande tristesse: il jugeoit indigne de sa vertu de servir un homme qui valoit beaucoup moins que lui; & d'un autre côté, il lui paroissoit dangereux & même impossible de désobéir à Jupiter son Pere.

Pendant que ces réflexions l'agitoient, Junon le fit tomber en phrénésie; la folie s'empara d'abord de son esprit malade, & ses accès augmentant chaque jour, il devint furieux: il voulut tuer IOLAS; mais Iolas s'étant enfui, il PERÇA A COUPS DE FLÉCHES SES PROPRES ENFANS auprès de Mégare leur Mere, croyant qu'ils étoient des ennemis. Revenu avec peine de ce transport, & connoissant son erreur, il fut mortellement affligé de l'excès de son infortune: & quoique chacun prît part à ses malheurs, il se tint long-tems caché, fuyant la compagnie & la rencontre des hommes. Le tems l'ayant enfin consolé, il alla trouver Eurysthée avec la ferme résolution d'affronter tous les périls.

LES DOUZE TRAVAUX D'HERCULE.

PREMIER DES TRAVAUX.

LION DE LA FORÊT DE NEMÉE.

Son premier Travail, continue Diodore, fut de tuer le Lion de Némée. Il étoit d'une grandeur monstrueuse; & comme on ne pouvoit le blesser avec le fer, ni avec l'airain, ni avec des pierres, il falloit nécessairement employer la force des bras pour le dompter. Ce Lion ravageoit souvent le pays qui est entre Mycénes & Némée, auprès d'une Montagne apellée le Mont Trétos. Au pied de cette Montagne, il y avoit une grande Caverne où ce Monstre se retiroit ordinairement. Hercule s'y jetta après lui, & en ayant bouché l'entrée, il le combattit corps à corps, & lui serrant le col avec ses deux mains, il l'étrangla. La peau de cet animal, qui étoit fort grande, lui servit toujours dans la suite, de vêtement, & même de bouclier dans les Combats.

L'HYDRE DE LERNE.

Second Travail.

Son second Travail fut de tuer l'Hydre de Lerne. Elle avoit un seul Corps & cent cous; & chacun de ces cous se terminoit par une Tête de Serpent. C'est avec raison que ce Monstre passoit pour invincible; car du cou qu'on lui avoit coupé, il renaissoit toujours deux autres têtes, & sa blessure même lui fournissoit un double secours. Pour surmonter cette difficulté, Hercule se servit de cette ruse. Il commanda à Iolas de brûler avec un flambeau la partie coupée, afin d'arrêter cette reproduction funeste. Étant ainsi venu à bout de cet animal, il trempa des fléches dans son fiel, afin que chaque trait qu'il lanceroit contre d'autres Monstres, leur fît des plaies incurables.

SANGLIER D'ERYMANTHE.

Troisiéme Travail.

Eurysthée lui commanda en troisiéme lieu, de lui amener vif le Sanglier d'Erymanthe, qui paissoit dans les Campagnes d'Arcadie. Ce commandement paroissoit d'une difficile exécution, & pour y satisfaire, il falloit prendre son tems avec beaucoup d'adresse. Hercule couroit risque d'être dévoré, s'il laissoit trop de force à l'animal; & de le tuer, s'il l'attaquoit trop vivement. Cependant il combattit si à propos, qu'il l'aporta tout vif à Eurysthée. Le Roi le voyant porter ce Sanglier sur ses épaules, fut saisi de frayeur, & s'alla cacher sous une cuve d'airain.

CENTAURES VAINCUS.
Suite du troisiéme Travail.

Hercule combattit ensuite de son propre mouvement les CENTAURES, à l'occasion de l'événement que nous allons raconter. Un Centaure, apellé PHOLUS, avoit accordé l'hospitalité à Hercule; il ouvrit en son honneur un tonneau de vin qu'il tira de terre, & que, suivant la tradition, l'ANCIEN BACCHUS avoit donné à Pholus, avec ordre de le conserver jusqu'à la venue d'Hercule. Ce Héros étant donc arrivé dans ce Pays, après IV. GENERATIONS, le Centaure se ressouvint de l'ordre de Bacchus. Il perça le tonneau; & l'odeur excellente qui en sortit, causée par la bonté & par l'ancienneté du vin, s'étant répandue jusques aux demeures des Centaures peu éloignées, fut pour eux comme un aiguillon qui les excita à s'assembler en fort grand nombre autour de l'habitation de Pholus, & à se jetter avec impétuosité sur cette boisson. Pholus tremblant de peur, alla se cacher : mais Hercule se défendit avec un courage étonnant contre les Centaures, qui vouloient à toute force emporter le tonneau. Il falloit qu'il combattît contre des gens, que la Mere des Dieux avoit avantagés de la force & de la vitesse des chevaux, aussi-bien que de l'esprit & de l'expérience des Hommes. Ces Centaures l'attaquerent, armés, les uns de pins qui avoient encore toutes leurs racines; les autres, de grandes pierres. Quelques-uns portoient des torches ardentes, & le reste avoit des haches propres à tuer des bœufs. Hercule les attendit sans s'émouvoir & avec un courage digne de ses premiers exploits. NÉPHELÉ, Mere des Centaures, combattoit encore contre lui, en répandant une grande quantité de pluie qui ne nuisoit en rien à ses fils qui avoient quatre pieds; mais qui faisoit glisser Hercule, qui ne se soutenoit que sur deux. Cependant, malgré tous les avantages que ses Adversaires avoient sur lui, il les battit vigoureusement : il en tua plusieurs & mit les autres en fuite. Les plus célébres d'entre les morts furent Daphnis, Argée, Amphion, Hippotion, Orée, Isoples, Melanchete, Therée, Dupon & Phryxus.

Chacun de ceux qui s'enfuirent, furent punis ainsi qu'ils le méritoient.

Omade ayant violé en Arcadie ALCYONE, sœur d'Eurysthée, Hercule le fit mourir.....

Il arriva un accident fort particulier à Pholus ami d'Hercule. Comme il étoit de la même famille que les Centaures, il enterroit tous ceux qui avoient été tués: en tirant un trait du corps d'un d'entr'eux, il s'en blessa lui-même; & sa plaie étant incurable, il en mourut. Hercule donna à Pholus, sous une montagne voisine de son habitation, une Sépulture qui lui fut plus honorable que ne l'auroit été une colonne élevée à sa gloire. Car cette montagne ayant été nommée Pholoé, conserva fidellement la mémoire de celui qui y avoit été enterré, sans qu'il fût besoin d'aucune Inscription.

Hercule tua aussi, sans le vouloir, le Centaure Chiron qui s'étoit rendu fameux dans la Médecine.

LA BICHE AUX CORNES D'OR.

Quatriéme Travail.

Eurysthée ordonna ensuite à Hercule de lui amener la Biche aux Cornes d'or qui couroit d'une grande vitesse. Il se servit plus de son adresse que de sa force, pour venir à bout de cette entreprise: car les uns disent qu'il la prit dans des filets; d'autres, qu'il la fit tomber dans un piége; & quelques autres enfin, veulent qu'il s'en soit rendu maître, en la forçant à la course. Ce qu'il y a de certain, c'est qu'il acheva cet exploit sans courir aucun danger.

LES OISEAUX DU LAC DE STYMPHALE.

Cinquiéme Travail.

Ensuite il reçut ordre de chasser les Oiseaux du Lac Stymphalide, & il employa encore l'adresse en cette occasion. Il s'étoit ramassé autour de ce Lac, une multitude incroyable de ces Oiseaux, qui ravageoient entierement les Fruits des Contrées voisines. Il étoit impossible d'en exterminer un si grand nombre, en les tuant l'un après l'autre. C'est pour cette raison qu'Hercule imagina un tambour d'airain, qui faisant un bruit continuel & très-grand, les fit tous fuir: par cet expédient, il en délivra absolument le Lac.

ÉTABLE D'AUGIAS.

Sixiéme Travail.

Après qu'il eût achevé ce travail, Eurysthée lui ordonna de nettoyer, sans l'aide de personne, l'Etable d'Augée, où il s'étoit amassé depuis plu-

HISTOIRE D'HERCULE.

sieurs années une quantité énorme de fumier. L'insulte étoit jointe à la peine, dans ce commandement d'Eurysthée : mais Hercule ne voulut pas emporter ce fumier sur ses épaules, afin d'éviter la honte qui pouvoit rejaillir sur lui de cette fonction ; & il nettoya cette étable sans ignominie, en y faisant passer le fleuve Penée. Ce travail ne fut pour lui que l'affaire d'un jour ; & il y donna de plus une grande preuve de prudence : car ne voulant rien faire qui ne fût digne de l'immortalité, il exécuta d'une maniere très-honorable un ordre très-humiliant.

TAUREAU DE CRÈTE.

Septiéme Travail.

Son septiéme Travail fut d'aller chercher en Crète, le TAUREAU dont on dit que PASIPHAÉ fut amoureuse. Etant passé dans l'Isle, il amena dans le Péloponnèse, du consentement du Roi MINOS, ce monstre au sujet duquel il avoit traversé une si grande étendue de Mer.

ÉTABLISSEMENT DES JEUX OLYMPIQUES.

Suite du septiéme Travail.

Il institua ensuite les Jeux Olympiques, & choisit pour cet effet près du fleuve Alphée, une place convenable à un pareil exercice ; il en consacra les Jeux, au Jupiter de la Patrie. Le prix qu'il proposa, fut une simple Couronne, parce que lui-même n'avoit jamais voulu recevoir aucune récompense de tout ce qu'il avoit fait en faveur des hommes. Ce Héros fut victorieux dans tous les jeux, sans avoir pourtant combattu : personne n'osoit se mesurer contre lui, à cause de sa force extraordinaire. Cependant ces jeux étoient fort oposés les uns aux autres : il est très-difficile à l'Athlete..... de devancer un Coureur ; comme il est presque impossible à un homme qui excelle dans les combats d'adresse, de vaincre ceux qui réussissent dans les combats de force. C'est donc avec justice que celui-là emporte la palme de tous les jeux, à qui les plus habiles en chacun, n'ont osé disputer le prix.

PRÉSENS DES DIEUX A HERCULE.

Nous ne devons pas passer sous silence, les présens que les Dieux firent à Hercule pour honorer sa vertu : car lorsqu'il se fut retiré de la guerre pour vacquer aux FÊTES, aux ASSEMBLÉES & aux JEUX, chacun des Dieux lui fit un don particulier. MINERVE lui aporta un *Voile* : VULCAIN, une *Massue & une Cuirasse* :

Il y avoit une grande émulation entre ces deux Divinités par raport à leurs fonctions. Minerve s'adonnoit aux Arts pacifiques, & qui regardent l'usage ou les plaisirs de la vie; & Vulcain ne travailloit qu'à ceux qui conviennent à la guerre.

Entre les autres Dieux, Neptune lui fit présent d'un *Cheval*.

Mercure, d'une *épée*.

Apollon, d'un *arc*, & il aprit même à Hercule à s'en servir.

Cerès voulant aussi l'honorer, institua les petits Mystères, pour l'expiation du meurtre des Centaures.

Premiere & derniere des Femmes aimées par Jupiter.

Nous avons oublié de raporter une particularité de la naissance d'Hercule. De toutes les Femmes que Jupiter aima, la premiere fut Niobé, fille de Phoronée; & la derniere, Alcmene. Les Mythologistes comptent XVI. Générations depuis celle-là jusques à celle-ci. Jupiter commença donc à engendrer des hommes avec une femme qu'Alcmene comptoit parmi ses Ancêtres; & il finit par celle-ci tout commerce avec les mortelles, n'espérant plus avoir d'elles des Enfans dignes de leurs aînés.

Combat d'Hercule contre les Géans.

Cependant les Géans entreprirent de se battre contre les Dieux, auprès de Pallene. Hercule vint au secours de ceux-ci; & ayant tué plusieurs de ces Enfans de la Terre, il reçut de très-grands honneurs. Jupiter donna aux seuls Dieux qui l'avoient secouru, le surnom d'Olympiens, afin que les braves qui le porteroient pussent être distingués des lâches. Quoique Bacchus & Hercule fussent nés de femmes mortelles, ils furent honorés de ce surnom; non-seulement parce qu'ils étoient fils de Jupiter, mais aussi parce qu'ayant des inclinations semblables à celles de leur Pere, ils avoient adouci par leurs bienfaits la férocité des hommes.

Aigle de Prométhée tuée.

Jupiter tenoit cependant enchaîné Prométhée, qui avoit communiqué aux hommes le feu céleste; & une aigle venoit lui ronger le foie. Hercule voyant que Prométhée n'étoit puni que pour avoir répandu ses bienfaits sur le genre-humain, tua l'aigle à coups de flêches: il apaisa ensuite la colere de Jupiter, & sauva ainsi un bienfaiteur des hommes.

CAVALES.

HISTOIRE D'HERCULE.
CAVALES DE DIOMÉDE.
Huitiéme Travail.

On lui ordonna enfuite d'amener de Thrace, les Cavales de Dioméde. Elles étoient fi furieufes, qu'on leur avoit donné des mangeoires d'airain; & fi fortes qu'on étoit obligé de les lier avec des chaînes de fer. Ce n'étoient pas des fruits qu'on leur donnoit à manger; mais elles fe nourriffoient des membres des malheureux Etrangers qui arrivoient dans la Thrace, & qu'on mettoit en piéces. Hercule voulant prendre ces Cavales, fe faifit d'abord de leur Maître; & il les rendit dociles, en les raffafiant de la chair de celui qui les avoit accoutumées à manger de la chair humaine. Après qu'elles eurent été amenées à Euryfthée, ce Prince les confacra à Junon. Leur race fubfifta jufques au regne d'Alexandre, Roi de Macédoine.

CEINTURE DE L'AMAZONE HIPPOLYTE.
Neuviéme Travail.

Il lui fut ordonné bientôt après, d'aporter la Ceinture de l'Amazone Hippolyte. Il traverfe donc la Mer du Pont à laquelle il donna le nom d'Euxin; & étant arrivé aux embouchures du fleuve Thermodon, il déclare la guerre aux Amazones, & campe près de leur Capitale apellée Themiscyre. Il demanda d'abord la Ceinture, qui étoit le fujet de fon voyage; & parce qu'elle lui fut refufée, il livra bataille aux Amazones. Les moins célébres furent opofées aux Soldats d'Hercule; mais les plus fameufes combattirent contre ce Héros & fe défendirent vaillamment. La premiere qui l'attaqua fut Aella (1), ainfi nommée à caufe de fa legéreté à la courfe: mais elle trouva un ennemi encore plus léger. La feconde fut Philippis: celle-ci tomba fur le champ, d'une bleffure mortelle. Enfuite vint Prothoé, qu'on difoit être fortie victorieufe de fept Combats particuliers ou duels. Hercule la tue & en vainc une quatriéme apellée Eribœe. Celle-ci fe vantoit de n'avoir befoin d'aucun fecours; mais elle éprouva qu'elle s'étoit trompée; elle tomba fous les coups d'un homme plus vaillant que ceux qu'elle avoit vaincus. Celeno, Eurybie & Phœbé combattirent enfuite: elles accompagnoient ordinairement Diane à la chaffe, & elles favoient parfaitement tirer de l'arc. Mais pour cette fois, elles manquerent leur coup & demeurerent fur la place, malgré l'apui qu'elles fe prêtoient les unes aux autres. Hercule vainquit enfuite Deianire, Asterie, Marpé, Tecmesse & Alcippe.

---

(1) C'eft-à-dire Tempête.

Allégories.   X

Cette derniere ayant fait ferment de DEMEURER VIERGE, garda exactement fa parole; mais elle ne put garantir fa vie.

MELANIPPE, Reine des Amazones & qui fe faifoit admirer par fa valeur, perdit alors fon Royaume & fa liberté.

Hercule ayant tué les plus célébres des Amazones, réduifit les autres à s'enfuir; mais il en fit un fi grand carnage dans leur fuite, qu'il détruifit entiérement cette Nation.

Entre les Captives, il choifit ANTIOPE (2) pour en faire préfent à THE'SE'E. Mais Ménalippe fe racheta, en donnant à Hercule la CEINTURE qu'il étoit venu demander.

VACHES DE GERYON.

Dixieme Travail, & à cette occafion l'Ifle de Créte purgée de Bêtes féroces, & l'Afrique rendue fertile.

Le dixieme Travail qu'Euryfthée impofa à Hercule, fut d'amener les VACHES de GERYON qui paiffoient fur les Côtes de l'IBERIE. Hercule voyant qu'il ne pouvoit exécuter ce commandement qu'avec beaucoup de peine & d'apareil, équippa une très-belle flotte, & leva des foldats dignes d'une telle entreprife. Le bruit s'étoit répandu par toute la Terre, que CHRYSAOR, qu'on nommoit ainfi à caufe de fes grandes richeffes, régnoit alors fur toute l'Iberie; qu'il avoit TROIS FILS qui combattoient ordinairement avec lui, remarquables par leur force & par leurs exploits; que de plus, chacun d'eux commandoit de puiffantes armées, toutes compofées de vaillans hommes. Euryfthée croyant qu'il étoit impoffible de les vaincre, eut grand foin de donner à Hercule cette commiffion; mais ce Héros regarda ce péril avec autant de fermeté qu'il avoit regardé les autres. Il défigna pour le rendez-vous de fes Troupes, l'Ifle de Crête, parce qu'elle eft avantageufement fituée pour envoyer de-là des armées par toute la Terre. Les Crétois lui déférerent de grands honneurs pendant le féjour qu'il fit chez eux; & voulant à fon tour leur marquer fa reconnoiffance, il purgea leur Ifle de toutes les bêtes fauvages qui la ravageoient auparavant; auffi depuis ce tems-là, il n'y a eu dans toute l'Ifle ni Serpens, ni Ours, ni Loups, ni aucune autre efpéce d'animaux malfaifans. Il entra auffi dans fon deffein d'illuftrer un Pays qui avoit donné le jour & l'éducation à Jupiter.

Etant enfin parti de cette Ifle, il relâcha en Afrique. D'abord qu'il y fut arrivé, il apella au combat ANTE'E, qui s'étoit rendu fameux par la force de fon corps & par fon expérience dans la lutte. Il avoit coutume de faire mourir tous les ÉTRANGERS qu'il avoit vaincus à cet exercice; mais il fut enfin tué en fe battant contre Hercule.

---

(2) La même qu'*Hippolyte*.

Ce Héros nettoya ensuite l'AFRIQUE d'un grand nombre d'animaux sauvages, dont elle étoit remplie ; & par ses conseils & ses soins, il la rendit si fertile, qu'il croissoit abondamment du BLÉ & des FRUITS dans des lieux auparavant déserts, & que des Contrées arides se virent bientôt couvertes de Vignes & d'Oliviers. En un mot, d'une Région pleine de monstres, il fit le séjour le plus heureux de la Terre ; & poursuivant par-tout les scélérats & les Tyrans, il répandit la tranquillité dans les Villes. . . . .

C'est par ce motif, qu'étant allé en Egypte après la mort d'ANTÉE, il fit mourir le Roi BUSIRIS, qui massacroit tous les ETRANGERS qui venoient loger chez lui.

Mais auparavant, il traversa les vastes solitudes de la LYBIE, & se trouvant dans un Pays fertile & rempli d'eau, il bâtit une VILLE d'une grandeur étonnante. On lui donna le nom d'HÉCATON-PYLE (3), à cause du grand nombre de ses Portes ; & sa gloire a subsisté jusques dans ces derniers tems. Mais enfin les Carthaginois ayant envoyé contre elle une Armée aguerrie & conduite par d'excellens Capitaines, elle fut réduite sous leur domination.

Hercule parcourut l'Afrique jusqu'à l'Océan, & arriva enfin au détroit de Cadix, où il éleva DEUX COLONNES sur les bords de l'un & de l'autre Continent.

De-là, ayant pénétré en Espagne, il alla au-devant des Enfans de Chrysaor, qui commandoient chacun une grande armée, & étoient campés séparément. Hercule les fit apeller en combat singulier, les vainquit, & les tua tous trois. Il conquit ensuite toute l'Espagne, & emmena ces fameux Troupeaux de Vaches qu'il cherchoit.

Etant arrivé chez un Roi du pays, homme recommandable par sa piété & par son équité, il en reçut de grands honneurs. Ce fut pour cette raison qu'il lui fit présent d'une partie de ces Vaches. Ce Roi CONSACRA aussi-tôt à Hercule le Troupeau qu'il venoit de lui donner, & il lui sacrifia depuis, tous les ans, le plus beau TAUREAU qui en provenoit. Ces Vaches consacrées ont été soigneusement conservées en Espagne, JUSQU'A NOS JOURS.

Digression ; & Courses d'Hercule en divers Pays, &c.

Nous placerons ici une courte digression au sujet des Colonnes d'Hercule. Ce Héros étant arrivé aux deux extrémités de l'Afrique & de l'Europe sur l'Océan, voulut y placer ce Monument immortel de son Expédition. Selon quelques-uns, les deux Continens étoient autrefois très-éloignés l'un de l'autre : il résolut de les raprocher jusqu'à ne laisser entr'eux qu'un passage étroit qui ne permît plus aux Monstres de l'Océan d'entrer dans la Médi-

---

(3) C'est-à-dire Ville aux Cent Portes.

terranée : Ouvrage mémorable par les Terres dont il falut combler un grand espace de mer. D'autres difent au contraire, que les deux Continens étant joints, il coupa l'Ifthme & forma la communication qui eft aujourd'hui entre les deux mers. Chacun peut fuivre felon fon goût, l'une & l'autre de ces opinions.

Cependant, Hercule avoit déja fait quelque chofe de femblable dans la Gréce. La Vallée qu'on apelle aujourd'hui TEMPE', étoit autrefois couverte d'eau dans toute fon étendue. Il creufa dans fon voifinage, une foffe profonde, où par le moyen d'un canal, il fit paffer toutes ces eaux ; & mit à fec cette Plaine délicieufe de Theffalie, qui n'eft arrofée aujourd'hui que par le fleuve Penée. Il fit le contraire dans la BÉOTIE, qu'il inonda toute entiere, en détruifant les rivages de la riviere qui paffe à côté de la Ville de MINYE. Par le premier de ces Ouvrages, il fit plaifir à toute la Gréce ; & par le fecond, il vengea les Thébains des outrages qu'ils avoient effuyés, durant la captivité où les Minyens les avoient réduits.

Mais pour reprendre le fil de notre Hiftoire, Hercule donna l'Ibérie à gouverner à quelques-uns des Habitans, en qui il avoit reconnu le plus de vertu & de probité. Pour lui, s'étant mis à la tête de fon armée, il prit le chemin de la CELTIQUE : il parcourut toute cette Contrée, & abolit plufieurs coutumes barbares en ufage parmi ces Peuples, & entr'autres celle de FAIRE MOURIR LES ETRANGERS. Comme il avoit dans fon armée quantité de gens qui l'étoient venu trouver de leur plein gré, il bâtit une Ville qu'il nomma ALESIE, nom tiré des longues courfes (4) qu'ils avoient faites avec lui. Plufieurs d'entre les Celtes y vinrent demeurer, & étant en plus grand nombre que les autres Habitans, ils les obligerent de prendre leurs Coutumes. Cette Ville eft encore à préfent en grande réputation parmi les Celtes, qui la regardent comme la Capitale de tous leurs pays. Elle a toujours confervé fa liberté depuis Hercule jufqu'à ces derniers tems ; mais enfin Jules-Céfar, qu'on a honoré de titre de DIEU à caufe de la grandeur de fes exploits, l'ayant prife par force, la foumit, avec toutes les autres Villes des Celtes, à la puiffance des Romains.

Hercule voulant enfuite paffer de la Celtique en Italie, prit le chemin des Alpes : il rendit les routes de ce pays, de rudes & de difficiles qu'elles étoient, SI DOUCES & SI AISE'ES, qu'une Armée pouvoit y paffer fans peine avec tout fon bagage. Les Habitans de ces Montagnes avoient coutume de TAILLER EN PIECES & de voler toutes les Troupes QUI LES TRAVERSOIENT ; mais Hercule dompta cette Nation, en fit punir les Chefs, & établir pour toujours la fureté de ces paffages.

(Ici, notre Héros traverfe la Ligurie, & arrive fur le Mont-Palatin).

Il y avoit alors fur le MONT-PALATIN, une petite Ville habitée par les

---

(4) Du mot Grec ΑΛΗ *Alé*, courfe, allées & venues, erreurs.

HISTOIRE D'HERCULE.

Originaires du Pays. POTITIUS & PINARIUS, les plus confidérables d'entr'eux, le reçurent d'une maniere très-généreuse, & lui firent des préfens magnifiques. On voit encore leurs Monumens (5) dans la Ville de Rome : & la famille des Pinariens paffe aujourd'hui pour la plus ancienne Nobleffe qui foit parmi les Romains . . . . . Hercule ayant reçu avec plaifir les marques de bienveillance que lui donnerent les Habitans du Mont-Palatin, il leur prédit que ceux qui, après fa déification, lui offriroient la DIME de leurs biens, meneroient enfuite une vie très-heureufe. Cette prédiction s'eft accomplie jufques dans ces derniers tems : car on connoît à Rome plufieurs Perfonnes aifées & même quelques Citoyens fort riches, qui après avoir fait vœu de donner à Hercule la dixieme partie de leurs richeffes, les ont vues monter à quatre mille talens. LUCULLE, qui étoit peut-être le plus riche des Romains de fon tems, ayant fait l'eftimation de tous fes biens, lui en facrifia la DIME, qu'il employa en feftins publics.

Les Romains lui ont bâti fur le bord du Tibre, un fuperbe TEMPLE, où ils lui confacrent la même partie de leurs fonds.

Hercule quitta enfin le Tibre, & parcourut les Côtes maritimes de l'Italie : il entra fur le territoire de CUMES, dans lequel on dit qu'il y avoit des hommes très-forts, mais très-fcélérats : on les nommoit les GÉANS. Cette Contrée s'apelloit auffi CHAMPS PHLÉGRÉENS, à caufe d'une Montagne de ce pays-là qui jettoit autrefois des flammes, ... On la nomme à préfent le MONT-VESUVE; & on y remarque encore aujourd'hui des traces de fon ancien embrafement. Les Géans ayant apris qu'Hercule étoit entré dans leur pays, s'affemblerent & marcherent contre lui en ordre de bataille. Comme ils étoient forts & vaillans, le combat fut très-rude : mais enfin Hercule remporta la victoire, avec le fecours des Dieux qui l'aiderent dans ce combat. Il tua plufieurs de fes ennemis & rétablit la tranquillité dans le pays. Les GÉANS ont paffé pour FILS DE LA TERRE, à caufe de leur prodigieufe grandeur.

Hercule continua fon chemin le long des Côtes : il fit plufieurs Ouvrages fur le lac d'AVERNE, qui étoit confacré à Proferpine. Les eaux de ce lac fe rendoient autrefois dans la mer ; mais Hercule ferma le canal de communication, & pratiqua le long des Côtes de la mer, un chemin qui s'apelle encore aujourd'hui LE CHEMIN D'HERCULE . . . .

Etant venu fur les Confins du Pays de Rhége & de la Locride, & la fatigue d'un long chemin le contraignant de fe repofer, on dit qu'il pria les Dieux d'éloigner de lui une grande quantité de Cigales qui le tourmentoient : ils exaucerent fa priere, & non-feulement elles s'écarterent pour-lors, mais on n'en a jamais vu depuis dans ce Canton.

(Enfuite il paffe en Sicile, en fe tenant aux CORNES D'UN TAUREAU,

---

(5) Sans doute leurs Tombeaux.

il y vainc à la lutte, ERYX fils de VÉNUS & du Roi BUTA). Il arrive à Syracufe, & enfeigne aux Habitans à célébrer toutes les années en l'honneur de PROSERPINE, des FÊTES & des ASSEMBLE'ES folemnelles.

Chez les AGYRINE'ENS, il dédie un bois à IOLAS, fon Compagnon d'armes; & il inftitue en fon honneur des Sacrifices, que les Habitans du pays célébrent encore aujourd'hui. Ceux qui demeurent à Agyre vouent leur CHEVELURE à Iolas, & la cultivent foigneufement jufqu'à ce qu'ils foient en état de l'offrir à ce Dieu, avec de grandes cérémonies. Son TEMPLE eft fi faint & fi refpectable, que ceux qui négligent d'y faire les Sacrifices accoutumés, perdent la voix & deviennent comme morts..... Les Habitans ont nommé HERCULE'ENNE, la Porte devant laquelle ils font leurs offrandes à Iolas; ils célébrent fa FÊTE TOUTES LES ANNE'ES avec la même folemnité, par des exercices de lutte, & par des courfes de chevaux; & confondant alors les Maîtres & les Efclaves, ils les admettent aux mêmes Danfes, aux mêmes Tables & aux mêmes Sacrifices.

(Hercule fait enfuite à pied le tour de la Mer Adriatique, & entre dans le Péloponèfe par l'Epire).

LE CHIEN CERBÉRE.

Onzième Travail.

Et à cette occafion, des Myftères d'Eleufis.

Il n'eut pas plutôt fini fon dixiéme Travail, qu'Euryfthée lui ordonna de tirer hors des Enfers le Chien CERBERE. Dès qu'Hercule eût reçu cet ordre, qu'il regarda comme GLORIEUX pour lui, il prit le chemin d'Athènes. Là, il fe fit initier aux MYSTÈRES d'Eleufine, dont Mufée, fils d'Orphée, étoit chef alors. Puifque nous venons de parler d'Orphée, il fera, je crois, affez à propos d'en raporter ici quelque chofe. (Ici, l'Hiftoire d'ORPHE'E que Diodore dit avoir exifté & avoir été du voyage des Argonautes, &c.

Hercule étant defcendu dans les Enfers, fut reçu de Proferpine comme fon frere; & elle lui permit même d'emmener avec lui THESE'E & PIRITHOUS qui y étoient retenus prifonniers. Ayant enfuite lié Cerbére avec des chaînes de fer, il le tira hors des Enfers, & le fit voir aux Hommes.

POMMES D'OR DES HESPÉRIDES,

Douzième Travail.

Son dernier Travail enfin, étant d'aporter d'Afrique les POMMES D'OR des HESPÉRIDES, Hercule prit une feconde fois par mer la route de ce pays. Les

HISTOIRE D'HERCULE.

sentimens des Mythologistes sont fort partagés au sujet de ces Pommes : car les uns disent qu'il croissoit effectivement des Pommes d'Or, en certains jardins d'Afrique qui apartenoient aux Hespérides ; mais qu'elles étoient gardées par un épouvantable Dragon qui veilloit sans cesse : d'autres prétendent que les Hespérides possédoient de si beaux Troupeaux de Brebis, que par une licence Poëtique, on leur avoit donné le surnom de Dorées, comme on l'avoit donné à Vénus, à cause de sa beauté. Quelques uns enfin ont écrit que ces Brebis étoient d'une couleur particulière qui tiroit sur l'or. Ces derniers ajoutent même, que par le Dragon, il faut entendre le Pasteur qui gardoit ces Brebis, homme très-fort & très-courageux, & qui avoit coutume de mettre à mort tous ceux qui entreprenoient de lui ravir quelques piéces de son Troupeau..... Ce qu'il y a de certain, c'est qu'Hercule ayant tué le Gardien de ces Brebis, ou de ces Pommes, il les aporta à Eurysthée ; & qu'ayant accompli ses douze Travaux, il se tint assuré d'avoir l'immortalité pour sa récompense, ainsi que le lui avoit promis l'Oracle d'Apollon.

Hespérides délivrées par Hercule : il fait mourir Busiris & Emathion.

Il ne faut cependant pas ometrre ce que les Mythologistes racontent d'Atlas & des Hespérides. Ils disent que dans le pays apellé HESPERITIS vivoient autrefois Atlas & Hesperus, tous deux freres & tous deux très-fameux : qu'Hesperus étant devenu pere d'une fille nommée Hesperis, la donna en mariage à son frere Atlas, & que ce fut de cette fille que le pays prit son nom. ATLAS eut d'Hesperis SEPT FILLES, qui furent apellées ATLANTIDES, du nom de leur Pere ; ou HESPÉRIDES, de celui de leur Mere. Comme elles étoient d'une beauté & d'une sagesse peu communes, on dit que sur leur réputation, BUSIRIS, Roi d'Egypte, conçut le dessein de s'en rendre maître ; & qu'il commanda à des Pirates d'entrer dans leur pays, de les enlever & de les lui amener. Ces Pirates ayant trouvé dans leur jardin les filles d'Atlas qui s'y divertissoient, ils se saisirent d'elles ; & s'étant enfuis au plus vite dans leurs vaisseaux, ils les embarquerent avec eux : mais Hercule les ayant surpris pendant le tems qu'il mangeoient près du rivage, & ayant apris de ces jeunes Vierges le malheur qui leur étoit arrivé, il tua tous les Ravisseurs & rendit ensuite les Atlantides à leur Pere Atlas. Ce Prince reconnoissant, donna non-seulement à Hercule les Pommes qu'il étoit venu chercher ; mais aussi il lui aprit à fond l'Astronomie. Atlas avoit étudié cette science avec beaucoup d'assiduité & d'aplication ; & il y étoit devenu très-savant. Il avoit même construit avec un grand Art une Sphère Céleste ; & c'est pour cette raison qu'on a cru qu'il portoit le Monde sur ses épaules. Comme Hercule fut le premier qui aporta en Gréce la science de la Sphère, il acquit aussi une très-grande gloire ; & l'on feignit à ce propos, qu'Atlas s'étoit reposé sur lui du fardeau du Monde : les Hommes racontant d'une maniere fabuleuse, un fait véritablement arrivé.

Étant venu de-là en Egypte, il fit mourir le Roi Busiris, qui sacrifioit, dit on, à Jupiter les Etrangers qui abordoient dans ses Etats.

Ensuite remontant par le Nil jusqu'en Ethiopie, il tua Hémathion, Roi de ce pays, qui lui avoit déclaré la guerre.

(Ici, le récit de la Guerre des Amazones contre Théfée, pour ravoir Antiope qui meurt dans le combat, &c.)

Les cinquante Fils d'Hercule confiés à Iolas.

Après qu'il eût fini ses douze Travaux, un Oracle lui dit qu'avant qu'il fût reçu au nombre des Dieux, il faloit qu'il envoyât une Colonie en SARDAIGNE, sous la conduite des Fils qu'il avoit eus des Thespiades; mais comme ils étoient fort jeunes, Hercule jugea à propos de mettre à leur tête IOLAS son neveu..... THESPIS, d'une des meilleures Familles d'Athènes, fils d'ERECTHÉE, & Roi d'un pays qui portoit son nom, avoit eu de plusieurs Femmes cinquante Filles; Hercule étoit alors fort jeune & d'une force de corps prodigieuse, ce qui fit souhaiter à Thespis que ses Filles pussent avoir des Enfans de lui. L'ayant donc invité à un sacrifice, & lui ayant fait ensuite un magnifique festin, il le donna pour mari à toutes ses filles; Hercule devint par ce moyen, pere de cinquante Enfans qu'on apella d'un nom commun les THESPIADES, comme leurs meres. Quand ils furent parvenus à l'adolescence, Hercule les envoya en Sardaigne, suivant l'ordre de l'Oracle. Comme Iolas l'avoit accompagné dans toutes ses expéditions, il lui confia les Thespiades & le déclara Chef de la Colonie .... Les Thespiades permirent même à leur Conducteur de donner son nom à cette Colonie, & ils lui déférerent cet honneur comme à leur Pere.... C'est par cette raison que dans ces derniers tems, ceux qui font des sacrifices au Dieu IOLAS, lui donnent le nom de Pere, à l'exemple des Perses qui apellent ainsi CYRUS... Iolas répandit ses bienfaits en divers lieux, & non-seulement il acquit ensuite une très-grande gloire, mais on lui rendit en plusieurs lieux les honneurs dus aux Héros, & on lui consacra plusieurs Bois.

HERCULE céde à IOLAS sa Femme MÉGARE : il demande IOLÉ : diverses Aventures dont ces événemens sont suivis.

Après qu'Hercule eût achevé ses douze Travaux, il céda à Iolas, Mégare sa femme, dont les enfans avoient eu un si triste sort; & il espéra qu'une autre lui en donneroit de plus heureux. Il demanda IOLÉ, fille d'Euryte, Roi d'Œchalie : mais ce Prince ayant apris l'infortune de Mégare, exigea du tems pour se déterminer.

Hercule qui prit cette réponse pour un refus, emmena secrettement, pour se venger, les Chevaux d'Euryte.

IPHITUS,

HISTOIRE D'HERCULE.

IPHITUS, fils de ce Prince, soupçonnant Hercule d'avoir dérobé ces Chevaux, & étant allé les chercher dans TIRYNTHE, Hercule le fit monter sur une Tour fort haute, & lui dit de porter ses regards de tous côtés pour voir s'il les découvriroit: mais Iphitus ne les apercevant point, Hercule lui dit que c'étoit à tort & faussement qu'on l'accusoit de les avoir dérobés, & là-dessus il le jetta du haut de la Tour en bas.

Sur ces entrefaites, étant tombé malade en punition de ce meurtre, il s'en alla à Pyle, chez le Roi Nelée, & le pria de l'expier. Nelée ayant consulté ses enfans, tous, à l'exception du seul Nestor qui étoit le plus jeune, furent d'avis qu'on refusât cette expiation.

Hercule prit le parti d'aller chez Déiphobe, fils d'Hippolyte, pour le prier de la lui donner: mais on en fit inutilement la cérémonie, & sa maladie ne le quitta point.

Il alla donc enfin consulter l'Oracle d'Apollon... Celui-ci répondit qu'il faloit qu'on le vendît publiquement, & qu'on donnât le prix de sa vente aux enfans d'Iphitus. La durée de sa maladie l'ayant obligé d'obéir à cet Oracle, il prit avec quelques-uns de ses amis le chemin de l'ASIE. Quand il fut arrivé dans ce pays, il se laissa vendre volontairement par un de ses amis, & il devint l'esclave d'OMPHALE, fille de Jardanus & Reine des MŒONIENS. Celui qui l'avoit vendu, remit ensuite aux fils d'Iphitus, selon le commandement de l'Oracle, l'argent provenu de la vente d'Hercule.

(Hercule fait périr plusieurs scélérats & voleurs de la Contrée.

Il épouse Omphale & en a LAMON.

Il retourne dans le Péloponèse; est de l'Expédition des Argonautes; arrache Troye à Laomédon, & la remet à Priam.

De retour, il fait mourir le Roi AUGÉE qui ne lui avoit pas donné la récompense promise pour le nettoyement de ses étables; & donne son Royaume d'Elis, à PHYLÉE, fils de ce Prince.

Il arrache Sparte à Hippocoon & à ses fils, & la donne à TYNDARE pere des DIOSCURES).

Naissance de Téléphe, fils d'Hercule.

La guerre de Sparte finie, Hercule prit le chemin d'Arcadie: il alla loger chez le Roi ALEÉ: mais ayant eu un commerce secret avec AUGÉ, fille de ce Roi, il partit pour Stymphale.... (Aleé donne ensuite sa fille à Nauplius pour la noyer: en chemin & sur le Mont PARTHENIEN, elle accouche de TÉLÉPHE & le laisse sous un buisson. Nauplius donne Augé à des Cariens, qui la vendent à Theutras, Roi de Mysie. Téléphe de son côté est nourri par une Biche, & trouvé par des Bergers qui le menent à leur Roi Coryte qui le fait élever avec soin. Devenu grand, il va joindre

Allégories.

sa Mere ; & Teutras lui donne sa fille, & le fait son héritier).

Hercule épouse Déjanire, & enleve Iolé.

Cependant Hercule accompagné de plusieurs ARCADIENS s'en alla à CALYDON, Ville d'Etolie, & s'y arrêta : c'est-là qu'après la mort de MÉLÉAGRE, il épousa sa sœur DÉJANIRE, fille d'ŒNÉE.....

Pour rendre service aux Calydoniens, il détourna le fleuve ACHELOUS, & mit à sec une vaste étendue de Terre, qui devint très fertile. C'est ce qui a donné lieu aux Poëtes de feindre qu'Hercule se battit contre Acheloüs changé en Taureau ; & que dans ce combat il lui cassa une Corne, dont il fit présent aux Etoliens ; & qui fut apellée, la CORNE D'AMALTHÉE.

Au passage de l'EVENUS, il tue le Centaure NESSUS (qui se venge en mourant, par le conseil qu'il donne à Déjanire).

Hercule attaque ensuite les Freres d'Iole ; il les fait périr, & emmene IOLE avec lui, à CENÉE, Promontoire de l'Eubée.

Mort d'Hercule.

Voulant offrir un sacrifice en cet endroit, il envoye demander à Déjanire la TUNIQUE, dont il avoit coutume de se revêtir lorsqu'il sacrifioit. Déjanire espérant le guérir de sa passion pour Iole, frotte cette Tunique du philtre que lui a donné le Centaure. Hercule ne l'a pas plutôt mise qu'il éprouve des douleurs extraordinaires, que rien ne peut calmer. Déjanire de désespoir s'étrangle elle-même. Par le conseil de l'Oracle, on mene Hercule sur le MONT OËTA & on y dresse un grand bûcher. Hercule monte sur ce bûcher, & prie ses amis d'y mettre le feu : Philoctete seul, obéit : Hercule lui fait présent de ses flèches & de son arc. Dans le moment un coup de tonnerre fait paroître tout le bûcher en flammes. Iolas & sa Troupe accourent, ne trouvent plus Hercule ni aucun vestige d'os. Persuadés que les Dieux lui ont accordé la récompense promise, ils lui élevent des autels dans cet endroit même & y offrent des Sacrifices.

Sacrifices qu'on lui offre.

Menœtius, son ami, lui sacrifia un TAUREAU, un SANGLIER, & un BOUC ; & il ordonna qu'on lui offrît tous les ans dans la Ville des OPUNTIENS, ce même Sacrifice. Les Thébains suivirent aussi cet exemple.

Cependant, les Athéniens ont été le premier Peuple qui lui ait rendu les honneurs divins ; & l'exemple de cette piété fut cause qu'aussitôt, tous les Peuples de la Gréce & ensuite TOUTES LES NATIONS de la Terre LE RECONNURENT pour DIEU.

Junon l'adopte.

Ajoutons qu'après l'Apothéofe d'Hercule, Jupiter perfuada à Junon de l'adopter pour Fils.... On dit qu'elle le fit de cette maniere.

Junon monta d'abord fur fon lit, tenant Hercule caché fous fes habits : & enfuite, afin de mieux imiter la nature, elle le laiffa tomber fous elle. On prétend que les Barbares emploient encore à préfent cette cérémonie, lorfqu'ils veulent ADOPTER quelqu'un.

Il époufe Hebé.

Hercule étant devenu Dieu, époufa HEBE'.
Mais il ne voulut point être du nombre des DOUZE DIEUX, de peur d'offenfer celui d'entr'eux qu'il auroit falu exclure, pour lui donner fa place.

SECONDE PARTIE.

Hercule n'est pas un Personnage réel, mais le symbole d'un objet réel & physique.

ARTICLE PREMIER.

CONSIDÉRATIONS PRÉLIMINAIRES.

§. 1.

L'Histoire d'Hercule est une Allégorie.

L'On a presque toujours regardé le long récit que nous venons de mettre sous les yeux du Lecteur, comme l'Histoire d'un Héros Grec qui exista réellement ; mais altérée à la vérité, en passant de bouche en bouche, & par le mélange de quelques fictions. Si quelques Savans ont apellé de ce jugement, & n'ont voulu y apercevoir que de l'allégorie, il ont eu peu de partisans. Ce n'est pas qu'ils n'eussent la raison de leur côté ; mais le tems n'étoit pas encore venu où ces objets pouroient être absolument débrouillés, par un examen plus rigoureux, & à la suite d'autres découvertes.

Il faut convenir, à la vérité, que la maniere dont on a présenté jusqu'ici ces explications allégoriques, a été elle-même un préjugé contr'elles : ceux qui les publierent, avoient très-bien vu qu'on ne pouvoit expliquer ces objets qu'allégoriquement ; mais ils n'en avoient pas suffisamment saisi l'ensemble ; ils ne donnoient que des explications partielles ; & ce qu'ils n'expliquoient pas, sembloit une objection sans réplique contre leur système.

C'est pour éviter cet inconvénient, qu'après avoir cherché à démontrer dans l'Histoire de Saturne & dans celle de Mercure, l'accord parfait qui regne entre toutes leurs parties prises allégoriquement, nous allons nous attacher à expliquer de la même maniere, tout ce qui compose l'Histoire d'Hercule ; & à faire voir, qu'elle ne renferme aucun trait qui ne soit allégorique, depuis la naissance de ce Héros jusques à sa mort, & qu'il n'est aucun de ses Travaux & aucun des Personnages qui entrent dans le récit de ces Travaux, qui ne soient absolument nécessaires pour la beauté & le complément de l'allégorie qu'offre l'Histoire entiere d'Hercule ; jusqu'à l'arrangement même de ces Travaux ; ensorte qu'on ne sauroit en déplacer quelqu'un, fans détruire l'harmonie de l'enfemble & fans manquer par cela même le fens de l'allégorie.

Par cette marche, l'on verra non-feulement quelle eft l'allégorie qu'offre l'Hiftoire d'Hercule ; mais de plus, qu'il fut apellé avec raifon le Général d'Ofiris ou de Saturne, & le Compagnon de Thot ou de Mercure : toutes ces allégories apartenant à un même fonds, ou, pour mieux dire, n'en formant qu'une.

§. 2.

Pourquoi on l'a regardée fi long-tems comme une Hiftoire réelle.

Il n'eft point étonnant qu'on eût perdu de vue le fens de ces allégories, & qu'on eût même oublié que c'étoient des objets allégoriques. Nées dans l'Orient dès la plus haute antiquité, préfentées continuellement fous les traits d'une Hiftoire réelle, liées à un langage qui ceffa d'être entendu, on ne dut voir infenfiblement en elles que de l'hiftorique : le fouvenir de leur premiere origine dut s'éclipfer prefqu'entierement.

Ainfi, par la même dégradation qui faifoit regarder Saturne comme un Prince que fes cruautés bifarres avoient rendu trop célébre, Hercule, dans fon principe très-antérieur aux Grecs, Chef des Dieux du Sabéifme, Emblême du Tout-Puiffant, Ame de la Végétation, qui le premier eut des Temples chez les Phéniciens, ne parut plus chez les Grecs que le fils d'Alcméne, le dernier des Dieux, le premier des Héros.

Et comme jufques à préfent nous n'avons en quelque façon vu que par les yeux des Grecs nos devanciers & nos Maîtres, il étoit impoffible qu'Hercule fe réhabilitât au milieu de nous.

C'étoit donc à l'Orient qu'il faloit recourir pour voir à découvert l'origine de toutes ces chofes : mais l'Orient paroît fi ténébreux, on a tant abufé de fes langues pour y voir tout ce qu'on vouloit, il eft refté fi peu de traces de fon ancienne fageffe, que la découverte de ces objets fembloit défefpérée.

§. 3.

Idées qu'en ont eu divers Savans modernes.

Rien de plus opofé que l'idée que divers Savans modernes fe font formée de ce Perfonnage & de fes Travaux.

Vossius, dans fon favant Ouvrage fur l'Idolâtrie (1), a confacré un Chapitre entier pour démontrer qu'Hercule étoit le Soleil, & que fes

---

(1) De orig. & progr. Idolol. Lib. II. Cap. XV. p. 380. & feq.

douze Travaux étoient nés de la division du Zodiaque en douze Signes.

CUPER (2) adopta la même idée. Hercule est, selon lui, le Soleil ; sa massue marque l'obliquité de l'Ecliptique ; sa peau de Lion, la force de cet Astre quand il est dans le Signe du Lion : les Pommes d'or qu'il enléve, sont les Étoiles qu'il fait disparoître par sa clarté ; & les douze Travaux, les douze Signes.

L'un & l'autre adoptoient ainsi les idées du SCHOLIASTE d'HESIODE, de MACROBE & de PORPHYRE &c. qui furent tous dans la même idée, & pour qui les Fables étoient des ALLÉGORIES pleines de sens & sagement inventées.

ALEANDER le Jeune avoit adopté les mêmes idées dans son Explication de la Table Héliaque (3).

Mais comme ils n'entroient dans aucun détail, ce qu'ils disent à cet égard parut plus ingénieux que solide.

Aussi le Savant LE CLERC n'y crut pas : il réjetta toutes ces allégories, comme n'ayant aucun fondement : & afin de le mieux prouver, il fit paroître (4) une Dissertation dans laquelle il métamorphose Hercule en un Négociant Phénicien, qui avoit fait de grandes choses, de grands établissemens, de grands voyages, un grand commerce.

Cette Dissertation, quoique fort longue (5), n'est digne ni de son Auteur, ni de son sujet : sans critique, sans goût, sans interêt, elle ne seroit propre qu'à répandre le plus grand dégoût sur la Mythologie entiere. N'en soyons pas surpris : isolant toutes les Fables, & ne les prenant jamais dans leur ensemble, il étoit impossible qu'il pût les voir en grand ; & qu'il s'élevât jusques au sens allégorique, aussi compliqué que diversifié. L'Harmonie seule pouvoit en faire trouver le sens ; & qu'est-ce qui parut jamais moins renfermer d'harmonie, que les fables Mythologiques ?

L'Abbé BANIER, zelé défenseur du sens historique, regarde Hercule comme un Héros véritablement né à Thébes (4), & qui avoit rendu les plus grands services à la Gréce par ses exploits : il n'en retranche rien & ne soupçonne pas même que quelqu'un d'eux fût fabuleux : il est vrai qu'il distingue cinq ou six Hercules, l'Egyptien, le Phénicien, l'Indien &c. & qu'il convient que l'on pourroit bien avoir réuni sur la tête d'un seul les exploits de tous.

Dans ces derniers tems, on est revenu au sens allégorique. L'Auteur

---

(2) Dissert. sur HARPOCRATES.
(3) Pag. 25-30. de la seconde édition de cet Ouvrage, imprimée à Paris en 1617. in-4°. La premiere édition doit être de Rome en 1616.
(4) Dans sa BIBL. UNIV. Tom. I. p. 245. & suiv.
(5) Elle a 28 pages, dont 18. de Notes.
(6) Mythol. L. III. Ch. VI. Tom. VII. 1-88.

de l'Histoire du Ciel a montré l'exemple ; il change Hercule, suivant son système favori, en une Enseigne (7) où Horus étoit peint une massue à la main, & qu'on exposoit en le Public toutes les fois qu'il étoit question de quelque expédition militaire.

N'omettons pas qu'un Savant moderne expliquant le Bouclier d'Hercule chanté par Hésiode, est entré dans un grand détail (8), pour démontrer que ce Héros ne fut pas un Homme ; mais qu'on désigna par ce nom toute *digue*, toute *chaussée*, tout *arrêt pour détourner ou pour conduire les eaux*, toute *enceinte* pour les environner.

Cette Dissertation ou ces Remarques, font partie d'un Ouvrage qu'a donné ce Savant sur l'Origine des Dieux ; Ouvrage nouveau, pas assez connu & dont nous donnerons dans la suite une analyse étendue.

Les principes d'après lesquels on y établit le sens allégorique de la Mythologie, sont très-bien vus & très-bien déduits : & si l'Auteur n'a aperçu relativement à Hercule, qu'une portion de l'Allégorie, s'il en a trop resserré le sens, s'il a été presque toujours réduit à cause de cela à des preuves étymologiques, ce n'est point parce que ses principes étoient faux, mais c'est uniquement l'effet des bornes dans lesquelles il s'est trouvé renfermé. N'ayant pu faire qu'une partie des comparaisons nécessaires, les résultats ont du être nécessairement incomplets : mais c'est une grande preuve de la bonté de ses principes, qu'il n'ait rien dit de contraire à la vérité, en considérant les Travaux d'Hercule relativement à l'art d'élever des digues pour contenir & diriger les eaux : puisque c'est une des opérations premieres qu'il faut faire, lorsqu'on veut défricher un Terrain & le mettre en état de culture.

M. BRYANT, Savant Anglois, déja connu par des recherches profondes sur l'Antiquité (9), vient de faire paroître en François la Préface d'un Ouvrage considérable sur la Mythologie & l'Origine des Peuples, qu'il doit publier bientôt, & dans laquelle il se déclare hautement pour le sens allégorique des Fables ; persuadé que les Héros de la Mythologie, tels qu'Hercule, n'existerent jamais.

Il marche ainsi sur les traces de son Compatriote M. BLACKWELL (10), dont nous aurons également occasion de parler dans la suite.

Par cet accord à découvrir le sens caché sous la Mythologie, le prétendu sens historique des Fables qui n'avoit pu se soutenir qu'en attendant de meilleures explications, disparoîtra pour jamais.

---

(7) Hist. du Ciel, Tom. I. p. 25c. & suiv.
(8) Remarques sur le Bouclier d'Hercule, par M. l'Abbé BERGIER, à la suite de son Ouvrage sur l'Origine des Dieux, T. II. p. 137--213.
(9) Imprimées à Cambridge, 1767. in-4°. en Anglois, sous le titre d'Observations & Retherches sur l'Histoire ancienne.
(10) Auteur des Lettres sur la Mytholog. 2. vol. *in-*12.

Il fera intéressant de voir par quels moyens, des Personnes aussi éloignées les unes des autres, qui ne furent pas à même de se consulter, & qui ont chacune leur maniere d'apercevoir les mêmes objets, seront parvenues aux mêmes principes ; il ne le sera pas moins de comparer les preuves sur lesquelles elles s'apuient. Plus il y aura de Personnes éclairées qui poseront les mêmes principes & qui courront la même carriere, plus les faits seront éclaircis ; & plus par-là même, le Public sera assuré du vrai.

L'on peut raporter à ceci la réflexion par laquelle Diodore ouvre l'Histoire d'Hercule, & qui démontre qu'il la regardoit lui-même comme une allégorie : & un passage fort remarquable de TACITE, qui fait voir qu'il étoit à-peu-près dans la même idée.

» Après avoir dit (11), qu'il y a dans l'Océan Germanique, des Colonnes
» d'Hercule, soit que ce Héros ait pénétré jusques-là, soit qu'on ait accou-
» tumé d'attribuer à un Personnage aussi célebre, les grands & magnifiques
» Ouvrages qu'on trouve en quelque lieu que ce soit, il ajoute : depuis Dru-
» sus Germanicus, personne n'a fait de recherches pour découvrir ces Co-
» lonnes d'Hercule ; & l'on a cru qu'il étoit plus digne de la piété & du res-
» pect dont on doit être pénétré pour les Dieux, de croire ce qu'on dit de
» leurs exploits, que d'en avoir une entiere certitude.

Nous osons nous flatter qu'on n'aura nul doute à cet égard, quand on aura lu l'explication que nous allons donner d'Hercule, relativement au défrichement des Terres & aux Travaux des Champs : elle sera d'autant plus complette, qu'elle renfermera toutes les explications qu'on en a données comme désignant le Soleil & les Digues, & qu'elle aura une étendue digne de son Héros.

§. 4.

Considérations qui prouvent que l'Allégorie d'Hercule est relative à l'Agriculture.

L'on sera sans doute étonné que nous raportions à l'Agriculture l'Histoire d'Hercule, de ce Héros regardé comme un Dompteur de Monstres, comme un Réparateur de torts, comme un Pourfendeur de Géans ; & que nous voyons des travaux agricoles, dans des exploits qui semblent n'y avoir aucun raport.

Cependant, si l'on considere qu'il est impossible que la vie d'Hercule soit une Histoire réelle ; que jamais on ne put dire d'un Héros, ce qu'on lui attribue ; que toutes les parties en sont trop bien liées, pour qu'on puisse

---

(11) German. Cap. 34.

croire que cette Histoire s'est altérée insensiblement, & qu'elle n'est plus ce qu'elle étoit dans les commencemens : qu'Hercule est réuni avec Saturne ou Osiris; & que l'ensemble de sa vie, présentée d'une maniere si singuliere, doit avoir eu un modèle déterminé dans la Nature, & qui prêtoit à toutes les illusions qu'offre cette Histoire ; si l'on réfléchit sur-tout sur le nombre de XII, auquel on a fixé ses Travaux, nombre qui se confond avec celui des mois de l'année, & des opérations de la Campagne ; qu'aucune des explications qu'on a données jusques-ici de cette Histoire, n'a pu se soutenir : on soupçonnera que nous pourrions avoir raison , & l'on en sera mieux disposé à nous suivre.

A cet égard, nous promettons de nous tenir strictement attachés à la lettre; de ne point promener notre Lecteur à travers des étymologies dont il se défieroit toujours, quelque heureuses qu'elles parussent ; & de ne nous livrer à aucun de ces écarts d'imagination dans lesquels on ne tombe que trop souvent, lorsqu'on n'est conduit que par des idées systêmatiques.

Toutes nos explications naîtront toujours du fond du sujet ; & conduits par l'ordre même dans lequel nous ont été présentés ces exploits, nos dévelopemens n'auront rien d'arbitraire, & paroîtront, nous osons nous en flatter, à l'abri de toute objection essentielle.

ARTICLE II.

Quels sont les Objets allégoriques désignés par Hercule le Thébain, & par ses Travaux.

L'AGRICULTURE ayant été inventée par Saturne, Cronus ou Osiris, & le Calendrier ayant été réglé & déterminé par Thot, Hermès ou Mercure en faveur de l'Agriculture, on s'empressa de faire adopter ces Arts aux Peuples au milieu desquels ils avoient été inventés, de leur faire recueillir les heureux effets de ces découvertes précieuses.

Ceux-ci sentirent trop vivement les avantages inestimables qui leur en reviendroient, pour s'y refuser; dociles à la voix bienfaisante qui leur ouvroit les portes du bonheur, ils s'empresserent à se mettre à même d'en jouir.

Mais la Terre n'étoit nulle part dans l'état où elle devoit être pour l'exercice de ces Arts. Les Terrains bas étoient couverts de Marais, & de Lacs immenses dont les eaux croupissantes retenues par des Collines trop resserrées ou par des rochers culbutés les uns sur les autres, ou par des Plantes vigoureuses qui leur fermoient le passage, n'avoient aucun écoulement. Les Terres plus élevées, livrées à toute l'activité de la Nature productrice que l'Art n'avoit pu diriger, n'offroient que ronces & que forêts touffues, où la lumiere du jour n'avoit jamais pénétré, repaire d'une multitude prodigieuſe d'animaux féroces ou nuiſibles.

L'Homme ſentoit que la Terre avoit été faite pour lui; mais il ne la voyoit nulle part : tout lui en déroboit la poſſeſſion.

Il fallut donc marcher à la conquête de cette Terre, qui avoit été donnée à l'homme pour ſon habitation : un lieu d'horreur alloit devenir un ſéjour fortuné; mais il devoit être le prix des Travaux des humains; & ces Travaux ne purent être l'effet, que de la réunion de leurs bras & de leurs efforts communs.

Par-tout, il falut débaraſſer le cours des Eaux, deſſécher les Marais, baiſſer les Lacs, creuſer des Canaux, élever des digues, abattre les Forêts, remuer les Terres, détruire les Animaux nuiſibles, ou les faire fuir.

Tels furent les premiers exploits des Hommes, & des Chefs des Peuples; ceux par leſquels ils dompterent la Terre elle-même, ceux qui formerent les Héros les plus illuſtres, les ſeuls qui puiſſent être agréables à l'humanité, les ſeuls dignes d'une gloire immortelle, & d'être conſervés dans les Faſtes poëtiques des Nations.

Lorſque dans ces derniers tems, on découvrit ces Terres immenſes qui occupent la moitié de notre globe & qui étoient encore dans le même état agreſte & ſauvage qu'avoient offert toutes nos Contrées dans leur origine, quelle gloire n'euſſent pas mérité, quels ſervices n'euſſent pas rendu au Genre humain, avec quel attendriſſement des millions redoublés d'Hommes & de Femmes, de jeunes Enfans, des Nations entieres policées & heureuſes, n'euſſent pas fait ſans ceſſe retentir leurs noms dans leurs Chanſons immortelles, ces Cortez, ces Pizarres, ces Almagres, deſtructeurs des Peuplades Américaines, dignes d'être voués à une horreur éternelle; ſi marchant ſur les traces des Héros dont nous parlons, au lieu d'exterminer des Peuples doux & humains, ils en fuſſent devenus les Bienfaiteurs & les Peres, ils leur euſſent fait part des connoiſſances utiles de l'Europe, ils leur euſſent apris à changer leurs forêts en habitations, & leurs marais en campagnes cultivées; ſi au lieu de vouloir ſordidement régner ſur un or, peu utile par lui-même, & qui leur échapa, ou pour lequel ils s'égorgerent eux-mêmes les uns les autres, ils euſſent été animés de la noble ambition de régner ſur les cœurs, ſur les maîtres de l'or !

Les Hommes ne demandent qu'à aprendre, qu'à être inſtruits, qu'à devenir heureux. Les Américains auroient été tout ce qu'auroient voulu les Européens, & de quelles reſſources n'euſſent-ils pas été pour eux !

Mais ceux-ci étoient trop barbares, trop peu éclairés ſur les grands devoirs de l'humanité, trop ignorans de l'ordre qui peut ſeul rendre les Nations floriſſantes & proſpéres, pour ſe conduire en hommes; il auroit falu qu'ils euſſent été au-deſſus de leur ſiécle, au-deſſus de ceux même qui ſont venus à ſa ſuite : l'ignorance en fit des Monſtres.

HISTOIRE D'HERCULE.

Ce que n'ont pas fait nos Conquérans de l'Amérique, c'est ce que firent les Chefs des Grecs, des Egyptiens, des Chinois, &c. dans leurs Contrées respectives ; & ce qui valut à ces Peuples, la grandeur & la prospérité à laquelle ils parvinrent avec tant de rapidité.

§. 1.

Les Travaux d'Hercule sont le Défrichement & la Culture des Terres.

L'on avoit déja chanté l'Invention de l'Agriculture & celle du Calendrier : l'on chanta encore les défrichemens des Terres, la culture des Contrées entieres, les Travaux réunis des Peuples, leurs effets aussi étendus que consolans.

De-là, naquit notre troisiéme Allégorie Orientale, celle d'HERCULE Général d'Osiris, dompteur du lion, armé de la massue.

Il est Général d'Osiris, ou de l'Inventeur de l'Agriculture, parce qu'il préside aux Travaux des Familles réunies pour mettre une Contrée entiere en état de culture.

Il est dompteur du lion, parce qu'il fait disparoître tous les Animaux féroces ; qu'il les force de lui abandonner la possession de la Terre ; qu'il surmonte l'aspérité de celle-ci plus difficile à vaincre que les Lions, qu'il la force de répondre à ses vœux.

Il est armé de la massue noueuse, le premier & le plus simple des sceptres, pour marquer que par l'Agriculrute, il domine sur la Terre & sur les animaux ; qu'il est vraiment le Roi du Monde ; que tout céde à sa puissance, que par lui seul les Peuples se civilisent.

Rois de l'Europe, Monarques augustes qui régnez sur des Peuples nombreux, policés, favoris des Arts & des Muses, autant au-dessus des sauvages que ceux-ci sont supérieurs aux Animaux ; c'est à cette Agriculture & aux heureux effets qu'elle mène en foule à sa suite, que vous devez tout ce que vous êtes ; sans eux, vous ne seriez que des Caciques foibles & sans puissance, des Chefs de Sauvages ou de Cannibales.

§. 2.

Hercule étoit dans l'Orient, le Soleil Protecteur de l'Agriculture.

Mais pourquoi mit-on les Travaux par lesquels on exploitoit les Terres, sur le compte d'Hercule ; & pourquoi, s'il est un Être allégorique, le présenta-t-on comme étant né à Thèbes & descendu par Iou de la famille de Cadmus ?

Tout ceci tient à nombre de faits intéressans, qu'il faut réunir si l'on veut voir cette allégorie se déveloper dans tout son éclat & toute sa beauté.

Hercule étoit déja chez les Orientaux le nom du Soleil, que ces Peuples, livrés au Sabéisme ou au culte des Astres, regardoient comme la Divinité de l'Agriculture, comme le principe de toute végétation, l'ame de la Nature.

C'est le Soleil en effet qui, par sa chaleur bienfaisante, ranime le Monde entier, desséche les Campagnes inondées, éléve de la Terre ces exhalaisons qui se résolvent en pluies véhicule de toute fécondation; meurit les moissons.. Sans cet Astre, unique pour nous comme la Divinité suprême, notre Globe plongé dans les ténébres, seroit frappé d'une stérilité éternelle: c'est après lui que soupirent tous les Êtres; ils s'égaient à sa lumiere, & ils revivent à son aproche; alors la Terre se couvre des plus belles parures, elle se parfume des odeurs les plus agréables; les Musiciens aîlés recommencent leurs chants harmonieux; la Nature entiere se renouvelle; elle paroît plus belle que jamais: l'Homme lui-même se réjouit à la vue de ces subsistances, qui renaissent de toutes parts.

Il n'est donc point étonnant que son nom soit devenu la base de l'allégorie relative au défrichement & à la culture des Terres, qui ne seroient rien sans lui; qu'on ait transporté son nom aux Héros qui avoient exécuté des exploits, dont le succès étoit dû à son efficace; & que ces exploits aient été réduits à XII, puisque la révolution de cet Astre est partagée entre XII Signes qui composent le Calendrier du Laboureur & qui dirigent tous ses Travaux.

§. 3.

Pourquoi il est apellé le Thébain.

Mais par quel motif le fait-on naître à Thébes en Béotie, & de la Famille de Cadmus? Rien de plus naturel & de plus simple.

Thébes étoit une de ces Colonies Phéniciennes qui porterent dans la Gréce les usages, les sciences, les allégories & la langue de cet ancien Peuple. De-là se répandirent dans le reste de la Gréce, les récits merveilleux des premieres institutions orientales. Ces récits venoient de Thébes: on feignit donc que le Héros en étoit né à Thébes même.

D'ailleurs, le nom de cette Ville & celui de Cadmus son Fondateur, étoient du nombre de ces mots Orientaux faits pour fraper, pour servir de caractères allégoriques aux objets les plus intéressans, pour devenir ainsi une source fertile de narrations merveilleuses.

Thébes, par exemple, étoit un mot Oriental qui signifioit une *Arche*, un *Vaisseau*. Mais les Orientaux faisoient voyager le Soleil dans un vaisseau, il en étoit le Pilote: le Soleil, ou Hercule, étoit donc apellé avec raison dans ce sens le Thébain, c'est-à-dire, *le Navigateur.*

Insensiblement les Grecs durent prendre ce nom comme désignant un Habitant de Thébes, un homme qui y étoit né.

Ajoutons que les Phéniciens de Thébes ouvrirent de bonne heure des Ecoles ou Académies célèbres, où accouroit en foule la Jeunesse Grecque, pour s'instruire dans la sagesse Orientale & dans les Arts que les Phéniciens avoient déja portés à un haut point de perfection.

Les Fables Grecques dont la scène fut à Thébes & dans la Famille de Cadmus, sont ainsi très-précieuses par leur raport avec les anciennes allégories Orientales, transmises par ce moyen jusqu'à nous.

Mais prouvons qu'Hercule étoit antérieur aux Grecs ; ce qui ne sera pas difficile.

Hercule étoit le plus ancien Dieu des Phéniciens : c'est à lui qu'ils consacroient leurs Temples & la dîme de leurs biens. Nous tenons ce fait d'Hérodote.

§. 4.

Hercule antérieur aux Grecs.

Hérodote, avide de connoissances dans un siécle où elles étoient peu communes & l'art de la Critique dans l'enfance, & que son ame élevée porta à rechercher avec soin l'origine de toutes choses, n'épargna ni voyages, ni lectures, ni questions pour découvrir la vérité des événemens passés, & mérita d'être apellé le Pere de l'Histoire ; mais il vécut malheureusement dans un tems où tout s'étoit altéré, où la langue primitive étoit oubliée, & la religion antique dépravée ; & dans lequel, les désordres qui avoient bouleversé les premiers Empires, avoient élevé entre les hommes & la vérité, une barriere qu'il sembloit impossible de franchir.

Cet Historien nous raconte donc (1), qu'étant en Egypte, il aprit qu'on adoroit à Tyr un Hercule de beaucoup antérieur à celui que les Grecs plaçoient à Thébes, & qu'on lui avoit élevé un Temple magnifique très-fréquenté, aussi ancien que cette Ville dont la Fondation remontoit à 2300 ans. Qu'en conséquence, il se rendit avec empressement à Tyr, afin de s'assurer par lui-même de toutes ces choses, & de remonter à l'origine de ces divers Hercules ; car il en avoit déja trouvé un autre adoré par les Egyptiens : qu'étant arrivé dans cette Ville, il aprit qu'il existoit un autre Hercule surnommé le Thasien, parce qu'il étoit adoré à Thase, Isle de la Mer Egée, où on lui avoit élevé un Temple magnifique, & qu'on prétendoit avoir pour fondateur Thasos, frere de Cadmus : qu'il fit encore le voyage de cette Isle, afin de pouvoir en parler avec plus d'assurance, & découvrir l'origine de cette Divinité.

---

(1) Liv. II. n° 44.

§. 5.

Combien on en compta.

Si Hérodote avoit voulu vifiter de cette maniere tous les Hercules, il ne fût pas arrivé facilement au bout.

Car outre tous ceux-ci, l'Egyptien, le Phénicien de Tyr, le Phénicien de Thafe, le Thébain réputé Grec & Phénicien d'origine également, il y en avoit un cinquiéme à Cadix, une des plus anciennes Colonies Phéniciennes. Son Temple, qui y avoit été élevé long-tems avant la Guerre de Troye, étoit d'une grande beauté : les bois qu'on y avoit employés étoient incorruptibles. L'on y voyoit des Colonnes, chargées d'Infcriptions anciennes & de Figures hiéroglyphiques ; & l'on avoit peint fur les murs, les douze Travaux d'Hercule. On y confervoit auffi, ajoute PHILOSTRATE (1), l'Olivier d'or donné par Pygmalion Roi de Tyr, & qui avoit des émeraudes pour Olives.

Hercule fut auffi une Divinité de Carthage, ce qui n'eft point étonnant, puifque cette Ville fut également une Colonie Phénicienne. Ici comme à Tyr, on lui offroit les prémices des fruits & les dépouilles des Ennemis.

Il y eut auffi un Hercule Erythréen. On l'honoroit à Erythrès, Ville de l'Achaïe. PAUSANIAS remarque (2) que la ftatue de ce Dieu qui étoit dans fon Temple, reffembloit aux ftatues Egyptiennes travaillées avec art. « Le « Dieu, dit-il, eft fur une efpèce de radeau, & les Erythréens difent qu'il » fut aporté de cette maniere par mer, de Tyr chez eux. » Cette Tradition n'eft point abfurde, puifque cette Ville étoit elle-même une Colonie Phénicienne, comme fon nom le défigne affez : c'eft ainfi que Cadix fut également furnommée par les Grecs *Erythrée*, ce mot fignifiant chez eux la même chofe que Phénicien en oriental, ou *Homme rouge*.

L'Ifle de Crète eut fon Hercule non moins célèbre : il étoit furnommé IDÉEN ; il fut Chef des Dactyles & Infituteur des Jeux Olympiques.

L'Italie en honora quatre au moins.

L'Hercule du Mont-Aventin.

L'Hercule du Mont-Palatin.

L'Hercule des Samnites & des Sabins.

L'Hercule des Pelafges d'Italie, auxquels ils vouerent auffi la dîme de leurs biens, à l'occafion d'une féchereffe extraordinaire qui dura trois ans entiers (3).

Ajoutons l'Hercule Gaulois furnommé OGMIUS.

L'Hercule Indien, &c.

---

(1) Dans la Vie d'Apollon de Thyane, Liv. V. Chap. I.
(2) Defcript. de l'Achaïe.
(3) Denys d'Halic. Antiq. Rom. Liv. I.

HISTOIRE D'HERCULE.

En voilà au moins quatorze. Selon VARRON, on en comptoit quarante-trois. CICERON en diſtingue ſix (4).

» Je déſirerois ſavoir, fait-il dire à un de ſes Interlocuteurs, quel eſt
» l'Hercule que nous adorons : car ceux qui recherchent les Ouvrages ſacrés
» & renfermés *entre les mains des Prêtres*, en reconnoiſſent pluſieurs. Le
» plus ancien eſt celui qui ſe battit contre Apollon pour le Trépied de Del-
» phes; il eſt fils de Lyſite & d'Iou le plus ancien ; car nous trouvons auſſi
» pluſieurs Iou dans les vieux Livres des Grecs. Le ſecond Hercule eſt l'Egyp-
» tien que l'on croit fils du Nil, & qui paſſe pour l'Auteur des Lettres Phry-
» giennes. Le troiſiéme eſt un des Idéens, & on lui fait les offrandes funé-
» bres. Le quatriéme, fils d'Iou & d'Aſterie, ſœur de Latone, eſt le plus
» grand des Dieux des Tyriens, qui prétendent que Carthage eſt ſa Fille. Le
» cinquiéme eſt adoré dans les Indes, & apellé BELUS. Le ſixiéme eſt celui
» qu'Iou, mais le troiſiéme Iou, eut d'Alcméne, †).

Juſques-ici, on n'a oſé décider ſi ces Hercules déſignoient un ſeul Être, ou pluſieurs ; mais au moyen du fil que nous tenons, il ne peut plus y avoir de doute à ce ſujet. Tous ces Hercules adorés en tant de lieux, & ſur-tout par les Phéniciens qui le regardent comme le Souverain Dieu, & qui éta-bliſſent ſon culte par-tout où ils forment quelqu'établiſſement, quelque Comptoir, eſt une ſeule & même Divinité, reſpectable par ſes bien-faits, & à laquelle on rendoit le Culte le plus auguſte. On peut voir dans

---

(4) De la Nature des Dieux, *Liv. III.* n°. 16. Ce paſſage a été traduit avec quelques différences par le P. de MONTFAUCON, dans l'Antiq. Expliq. Tom. I. 195. & par l'Abbé d'OLIVET, dans ſa Traduction de cet Ouvrage de Ciceron.

(†) Ce paſſage intéreſſant, donne lieu à diverſes difficultés : auſſi l'Abbé d'OLIVET a relevé deux ou trois erreurs dans la Traduction qu'en a donné le P. de MONTFAUCON. Il paroit avoir raiſon en traduiſant, *le ſixiéme eſt celui*, &c. au lieu que le P. de Montf. avoit traduit, *le ſixiéme eſt le nôtre*, &c. & lorſqu'il dit que le cinquiéme eſt adoré dans les Indes, au lieu de dire avec le P. de Montfaucon, qu'il étoit Indien ; mais il ſe trompe lorſqu'au ſujet des Offrandes funébres, il prétend qu'elles s'offroient pour Her-cule même, comme pour un homme mort : ce ne put jamais être l'idée des Payens. Ni l'un ni l'autre n'ont rendu la force des mots, par leſquels Ciceron déſigne les Ou-vrages où il eſt parlé de ces divers Hercules. *Ceux d'entre les Savans qui font de plus profondes recherches dans la Littérature*, dit le P. de Montf. *en reconnoiſent pluſieurs.* Cette Traduction eſt trop vague, & par-là même infidelle. Elle fait diſparoitre la na-ture des Ouvrages où l'on trouvoit des renſeignemens à ce ſujet : c'étoient des Ouvra-ges, dit Ciceron, intérieurs & cachés, c'eſt-à-dire, renfermés dans les Sanctuaires & entre les mains des Prêtres ſeuls.

Ils ne diſent rien non plus des *Lettres Phrygiennes*, attribuées ici à l'Hercule Egyp-tien : expreſſion cependant très remarquable ; car ſi Hercule Egyptien devoit inventer quelques caractères, c'eût été des caractères Egyptiens, & non Phrygiens : ce ne ſont donc pas des Lettres dont il s'agit ici, bien moins encore des caractères à l'uſage de la Phrygie ; mais c'eſt une expreſſion allégorique dont nous aurons lieu de voir l'explica-tion dans la ſuite.

SILIUS ITALICUS, les Cérémonies par lesquelles on l'honoroit.

Ces Hercules ne furent regardés comme plus anciens les uns que les autres, qu'à cause du plus ou du moins d'antiquité des Colonies successives, dans lesquelles il fut adoré sous ce nom. Ainsi l'Hercule de Thébes n'est jeune relativement à celui de Tyr, que parce que son nom & son culte furent portés à Thébes par une Colonie Phénicienne, & par-là même, très-postérieure au temps où il commença d'être honoré à Tyr.

ARTICLE III.

Preuves qu'Hercule désigna primitivement le Soleil.

§. 1.

Témoignage des Anciens.

Cette Divinité universelle, & la premiere chez les Phéniciens, comme nous venons de le voir, & qu'ils apellerent Hercule, fut le Soleil, d'abord Emblême du Créateur Feu & Lumiere.

L'Ecriture Sainte n'avoit pas dédaigné elle-même cette comparaison ». Dieu » a établi, dit-elle, ses Tabernacles dans le Soleil ». Jésus-Christ y est apellé, l'ORIENT d'en-haut, le SOLEIL de justice.

Peu à peu le Symbole prit la place de l'Être qu'il représentoit ; le Soleil fut alors le Dieu Physique de l'Univers, pour lequel il étoit un principe de chaleur & de vie. Ainsi commença le Sabéïsme, la premiere des Idolâtries, & qui signifie mot à mot *la Religion du Soleil*.

Aussi, lui donnoit-on les Noms les plus convenables à l'idée qu'on s'en formoit. On l'appelloit,

SAB, l'Élevé.
ADAD, l'Unique.
BEL, le Brillant, le Souverain.
ADONIS, le Seigneur.
MELCARTHE ou MELIC-ERTE, le Roi de la Terre ; ou simplement MELCH-CARTHE, le Roi de la Ville.

Et les Villes se faisoient une gloire de porter son nom ; de-là tant de Cités apellées *Herculée*, *Herculaneum*, *Heraclée*, &c. & qui furent désignées ainsi, non pour avoir été bâties par Hercule, ou parce qu'elles ho-

noroient

noroient Hercule Héros Grec, mais parce que les Colonies qui les fonderent adoroient le Soleil fous ce nom.

On voit dans Macrobe que les Egyptiens apelloient Hercule ELION ou le Soleil *qui est dans tout & pour tout*. Et ce nom désigna également dans l'origine le Dieu suprême, comme nous l'avons vu dans l'Histoire de Saturne.

NICOLAS de Damas dit que » le Soleil est Cronus ou le Tems qui n'é-
» prouve jamais les atteintes de la vieillesse ; & le même qu'HERCULE, c'est-à-dire toujours fort & vaillant ».

PLUTARQUE dans son Traité d'Isis & d'Osiris nous aprend que, selon les Egyptiens », Hercule placé dans le Soleil, faisoit avec cet Astre le tour de » l'Univers ».

Ce qu'APOLLODORE exprime poëtiquement en disant, » qu'Hercule » arrivoit aux extrémités du Monde, dans la Coupe (ou le *Vaisseau*) du » Soleil ».

Phrase Egyptienne qui trompa le CLERC : aussi la détournant de son vrai sens, il crut y voir une excellente preuve de son système, dans lequel Hercule n'étoit qu'un Commerçant, qui voyageoit dans la Coupe du Soleil, parce que son Vaisseau s'apelloit le SOLEIL, ou que son pavillon en portoit l'image.

Comment n'avoit-il pas vu, que ceci étoit très-conforme à la Théologie Egyptienne, qui plaça constamment le Soleil & la Lune dans des barques, comme les Pilotes de l'Univers, & comme voguant au-dessus des Eaux supérieures ?

§. 2.

Le Soleil est HERCULE *dans les Hymnes des Anciens.*

Les Hymnes de l'Antiquité qui s'adressoient au Soleil, le désignoient ordinairement sous le titre & sous les attributs d'Hercule. Cette preuve de l'identité de ces deux Personnages est si frapante, qu'il est étonnant qu'elle ait échapé jusques à présent à ceux qui se sont occupés des recherches de cette nature.

Nous en raporterons ici deux qui sont aussi conformes à tout ce que nous avons dit, que si nous les eussions imaginées nous-mêmes d'après nos vues. Elles sont tirées, l'une des Dionysiaques de NONNUS, Auteur que nous avons déja cité quelquefois ; & l'autre, des Hymnes d'ORPHE'E.

La premiere est une invocation de Bacchus au Soleil, dans le goût de celles des Initiés ; & s'il l'apelle Hercule, c'est qu'il s'agit des destinées de Tyr, Patrie des Ancêtres de Bacchus.

Allégories.

Fragment de l'Hymne au Soleil, sous le nom d'Hercule, dans les Dionysiaques.

Αςρεχίτων ΗΡΑΚΛΕΣ ἄναξ πυρὸς, ὄρχαμε κοσμε,
Ἠέλιε βροτέοιο βίε δολιχόσκιε ποιμήν,
Ἱππεύων ἑλικηδὸν ὅλον πόλον αἴθοπι δίσκω,
Ὗἷα Χρόνε λυκάβαντα δυωδεκάμηνον ἑλίσσων,
Κύκλον ἄγεις μετὰ κύκλον, ἀφ' ὑμετέροιο δὲ δίφρε
Γῆραϊ καὶ νεότητι ῥέει μορφέμεν αἰών, ...
. . . Παμφαὲς αἰθέρος ὄμμα φέρεις θεῦ ραζυγι δίφρω,
Χεῖμα μετὰ φθινόπωρον ἄγεις, θέρος εἰαρ ἀμεί βων, ...
. . . Ὄμβρον ἄγεις φερέκαρπον, ἐπ' εὐαδινῇ δὲ γαίῃ
Ἠερίης ἠῶον ἐρεύγεαι ἁρμὸν ἐέρσης,
Καὶ ςαχύων ὠδῖνας ἀναλδαίνεις σέο δίσκω,
Γαίων ζωοτόκοιο δι' αὔλακος ὄμπνιον ἀλκήν, . . .
. . . Οὔασιν εὐμενέεσσιν ἐμήν ἀσπάζεο φωνήν

Liv. XL *p.* 1038, *&c.*

» HERCULE, Roi du Feu, Gouverneur de l'Univers, dont le Manteau
» est étoilé, Soleil qui avec ta houlette garantis les humains, & dissipes
» les ténèbres du monde: Toi qui sur un globe enflammé, tournes avec
» rapidité autour de l'un & l'autre Pôle, semblable à un Coursier infati-
» gable ; qui par tes révolutions, formes l'année fille du Tems & com-
» posée de douze mois : Toi qui fais sans cesse succéder une révolution à une
» autre, & qui enchaînes à ton char la jeunesse & la vieillesse ... Toi
» dont l'œil éclaire & illumine la voûte céleste qui amene l'Hyver à la
» suite de l'Automne, & qui les remplaces par le Printems & par l'Eté.....
» qui nous donnes des pluies fécondes, & qui par la rosée égaies nos terres
» fertiles : Toi qui par ta chaleur fais croître nos épis, & qui répands dans
» nos sillons ta vertu productive.... Prête l'oreille à mes accens ; exauce ma
» priere.

L'Hymne d'Orphée à Hercule n'est pas moins énergique.

HYMNE d'Orphée à Hercule.

ΗΡΑΚΛΕΣ ὀβριμόθυμε, μεγασθενές, ἄλκιμε Τιτάν,
Καρτερόχειρ, ἀδάμαςε, βρύων ἄθλοισι, κραταιοῖς,
Αἰολόμορφε, Χρόνε πάτερ, αἰδιέ τε, εὔφρων,
Ἄρρητ', ἀγριόθυμε, πολυλλιτε, παντοδυνάςα·
Παγκρατὲς ἦτορ ἔχων, κάρτος μετὰ τόξα, καὶ μάντι
Παμφάγε, παιγενέτωρ, παγυπέρτατε, πᾶσιν ἀρωγέ
Ὅς θνητοῖς κατέπαυσας ἀνήμερα φῦλα διώξας.
Εἰρήνην ποθέων κυροτρόφον, ἀγλαοτιμον·

HISTOIRE D'HERCULE.

Αυτοφυής, ακάμας, γαίης βλάςημα φέριςον.
Πρωτογένοις ςρα↓ας φιλίοι, μεγαλώνυμε γαίων.
Ὅς περὶ κρατὶ φορεῖς ἠῶ καὶ νύκτα μέλαιναν·
Δώδεκ' ἀπ' ἀντολιῶν ἄχρι δυσμῶν ἆθλα διέρπων.
Ἀθανάτοις πολύπειρ', ἀπείριτ', ἀςυφέλικτ'·
Ἐλθὲ μάκαρ, νόσων θελκτήρια πάντα κομίζων·
Ἐξέλασον δὲ κακὰς ὅρας, κλάδον ἐν χειρὶ πάλλων.
Πτηνοῖς τ' ἰοβόλοις κῆρας χαλεπὰς ἐπιπέμπε.

» Hercule, qui êtes rempli de bravoure & de magnanimité, ALCIME;
» TITAN, vous dont les mains font la force même, & qui êtes invin-
» cible, réſiſtant ſans ceſſe aux Combats les plus terribles, Pere éternel
» des tems, & qui, malgré vos diverſes formes, êtes toujours brillant &
» ſerein.... toujours déſiré, tout-puiſſant.... habile à tirer de l'arc, ſa-
» vant dans la divination, qui conſumez tout, qui produiſez tout, qui
» êtes par-deſſus tout, qui protégez tout, qui procurez le repos des mor-
» tels en atterrant leurs plus cruels ennemis, qui chériſſez l'aimable paix,
» cette paix qui ſeule peut nourrir les humains.... qui, SANS VOUS LASSER
» JAMAIS, couvrez ſans ceſſe la Terre de biens.... Vous qui par votre
» force ſoutenez l'Aurore brillante & la nuit obſcure, LIVRANT DOUZE
» COMBATS depuis l'Orient juſques à l'Occident, &c....

Hymne extravagante, ſi elle s'adreſſe à un homme, fût-ce au plus
vaillant des Héros; mais ſage, lumineuſe, énergique en prenant Hercule
pour le Soleil.

§. 3.

Diſtinction de deux Hercules, l'un Dieu, l'autre Héros.

Nous trouvons dans l'Antiquité un double Hercule, l'un Dieu, l'autre
Héros : Hérodote en fait mention dans l'endroit de ſon hiſtoire (1) déja cité au ſujet des divers Hercules.

» Ces obſervations, dit-il, démontrent manifeſtement qu'Hercule eſt
» une Divinité très-ancienne : ainſi les Grecs ſe conduiſent très ſagement,
» à mon avis, en lui érigeant un double Temple, dans l'un deſquels on
» offre des ſacrifices à Hercule immortel, tandis que dans l'autre les vœux
» ne s'adreſſent qu'au Héros ».

Mais comment le même Perſonnage eſt-il tout-à-la-fois mortel & immortel ? & en quoi les Grecs étoient-ils ſages d'honorer Hercule ſous ces
deux raports, & de lui élever en conſéquence de doubles Temples ? S'il

---

(1) Liv. II. n°. 44.

est un homme, cette conduite est inconcevable; mais dès qu'il est le Soleil, rien de plus simple.

L'un est le Soleil d'Été dans toute sa force, brillant de lumiere, donnant la vie à tous les êtres, pareil aux Dieux.

L'autre est le Soleil d'Hyver, sans force, sans vigueur, qui ne jette presque plus de lumiere, sous qui la Nature est comme morte & engourdie, qui n'est plus que l'ombre de ce qu'il étoit.

D'ailleurs, l'un élevé au plus haut des Cieux, tandis que l'autre semble caché sous les entrailles de la Terre.

Cette distinction étoit donc très-sage, puisqu'elle étoit prise dans la Nature même.

Aussi les Grecs ne la négligerent-ils pas : nous verrons dans la suite qu'ils éleverent diverses Fables sur cette base, & entr'autres l'Histoire des Dioscures Castor & Pollux, Fils d'Iou, l'un Immortel, l'autre Mortel, & chacun pendant six mois.

L'on ne s'en tint pas là : on fit du Soleil autant de Personnages, que l'on compta de saisons, & sur-tout en Egypte : c'étoit une suite des premiers pas faits à cet égard.

Osiris renaissant, Harpocrate foible & débile, Ammon jeune & brillant, Pluton ou Serapis vieux & barbu, & couronné d'un boisseau, sont un seul & même objet sous divers aspects successifs ; le Soleil de l'année avec tous ses âges, qui renaît au Solstice d'Hyver, ensuite foible & débile jusqu'à ce qu'au Printems il reparoisse avec tout l'éclat & le brillant de la jeunesse, & qui en Automne chargé de fruits, rassasié de jours, meurt & expire.

Quelquefois aussi, on réunissoit tous ces aspects sous une seule figure ; mais on sent fort bien qu'elle étoit factice ou monstrueuse. Telle étoit une Figure à trois têtes, Tête de *Lion*, Tête de *Loup*, Tête de *Chien* ; vrai emblême du tems. Le Loup étoit à gauche, c'est le passé qui dévore tout ; le Lion au milieu, symbole du présent qui s'avance avec rapidité, s'élance comme le Lion & s'échape de même : le Chien placé à droite, désignoit cette flatteuse espérance de l'avenir, qui a tant de charmes & qui est d'une si grande ressource contre l'adversité.

§. 4.

Les Titres de Mussagete &c. donnés à Hercule, & ses Fêtes, *démontrent qu'il est le Soleil.*

Les Romains célébroient, la veille des Calendes de Juillet, c'est-à-dire le dernier du mois de Juin, la Fête d'Hercule Mussagete, mot qui signifie *Conducteur des Muses*. Ce titre singulier donné à un Héros qu'on ne croyoit pas avoir rien de commun avec les Muses, & que les Thébains donnoient cependant à Hercule long-tems avant les Romains, démontre combien on se trompoit dans les idées que l'on s'en est formées jusques-ici, & qu'il étoit pour les Phéniciens ce qu'Apollon fut ensuite pour les Grecs.

Il en est de même de la Fable qui dit qu'Hercule disputa à Apollon la possession du Trépied. Ce Trépied auquel présidoit Apollon, n'est pas un Trépied ordinaire : c'est l'année à trois saisons, suivant les Orientaux, qui marchoit ainsi à trois pieds : aussi faisoit-on des Calendriers à trois jambes, qui partoient d'un même centre & formoient une espéce de roue : sur chaque jambe, étoit le détail d'une saison ou de quatre mois de l'année : on en voit de pareils sur des Monumens Runiques (1).

Ceci prouve encore qu'Apollon fut substitué par les Grecs à l'Hercule Phénicien, & que dès-lors ils oublierent insensiblement l'idée qu'on s'étoit formée primitivement de ce Personnage.

On s'est servi de ces derniers faits pour établir que ce Héros avoit été plus célébre par son sçavoir que par sa force, & pour en faire un grand Philosophe : mais c'étoit une méprise pardonnable au milieu des ténébres dans lesquelles on se trouvoit au sujet de ce Héros : nous y reviendrons dans la NOTE III. pour ne pas charger cet article d'une digression étrangere.

Si les Romains célébroient la fête d'Hercule peu après le Solstice d'Été, les Sabins la célébroient également dans le même mois, le 5. de Juin (2). Il en étoit sans doute de même chez les autres Peuples.

C'est une nouvelle preuve que cette Divinité se raportoit à cette saison de l'année, & qu'elle étoit le Soleil au signe de Lion & dans toute sa force, vrai Hercule qui triomphoit des Êtres les plus redoutables, & que rien n'arrêtoit dans sa course.

§. 5.

Des noms d'Hercule & qu'ils étoient relatifs au Soleil.

Hercule étoit apellé CHON par les Egyptiens : c'est ce que l'on voit dans le grand Etymologicon. Ce mot signifie dans la Langue Copte *Force*, *Puissance*, *Vertu efficace*. Telle est l'idée que l'on se forme d'Hercule, & telle est la maniere dont agit le Soleil.

MACROBE n'a pas ignoré la valeur de ce nom : il assure qu'*Hercule* signifioit *Virtus Deorum*, la Puissance des Dieux, ou DEI REGENTIS, la vertu du Dieu Gouverneur (3).

---

(1) Dans l'Atlantique d'Ol. Rudbeck.
(2) Fast. Liv. VI. p. 213. & suiv.
(3) Satum. Liv. I. c. 20.

PYTHAGORE, si versé dans les sciences des Egyptiens, définissoit également Hercule, selon le témoignage de Jamblique, *la Vertu* ou *la Puissance de la Nature :* on pourroit dire le *Dynaste physique*, le Roi de la Nature.

C'est à cela que revient le passage que nous avons cité plus haut de NICOLAS de Damas, où il dit que le Soleil est HERCULI toujours fort & vaillant.

L'Ecriture Sainte se plaît aussi à représenter le Soleil sous l'emblême d'un Athlette jeune & plein de force, qui fournit sa carrière avec une vigueur que rien ne peut détruire.

Ce nom de CHON ne s'est pas anéanti avec les anciens Egyptiens. Les Coptes, débris de ce Peuple antique, apellent encore SOM la saison dans laquelle le Soleil domine, où il est le plus haut & dans toute sa force. Les Sveo-Gothiques, les Danois, les Anglois, Peuples dont le Calendrier vint de l'Orient, apellent l'Été du même nom SOMM-*ar* chez le premier de ces Peuples, SOMM-*er* chez les deux autres. Tandis que ceux-ci de même que les Anglo-Saxons, les Belges, les Germains, &c. apellent le Soleil du même nom que les Egyptiens, SON & SUN ; & que les Sveo-Gothiques apellent SUNN-*an* le Midi, le moment du jour où le Soleil est dans toute sa force (†).

La racine de ce mot seroit le primitif SUM, qui désigne tout ce qui est haut, élevé, dominant ; & qui a fourni des dérivés à toutes nos langues.

ALCÉE, ALCIME, ALCIDE, autres noms d'Hercule, le peignent également sous l'emblême de force & de valeur. A ces AL, on ne peut méconnoître des mots Orientaux : cette première syllabe est notre article *le*. AL-CIDE est donc le même que l'Espagnol LE CID, qui signifie un Héros ; mot que Corneille a rendu si célèbre. Il n'est donc pas étonnant qu'on dise, *vaillant comme le Ciel*.

AL-CÉE, est composé du primitif KÉ ou QUE', qui signifie également *Force*, *Puissance* ; d'où vint le QUEO pouvoir, des Latins ; & notre mot QUAI, par lequel nous désignons les digues qu'on opose aux Eaux.

AL-CIME en sera le superlatif.

Les Grecs l'apellent HERACLÉS, des mots, HERA, Junon ou l'Air, & KLES, gloire. Ils le définissoient ainsi, la *gloire de Junon* ou *de l'Air*.

Mais furent-ils les inventeurs de ce nom ?

Le tinrent-ils de l'Orient ? ou le formerent-ils par une imitation ou parodie de quelque nom pareil qu'il portoit chez les Orientaux & en particulier chez les Phéniciens ?

———

(†) Les Sveo-Gothiques, à la vérité, apellent le Soleil SOOL ; mais l'on voit aisément, qu'ici N. s'est changé en L. En auroit-il été de même chez les Latins, qui apellerent cet Astre SOLE ?

HISTOIRE D'HERCULE.

C'est ce qu'il seroit difficile de décider; il est vrai que l'on voit un ARCLE's dans les listes des Rois Orientaux de l'antiquité, & que ce nom a le plus grand raport à celui d'Hercule; mais cela ne suffiroit pas pour décider qu'*Hercule* soit un nom oriental.

Les Latins d'ailleurs, au lieu d'HERA-CLE's, prononcent HERCULES; ce qui conduiroit à des racines fort différentes, entre lesquelles il seroit peut-être impossible de se décider.

Heureusement, il est inutile de savoir l'étymologie du nom de ce Héros, pour déterminer l'idée qu'on en doit avoir; & tel est le vrai usage des étymologies, d'être la suite du vrai, & non d'y conduire: leurs caractères, surtout dans les mots composés, étant trop vagues, pour qu'on puisse asseoir uniquement sur elles un jugement assuré.

C'est ainsi qu'HERCULES apartiendra à une foule de racines primitives, suivant qu'on le décomposera par *Herc* & *ul*, *Her* & *cul*, *Her* & *clé*, & suivant qu'au lieu de Her, on lira Hor, Ar, Air, &c.

Herc-ul, signifieroit la Force consumante.

Her-cul, le serviteur de la Terre, celui qui la cultive.

Her-clé, la Massue de la Terre.

Hor-clé, la Massue d'Horus, ou le Soleil armé de sa massue.

Horcel ou *Herkel*, qui se hâte, qui se dépêche; étymologie sans décomposition, venant de פרק *Horq*, & peut-être la vraie.

Nous avons déja dit qu'Hercule étoit adoré par les Sabins; ceux ci l'apellerent du même nom que les Égyptiens, la voyelle seule fut changée; ils en firent le Dieu SEM, le Dieu SAM, le Dieu SANG ou *Sangus*, le Dieu SANCT, mots qui ne sont que différentes prononciations d'un même nom. Plutarque dans ses questions Romaines l'apelle SAM: de SAM vint *Sang*, c'est l'ordre. Ovide l'apelle SEM-PATER ou SEMI PATER, le Pere Sem ou *élevé*, nom qu'on a si ridiculement rendu par *Demi-Pere*.

Sam ou *Sem* sont le mot Oriental שם *Sham* qui signifie élevé, d'où se formerent;

שמים SHAM-*im* les Cieux:

שמש SAMS ou SEMS le Soleil:

SAMSON, nom d'un Héros qui étoit doué de la plus grande force, & dont divers exploits paroissent s'être confondus avec ceux du prétendu Hercule. (Voy. NOT. II.).

SAND-*es*, nom donné au Soleil par les Mèdes & par les Perses.

FESTUS assure que Sangus & Hercule étoient le même Dieu. VARRON avoit déja dit la même chose dans ses Recherches sur la langue Latine (1). Il ajoute qu'on l'apelloit à Rome DIUS FIDIUS; & que, selon ELIUS GALLUS, il étoit

---

(1) Liv. IV.

Fils de Dis. L'on retrouve tous ces noms dans Ovide à l'endroit cité plus haut.

Ces nouveaux noms ne conviennent pas moins à Hercule, considéré comme Soleil.

Il est fils de Dis ; mais *Di* signifie jour, lumiere.

Il est Fidius ; mais ce mot doit venir de Id ou Hid, *Tems*, dont l'aspiration adoucie ici en F, aura fait Fidius : tout comme s'adoucissant en V, elle fit Viduus, veuf, séparé de sa moitié, que l'on dérive constamment d'Iduare partager.

Dius Fidius seroit donc mot à mot, *le Dieu du Tems* : épithéte qui confirme tout ce que nous avons dit jusqu'ici.

§. 6.
Dîmes offertes à Hercule.

Le Culte rendu à Hercule, qui consistoit à lui offrir les prémices des fruits & la Dîme des biens de la Terre, est une preuve incontestable qu'on le regardoit comme l'Auteur & le Protecteur de ces biens, comme celui qui les faisoit croître & meurir par sa chaleur bienfaisante.

Ce Culte ayant été rendu dans les commencemens à la Divinité, devint facilement le culte propre d'Hercule ou du Soleil, lorsqu'on eut personifié ou déifié cet Astre, ame de l'Agriculture.

Ainsi s'exprime Diodore au sujet de ce Culte, relativement à l'Italie & aux Romains.

« Hercule ayant reçu avec plaisir les marques de bienveillance que lui
» donnerent les Habitans du Mont-Palatin, il leur prédit que ceux qui, après
» sa déification, lui offriroient la Dime de leurs biens, meneroient ensuite
» une vie très-heureuse. Cette prédiction s'est accomplie jusques dans ces
» derniers tems : car on connoit à Rome plusieurs Particuliers aisés, & même
» quelques Citoyens fort riches, qui après avoir fait vœu de donner à ce
» Héros la dixieme partie de leurs richesses, les ont vues monter à quatre
» mille talens. Luculle, qui étoit peut-être le plus riche des Romains de son
» tems, après avoir fait l'estimation de ses biens, en sacrifia la Dîme à Her-
» cule, & l'employa en festins publics. Les Romains lui ont bâti sur le bord
» du Tibre un superbe Temple, où ils lui consacrent la même partie de leurs
» fonds ».

Ce récit prouve que le culte d'Hercule étoit déja établi en Italie avant les Romains, & qu'on avoit déja perdu de vue la vraie origine de ce culte.

Avant eux, les Pélasges lui offroient (1) la dîme de leurs biens.

---

(1) Den. d'Halicarn. Liv. I.

Les Carthaginois envoyerent pendant long-tems (2) à Tyr, la dîme des dépouilles des Ennemis & les prémices de leurs fruits, à l'honneur d'Hercule leur grande Divinité. On en voit un exemple dans Justin qui raporte (3) que les Carthaginois envoyerent à Tyr Carthalon, pour porter à Hercule la dîme du butin que son pere Malée ou Mache'e avoit enlevé aux Siciliens dans la prise de cette Isle. C'étoit sous le regne de Cyrus.

Il en étoit donc de même chez les Phéniciens, dont la Divinité souveraine étoit Hercule.

Ajoutons qu'il fut ensuite regardé comme le Protecteur de toute espèce de richesses, de l'Or, de l'Argent, des Métaux ; ce qui n'étoit qu'une extension du premier point de vue sous lequel on le considera.

Les Egyptiens offroient également à Isis & à Osiris les prémices de leurs fruits, comme on le voit par la Table d'Isis, vrai Calendrier Egyptien.

Ainsi lorsque Moyse ordonna aux Hébreux d'offrir à Dieu les prémices de leurs fruits & des biens de la Terre, il ramena cette institution à sa pureté primitive.

C'est parce que le Soleil étoit regardé comme la source des biens de la Terre, que Macrobe apelle le signe de la Vierge qui porte un Epi dans sa main, la *Puissance Solaire* ; car c'est alors qu'achevant de meurir les moissons, il manifeste sa puissance de la maniere la plus salutaire pour le Genre humain.

Hercule étant le même que Sangus, il n'est pas surprenant que ce fût à celui-ci que les Sabins offrissent la dîme de leurs fruits. Il existe une Inscription latine où un Lucius Mummus, pour se conformer, dit-il, aux mœurs anciennes, consacre à Sangus Fidius Sem Pere, la dîme des profits qu'il avoit faits en prêtant à usure (4).

§. 7.

Jeux Olympiques.

Les Jeux Olympiques sont encore une preuve que le Soleil & Hercule n'étoient qu'une même Divinité ; mais nous en renvoyons le détail au Travail, dans l'intervalle duquel notre Auteur dit qu'ils furent institués.

§. 8.

Symboles d'Hercule ; derniere preuve qu'il fut le Soleil.

On représentoit Hercule couvert d'une peau de lion, & armé d'une massue, quelquefois même d'un arc ; & le Peuplier étoit l'arbre qu'on lui avoit consacré.

---

(2) Polyb. dans les Extraits d'Ambassades. Diod. de Sic. Liv. XX.
(3) Hist. Liv. XVIII.
(4) Elle est dans le Recueil de Fabretti, Inscript. XVII. pag. 35. in-fol.

Allégories.

Les Thasiens lui avoient élevé une Statue de dix coudées de haut, qui tenoit une Massue de la main droite & un Arc de la gauche.

C'étoient également des emblêmes du Soleil. Sur la belle Table Héliaque ou du Soleil qu'Aléander a donnée au Public, le Soleil est peint avec un Arc, un Carquois & des Fléches; deux Massues sont les montans du Tableau.

Les Anciens furent très-convaincus que tout cet équipage se raportoit au Soleil. « Le Peuplier, dit Probus (1), fut consacré à Hercule, parce que sa feuille étant de deux couleurs, (blanche par-dessus & d'un verd noirâtre par-dessous) étoit fort propre à désigner le jour & la nuit ».

Porphyre (2) disoit que la Massue d'Hercule qui est inégale & raboteuse, désignoit l'inégalité des jours.

Et la peau de lion, que le Soleil est dans toute sa force, lorsqu'il est dans le signe du Lion.

C'est par cette raison que les Anciens apellerent ce signe Lion, comme étant tout feu, ainsi que le Lion; & qu'ils en firent le siége du Soleil (3).

Les Fléches ont enfin le plus grand raport avec les rayons du Soleil, étant apellées du même nom dans la plûpart des Langues, & sur-tout en Grec, où Belos signifie Flêche & rayon, d'où vint le nom des *Obélisques*, eux-mêmes imitation des rayons solaires.

---

(1) Sur la VII. Eclog. de Virg.
(2) Dans Eusebe, Prép. Ev.
(3) Elien, de la Nature des Anim. Liv. XII.

ARTICLE IV.

Parens, Femmes & Enfans d'Hercule.

§. 1.

Son Pere & sa Mere.

SON Pere est Iou, le Dieu suprême; & c'est une vérité incontestable : le nom de sa Mere varie.

Une Hymne des Thébains à son honneur, commençoit par ces mots, Διὸς καὶ Ἥρας υἱὸς, *Fils d'Iou & d'Héra* ou *de Junon* (1). Ceci se raporte fort bien à ce que nous dit Diodore à la fin de sa Vie d'Hercule le Thébain, que Junon consentit enfin d'adopter Hercule. Ainsi sa prétendue Mere n'est qu'un Être allégorique, comme tout l'ensemble de son Histoire.

Selon d'autres, sa Mere fut ASTÉRIE; mais ce nom signifie Reine des Astres : il peut donc être regardé comme une Epithéte de Junon.

La Mere allégorique d'Hercule le Thébain fut apellée ALCMENE. Ce mot doit être Oriental, puisqu'il commence par l'Article Oriental *Al*; peut-être est-il le Féminin d'ALCMAN. Il doit apartenir à la Famille Orientale חמה KHMÉ : qui signifie ardeur, chaleur, peut-être même est-ce la réunion de ce mot avec celui d'AIN ou EN, qui signifie source; ensorte qu'AL-CMÉ-ENE signifieroit *la source de la chaleur*.

Il naquit dans une NUIT TRIPLE, c'est-à-dire d'une durée indéfinie. Expression qui peut faire allusion à deux objets différens : au moment où le Soleil parut pour la premiere fois dans l'Univers, après une nuit indéfinie : & au Solstice d'Hyver, où le Soleil renaît après la nuit la plus longue de l'année.

Il est obligé d'obéir à EURYSTHÉE, à cet Eurysthée dont Eusebe dit qu'il ne voit pas comment on pouvoit l'expliquer dans le sens allégorique : mais il ne pouvoit être mieux désigné. EURYST ערץ signifie en Oriental le Fort, celui auquel on ne peut résister. Tel est celui qui assujettit le Soleil à parcourir l'Univers, & à remplir douze Travaux dans l'année.

§. 2.

Des cinquante Fils d'Hercule.

De cinquante Sœurs, Hercule a cinquante Fils. Ce trait qui déroute

---

(1) Bibl. de Phot. Cod. CXC. Hist. nouv. de Ptolémée Hepheftion, Liv. VII.

les Mythologues, eft puifé dans la plus exacte vérité, & eft parfaitement conforme au génie allégorique de l'Antiquité.

Cette Antiquité perfonifia les diverfes Parties du Tems : de-là, des fuites conftantes de nombres allégoriques. C'eft ainfi que nous avons vû dans l'Hiftoire de Saturne, que les fept Fils qu'il eut de Rhéa font les fept jours de la femaine ; & que les fept Filles qu'Aftarté lui donne, font les fept nuits.

En partant de ce principe & qu'Hercule eft le Soleil, rien de plus fimple que les cinquante Fils d'Hercule : ce font les femaines dont l'année eft compofée, & qui font vraiment les Enfans d'Hercule ou du Soleil.

De-là, les cinquante Garçons & les cinquante Filles données à ILUS, Fondateur de Troye, en conféquence de fes travaux.

De-là, les cinquante Fils d'Egyptus, & les cinquante Filles de Danaüs : celles-ci qui ne peuvent jamais remplir des Tonneaux percés. En vain effectivement les femaines s'entaffent, le tems n'eft jamais rempli, c'eft toujours à recommencer.

On inventa également des allégories, à l'égard des jours dont l'année eft compofée.

De-là, les 360. urnes que l'on voyoit dans le Temple d'Ofiris & dont parle DIODORE.

De-là encore, les 360. Prêtres Lybiens dont parle le même Auteur, & qui étoient occupés à verfer continuellement de l'eau du Nil, dans un Tonneau percé.

Fable précifement de la même nature que celle des Danaïdes.

Ces raports nombreux démontrent de la maniere la plus fenfible que ces nombres font réellement allégoriques, qu'ils fe raportent au tems; & que l'explication que nous en donnons, eft vraie & parfaitement conforme à la faine Antiquité.

§. 3.

Iolas, Neveu d'Hercule.

IOLAS joue un grand rôle dans l'Hiftoire d'Hercule, dont il eft le Neveu. Il l'accompagne dans fes travaux : il eft à la tête de la Colonie qu'Hercule envoie en SARDE, compofée de fes cinquante Fils : c'eft à lui que fon Oncle, à la fin de fa Courfe, confie fa Femme Mégare : c'eft à lui qu'Hercule confacre un bocage dans la Sicile : c'eft encore Iolas qui rend ce Héros à la vie.

Iolas eft donc encore un nom allégorique, digne d'accompagner Hercule, & dont les caractères doivent s'accorder avec tous ceux qui font donnés par l'Hiftoire d'Hercule : nous aurons peu de peine à en découvrir le fens.

HISTOIRE D'HERCULE.

IOL prononcé Hiol, Iul, Jul, Giul, Hweol, Wheel, Wiel, Vol, &c. est un mot primitif qui emporta avec lui toute idée de révolution, & de roue.

Iul-Iom désigne en Arabe le premier jour de l'année : c'est mot à mot *le jour de la révolution*, ou *du retour*.

Giul-*ous* en Persan signifie Anniversaire. Il est affecté à celle du Couronnement des Rois.

Hiul en Danois & en Suédois signifie roue.

En Flamand, c'est *Wiel*.

En Anglois, *Wheel*.

Chez les Germains le verbe Well-*en* signifie *Tourner*.

Wel désigne les flots, parce qu'ils ne font qu'aller & venir.

C'est notre mot Houle.

De-là le Vol-*vo* des Latins.

Les Solstices étant le Tems où le Soleil revient sur ses pas, en prirent le nom : de-là chez les Grecs le nom des Tropiques, qui signifie retour.

Il en fut de même chez les Celtes. Ils donnerent aux Solstices, & aux mois qui commencent aux Solstices, le nom d'Iul, qui signifioit également retour.

Stiernhielm, habile dans les Langues & dans les Antiquités du Nord, nous aprend (1), que les Anciens Habitans de la Suéde célébroient au Solstice d'hyver ou à Noël, une Fête qu'ils apelloient Iul : que ce mot signifie *révolution*, *roue*; que le mois de Décembre s'en apelloit, Iul-Manat, mois du retour, & que ce mot s'écrivoit également par *Hiule* & *Giule*.

Les Habitans du Comté de Lincoln en Angleterre, apellent encore Gule-block, *bloc* ou *souche de Iul*, la souche qu'on met au feu le jour de Noël, & qui doit durer l'Octave entiere.

Il ne faudroit donc pas être étonné si notre mois de Juillet qui suit le Solstice d'Eté, eût pris son nom de là. Les Romains nous disent, il est vrai, que ce mois tira son nom de Jules César : ce pouroit être une étymologie digne des flatteries dont ils accabloient leurs Empereurs, tandis qu'ils n'auroient fait qu'altérer la prononciation du mot Iul pour le faire quadrer avec le nom de Jules, qu'ils prononçoient Iulus, nom que porta aussi Ascagne, fils d'Enée, & qui remontoit par-là même aux Langues premieres de l'Orient.

Il en aura été de même du mois suivant.

S'ils choisirent ces deux mois pour leur faire porter les noms du premier & du second de leurs Empereurs, ce fut premierement parce que les noms

---

(1) Dans son Anti-Cluvier sur l'Origine des Goths, imprimé en 1685. in-8°.

de ces mois avoient déja du raport à ceux de Jules & d'Augufte.

Ce fut fecondement, pour imiter les Egyptiens qui avoient donné à ces deux mois le nom de leurs deux premiers Rois, MESOR & THOT.

Comme le mois d'Août étoit le premier mois de l'année Egyptienne, on en apella le premier jour GULE : ce mot latinifé fit GULA. Nos Légendaires furpris de voir ce nom à la tête du mois d'Août, ne s'oublierent pas : ils en firent la fête de la Fille du Tribun Quirinus, guérie d'un mal de gorge en baifant les Liens de Saint Pierre dont on célèbre la fête ce jour-là.

C'eft à l'occafion des Légendes de cette nature qu'un Défenfeur diftingué de la Religion Chrétienne, fait cette Obfervation (1).

» Dans notre Religion même, malgré les lumieres qu'elle donne aux
» plus fimples, malgré le zéle & la vigilance des Pafteurs, il s'eft introduit
» fouvent parmi le peuple des erreurs & des pratiques les unes innocentes,
» les autres fuperftitieufes, qui n'étoient fondées que fur l'ignorance &
» l'abus du langage : l'infcription *vera Icon*, placée fous une image de
» la face du Sauveur, a fait naître une *Sainte Véronique* ; d'autres noms
» anciens mal-entendus ont fait honorer des Saints imaginaires & des re-
» liques apocryphes, dont les Conciles ont prouvé la fauffeté, & dont
» les Evêques les plus fages ont fouvent eu bien de la peine de déraciner
» le Culte.

IOLAS l'ami d'Hercule, eft donc mot à mot LA RÉVOLUTION SOLAIRE.

C'eft lui qui accompagne *Hercule* par-tout ; car le *Soleil* ne ceffe de faire fes révolutions.

C'eft à lui qu'Hercule, ayant achevé fes travaux, remet le foin de fes 50 *Fils* pour les conduire à SARDES. En effet, à la fuite des douze Travaux d'Hercule, furvient une nouvelle révolution à la tête des 50 Fils d'Hercule qui vont à SARD, puifque ce mot שרד fignifie *furvivre*, dans les Langues Orientales.

EUDOXE met fur le compte de ce même *Iolas*, un fait qui a intrigué quelques uns de nos plus habiles Critiques. Il dit (2) que lorfqu'Hercule, fils de
» Jupiter & d'Afterie, fut arrivé dans la Lybie & y eût été tué par Typhon,
» Iolas le rapella à la vie en lui faifant flairer une Caille ; & qu'en mé-
» moire de cet événement, les Phéniciens facrifient des *Cailles* à Her-
» cule.

Ceci eft encore une allégorie très-exacte. Au Solftice d'Hyver, l'année, ou Hercule, expire au fond de la Lybie, tué par Typhon, c'eft-à-dire par l'hyver & la nuit : & *Iolas*, ou une nouvelle révolution, le rend à la vie ; puifqu'auffitôt il recommence fa carrière.

---

(1) M. l'Abbé BERGIER, Origine des Lieux, Tom. I. Partie II. p. 85.
(2) Dans fon 1. Livre du Circuit de la Terre, cité par ATHENÉE, L. IX.

HISTOIRE D'HERCULE.

Mais ici pourquoi des Cailles ? *Jablonsky*, au lieu du mot grec *Ortyge* (Caille), voudroit qu'on lût *Oryge*, espéce de Chévre Sauvage commune dans la Lybie.

Ceci seroit donc encore vrai au pied de la lettre, puisque le Solstice arrive sous le signe du Capricorne, ou de la Chévre : circonstance à laquelle on peut avoir fait allusion, en donnant au prétendu neveu d'Hercule le nom d'Iolas : car chez les Orientaux יעל Ihol ou Ihwl désigne la Chévre Sauvage, parce qu'elle grimpe sur les rochers les plus élevés.

On pouroit dire aussi que les Orientaux attribuerent à une Caille le retour d'Hercule à la vie, parce que les Cailles reparoissoient alors dans ces Contrées. C'est une réflexion d'un de mes Amis : elle seroit d'autant plus juste que c'est en hyver, en effet, que les Cailles arrivent dans ces Contrées.

§. 4.

Iole, & les autres Femmes d'Hercule.

Hercule ayant achevé ses travaux, remet à Iolas non-seulement ses Fils, mais encore sa premiere Femme ; & cette Femme s'apelle MEGARE. Alors, il veut épouser *Iole* : mais il devient Esclave d'*Omphale*, & il épouse ensuite *Déjanire*.

Jamais on n'a soupçonné que ces noms fussent allégoriques : cependant ils doivent l'être nécessairement, si l'Histoire entiere d'Hercule n'est qu'une allégorie. Mais que peuvent signifier ces noms ?

Après ce que nous avons dit d'Iol, le nom de la Personne qu'Hercule recherche en mariage après avoir achevé ses travaux, ne peut causer aucune peine. Puisqu'elle s'apelle *Iole*, son nom est allégorique & relatif à la nouvelle révolution.

Alors Hercule devient Esclave d'*Omphale*, Reine des Méoniens. Mais On עת signifie *les Tems* : PHALA פלא partager, *distinguer*. C'est donc la LUNE, cet Astre qui distingue les *Tems* & qui forme les mois, apellés ici ME'ON-*iens*, de Mené, ou Méon, Lune (†).

Si Hercule en devient Esclave après avoir achevé ses Travaux, c'est qu'il se trouve effectivement uni à elle au tems des Solstices.

La premiere Femme d'Hercule, c'est-à-dire, l'Année précédente, s'en trouve donc abandonnée, elle ne lui est plus rien, elle lui est étrangere,

---

(†) On ne doit pas être surpris de voir ici Men coupé en deux syllabes, & devenu Méon. On verra dans nos Principes sur les Langues, qu'il n'est aucun monosyllabe qui n'ait essuyé une pareille métamorphose dans une Langue ou dans une autre. CUMBERLAND avoit bien vu dans son Ouvrage sur Sanchoniaton, que le mot de Méon dans les Bal ou Baäl-Méon des Hébreux, étoit exactement le même que Men.

ou MEGARE ; car c'est exactement ce que signifie ce nom en Oriental.

Dans DEIANIRE, on ne peut méconnoître le mot Oriental *nur* ou NYR נור qui signifie *Lumiere* : & le mot DEIA, abondance : car après le Solstice d'hyver, le Soleil revient avec un éclat nouveau : ou plutôt, c'est l'année accomplie, parvenue à son dernier terme.

TROISIEME PARTIE.

Explication de la Vie & des douze Travaux d'Hercule.

§. I.

Ces Travaux peints anciennement sur les murs des Temples, & pourquoi ?

SUR les Murs Sacrés du Temple d'Hercule à Cadix étoient peints ses douze Travaux, nous l'avons déja vû.

Ce trait est de la plus vive lumiere.

Il en résulte premierement, que les Travaux d'Hercule n'étoient pas de l'invention des Grecs, puisqu'ils avoient été peints par les Phéniciens sur les murs d'un Temple fort antérieur à l'Hercule Grec.

Secondement, qu'ils avoient pour objet des Événemens d'une grande importance, & étroitement liés à la Religion & au meilleur ordre de la Société, puisqu'on les peignoit sur les murs des Temples.

Ces Peintures étoient en effet la représentation des douze Signes & des travaux des hommes relatifs à chacun de ces Signes, ou à la portion de l'année à laquelle ils étoient censés présider.

L'on n'en doit pas être surpris. Dans ces Tems reculés, on n'avoit que le secours des PIERRES & du MARBRE pour instruire les Hommes. Tout ce qui servoit à éclairer la Nation, étoit gravé sur des Monumens de cette espéce, & exposé aux yeux du public pour l'avantage de tous.

Mais point de Monumens plus propres à cet effet, que les Murs des Temples. Outre que l'on donnoit par-là matiere aux Talens de se développer de la maniere la plus grande & la plus noble, on ne pouvoit choisir un moyen plus propre à répandre l'instruction avec plus de célérité & d'universalité.

Pour les Peuples agricoles, dispersés dans les Campagnes, les Temples sont le vrai point de réunion. C'est-là que se réunissant de toutes parts pour rendre graces à la Divinité de ses bienfaits, ils aprenoient en même tems l'usage qu'ils devoient faire des jours qui alloient marcher à la suite de celui où ils étoient assemblés : ainsi en remplissant les devoirs augustes

de

HISTOIRE D'HERCULE.

de la Religion, ils aprenoient tout ce qui pouvoit les intéresser le plus, tout ce sans quoi il n'y auroit point de société policée & florissante.

C'est-là qu'on les instruisoit de tout ce qui avoit raport aux divers jours de l'année, de son commencement, de sa fin, des nouvelles Lunes, des mois & des saisons, des jours de travail & des jours de repos, du lever & du coucher des Etoiles directrices des Travaux.

C'étoient en effet les Prêtres qui avertissoient le Peuple de toutes ces choses, parce leur Ordre étoit chargé de régler le Calendrier & tout ce qui avoit raport au culte public. Aussi faisoient-ils toujours les proclamations des nouvelles Lunes & de la nouvelle année. Nous voyons ces proclamations en usage dans l'ancienne Rome, chez les Hébreux, chez les Grecs, &c.

Mais on ne se contentoit pas d'en faire la publication chez des Peuples aussi civilisés & aussi habiles dans les Arts que le furent les Phéniciens & les Egyptiens. Ceux-ci tracerent le Calendrier sur les Murs des Temples & les Colonnes Sacrées.

Nous en trouvons une preuve remarquable dans les Voyages de Pococke en Orient (1).

« Au Nord de la Ville d'Acmin, (l'ancienne Panopolis d'Egypte) dit-il, je trouvai quelques ruines d'un ancien Temple, dont il ne reste que quatre grosses Pierres. L'une d'entr'elles a environ 18 pieds de long hors de terre, l'autre extrémité étant sous un édifice moderne, 8 pieds de large & 3 d'épaisseur.... On voit sur un de ses côtés.... quatre Cercles, & dans celui qui est le plus près du centre, une Figure qui vraisemblablement représente le Soleil. Les espaces compris entre les deux qui suivent, sont divisés en douze parties. Dans le premier sont représentés douze Oiseaux, & dans le second douze figures effacées, que je crois être les Signes du Zodiaque. L'espace extérieur qui n'est pas divisé, contient, si je ne me trompe, douze figures d'hommes. Dans chacun des angles compris entre le Cercle extérieur & les Ornemens quarrés qui sont autour, est une figure qui représente une des quatre Saisons. A côté est un globe porté par deux ailes, dont l'une est à côté de la figure, & l'autre sur une autre piéce de sculpture. Ces pierres & quelques autres d'un Temple qui est auprès, sont si grosses, qu'on n'a pu les mouvoir de leur place ».

Tel est le récit du Voyageur : on ne peut y méconnoître un Calendrier Egyptien peint sur les murs d'un Temple, & conforme, mais en petit, à un Calendrier pareil trouvé à Rome, gravé dans les Mémoires de l'Académie Royale des Sciences, année 1708. & que nous ferons paroître de nouveau dans un de nos Volumes suivans.

---

(1) Tom. I. de la Traduct. Franç. p. 215. 216.

Allégories.

Les Grecs marchant sur les traces des Orientaux, peignirent également sur les murs de leurs Temples les aventures des Dieux ; & celles d'Hercule en particulier, avec ses Travaux, sur ceux du Temple d'Iou Olympien, dans l'Elide.

Ce n'étoient donc pas des actions humaines, ni des histoires fabuleuses & impies. Les eût-on gravées avec tant d'empressement dans les lieux sacrés, où l'on alloit honorer la Vérité, & faire profession de haïr le vice ?

Mais c'étoit un vrai ALMANACH Civil & religieux ; Livre le plus utile, en même tems qu'il étoit alors le plus difficile & le plus illustre effort du Génie.

Que l'on ne dise pas que cet usage fut moderne, & que les Temples eux mêmes ne sont pas anciens : les premiers Empires du Monde en eurent aussi-tôt qu'ils se formerent. Les Observations Astronomiques des Chaldéens, gravées sur le Temple de BEL, remontoient à plus de deux mille ans avant notre Ere.

Le Temple d'Hercule à Tyr avoit 2300 ans d'antiquité, selon Hérodote.

Celui de ce Héros à Cadix, étoit de la plus haute antiquité.

Les Temples de Thébes en Egypte datoient presque de l'arrivée des Egyptiens dans ces Contrées, de même que les Colonnes sacrées de Thot.

Si l'on ne s'en est pas aperçu plutôt, c'est que l'on n'avoit pas saisi le vrai sens de divers passages anciens qui y ont raport. Ainsi l'imitation du Ciel par Thot ou Mercure, consista, comme nous l'avons déja dit, dans l'invention & la composition d'un Almanach ; ainsi les représentations de l'Histoire d'*Uranus* ou du Ciel, & de Cronus ou Saturne, sur les murs des Temples, étoient autant d'Almanachs. Il en fut de même du fameux Cercle d'Osymandias, comme nous le verrons dans la suite.

On voyoit donc sur ces Monumens, les Signes du Zodiaque, & les Travaux correspondans de l'Agriculteur. Ici, un homme, la charrue en main, traçoit de pénibles sillons : là un Moissonneur avec sa Faucille abattoit les épis dorés. Plus loin, un Cerf poursuivi par un Chasseur, sembloit fuir avec légereté, &c. A la tête de tous ces Tableaux, Mercure armé du Caducée, faisoit l'Ouverture de ces Travaux intéressans.

§ 2.

Pourquoi ils furent apellés Travaux.

Le tout ensemble étoit apellé à juste titre, la VIE & LES TRAVAUX D'HERCULE.

VIE, parce qu'ils peignoient la vie entiere du Laboureur, depuis le commencement de l'année jusqu'à sa fin.

HISTOIRE D'HERCULE.

Travaux, parce que les occupations de la Campagne sont les vrais Travaux de l'homme, ceux sur lesquels s'éléve la base des Sociétés & des Empires.

Et celui qui les soutient fut apellé au figuré un Athléte douze fois vainqueur ; & ses Travaux, douze Combats ; parce qu'en effet, il lutte contre la Nature entiere, & qu'il en triomphe par ses succès.

C'est pourquoi, le dernier jour étoit apellé Victoire.

Si les Latins apelloient ces Travaux labores (labeurs), les Grecs les avoient déja apellés Athla, par une heureuse dénomination qui les représentoit non-seulement comme des Combats, mais sur tout comme les sources de la production & de l'abondance : & ici, le Lecteur se rapellera sans peine tout ce que nous avons dit au sujet d'Atlas, dans notre premiere Allégorie.

Ces noms de Labores & d'Athla sont réunis dans ces vers de Manilius (1) :

» Et quoniam toto digestos orbe Labores
» Nominaque (2) in numerum viresque exegimus omnes,
» Athla vocant Graii, quæ cuncta negotia rerum,
» In genera ac partes bis sex divisa cohærent.

» C'est ainsi que nous avons conduit à une heureuse fin les labeurs, les
» forces, les poids répandus dans le Monde entier ; ces Travaux que les
» Grecs apellent Athla, & qui partagés en deux bandes de six chacune,
» embrassent & unissent tous les travaux des hommes.

§. 3.

Considération de la Galerie Phénicienne représentant les Travaux d'Hercule.

Entrons dans cette brillante Galerie, peinture vive & agréable de la Course du Soleil & de ses heureux effets pour le bonheur des humains. D'un chaos de fables, nous allons voir sortir une allégorie ingénieuse & pleine de graces : le génie de ces hommes illustres qui les premiers éclairerent les Peuples, & qui étant leurs Législateurs, les conduisirent à la vertu & à la félicité par des instructions aussi intéressantes que flatteuses. Ce génie déja flétri par le laps des tems, va reparoître à nos yeux : eux-mêmes vont nous introduire dans leurs mysteres les plus profonds, & nous donner l'intelligence des Doctrines anciennes, de ces Doctrines qui présiderent à

---
(1) Manilii Astronomicon, Lib. III. pag. 64. vers. 9-12.
(2) Ou *Mominaque*, selon la remarque de Scaliger.

l'enfance du monde, qui formerent les Grecs, qui ont influé jusques sur nous-mêmes : leurs cendres froides & éparses vont se réunir & se ranimer.

Nous ne serons plus étonnés que les Anciens ayent trouvé quelque plaisir à la contemplation de ces Tableaux Symboliques; que leurs Peintres & leurs Sculpteurs en ayent fait le sujet de leur savante Imitation ; que leurs Poëtes les ayent chantés.

Si cet Homme illustre par ses profondes connoissances dans les beaux Arts, qui ne négligea rien pour ramener au milieu de nous à cet égard les beaux jours de la Gréce, qui d'une main savante ne dédaigna pas d'esquisser les Tableaux que nous présentent l'*Enéide*, l'*Iliade* & la vie *d'Hercule* (1), avoit connu les grands objets que nous offrent ces Tableaux, s'il avoit sçu que, destinés à peindre la Nature entiere & ses heureuses influences, ils n'étoient pas bornés aux tems des Grecs & à leur histoire, mais qu'ils étoient également faits pour nous, & assortis à nos plus grands intérêts, avec quel enthousiasme ne les eût-il pas traités ! quel feu, quelle chaleur ne lui eussent-ils pas inspiré ? C'est la Nature même qu'il eût peint.

Je ne serai pas peintre comme lui : mais les Tableaux d'HERCULE LE THEBAIN que nous allons voir, frapperont & intéresseront ; parce qu'on y verra en effet la Nature elle-même & l'esprit allégorique s'étendre, se développer, s'expliquer par sa propre force.

Que l'on ne nous objecte pas le silence des Grecs & des Romains. Déja, ils savoient que ces choses étoient allégoriques : nous l'avons vu par leurs Témoignages.

Le cas précieux qu'ils en faisoient, & le titre respectable de *Mythologie* qu'ils leur donnoient, en est encore une démonstration sensible.

Si les Anciens ne sont pas entrés dans un plus grand détail sur ces objets; si quelquefois même ils ont méconnu l'allégorie qu'ils étoient destinés à peindre, ce ne doit pas être un motif suffisant pour que nous rejettions un sens allégorique aussi simple, aussi naturel, aussi démontré, aussi intéressant. Les Ecrivains Grecs qui nous ont transmis ces choses, n'eurent peut-être jamais une assez grande connoissance de leurs propres antiquités, & surtout des Orientales, pour apercevoir la beauté & l'étendue de ces allégories; & presque toujours, ils furent retenus par le respect que les Dévots de leurs tems avoient pour les Dieux nés de ces allégories; ensorte que la crainte de les offenser retint leur plume & les empêcha de nous transmettre des vérités intéressantes. C'est ainsi que PAUSANIAS, HERODOTE & d'autres Historiens prêts à nous dévoiler les mystères de leurs tems, s'arrêtent & disent qu'il ne leur est pas permis de parler.

---

(1) M. le Comte de CAYLUS.

Eût-on souffert en effet celui qui auroit démontré que Saturne, Mercure, Hercule, les douze Grands Dieux, & toute la bande céleste, étoient nés en quelque sorte d'objets allégoriques ?

N'en sommes-nous pas blessés nous-mêmes, qui y prenons bien moins d'intérêt ? Ceux qui veulent nous ramener à l'allégorie, ne nous paroissent-ils pas des audacieux, qui ne tendent pas à moins qu'à anéantir toute certitude, toute histoire, & à substituer à des faits dont on ne douta jamais, les Etres fantastiques de leur imagination déréglée ?

Mais comme la Religion ne peut jamais perdre à l'abandon de ce qui n'est pas Dieu & vérité, de même l'Histoire ne peut rien perdre à l'abandon de Personnages purement allégoriques : elle y a tout à gagner.

Elle se débarasse par-là de faits, trop contraires à la raison pour pouvoir être admis, & pour ne pas faire un puissant préjugé contre l'histoire elle-même.

La raison y gagne de son côté, par l'intérêt qu'elle prend à des récits qui acquierent un tout autre prix à ses yeux, & par la satisfaction que l'on éprouve en pensant que des objets qui nous ont toujours amusé ne sont pas des radotages ou des contes absurdes; mais des instructions ingénieuses & fondées sur les besoins même des Hommes.

Ainsi s'enrichit & s'étend la vraie Histoire, celle des Connoissances humaines, très-supérieure à l'histoire des Peuples & à celle des Héros.

TABLEAU PREMIER.

Deux DRAGONS étranglés par Hercule au Berceau.

RIEN de plus absurde en aparence que l'histoire de ces deux Dragons envoyés par Junon pour faire périr Hercule au berceau, & que cet Enfant étrangle courageusement de ses propres mains, donnant ainsi dès son enfance des marques frapantes de ce qu'il seroit un jour : aussi les Mythologues ne s'en sont guères mis en peine, dans l'idée que c'étoit une pure fable qui n'avoit nul raport aux travaux d'Hercule.

Mais par raport à nous, qui sommes persuadés que tout a son sens & son utilité dans les récits mythologiques, nous voyons dans ce fait une allusion ingénieuse à l'événement par lequel s'ouvre le Calendrier ancien; mais avant que nous le dévelopions, ajoutons deux circonstances que nous a conservées THEOCRITE dans son Idylle à l'honneur d'Hercule (1), trop

---

(1) THEOCR. idyll. XXIV. v. 85-98.

remarquables pour être passées sous silence, & qui deviendront autant de preuves de ce que nous avons à dire.

§. I.

***FRAGMENS** de l'Idylle XXIV. de Théocrite, à l'honneur d'Hercule Enfant.*

Il nous aprend d'abord qu'Hercule n'étoit âgé que de dix mois, lorsqu'il étrangla les deux Dragons.

ΗΡΑΚΛΕΑ δικάμηνον ἐοντα....
.... Τᾶμ᾽ ἀφαινὰ πέλωρα δύω πολυμήχαν᾽ ΗΡΗ
Κυανέαις φρίσοντας ὑπὸ σπείραισι Δρακοντας
Ὤρσεν....
....ΗΡΑΚΛΕΗΣ· ἄμφω δ᾽ ἐιρβαῖ ἐνεδήσατο δεσμῷ....

Il fait ensuite dire par Tirésias, que cet événement annonçoit la gloire dont se couvriroit ce Héros; & ce Devin ordonne à Alcméne de faire préparer un bûcher, pour y bruler ces deux Dragons à minuit, dans le même moment de la nuit où ils avoient attaqué Hercule; & qu'au point du jour, une de ses Femmes rassemblant leurs cendres, les jette dans un fleuve, dans des précipices, ou aux vents, & qu'elle ait soin de revenir aussi-tôt, sans regarder en arriere; qu'ensuite on purifie le Palais avec du soufre & avec de l'eau lustrale; & qu'on finisse par le sacrifice d'un Porc, afin que l'on soit par ce moyen à l'abri de tout mal, & qu'on triomphe de tous ses ennemis.

....Τειρεσίαν τόκα μάντιν....
ΑΛΚΜΗΝΑ καλέσασα....
....Τοῖθ᾽ ἀνήρ....
....Γύναι, πῦρ μέν τοι ὑπὸ σποδῷ εὔτυκον ἔςω,
Κάγκανα δ᾽ ἀσπαλάθω ξύλ᾽ ἑτοιμάσατ᾽ ἢ παλιύρω
Ἢ βάτω, ἢ ἀνέμῳ δεδονημένον αὖον ἄχερδον·
Καῖε ἢ τώδ᾽ ἀγρίοισιν ἐπὶ σχίζησι δράκοντε
Νυκτὶ μέσα, ὅκα παῖδα κανῆν τεὸν ἤθελον αὐτοί.
Ἠρὶ ἢ, συλλέξασα κόνιν πυρὸς ἀμφιπόλων τις,
Ῥιψάτω εὖ μάλα πᾶσαν ὑπὲρ ποταμοῖο φέρουσα,
Ῥωγάδας ἐς πέτρας, ὑπὲρ ὅριον· ἄψ ἢ νέεσθαι
Ἄςρεπτ᾽· καθαρῷ ἢ πυρώσατε δῶμα θεείῳ
Πρᾶτον. ἔπειτα δ᾽ ἅλεσσι μεμιγμένον (ὡς νενόμιςαι)
Θαλλῷ ἐπιρραίνειν ἐςεμμένον ἀβλαβὲς ὕδωρ·
Ζηνὶ δ᾽ ἐπιρρέζαι καθυπερτέρῳ ἄρσενα χοῖρον·
Δυσμενέων αἰεὶ καθυπέρτερον ὣς τελέθοιτε.

HISTOIRE D'HERCULE.

Nous avons donc ici une allégorie fortement caractérisée par tous ces traits.

1°. Deux Dragons étranglés par Hercule.
2°. A l'âge de dix mois.
3°. A minuit.
4°. Et jettés dans un feu avec des Cérémonies propitiatoires.

A ces caractères, on ne peut manquer le mot de l'Enigme.

L'on se rapellera sans doute que le symbole de Mercure, le Caducée, est composé de deux Dragons étranglés par le milieu, l'un mâle, l'autre femelle; que leur point de réunion s'apelloit Hercule, & que Mercure fut l'inventeur de l'Astronomie ou du Calendrier.

L'étranglement des deux Dragons par Hercule, n'est donc qu'une allégorie relative au Caducée, ou à l'objet qu'il peignoit, & lié étroitement avec l'année du Laboureur dont il faisoit l'ouverture.

Mais à quel jour de l'année, à quel moment est attaché le Caducée ? Les Anciens nous l'aprennent, en apellant les Solstices *Tête & queue de Dragon.*

L'année du Laboureur mise en Tableaux allégoriques dans l'Histoire d'Hercule, s'ouvre donc par un Solstice. Mais il y en a deux ; celui d'Eté à la Saint-Jean, celui d'Hyver à Noël : duquel des deux s'agit-il ? C'est ce qu'il importe de décider plus qu'on ne pense, puisque de-là dépend la marche de tous les Travaux d'Hercule.

Ce moment du départ ne sera pas difficile à reconnoître.

Il offre deux caractères auxquels on ne peut se méprendre. 1°. Il précéde la victoire qu'Hercule remporte sur le Lion. 2°. Hercule avoit alors dix mois.

La défaite du Lion est relative au mois de Juillet dont le signe est le Lion ; ainsi les deux Dragons sont étranglés dans le mois qui précéde celui de Juillet ; c'est-à-dire au Solstice de JUIN, le 20 du mois, à notre façon de compter, & qui étoit chez les Anciens la veille du premier jour d'Eté.

Hercule avoit alors dix mois, parce que l'année des Egyptiens, chez lesquels étoit Théocrite, quand il composa l'Idylle d'Hercule au berceau, tomboit ainsi sur le dixieme mois.

Enfin, ceci achéve de se démontrer victorieusement par le Feu propitiatoire dans lequel sont brûlés les deux Dragons à minuit, & que ce Poëte nous a transmis.

§. 2.

Feux de la Saint-Jean.

Peut-on méconnoître ici les Feux de la S. Jean, ces Feux sacrés allumés à minuit au moment du Solstice chez la plûpart des Nations anciennes & modernes ? Cérémonie religieuse, qui remonte ainsi à la plus haute Antiquité,

& qu'on obfervoit pour la profpérité des Etats & des Peuples, & pour écarter tous les maux.

L'origine de ce Feu que tant de Nations conservent encore, & qui se perd dans l'antiquité, est très simple. C'étoit un Feu de joie allumé au moment où l'année commençoit; car la première de toutes les années, la plus ancienne dont on ait quelque connoissance, s'ouvroit au mois de Juin. De-là le nom même de ce mois, JUNIOR, *le plus jeune, qui se renouvelle*; tandis que celui qui le précéde est le mois de Mai, ou MAJOR, *l'ancien*: aussi l'un étoit le mois des Jeunes Gens, & l'autre celui des Vieillards.

Ces Feux-de-joie étoient accompagnés en même tems de Vœux & de Sacrifices pour la prospérité des Peuples & des biens de la Terre: on dansoit aussi autour de ce Feu; car y a-t-il quelque Fête sans danse? & les plus agiles sautoient par-dessus. En se retirant, chacun emportoit un tison plus ou moins grand, & le reste étoit jetté au vent, afin qu'il emportât tout malheur comme il emportoit ces cendres.

Lorsqu'après une longue suite d'années, le Solstice n'en fit plus l'ouverture, on continua cependant également l'usage des feux dans le même tems, par une suite de l'habitude, & des idées superstitieuses qu'on y avoit attachées: d'ailleurs, il eût été triste d'anéantir un jour de joie, dans des tems où il y en avoit peu; aussi cet usage s'est-il maintenu jusqu'à nous.

On trouve ces Feux de la Saint-Jean en usage, jusques dans la Russie. » Les Russes, disent leurs Historiens (1), célébroient pendant le Paganisme » la Fête de la Déesse des Fruits, qu'ils apelloient RUPALS, le 24 Juin, » avant la récolte du blé & du foin. Encore de nos jours, ils passent la nuit » qui précéde la Fête dans les Divertissemens & les Festins; & ils allument » des Feux-de-joie, autour desquels ils dansent. Le Peuple donne le nom de » *Rupal'niza* à la bienheureuse AGRIPPINE, dont on célébre la Fête ce » jour-là.

---

(1) Hist. de Russie par LOMONOSSOW, Traduct. Franç. Paris 1769. in-8°. Part. II.

SECOND TABLEAU.

SECOND TABLEAU.

Le Lion de la Forêt de Nemée vaincu par Hercule.

PREMIER TRAVAIL.

LE premier des Travaux d'Hercule, & qui suivit l'étranglement des deux Dragons, chanté fort au long par Théocrite dans ses Idylles (1), consista dans son Combat contre le Lion de la Forêt de Nemée, qu'il vainquit, & dont il porta la peau le reste de sa vie.

Mais ce travail, venant à la suite de l'étranglement des deux Dragons ou du Solstice d'Été, nous conduit au mois de Juillet, qui a pour signe le Lion.

Hercule pris pour le Soleil, remporte en effet dans ce mois une victoire complette sur le Lion Céleste, & c'est le premier des Signes par lequel il fournit sa carrière.

L'on sçait d'ailleurs que le Lion étoit le Symbole du Soleil d'Été, comme la *Vache* celui de la Lune, la *Colombe* celui de Vénus, &c.

Aussi Hercule est toujours peint avec la peau du Lion; & nous verrons qu'Osymandias, qui est l'Hercule Egyptien, ne marche jamais sans son Lion, & qu'il lui doit toutes ses victoires.

Les Perses eux-mêmes peignoient également le Soleil, sous l'Emblême d'un Lion: ils apellent sa Fête *la Fête du Lion*; & l'on nous a conservé le passage d'un Hostanes qui fait de grandes lamentations de ce que les Médes furent forcés de célébrer la Fête de Titan (c'est-à-dire du Soleil, mot à mot le Grand-Feu, le Feu du Ciel, le Feu Auguste) sous la figure du Lion, lorsqu'ils eurent été subjugués par les Perses.

On le voit sur des Abraxas, peint en jeune homme debout sur un Lion, avec son nom Egyptien ΦPH Ph-ré pour devise.

C'est le nom du Soleil en Egyptien. Il est formé du primitif רעה Rhoe, Rhê, qui désigne toute personne qui soigne, qui garde, qui veille, un Gardien, un Inspecteur, un Berger, un Roi, joint à l'article Ph C'est le Frey du Nord. De-là vinrent également & par l'addition de l'article Ph, les noms de Pha-rao, Phe-ron &c. mot à mot *le Roi*. Et par l'addition de l'article Ου, le mot Grec ΟΥΡΩ *Ouró*, Garde, Inspecteur. De-là vint

---

(1) Idyll. XXV. v. 100-166.

Allégories.

encore le mot Grec ΦΡΟΥΡΩ *Ph-rou-rô*, qui signifie la même chose, & qui fut un nom de dignité, donné en particulier aux Gardes des Rois. Cette Famille de *Rhé* est immense.

C'est par la même raison que les Anciens assignant une Planette à chaque Signe, choisirent celui du Lion pour le Soleil.

Mais ce n'est pas le seul raport qu'eût le Lion avec Hercule : il en avoit un autre plus étroit encore, & relatif à l'Agriculture.

Le Lion aprivoisé étoit l'emblème de la Terre cultivée, & répondant aux soins du Laboureur. Les Anciens nous l'aprennent eux-mêmes ». Les » Lions aprivoisés qui suivent Rhéa », nous dit Varron dans le passage remarquable que nous avons cité plus haut (1); » aprennent aux Hommes » qu'il n'y a aucune Terre qui ne puisse être domptée & mise en valeur.

Aussi voyons-nous le char de Rhéa ou de Cybele tiré par des Lions, par la même raison. Il est vrai qu'il est quelquefois tiré par des Tigres; mais alors c'est pour marquer la variété des Couleurs qui brillent sur la Terre, plus tigrée qu'aucune peau de Tigre.

Ce premier Travail est donc relatif aux premiers des Travaux du Laboureur; à ces travaux rudes & pénibles qui mettent seuls une Terre en état d'être cultivée; & auxquels sont obligés ceux qui, pour défricher leur Terrain, arrachent ces Forêts, dessèchent ces eaux croupissantes, contiennent ces Fleuves, enlevent ces pierres &c. qui formoient de ce Terrain, un sol stérile & perdu.

Travaux de Géans & de Lions; & qui exigeant des avances considérables & des connoissances plus grandes encore, supposent dans les Chefs des premieres Sociétés & des Colonies Agricoles, une capacité & un courage très-supérieurs aux qualités qu'on leur accorde ordinairement.

Aussi portent-ils le reste de leurs jours la peau du Lion, puisqu'ils jouissent sans interruption de la dépouille de cette Terre, qu'ils ont subjuguée & mise en culture.

Ce Travail est placé au mois de Juillet & sous le signe du Lion, parce que les travaux de ce genre ne peuvent parvenir à leur dégré de perfection, que dans cette saison de l'année où les jours sont les plus longs, & la chaleur la plus grande; cette chaleur étant absolument nécessaire pour achever de dessécher la Terre défrichée, pour développer ses sels, pour l'échauffer, & la mettre en état de recevoir dans son sein & de féconder les semences qu'on lui confiera.

Si ce Lion s'apelle le Lion de la Forêt de Nemée, ou simplement le Neméen, c'est qu'en Grec Nemée signifie une Forêt. Ainsi Lion Neméen, signifie simplement *Lion de la Forêt*. En ajoutant *de Nemée*, on fait un double

---

(1) Ci-dessus, pag. 49.

emploi ; c'eſt une pure répetition, ſemblable à celle où l'on tombe toute les fois qu'on regarde comme un nom propre, ce qui n'eſt qu'un nom générique.

Ce Lion n'eſt en effet le le lion d'aucune forêt en particulier. C'eſt toute Forêt qu'on défriche.

TROISIEME TABLEAU.

L'Hydre de Lerne abattue.

SECOND TRAVAIL.

Cette Hydre étoit un monſtre épouvantable ; car elle n'avoit qu'un corps ; mais ce corps avoit cent cous & cent têtes, dit Diodore ; & ces têtes étoient d'or, ajoute un Mythologiſte. Hercule eſt condamné à faire périr ce monſtre : il en abat les têtes ; & afin qu'elles ne renaiſſent pas à meſure, il fait mettre le feu au corps de l'Hydre.

Je ne m'arrêterai pas à rapeller les explications diverſes qu'on a données de ce conte bleu ; je me contenterai de dire que c'eſt une Allégorie, une vraie énigme dont la nature même & la ſuite des Travaux d'Hercule doivent nous donner le mot, de la maniere la plus ſatisfaiſante.

Car tel eſt l'avantage que nous aurons dans l'explication de ces Travaux, que nous ſerons éclairés & guidés par deux points de comparaiſon lumineux ; l'ordre des Travaux d'Hercule, d'un côté ; la ſuite des Travaux de la campagne, d'un autre.

En partant de ce principe, l'Hiſtoire de l'Hydre ne renferme plus rien de difficile : on voit à l'inſtant le ſujet de l'Allégorie.

Ce Travail tombe ſur le mois d'Aoust, dont le ſigne eſt la Vierge, la Sibylle, ou la belle Moiſſonneuſe, qui tient encore un épi dans ſes mains.

N'eſt-ce pas alors en effet que l'on acheve les moiſſons, que le Laboureur recueille le fruit de ſes ſoins, qu'armé de la faulx meurtriere, il abat les têtes de ſes épis dorés, vraies Hydres à cent cous & à cent têtes ſur un ſeul corps : car dans les fertiles Contrées de l'Orient, ſur le tronc d'un ſeul grain, s'élevent une infinité de tiges dont la tête ſuperbe a pour ſoutien un cou prodigieux.

Hercule fait enſuite mettre le feu au corps même de l'Hydre, parce qu'alors, comme encore de nos jours, dans pluſieurs Contrées, le Laboureur met le feu à ſes chaumes, afin de fertiliſer la terre par leurs cendres.

L'on ne doit pas être ſurpris d'ailleurs de voir les épis de Blé changés en Hydre: les Serpens furent toujours dans l'Antiquité le Symbole des Blés ; & leur nom, allégorique, comme nous aurons occasion de le voir ; & ce nom n'étoit pas mal choisi.

On n'objectera pas, contre l'explication de ce second Travail, qu'il n'est pas naturel que la moisson soit placée immédiatement à la suite des travaux faits pour rendre la terre cultivable. Il ne s'agit pas ici des travaux sur un même champ, mais des travaux d'une campagne entiere. Or, dans toute campagne, lorsqu'on a fait en Juillet les préparatifs nécessaires pour mettre une portion de cette campagne en valeur, on fait au mois suivant la moisson dans la portion qui a déja été mise en valeur & semée, l'année précédente.

On verra cependant à la fin de cette explication des Travaux d'Hercule, une autre maniere de considérer celui-ci, relativement au troisiéme & au douziéme.

TABLEAU QUATRIEME.

SANGLIER *saisi & offert aux Dieux ; & Combat des* CENTAURES.

TROISIEME TRAVAIL.

D'ABORD, *Hercule* saisit un SANGLIER & l'offre aux Dieux ; ensuite, à l'occasion d'un Tonneau de vin, il a tous les CENTAURES sur les bras, & il en demeure vainqueur.

Tout ceci est relatif au mois de *Septembre*, dont il peint exactement les Travaux.

Lorsque les Hommes avoient achevé leurs moissons, ils en témoignoient aux Dieux leur reconnoissance, & ils immoloient alors des *Cochons*, animaux nuisibles au Laboureur ou à ses Terres par les ravages qu'ils y font. Aussi, sous ce double raport, le Cochon joue un grand rôle dans l'antiquité. C'est un Cochon qui blesse Adonis, un Cochon qui tue Attys, un Cochon qui ravage le pays des Calydoniens. C'est aussi un Cochon qu'offroient aux Dieux tous les Peuples agricoles.

Il en est souvent parlé dans les Fastes d'Ovide.

» Prima CERES avidæ gavisa est sanguine porcæ,
  » Ulta suas merita cæde nocentis opes :
» Nam Sata Vere novo teneris lactantia sulcis
  » Eruta setigeræ comperit ore Suis.
» Sus dederat pœnas ... (1)

---

(1) Fast. I. 349. & suiv.

» Cérès prit plaisir la premiere à voir verser le sang d'une Truie gour-
» mande, vengeant par la juste mort du coupable ses moissons ravagées,
» lorsqu'au Printems nouveau, elles commençoient à tirer des sillons une
» nouvelle vigueur: la Truie porta la peine de ses ravages ».

» A bove succincti cultros removete, Ministri:
» Bos aret : ignavam sacrificate Suem (2).

» Ministres des Dieux, détournez du Bœuf vos coûteaux; qu'il laboure !
» immolez le Cochon paresseux ».

C'est donc avec raison, que sur la Galerie Phénicienne, le Tableau des Têtes de l'Hydre abattues, est suivi de l'offrande d'un Sanglier : elle peignoit ces Fêtes solemnelles qui ouvrent le mois de Septembre, dès que toutes les moissons sont achevées : Fêtes très-florissantes chez tous les Peuples de l'Antiquité ; & qui se sont transmises jusques à nous, mais sanctifiées par des motifs encore plus purs & plus parfaits.

Les Poëtes, pour peindre énigmatiquement cette circonstance essentielle de la Galerie Phénicienne, dirent qu'Hercule avoit eu ordre de saisir un Sanglier qui causoit d'affreux ravages, & qui fut ensuite offert aux Dieux. Sous ce point de vue, c'étoit en effet une vraie Enigme, inexplicable dès qu'on la séparoit de son ensemble.

Il en sera de même des Centauris, Enigme également indéchiffrable jusques à présent ; parce que jusques à présent on n'avoit pas pensé, que tous ces Travaux décousus formoient une vraie suite d'actions très réelles & très-intéressantes.

Les Centaures dans l'origine, étoient semblables aux Satyres & aux Pans : c'étoient des Monstres qui avec un corps humain, avoient des pieds & des cornes de bœuf.

Dans la suite, on les peignit sous une forme plus élégante : on leur donna depuis la ceinture en bas, un vrai corps de bœuf à quatre pieds.

Dans la suite encore, on ne trouva pas cette forme assez belle ; & on les peignit avec un corps de cheval.

Tels sont les trois états par lesquels ont passé ces Monstres, déja si singuliers.

Dans le premier, ils étoient pareils à Bacchus l'ancien, qu'on apelloit Tauriforme (1), & auquel les Femmes de l'Elide offroient des vœux non moins énigmatiques, que nous verrons à l'instant.

Dans le second, ils étoient apellés avec raison *Centaures*.

Relativement au troisieme, on leur donna le nom d'*Hippocentaures*, ou *Chevaux-Centaures* ; & l'on ajouta que ceux-ci étoient nés des Centaures ; &

---

(2) Fast. IV. 412.

l'on avoit raifon ; car de ces deux Êtres Allégoriques, le dernier étoit né de l'autre.

Mais qu'avoit-on voulu peindre par cette repréfentation fi bifarre en aparence ? & qui a été inexplicable, parce que l'on n'avoit aucune bafe fixe dont on pût partir.

Au moyen de celle que nous nous fommes faite & du fil que nous tenons, cette Enigme ne fera pas plus difficile que les autres. Le mot en eft très-certainement le *Labourage* ; & l'énigme en elle-même fe trouve très-conforme au goût Egyptien & Phénicien, & au génie de la plus haute antiquité. Ce qui eft très-heureux.

C'eft au Labourage, à l'Agriculture, que fe raporterent les leçons des Mortels qui les premiers inftruifirent leurs femblables : toutes les Fêtes & tout le Culte des Anciens furent abfolument relatifs au Laboureur ; & fans cette clé, l'Antiquité eft inexplicable ; tout comme avec elle, elle n'a rien d'impénétrable.

La Galerie Phénicienne ayant pour objet les travaux de la Société entière dans le cours de l'année, dut néceffairement repréfenter ceux du Labourage, qui fe font d'abord après les moiffons & dans le cours du mois de Septembre. Auffi qu'y voyons-nous à cette Epoque ? *Hercule*, *des Centaures*, *un Tonneau de vin*.

A l'equipage des Centaures, à leurs cornes, à leurs pieds de bœuf, pouvons-nous méconnoître des LABOUREURS peints dans le goût des peuples primitifs, & que nous préfentent encore tous les Monumens de l'ancienne Egypte ; peints auffi comme *Bacchus l'ancien* dans l'Hymne des Elidiennes, au jour de fa Fête ?

» Accours, lui difoient-elles, illuftre Héros; accours, Dionyfius, honore
» de ta préfence ton Temple augufte, que les Graces t'y accompagnent,
» ô roi qui frape la Terre avec ton pied de Bœuf, Saint Taureau, Taureau
» Saint.

Ce *Bacchus-Taureau* qui ne fut autre que l'Inventeur même de l'Agriculture, ne pouvoit être peint fous un emblême plus fignificatif, plus énergique.

Dans la fuite, les Grecs le peignirent avec plus de nobleffe, & non moins de vérité, fur un Char de Triomphe, fous la figure d'un beau jeune homme, & tiré par des Centaures qui jouent de toutes fortes d'Inftrumens, de la Flûte, des Tambours de bafque, de la Lyre, &c.

Si nous raprochons cet Emblême de celui qui le précédoit chez les Egyptiens & du fens duquel tout le Monde convient, celui-ci en acquerra un nouveau dégré d'évidence. Les mois de Juillet & d'Août étoient peints fur

---

(1) Eurip. in Bacch. v. 918.

HISTOIRE D'HERCULE.

les bords du Nil sous la figure d'un *Sphynx*, monstre moitié Femme, moitié Lion. Cette Nation agricole avoit voulu peindre par-là ce tems de l'année où *Hercule*, désigné par le Lion, vit dans un état d'indolence & de plaisirs, désigné par la Vierge, tems qui est le Carnaval de l'Egypte, parce que les Terres étant couvertes d'eaux, ne permettent aucun travail à Hercule.

Maintenant, le voici enté sur un Taureau, parce que le tems des labours est venu, ce tems qui n'est plus le tems du repos, ou des travaux doux & aisés ; mais le tems du travail & de la peine, & où avec une forte charrue & des bœufs vigoureux, il faut tracer des sillons & renverser les terres.

Si l'on voit à côté de ces Centaures, des Tonneaux de vin qui avoient été mis en réserve pour ce tems-là, c'est encore une allusion au vin qu'on est obligé de boire alors pour réparer ses forces, & à l'usage où est le Maître du Labour de faire porter des piéces de vin sur le champ même, afin qu'on puisse y boire à sa soif.

C'est sur-tout encore pour désigner les vendanges qui se font aussi dans ce tems-là ; & qui sont également du nombre des Travaux agricoles.

Si l'on a feint un Combat à l'occasion de ce vin, si l'on a suposé qu'Hercule étoit resté Vainqueur des Centaures, l'on voit que c'est un embellissement à l'Enigme, qui n'y change rien : ou une allusion à l'ardeur des gens d'Hercule, ou du Laboureur, pour le vin, & une leçon à ce sujet.

Mais pourquoi suposa-t-on que les Centaures étoient Fils d'Ixion ; que celui-ci devenu amoureux de Junon, n'avoit embrassé qu'une nue, & avoit été ensuite précipité dans les Enfers, où il tournoit sans cesse une roue ; & que ce travail n'avoit été suspendu, qu'au moment où Proserpine entra aux Enfers ?

Cette Fable, qui semble n'avoir pas le sens commun, s'accorde cependant parfaitement avec ce que nous venons de dire, & avec l'esprit allégorique de l'Antiquité en général ; mais sur-tout, relativement au Labourage.

Ixion, signifie en Grec même *le Fort*, *le Puissant*: il répond à l'*Ish* des Orientaux, qui désigne un Homme fort & robuste : c'est par-là que fut désigné dans Moyse, celui-là même qui le premier cultiva la Terre.

Ixion est donc le Laboureur : il veut affronter Jupiter & jouir de Junon ; & il se trouve Pere des NEPHILIM, des Enfans de la *Nue*. Ceci est encore exactement vrai : car le Laboureur cultive sa propre Mere jusques alors épouse de Jupiter, puisque jusques alors la Terre n'a raporté que par le secours de Jupiter, que lui seul l'a rendue féconde ; de la même maniere & par la même raison que nous avons vu dans l'Histoire de Saturne, que la Terre étoit apellée Épouse d'Uranus ou du Ciel.

Mais Ixion devient Pere des NEPHILIM, des enfans de NÉPHELÉ, ou de la Nue; car c'est ce que ce nom signifie en Grec. Ceci est encore vrai, pourvû qu'on saisisse l'équivoque renfermée dans ce nom. Les Nuées furent apellées Néphélé, parce qu'elles sont élevées; ce sont les Eaux d'en-haut, les Eaux supérieures: mais tels sont les Enfans d'Ixion ou les Centaures; ce sont les Maîtres de la Terre, ses Princes, ces grands Propriétaires apellés Elohim ou Dieux, & Cabires ou les Grands, dans l'allégorie de Saturne.

En punition de sa témérité, on condamne le Pere des Enfans de la Nue à tourner incessamment une roue: mais une roue n'est-elle pas l'emblème des révolutions, des années qui se succedent sans cesse les unes aux autres, & de leurs Travaux? Une fois que le Laboureur a commencé ses travaux, n'est-ce pas jusques à la fin de ses jours? ces travaux ne doivent-ils pas se succéder sans cesse & recommencer à chaque tour de roue ou chaque année, sans aucune interruption? Ce travail sans fin, suite de l'ambition du Laboureur, est donc représenté très-ingénieusement comme son suplice même, dans cette Langue allégorique qui paroît dénaturer tous les objets.

Son suplice n'est suspendu que lorsque Proserpine entre aux Enfers: & ceci est encore vrai. Proserpine fut la Déesse des semailles, nous l'avons vu: mais lorsque les semailles sont faites, & que la mauvaise saison est venue, le Laboureur a un moment de repos, son *suplice* est suspendu.

Ajoutons que le mois de Septembre s'apelloit chez les Egyptiens Pa-Ophi ou Pha-Ophi, le Serpent; & chez les Hébreux, Hé-Thanim, les Dragons. Ce nom tombant sur un des Equinoxes, démontre toujours plus la vérité de l'explication que nous avons donnée du Caducée; & sert de preuve à l'explication de l'origine des Scythes, telle qu'elle est raportée par Hérodote, & qui est aussi une allégorie (Note IV.).

TABLEAU CINQUIÉME.

CINQUIEME TABLEAU.

Chasse de la BICHE.

QUATRIÈME TRAVAIL.

ON voit ensuite Hercule saisir une BICHE & s'en rendre Maître après l'avoir poursuivie long tems : cette Biche couroit d'une très-grande vîtesse, elle avoit des cornes d'or, & ce fut avec des filets qu'Hercule s'en rendit Maître.

Une Biche aux Cornes d'or est un Animal fabuleux : mais ce n'est qu'une faute d'Interprête. Dans la Galerie Phénicienne, l'animal saisi par Hercule étoit une Gazelle, animal de l'espéce du Cerf, mais plus petit, & qui se raproche de la Biche. On en fit donc une BICHE aux Cornes d'or.

Cette Chasse qui tombe sur le mois d'Octobre, immédiatement après les Vendanges & les Semailles, peint exactement les occupations du Laboureur à cette Epoque. C'est alors qu'il s'occupe de la Chasse, qu'il tend des filets & des piéges aux Animaux des champs, dans les Contrées où quiconque a une Terre, est maître d'en chasser ou d'en tuer les Animaux nuisibles.

SIXIEME TABLEAU.

OISEAUX du Lac Stymphale.

CINQUIÉME TRAVAIL.

HERCULE obligé ensuite de chasser les OISEAUX du Lac Stymphale qui ravageoient les Contrées voisines, invente un Tambour d'airain qui faisoit un bruit affreux & continuel.

Ceci est encore pris dans la Nature, & l'on ne pouvoit mieux peindre le mois de Novembre, & l'état des campagnes à cette Epoque. Alors, les Champs se couvrent d'armées innombrables d'Oiseaux de passage que le froid raméne du Nord ; & qui les ravageroient totalement, si l'on ne trouvoit moyen de s'en délivrer.

Allégories. Ee

L'explication de ces deux derniers Tableaux qui s'accorde déja si bien avec la Nature, ne s'accorde pas moins avec le Calendrier de Rome Payenne: elle avoit consacré les deux mois qui y répondent à Mars Dieu des Guerriers, & à Diane Déesse des Chasseurs. Ces deux Divinités étoient autant d'Emblêmes, relatifs aux Travaux de ces deux mois.

SEPTIEME TABLEAU.

Etables d'Augias nettoyées.

SIXIÉME TRAVAIL.

Ici, nous voyons Hercule nettoyant les Étables d'Augias avec des torrens d'eau. C'est pour le mois de Décembre. On peut donc dire qu'on peint ici les Tems pluvieux de cette saison qui la firent nommer Hyver, Hyems, mot à mot, le Tems des Eaux, des deux primitifs Hu, Hou, Hy eau, & ems tems; & qui ont fait donner aux signes qui paroissent alors, les noms de Verseau & des Poissons.

On peut dire encore, que comme cette Saison est un tems de repos pour la Campagne, le Laboureur en profite pour réparer & nettoyer ses Étables; & pour faire tout ce que ses Travaux passés, trop pressans, ne lui ont pas permis d'exécuter plutôt, dans l'intérieur de ses Domaines, pour leur avantage.

HUITIEME TABLEAU.

Taureau subjugué & Jeux Olympiques institués.

SEPTIEME TRAVAIL.

Nous voici arrivés à un travail qui regarde un des plus grands événemens de la Gréce, l'établissement des Jeux, & sur-tout des Jeux Olympiques; mais comment ces Jeux sont-ils liés avec Hercule? Quelle relation ont ils avec le point de vue sous lequel nous l'envisageons? Quel raport peut il y avoir entre les Travaux de la Campagne & ces Jeux qui intéressoient la Gréce? & qui avoient pour objet, dit-on, d'entretenir parmi ses habitans cet esprit belliqueux qui les distingua si fort dans l'Antiquité. C'est ce qu'il ne sera pas difficile de découvrir.

HISTOIRE D'HERCULE.

L'origine des Jeux de la Gréce se perd dans la nuit des siécles; aucun qui n'ait été établi dans les tems mythologiques. Les Jeux Néméens fondés en mémoire du Lion vaincu, tiennent à Hercule: il en est de même des Jeux Olympiques; ils furent institués par Hercule, dit-on; on n'est en peine que pour décider quel fut cet Hercule: c'est le Thébain, disent les uns; c'est l'Idéen, disent les autres (1); mais aussi fabuleux l'un que l'autre, ce n'est que dans un sens allégorique qu'on peut leur attribuer l'établissement de ces Jeux.

Dès que la Gréce fut devenue un État agricole, elle eût des Jeux fixes: il en fut de même de l'Isle de Créte, où l'on plaçoit l'Hercule Idéen; & qui par son commerce avec l'Egypte & la Phénicie & son sol fertile, paroît avoir été policée long-tems avant la Gréce.

Mais ces Jeux n'avoient commencé ni en Créte ni dans la Gréce; déja ils étoient établis dans les Empires agricoles de l'Orient; car dès qu'il y eut deux Laboureurs, & qu'ils eurent achevé leurs moissons & leurs semailles, ils se prirent par la main, & ils danserent autour de leurs Champs une danse de joie & d'actions de grace envers l'Auteur de tant de biens; & ils firent danser tous ceux qui leur avoient aidé; & ils couronnerent de fleurs les animaux même, Compagnons de leurs Travaux. Il étoit bien juste, que tout se ressentit de ces heureux succès.

Ces Jeux prirent seulement dans la Gréce une forme plus parfaite, plus constante, plus variée, parce qu'ils furent les Jeux de la Nation entiere, ou de toutes les Républiques Grecques réunies; tandis que chez les autres, ils n'eurent jamais cette publicité.

Ce n'est pas sans raison qu'on en fit honneur à Hercule, qu'on les mit sous sa protection, qu'on les lia avec l'Histoire du Taureau d'Erymanthe. Tous ces objets sont étroitement unis. Le Taureau vaincu par Hercule représente les Courses de Taureaux, si célébres encore dans les Pays Méridionaux, & qu'ils tinrent des Orientaux.

Ils sont placés dans le sixiéme Travail, qui tombe sur l'Hyver, parce que c'est le tems où les travaux de la Campagne, étant achevés, les Greniers pleins, les Caves garnies, on ne pense plus qu'à se réjouir en attendant que le tems du travail recommence. Aussi est-ce pour tous les Peuples situés comme nous, le Tems des Fêtes & des Jeux publics; telles furent autrefois les SATURNALES, dont la Fête des Rois est une ombre; tel est maintenant le CARNAVAL.

Ils sont de l'invention d'Hercule ou du Soleil, parce qu'ils sont réglés sur son cours, & qu'on y représentoit sa course & ses travaux; aussi les Endroits publics où l'on célébroit ces Jeux, tels que les Cirques, avoient ordinaire-

---

(1) STRABON. Geogr. Liv. VIII.

ment des Lions à leur entrée, & ils étoient circulaires comme la marche du Soleil.

C'est par-là même que les Jeux du Cirque étoient apellés SABINS; non qu'ils eussent été inventés par les Sabins; mais parce qu'ils étoient faits à l'imitation du Soleil apellé lui-même SAB ou SAB-*us*, comme nous l'avons vu dans l'Histoire de Saturne.

Les Jeux Olympiques se célébroient tous les quatre ans, 1°. parce qu'il eût été trop dispendieux de les célébrer toutes les années: 2°. parce qu'on les régla sur le Cycle bissextile du Soleil, qui renferme quatre ans, & dont la quatriéme année est d'un jour plus longue que les trois autres.

C'est ce que l'on apelloit une OLYMPIADE; maniere de compter les années qui devint seule en usage dans la Gréce, depuis qu'Iphitus eut rétabli les Jeux Olympiques dans toute leur gloire, le huitiéme Siécle avant notre Ere.

Ces Jeux à l'honneur d'Hercule étoient certainement célébrés dans la Phénicie, avant le tems où ils commencerent de l'être chez les Grecs, puisqu'ils étoient consacrés à Hercule, la grande Divinité des Phéniciens: aussi voyons-nous dans les Anciens, des passages qui font mention des Jeux célébrés à Tyr de quatre ans en quatre ans.

Il est parlé dans les MACHABÉES (1), de trois cent drachmes d'argent que JASON, qui s'étoit emparé de la place de Souverain Pontife à Jerusalem, envoya aux Tyriens pour contribuer à la célébration de ces Jeux. Il en doit être parlé ailleurs (2).

Hercule fut le premier & le seul qui se présenta pour combattre aux Jeux qu'il venoit d'instituer; aucun Athlette n'osa se mésurer contre lui: il remporta ainsi tous les prix. Retiré de la guerre pour ne s'occuper plus que de Fêtes, d'Assemblées & de Jeux, chacune des Divinités de l'Olympe lui fit un présent.

Minerve lui donna un *Voile*: Vulcain, une *Massue* & une *Cuirasse*: Neptune, un *Cheval*; Mercure, une *Épée*; Apollon, un *Arc*; & Cérès, établit en sa faveur les *Petits-Mystères*, afin qu'il put y recevoir l'expiation du meurtre des Centaures.

Ces dons conviennent au Soleil, & sont relatifs aux qualités attribuées aux Divinités qui sont suposées les avoir faits.

Le *Voile* que lui donne Minerve est celui dont il s'envelope la nuit, tissu par Minerve ou la Lune.

La *Massue* redoutable avec laquelle il défriche les Campagnes, lui vient de Vulcain Dieu du Feu.

---

(1) II. Machab. Ch. IV. 19-20.
(2) THEODORET, Lib. Semeß. Serm. III, C. 2.

HISTOIRE D'HERCULE.

Neptune à qui les Chevaux étoient confacrés, lui donne le Cheval, marque de la rapidité de fa courfe, ce cheval Pégaze qui fend les airs.

Mercure lui donne une *Epée*, cette Epée avec laquelle Saturne fillonne la Terre.

Apollon, cet *Arc* avec lequel le Soleil darde fes rayons.

Enfin, Cérès établit en fon honneur les Mystères d'Eleufis, parce qu'ils avoient été inftitués comme nous le verrons bientôt en faveur de l'Agriculture, & comme Fêtes agricoles.

NEUVIEME TABLEAU.

Jumens de Dioméde.

HUITIEME TRAVAIL.

Sous le mois de Février, Hercule fe rend Maître des Jumens de Dioméde. Elles étoient fi terribles, qu'on leur avoit donné des mangeoires d'airain : & fi fortes, qu'on étoit obligé de les lier avec des chaînes de fer. Ce n'étoit pas des fruits de la Terre qu'on leur donnoit à manger, elles fe nourriffoient des malheureux Étrangers qui arrivoient dans la Thrace. Hercule pour les dompter, les raffafie de la Chair de celui-là même qui les avoit accoutumées à fe nourrir de chair humaine : enfuite, il les donne à Euryfthée qui en fit préfent à Junon.

Cette allégorie eft elle même d'airain & de fer : ne foyons donc pas étonnés, fi elle a donné lieu à une foule d'explications plus chimériques les unes que les autres.

A peu près dans ce tems-là, les Egyptiens offroient aux Dieux des Gateaux fur lefquels étoient peints des *Hippopotames enchaînés*. Cette peinture emblématique paroit avoir fervi de modéle pour les Jumens de Dioméde liées également avec des chaînes de fer, puifque l'Hippopotame chez les Egyptiens repréfentoit Typhon ou l'hyver, vaincu par Orus & par fon Cheval.

Les Egyptiens difoient qu'Orus voulant venger la mort d'Ofiris tué par Typhon ou par l'hyver, en vint à bout, non avec le Lion, mais monté fur le Cheval. C'eft un fond commun ; les acceffoires feuls font changés.

L'Hyver eft en effet une faifon terrible, où la Terre ne produit rien, où fon fein eft un fein de fer & d'airain, fermé à toutes les opérations du Laboureur : & qui le force à fe nourrir de fes Travaux paffés, à confumer fes récoltes, à vuider fes caves & fes greniers.

Hercule s'en rend maître au mois de Février, parce qu'alors il parvient à faire cesser l'hyver ; & il leur fait manger leur maître ; car dès-lors il ne paroît plus.

Et c'est Dioméde, qu'Hercule a vaincu : car ici Dioméde est le même que Typhon. Son nom composé de *Dio* Jupiter ou Ciel, & du mot Mad mouillé, humide, désignoit très-bien l'Hyver, ou le Tems des Pluyes.

DIXIEME TABLEAU.

Guerre des AMAZONES.

NEUVIEME TRAVAIL.

S'IL est quelque Travail d'Hercule, qu'on soit excusable d'avoir pris historiquement, c'est celui-ci. Le récit en est si circonstancié, si simple, si naturel, qu'on ne sauroit s'en défier ; d'autant plus, qu'on ne voit point ici de Monstres tels que ceux qui nous ont occupé jusques à présent. Aussi, personne qui n'ait vu dans cette Guerre des Amazones, un événement historique.

On auroit dû être étonné à la vérité d'une guerre aussi sanglante pour une Ceinture ; mais on a fait tant de guerres, on a désolé tant de Nations, on a renversé tant de Villes, on s'est fait tant de mal pour si peu de chose, que l'humanité oprimée n'est surprise de rien ; & qu'on ne trouve point extraordinaire qu'un Héros extravagant comme on peint Hercule, ait fait couler des ruisseaux de sang pour une Ceinture.

Une Nation aussi singuliere que celle des Amazones, auroit du être elle-même reléguée au rang des Êtres Fabuleux ; mais il en est tant parlé dans l'Antiquité ! nous avons cru nous-mêmes si long-tems qu'il y avoit encore des Amazones ? on a un si grand penchant au merveilleux, à l'extraordinaire, qu'on est, je le répete, très-excusable, de n'avoir vû jusques à présent dans ce récit, qu'un trait historique.

Mais, si c'est une *Allégorie*, sera-t-il étonnant que l'on n'ait rien compris aux Travaux d'Hercule ? & que ce soit une Allégorie, & une Allégorie très-ingénieuse, & qui seule démontreroit que la vie entiere d'Hercule, n'est qu'une suite d'Allégories ; c'est ce qui résulte invinciblement de tous les Caractères dont ce récit est chargé.

J'en trouve dix bien comptés, qui sont autant de Traits Allégoriques, aux-quels on ne peut se méprendre ; & qui tombant sur le mois de Mars, nous donnent pour mot de l'Enigme l'Eq.... mais ne le disons pas si vite.

HISTOIRE D'HERCULE.

Caractères Allégoriques du Combat d'Hercule contre les Amazones.

1. Hercule a ordre de se rendre maître de la Ceinture des Amazones.
2. Pour cet effet, il traverse la Mer noire.
3. Et le Pays des Cimmériens.
4. Arrivé chez les Amazones, il fait sa demande ; elle est refusée, il livre le Combat.
5. Douze Amazones périssent dans ce Combat.
6. La derniere meurt Vierge, ainsi qu'elle l'avoit juré.
7. Alors leur Reine livre la Ceinture, & cette Reine s'apelle Melanippe.
8. Et ses Sujettes, Amazones.
9. Et le lieu du Combat, Themiscyre.
10. Tandis que le Fleuve sur les bords duquel il se livre, s'apelle Thermodon.

Explication de ces dix Caractères.

Jusques au mois de Mars, les Nuits ont disputé au Soleil ou à Hercule la Ceinture céleste : jusques alors plus longues que les jours, elles ont eu l'Empire du Ciel. Enfin, Hercule devient le Maître, il leur arrache la Ceinture, les jours deviennent plus longs ; & la nuit honteuse & confuse, va se cacher au-delà de la Scythie.

C'est le moment de la Victoire remportée par Hercule, qu'on décrit ici d'une maniere d'autant plus allégorique, qu'elle paroit un récit pur & naïf d'un événement historique.

Pour remporter la Ceinture, Hercule traverse la Mer noire & le Pays des Cimmériens : mais ces deux noms désignent les Ténébres de la nuit. Ce dernier est formé du mot Oriental Camar כמר qui signifie noir, ténébreux, l'horreur de la nuit ; & d'où vint le Proverbe *Ténébres Cimmériennes*, pour désigner les Ténébres les plus épaisses.

Hercule ne remporte le prix du Combat qu'après avoir traversé ces Contrées ténébreuses, parce qu'il ne vainc qu'en Mars, après la saison des ténébres.

La Reine qui posséde la Ceinture s'apelle Melanippe, c'est-à-dire la Reine des Chevaux noirs : mais à cet attelage triste & lugubre, qui peut méconnoître la Nuit ?

Ses Sujettes s'apellent Amazones ; & elles ne peuvent être mieux nommées. Leur nom vient du primitif Am ou Ama réunion, & du mot Zône Ceinture ; ce sont les Nuits, qui regnent toutes ensemble sur la même Zône.

Cette Etymologie est si heureuse, que si on avoit voulu la forger exprès, on n'auroit pu mieux réussir. Elle est d'ailleurs parfaitement conforme au Génie de l'Antiquité. On y donnoit le nom d'Azônes, Azonoi, aux Divinités qui n'avoient point de diſtrict particulier ou de Zône dans le Ciel qui leur fût propre (1). Mais puis qu'on apelloit Azônes, c'eſt-à-dire sans-Zônes, les Dieux qui n'avoient point de Zône à laquelle ils préſidaſſent, il étoit naturel d'apeller Ama-Zônes ceux qui régnoient en commun ſur la même Zône.

La derniere des Amazones meurt *Vierge* En effet, dans toute claſſe d'Êtres, celui qui eſt le dernier & qui ferme la marche ne ſauroit être apelié Pere La nuit qui eſt la derniere de l'année, meurt donc Vierge dans le ſtyle ſymbolique. Et c'eſt ici une expreſſion très-commune dans la Mythologie ancienne : c'eſt ainſi que *Xiphée* meurt ſans Enfans (Note VI).

C'eſt ſur les bouches du Thermo-don; mais ce mot ſignifie *Fleuve de chaleur*. Elle commence en effet à ſe faire ſentir avec force dans les Contrées Orientales, dès que le mois de Mars eſt arrivé.

Enfin, ce qui achéve l'explication de l'allégorie, & qui en eſt le mot même, c'eſt le nom de *Thémi-Scyre*. On ne peut nier que *Thémis* ſignifie juſte, égal; & *Scyre* ou *Scure*, nuit, obſcurité. *Thémi-Scyre* eſt donc mot à mot *nox-æqua*, l'Equinoxe.

Et avec cela, tout eſt dit.

Ce Amazones cependant font mine de ſe rallier : avec les débris de leur armée, elles fondent ſur Athénes; mais battues de nouveau, elles ſe retirent par-delà la Scythie, & ne paroiſſent plus.

Ceci eſt encore vrai au pied de la Lettre.

Il eſt inconteſtable que *Minerve* qui s'appelle en Grec Athené, déſigne la Lune : ainſi l'*Athené* dont il eſt ici queſtion, n'eſt pas la Ville d'Athènes, mais la Déeſſe même dont elle portoit le nom : & qui achéve de ſubjuguer les Amazones, car immédiatement après l'Equinoxe de Mars, la Lune qui vient de ſe renouveller racourcit encore plus les nuits, & leur fait abandonner la Scythie.

On ne ſera pas ſurpris que Minerve ou Athené ſoit la Lune, encore moins que la Lune fût apellée Athené, pour peu que l'on ſoit au fait de la Mythologie, & des Langues Orientales. La Lune étoit la Reine des Aſtres; mais c'eſt préciſément ce que ſignifie Athené, la Souveraine : auſſi Plutarque dit dans ſon Traité d'Iſis & d'Oſiris, que la Lune s'appelloit dans l'Orient Athenais. C'eſt le féminin d'A-don-*is*, le Seigneur, le Roi, nom du Soleil.

---

(1) Grotius ſur Marten Capella, où il s'appuie du témoignage de Servius.

ONZIÉME TABLEAU.

ONZIEME TABLEAU.

Vaches de Geryon.

DIXIEME TRAVAIL.

Ce Travail d'Hercule tombe sur le mois d'Avril ; & il est très-analogue à ce tems.

Le signe de ce mois est pour nous *le Taureau*; mais chez les Anciens, & sur-tout en Egypte, c'étoit le signe de la Vache, Vache d'Isis, & emblême de la Fécondité : aussi Isis étoit la même que Venus, Déesse Protectrice du mois d'Avril.

Si les Vaches dont Hercule se rend maître alors, s'apellent Vaches de Geryon, ce sera une allusion à la racine primitive גור Gur, Ger, qui signifie amas, abondance, & dont vint Guères.

DOUZIEME TABLEAU.

Cerbere arraché des Enfers.

ONZIEME TRAVAIL.

Nous voici de nouveau avec les Monstres : celui-ci est très-singulier : c'est Cerbere, placé au fond des Enfers on ne sait pourquoi, & qu'Hercule en arrache, on ne sait trop non plus pourquoi. Mais écoutons Diodore, consultons l'Antiquité, & nous verrons avec quelle justesse on a mis cet exploit au rang des Travaux du Thébain.

» Dès qu'Hercule, nous dit Diodore, eût reçu l'ordre d'aller chercher le
» Chien Cerbere, ordre qu'il regarda comme *très-glorieux* pour lui, il prit
» le chemin d'Athènes : là, il se fit initier aux Mystères d'Eleusis, dont Musée,
» fils d'Orphée, étoit alors Chef.

Ensuite notre Auteur se jette sur l'Histoire d'Orphée : il nous aprend que le Poëme qu'il avoit composé est admirable, non-seulement par la disposition du sujet; mais encore par la beauté & la cadence des Vers : il ajoute qu'il alla en Egypte pour se perfectionner dans la connoissance des Mystères, de même que dans la Poësie & la Musique ; qu'il accompagna aussi les Ar-

Allégories.   F f

gonautes dans leur voyage ; & qu'il eut tant d'amour pour fa femme Eurydice, qu'il ne craignit pas de l'aller chercher dans les Enfers; qu'ayant charmé Proferpine par les fons de fa Lyre, il en obtint le privilége de ramener Eurydice, & qu'il la retira du Tartare, à l'exemple de Bacchus qui en avoit fait fortir SEMELÉ fa mere; & qui, fous le nom de THYONE', lui fit part de l'immortalité.

Alors revenant à Hercule, Diodore nous dit qu'il fut reçu de Proferpine comme fon frere; qu'elle lui permit même d'emmener avec lui Théfée & Pirithoüs, qui y étoient retenus prifonniers; qu'enfin, Hercule ayant lié Cerbère avec des chaînes de fer, il le tira hors des Enfers, & le fit voir aux hommes.

On ne fauroit donc s'y méprendre : le Chien *Cerbère* eft une allufion manifefte à la Fête la plus refpectable de l'Antiquité, aux *Myftères d'Eleufis*, relatifs à l'Agriculture; ce font ici ces *Myftères*, dont notre Auteur a dit plus haut que Cérès les avoit établis en faveur d'Hercule, vainqueur aux Jeux Olympiques.

C'eft donc avec raifon, que notre Héros ayant reçu ordre de retirer Cerbère des Enfers, va à *Athines*, & fe fait initier aux Myftères d'Eleufis; c'étoit exécuter à la lettre, l'ordre qui lui avoit été donné.

L'Hiftoire d'Orphée qui ne paroît ici que l'épifode d'un Conteur, eft donc auffi très en place; & il fe pouroit bien que celle des Argonautes, citée auffi comme par hazard, eût avec ces mêmes objets beaucoup plus de raport qu'on ne penfe.

Les Myftères d'Eleufis & fes initiations étoient étroitement liés, avec le fyftême des Anciens fur les Champs Elyfées & fur le Tartare. Orphée qui les chanta, fit un Poëme intitulé, *Defcente aux Enfers*; & l'on dit qu'il y étoit defcendu.

Virgile étant dans l'obligation de faire initier fon pieux Héros, le fait defcendre également aux Enfers.

Théfée y étoit defcendu, difoit-on; il s'étoit affis, dans cette vue, fur la *Pierre Trifte*, fur cette même pierre fur laquelle s'étoit affife Cérès, laffe de chercher fa Fille.

La *defcente des Enfers* & *Cerbère*, étoient donc devenus les fymboles des Myftères & de leur initiation. Auffi à cet endroit des Travaux d'Hercule, *Cerbère* tient lieu des Myftères entiers & de l'initiation; Cérémonie que l'on décrivoit en termes pompeux, comme une vraie defcente dans la région des Morts, & dont Apulée a dit:

« Je me fuis aproché des Confins de la Mort; & ayant paffé le feuil de
» Proferpine, je fuis revenu, porté par les Élémens: j'ai vu au milieu de la
» nuit le Soleil brillant d'une lumiere éclatante; j'ai vu les Dieux fupérieurs
» & inférieurs; je m'en fuis aproché & je les ai adorés de près.

Des Monftres de toute efpéce, & fur-tout des Chiens qui aboyoient, faifoient partie de ce fpectacle.

HISTOIRE D'HERCULE.

Enée ayant passé le fleuve des Enfers, arrive au milieu des Morts : le premier objet qui le frape, c'est *Cerbère* ; ce fantôme des Mystères, qu'Hercule étoit allé chercher.

La Sibylle qui accompagnoit Enée, jette à l'Animal furieux, pour l'apaiser & pour faire cesser ses profonds aboyemens, un gâteau fait avec du miel & des fruits préparés ; cette composition le plonge dans le plus profond sommeil.

> ... » Hæc ingens latratu regna trifauci
> » Personat, adverso recubans immanis in antro.
> » Cui Vates, horrere videns jam colla colubris
> » Melle soporatam & medicatis frugibus offam
> » Objicit. Ille fame rabida tria guttura pandens
> » Corripit objectam, atque immania terga resolvit
> » Fusus humi : totoque ingens extenditur antro «.

TREIZIEME TABLEAU.

Pommes des HESPERIDES : *Colonnes d'Hercule, & Passage de l'Evene.*

DOUZIEME ET DERNIER TRAVAIL.

Enfin pour terminer ses Travaux, Hercule reprend le chemin de l'Afrique : c'est pour cueillir les pommes du Jardin des Hespérides : c'est alors encore qu'arrivé à la fin de ses voyages, il éléve ces fameuses Colonnes qui sont pour lui le *non plus ultrà*. Obligé en même tems de traverser le fleuve EVINE avec Déjanire, il accepte le secours du Centaure Nessus ; cause de sa mort ; car dans l'idée que ce Centaure faisoit insulte à Déjanire, il le perce de ses flèches. Nessus mourant, donne à Déjanire sa robe teinte de son sang, en lui persuadant qu'Hercule ne lui sera jamais infidèle, tandis qu'il la portera : mais celui-ci ne l'a pas plutôt revêtue, qu'un poison mortel s'insinue dans ses veines ; & ne pouvant plus en suporter les douleurs, il se résout de mettre fin à sa vie.

Tels sont les événemens qui illustrent ce douzieme Travail de notre Héros, & en même tems le dernier.

Mais que doit-on entendre par ce Jardin des Hespérides & par les Pommes qu'Hercule y cueille ? En vain on le demanderoit à l'Antiquité & aux *Savans Modernes*. On a fait à cet égard toute sorte de conjectures ; aucune qui soit satisfaisante.

Les uns ont dit, que ces pommes d'or sont des brebis, dont Atlas fit préfent à Hercule pour le récompenfer des fervices qu'il lui avoit rendus; brebis les plus célébres alors par la beauté de leur laine : & que l'on ait entendu par ces pommes des brebis, la preuve en eft fenfible, puifque le mot Grec MÊLON, en Dorien MALON, d'où le latin MALUM, fignifie également *brebis & pomme.*

PALÉPHATE qui prend ce mot auffi dans le fens de brebis; place la fcène de l'enlèvement dans la Carie; & dit que les Hefpérides auxquelles apartenoit le Troupeau, s'apellerent ainfi du nom de leur Pere Hefperus.

D'autres, & de ce nombre BOCHART, ont vu dans ces Pommes des richeffes d'Atlas; parce que MALON, qui fignifie en Phénicien *pomme,* comme en Grec, fignifie de plus *richeffe* dans cette Langue Orientale.

D'autres y ont vu de vraies Pommes, Pommes d'or, ou Oranges, apellées par cette raifon en latin AURANTIA, *fruits d'or,* d'où notre mot *Orange.*

L'on n'a pas été plus d'accord au fujet de ces Colonnes, plantées par Hercule comme fon *non plus ultrà,* & le terme de fa courfe. Les uns ont cru qu'il faloit entendre par-là de vraies Colonnes élevées par ce Héros des deux côtés du Détroit de Gibraltar, qu'on regarda long-tems comme la fin de l'Univers : d'autres y ont vû les Montagnes de Calpé & d'Abyla qui bordent ce Détroit de Gibraltar; l'une en Europe, l'autre en Afrique : ce qu'ils confirment par l'étymologie d'*Abyla,* qui fignifie dans les Langues d'Orient, une Colonne.

Selon d'autres, ce font deux Colonnes élevées comme deux Talifmans contre la fureur des Eaux, dans le Temple d'Hercule à Cadix. Hercule y avoit gravé dans le Palais des Parques, des paroles enchantées pour affermir à jamais la Terre & l'Océan.

Tandis que tous ces Critiques ifolent ces Travaux, & que ne les confidérant jamais dans leur enfemble, ils fe perdent dans de vaines fpéculations dénuées de toute force, réuniffons fous un feul point de vue le Jardin des Hefpérides, les Colonnes qui marquent la fin de la Courfe d'Hercule & de fes Travaux, fon paffage de l'Evene, les malheurs qui en réfultent, & le Mois auquel répondent tous ces événemens. Nous en verrons naître la plus vive lumiere.

Ce Mois, c'eft celui de JUIN : mais n'eft-ce pas dans ce mois qu'Hercule ou le Soleil arrivé au Signe du Cancer, au plus haut de fa Courfe, voit la fin de fes Travaux; & que ce figne eft fon *non plus ultrà* ? Ces deux fameufes Colonnes au-delà defquelles il n'alla jamais, font donc les deux Tropiques; Colonnes ou Bornes que lui affigna Euryfthée ou le Tout-

---

(1) Apollonius dans Philoftrate. Voyez Banier, Tom. VII. p. 374.

HISTOIRE D'HERCULE.

Puiſſant : telles ſont les Barrieres qu'il ne franchit jamais, & qui circonſcrivent le vaſte Cirque, dans lequel il remplit la Courſe qui lui eſt ordonnée, & entre leſquelles il exécute tous ſes Travaux.

Calpé & Abyla ne ſont rien au prix de celles-là : elles peuvent être pour les premiers Phéniciens le terme de leurs Courſes ; mais elles ne ſervirent jamais de borne à notre Athlete Céleſte.

Mais comment ſe trouve-t-il alors dans le Jardin des Heſpérides ? Rien de plus ſimple. L'Hespérie, mot dont les Latins firent Vesperus, ſignifie conſtamment le ſoir, le couchant. Ce mot n'eſt pas primitif, mais enté ſur le mot Oriental Sper qui ſignifie *jour, lumiere, matin*; & qui étant précédé de la négation hé, oué, vé, ſignifie *ſoir, couchant, obſcurité*.

Mais à ces expreſſions propres, s'en joignent de figurées. Ainſi, le *matin* ou le *jour* ſont Synonimes de la *vie* ; tandis que *couchant, ténébres*, & *nuit*, s'uniſſent à l'idée de *mort*, & de *fin*.

Hercule parvenu au mois de Juin & à l'une de ſes Colonnes, & arrivé à la fin de ſa carrière, eſt donc en effet au jardin des Heſpérides.

Mais comment a-t-il traverſé alors le Fleuve Evene ? Comment s'y trouve-t-il avec Déjanire & avec Neſſus ? Comment celui-ci eſt-il cauſe de ſa mort ? Tout autant d'Objets qu'on a pris dans le ſens hiſtorique & qui ne contribuoient en rien à l'éclairciſſement des Travaux d'Hercule : rien de plus ſimple & de plus vrai néanmoins, quand on les prend dans le ſens allégorique.

Evene ſignifie mot à mot, *le Fleuve du Soleil*. Il eſt compoſé des deux primitifs Ev ou Av, Eau ; & En ou Oen, Soleil. Ce Fleuve, c'eſt le Cours entier du Soleil pendant l'année : on ſe rapelle ce que nous avons déja dit ſi ſouvent, qu'on faiſoit du Soleil un Navigateur.

Arrivé au jardin des Heſpérides, c'eſt-à-dire à la fin de ſa Courſe, & par-là même ſur les bords de l'Evene, il s'y trouve avec Déjanire & avec Neſſus : mais ici, il faut que l'on me paſſe encore des étymologies, auſſi ſimples à la vérité que celles de l'Heſpérie & de l'Evene, mais indiſpenſables, puiſque ce ſont des noms ſignificatifs, & que ces noms furent inventés, non dans nos Climats, mais dans l'Orient, il y a déja bien des milliers d'années.

Déjanire eſt compoſé de deux racines très-connues ; de Deïa qui ſignifie *abondance, plénitude*, & dont nous avons déja fait uſage quelquefois (1) ; & de nir, nyr, nour qui ſignifie *lumiere*.

N'eſt-ce pas alors en effet, au Solſtice de Juin, que nous ſomme parvenus dans la plénitude de la lumiere, aux jours les plus longs ; & que dans un autre ſens, le nombre des jours donnés à Hercule pour ſes Travaux eſt rempli & parfait ?

---

(1) A l'occaſion de Dioné, &c.

D'un autre côté, Nessus est le mot Oriental נצח Nesshe qui signifie *victoire*; nom que portoit le dernier jour de l'année (2).

Ces mots, changés l'un en Héros ou en Centaure, l'autre en Héroïne ou en Femme d'Hercule, se trouvent en effet les auteurs de sa fin : car si le nombre de ses jours n'étoit pas accompli, & s'il n'avoit pas remporté la victoire par son arrivée à la fin de sa carriere, il seroit encore en Course ; encore, il lutteroit dans le Cirque.

Si l'on insiste, & que l'on veuille quelque chose de précis sur les fruits qu'Hercule a cueillis avant sa fin, nous reviendrons en arriere ; & au lieu de regarder le Combat avec l'Hydre, comme l'allégorie de la moisson, parce qu'il répond au mois d'Août, nous le considérerons comme le dessechement des Marais, suite du premier Travail qui fut le défrichement des Terres Ces Marais sont de véritables HYDRES ; c'est-à-dire des sources d'eau qui semblent intarissables : & leurs Têtes à longs cous où l'on met le feu pour qu'elles ne recroissent pas, seroient les Joncs & toutes les autres Plantes aquatiques qui naissent dans les Marais, ou même & dans le sens le plus littéral, les Serpens & les Hydres énormes & de toute espéce dont sont remplis les pays marécageux & incultes.

Tel seroit alors l'arrangement des Travaux d'Hercule.

Le premier, défrichement des Terres, extirpation des Forêts, &c.

Le second, dessechement des Marais, Fossés creusés, Digues élevées, &c.

Le troisiéme, Labour & Semailles, &c.

Le douziéme, au mois de Juin & à la fin de l'année du Laboureur, MOISSON aux fruits dorés, apellés avec raison MÈLA, ou richesses *millionnaires* des Jardins, Paradis, ou Terres cultivées ; après la récolte desquelles, cessation des Travaux, fin de l'année, terme de la Course commencée.

Et ces richesses sont véritablement encore les richesses d'Atlas, dans le sens où *Atlas* signifie Travaux, Combats d'Athletes ou de Héros infatigables.

---

(2) Voyez ci-dessus, p. 115.

QUATORZIEME TABLEAU.

Mort d'Hercule & son APOTHEOSE.

Hercule ayant ainsi terminé ses Travaux, confié sa premiere Femme & ses cinquante Fils à Iolas, épousé *Omphale* & *Dejanire*, & acquis *Iolé*, se fait transporter sur le Mont Oeta, s'y jette dans un grand bûcher, & disparoissant aussi-tôt, est mis au rang des Dieux.

Nous revoyons donc ici les Allégories anciennes de tous les Orientaux; d'Osiris, mort & pleuré chez les Egyptiens: de Thammuz & d'Adonis, qui éprouvent le même sort en Phénicie & en Syrie, &c.

Osiris, Adonis, Thammuz, Hercule sur le Mont Oëta, &c. sont une seule & même allégorie, relative à la fin de l'année, au Soleil qui s'éloigne, qui expire, jusqu'à ce qu'il revienne du fond de l'Afrique, aussi brillant que jamais, & portant par-tout la sérénité & la joie.

Il se brûle sur le Mont Oëta, du mot Oriental Esh, Oet, qui signifie Feu, & qui désigna aussi le Soleil. Hercule se brûle sur le Mont Oëta, comme le Phénix sur l'Autel d'Héliopolis. C'est une révolution qui finit pour faire place à une autre; & le Spectateur est congédié par un beau feu d'artifice.

Hercule refuse d'être mis au nombre des douze grands Dieux.

Enfin Hercule introduit dans les Cieux, pour prix de ses Travaux, refuse d'être mis au rang des douze grands Dieux, afin, dit-il, de n'en fâcher aucun. Ce trait jetté ici comme par hazard, met la derniere main à toute cette allégorie. Les douze grands Dieux, comme nous le verrons dans la suite, n'étoient autre chose que les représentations symboliques du Soleil & de la Lune pour chaque mois, dont on fit ensuite autant de Divinités Protectrices des mois. Or Hercule étant le Soleil lui-même qui préside à tous ces mois, ne pouvoit être mis réellement au nombre de ces douze, sans être dégradé, & sans que l'allégorie ne devînt fausse, & ne pût être jamais entendue.

Mariage d'Hercule avec Hébé.

Si Hercule a refusé une place entre les douze grands Dieux, il n'en fait pas de même à l'égard d'Hébé; il accepte sa main qu'on lui offre, & devient ainsi l'époux de la Déesse de la Jeunesse: mais l'Epoux de la Déesse de la Jeunesse, n'est-il pas lui-même le Dieu de la Jeunesse? Ceci est donc encore une allégorie, sans raison si Hercule n'est qu'un Homme; mais très-convenable & prise dans la Nature, dès qu'Hercule est le Soleil, Chef des Opérations agricoles; puisque cet Astre reparoît chaque année avec toutes les graces de la Jeunesse, avec sa vigueur premiere, & qu'avec lui renaît la Nature ornée de tout l'éclat du printems & de la fleur de l'âge. C'est précisément ce que signifie HEBÉ, HBH dans la Langue Grecque, Jeunesse, fleur de l'âge.

Ce Mariage allégorique démontreroit seul de la maniere la plus sensible, que l'Histoire entiere d'Hercule n'est qu'une allégorie, & que cette allégorie a pour objet le Soleil & les Travaux champêtres. Par quelle bisarrerie eût-on pensé à faire d'un Mortel l'Epoux de la Jeunesse, tandis qu'on pouvoit choisir entre tant de Divinités ?

Distinguera-t-on dans Hercule deux Personnages, l'un mortel, l'autre immortel, que l'identité de nom fit confondre en un seul ? Dira-t-on que si nous avons pu expliquer d'une maniere allégorique la portion de faits semblables au mariage d'Hercule avec Hébé, qui ont pour objet le Héros immortel & les Travaux auxquels il préside, il en est un grand nombre d'autres qu'on ne sauroit prendre allégoriquement, & qui se raportent à un Héros Grec, apellé réellement Hercule, né à Thébes, qui guerroya contre Troye, Lacédémone, Pylos, &c. & qui fut Pere des Héraclides, trop fameux par les révolutions qu'ils causerent dans la Gréce, & sur-tout dans le Péloponèse, dont ils firent entierement la conquête, & qu'ils partagerent entr'eux ?

Entrons donc ici dans quelque détail, & jettons un coup-d'œil sur les actions historiques d'Hercule qui ne sont pas comprises dans l'explication que nous venons de donner de sa vie.

QUATRIEME PARTIE.

HISTOIRE D'HERCULE.

QUATRIEME PARTIE.

Vues générales sur les autres exploits d'Hercule.

SI la naissance d'Hercule, son culte, ses noms, ses symboles & tous ses travaux, son Apothéose & ses noces, démontrent qu'il est le Soleil considéré relativement au défrichement des Terres, & aux Travaux de la Campagne pendant le cours de l'année, il en est de même de la plus grande partie des autres exploits de ce Héros; tels que les victoires qu'il remporte sur Antée, sur Emathion, sur Busiris, &c. les Travaux qu'il exécute dans l'Isle de Créte & dans l'Afrique, dans la Gréce & dans les Alpes; ses Combats contre les Géans; son arrivée sur le Mont Palatin; les Institutions qu'on lui attribue sous le nom d'Hercule Idéen; les douze Autels qu'il éleve pour les douze grands Dieux; l'étendue de son culte, & les honneurs divins qu'on lui rendoit en tant de lieux, &c.

Il n'est aucun de ces exploits qui ne se lie aussi naturellement avec le Héros Immortel, qu'ils sont étrangers à un humain, & qui ne soit une nouvelle preuve que tout est allégorique dans la vie d'Hercule; & que s'il exista dans la Gréce un Héros de ce nom, aucune de ses actions n'est parvenue jusqu'à nous en s'incorporant dans l'Allégorie, que nous offre l'Histoire d'Hercule.

Commençons par ses Victoires sur Antée, &c.

§. I.

VICTOIRES qu'Hercule remporte sur Antée, Emathion, Busiris, &c.

Divers Mythologues placent ces Victoires dans le douziéme des Travaux d'Hercule; elles sont donc allégoriques comme lui; mais le nom seul de ces Tyrans suffiroit pour le démontrer.

ANTÉE, est fils de la Terre; on ne peut s'en rendre maître qu'en l'enlevant de dessus terre.

EMATHION, est fils de l'Aurore.

BUSIRIS, enléve les filles d'Atlas, &c.

Fables ou allégories pures; jamais on ne pourroit prendre ces Personnages pour des Êtres réels, lors même que nous ne serions pas en état de donner une explication satisfaisante de l'allégorie qu'ils offrent, & qui n'est peut-être pas suffisamment dévelopée pour pouvoir être saisie. Essayons cependant.

Allégories.

Busiris enléve les filles d'Atlas qui porte le Ciel sur ses épaules : Hercule indigné, vient au secours d'Atlas & lui rend ses Filles : & cela est vrai.

Atlas qui porte le Ciel sur ses épaules, désigne les Montagnes ; mais des Montagnes cultivées, son nom emportant toute idée de Culture & de Travaux.

Les Filles des Montagnes sont les Vignes, plantées toujours sur des Côteaux.

Ces Filles sont enlevées par Busiris ; mais ce mot écrit en Oriental בוצר Buzer, signifie un *vendangeur*.

N'est-ce pas en effet le Vendangeur qui enléve les Filles d'Atlas ? Hercule au contraire les lui rend, puisque le Soleil & la culture couvrent ensuite les Côteaux de nouveaux fruits, de nouvelles grappes.

Antée se bat au fond de l'Afrique contre Hercule ; celui-ci n'en vient à bout qu'en l'enlevant de dessus terre. Ceci est encore vrai, du moins de la maniere dont l'a expliqué le Savant Jablonsky, quoiqu'il n'en ait tiré aucune conséquence relativement à l'Histoire d'Hercule.

Ce nom, dit-il (1) signifie un Bouc : c'est Pan, le Bouc de Mendès, c'est-à-dire le Capricorne. Hercule soutient en effet un Combat contre ce Capricorne ; il le vainc, puisqu'il revient ensuite vers nous ; mais il lui a fait perdre terre, puisque c'est un signe Céleste, & qu'il ne faut plus le chercher sur terre.

Emathion, fils de l'Aurore, est vaincu également par Hercule : mais celui-ci étant le Soleil, ne chasse-t'il pas l'Aurore elle-même ? ne disparoît-elle pas devant lui ? Il fait donc disparoître tous ses effets ou ses fils ; ses couleurs, son éclat, sa rosée, &c.

M. L'Abbé Bergier explique dans le même sens, la famille entiere d'Emathion : le nom de son frere Memnon signifie, dit-il (2), *noir* ; le sien, *couleur de feu* ; celui de son Pere Tithon, *blanc*, comme on le voit par Hésychius.

§. 2.

Melampyge, *surnom d'Hercule*.

Hercule ayant arrêté deux voleurs & les portant pendus derriere son dos, les entendit éclater de rire, & le surnommer Melampyge, c'est-à-dire *l'Homme aux Fesses noires* : il trouva leur bonne humeur & leur franchise si plaisante, qu'il leur rendit la liberté & les laissa aller. Ce Conte & ce surnom sont encore une allégorie relative au Soleil : car lorsque le Soleil est couché & qu'il a montré le dos, tout est noir.

---

(1) Panth. Egypt. Tom. I. p. 303.
(2) Orig. des Dieux, Tom. II. 119.

§. 3.

Autels qu'il éléve aux douze Grands Dieux.

Hercule éleva douze Autels, dit-on, un à chacun des douze Grands Dieux. Ceci convient en effet au Soleil dont le cours étant divisé en douze Mois, donne lieu d'offrir douze Sacrifices par an, le premier jour de chaque mois, sur autant d'Autels différens, à l'honneur de chacun des Dieux Protecteurs des Mois. Et cet usage de douze Autels, un pour chaque mois, qu'on vit dans l'ancienne Rome, subsiste encore de nos jours dans la Chine.

§. 4.

Séjour d'Hercule dans l'Isle de Créte & dans l'Afrique & Travaux qu'il y exécute.

Nous voyons encore des preuves frapantes que l'Histoire d'Hercule est l'allégorie du défrichement des Terres & des Travaux de la Campagne, dans la maniere dont Diodore raconte les heureux effets du séjour qu'Hercule fit dans l'Isle de Créte & dans l'Afrique, en attendant le tems favorable pour son dixieme Travail ». Les Crétois, dit il, lui déférerent de » grands honneurs pendant le séjour qu'il fit chez eux : pour leur en mar- » quer sa reconnoissance, il purgea leur Isle de toutes les bêtes sauvages, » qui la ravageoient auparavant : aussi depuis ce tems-là il n'y a eu dans » toute l'Isle de Créte ni Serpens, ni Ours, ni Loups, ni aucune autre » espéce d'animaux malfaisans...... Ce Héros nettoya ensuite l'Afrique, » d'un grand nombre d'Animaux sauvages dont elle étoit remplie ; & par » ses conseils & ses soins, il la rendit si fertile qu'il croissoit abondamment » du blé & des fruits dans des lieux auparavant déserts ; & que des Con- » trées arides se virent bientôt couvertes de Vignes & d'Oliviers. En un » mot d'une région pleine de monstres, il fit le séjour le plus heureux de » la Terre, &c.....

Peut-on méconnoître ici l'établissement de l'Agriculture dans l'Isle de Créte & dans l'Afrique, & les heureux effets dont elle y fut nécessairement suivie ? Hercule ou l'Agriculteur fait seul disparoître de dessus le Terrain qu'il cultive, tous les animaux malfaisans dont il étoit couvert : on n'y voit plus ces Serpens énormes qui couvrent les terrains inondés ou marécageux, ces Loups, ces Ours, ces animaux sauvages qui multiplient sans fin dans les lieux couverts de forêts & abandonnés des humains. A leur place, ces Contrées se couvrent de Bœufs, de Moutons, & d'autres animaux utiles ; d'une population immense & heureuse ; de fruits de toute espéce, plus beaux, plus agréables, plus sains les uns que les autres.

ALLEGORIES ORIENTALES.

§. 5.

Desséchemens qu'il exécute dans la Gréce.

L'Agriculteur ne se borne pas à cultiver des Terrains secs : il en arrache autant qu'il peut aux Eaux qui les couvrent, afin d'étendre son domaine & de rendre même ces Eaux plus utiles par le parti qu'il sçait en tirer après les avoir resserrées dans un moindre espace. Ceci arriva dans la Gréce, comme dans toutes les autres Contrées agricoles ; & l'on eut raison de mettre tous ces travaux sur le compte d'Hercule, c'est-à-dire, du Laboureur allégorisé. C'est cet Hercule, qui, ainsi que le raconte Diodore, creusant une fosse profonde en forme de Canal, produisit le lit du Fleuve Penée, où se rendirent les Eaux dont étoit couvert un Canton considérable de la Thessalie, qui devint dès-lors un séjour délicieux sous le nom de la Fertile Vallée de TEMPE'.

C'est encore par la même raison qu'on imagina son Combat avec le Fleuve Acheloüs changé en Taureau, & auquel il arracha une Corne qui devint la CORNE D'AMALTHÉE.

C'est une allégorie relative à des desséchemens ; & d'autant plus intéressante, que Diodore nous en donne l'explication lui-même, & que cette explication s'accorde parfaitement avec nos principes. Ce Combat contre le Fleuve Acheloüs est donc, de l'aveu des Anciens, le desséchement d'une vaste étendue de Terre que ce Fleuve inondoit ; & qui étant devenue un Terrain de la plus grande fertilité, fut une vraie Corne d'Amalthée ou d'abondance.

§. 6.

Ses Travaux dans les Alpes.

Il ne suffit pas à l'Agriculteur de faire naître des richesses précieuses : il veut encore pouvoir les faire passer dans tous les lieux où l'on en aura besoin & où l'on pourra lui donner en échange, d'autres objets utiles pour lui-même &c. Mais pour cet effet, il faut qu'il puisse les transporter & les voiturer çà & là avec la plus grande facilité possible. L'Agriculteur s'ouvre donc par-tout des Chemins de communication ; il éléve des Chaussées dans les fonds ; il abaisse les Montagnes ; il construit des Ponts sur les Fleuves &c. Ne soyons donc pas surpris de voir dans notre Auteur, qu'Hercule prenant le chemin des Alpes, rendit les routes de ce pays *si douces & si aisées*, qu'une armée pouvoit y passer sans peine avec tout son bagage.

Hercule en effet, c'est-à-dire l'Agriculteur, peut seul exécuter des travaux pareils ; parce que lui seul en a besoin ; & que seul, il en trouve les

HISTOIRE D'HERCULE.

moyens dans les ressources immenses que lui fournissent son Art & ses succès, & qui se renouvellent sans cesse.

§. 7.

Ses Combats contre les GÉANS.

Hercule arrivant dans le territoire de Cumes ou dans les Campagnes Phlégréennes que brûle le Vésuve, fut attaqué par des hommes aussi forts que scélérats, apellés les GÉANS : le combat fut très-rude ; car ces Fils de la Terre étoient en grand nombre & très-vaillans : mais les Dieux venant au secours d'Hercule, il resta vainqueur ; & la tranquillité la plus parfaite regna dans le Pays.

Ces Combats jusques-ici inexplicables & tenus pour fabuleux, sont encore une allégorie charmante relative à l'Agriculture.

Les Géans ou les Fils de la Terre sont les Peuples sauvages, tels qu'il y en avoit dans l'Europe, avant l'établissement de l'Agriculture : Enfans de la Terre, parce qu'ils ne vivent que de ses productions spontanées : vrais Cyclopes à un œil, parce qu'ils n'ont pas les connoissances des Peuples agricoles, & qu'ils ne voyent pas au-delà du moment actuel : scélérats & anthropophages, parce que réduits à la même vie que les animaux féroces, il n'est pas étonnant qu'ils en ayent les mœurs, & qu'on peut dire qu'ils dévorent les hommes, lors même qu'ils ne les mangent pas ; car ils réduisent le genre humain à presque rien, dans les Contrées dont ils subsistent.

Les Géans des Champs Phlégréens en Italie, ne sont pas les seuls contre lesquels Hercule ait été obligé de combattre : si l'Agriculture eut des ennemis à vaincre en Italie, elle en avoit déja dans la Gréce ; c'est ce qui fit naître l'allégorie de la Guerre des Géans contre les Dieux qui furent secourus par Hercule & par Bacchus, comme le raporte encore Diodore. Il ajoute que ces deux Héros en furent surnommés OLYMPIENS. Hercule & Bacchus, Directeurs des Travaux Champêtres, défont en effet les Géans ; & ainsi subsistent les Dieux, les Olympiens, ceux que Sanchoniaton apelle ELOYENS, Dieux & Compagnons Célestes de Saturne, c'est à-dire les Peuples agricoles, dont la vie est le Siécle d'or, un Paradis anticipé. » Aussi » Hercule & Bacchus » dit encore notre Auteur, qui parle ici sans allégorie & sans voile, » furent honorés du nom d'OLYMPIENS, parce qu'ils avoient » APOUCI la FEROCITÉ des hommes par leurs bienfaits « c'est-à-dire, en leur enseignant l'Agriculture & les Arts qu'elle méne à sa suite, & qui font disparoître de dessus la face de la Terre, Géans, Cyclopes & Sauvages.

Il est encore digne de remarque qu'on voit sur des ABRAXAS, la Figure du Soleil, avec la devise, VAINQUEUR DES GÉANS. C'est toujours la même idée.

§. 8.

HONNEURS rendus à Hercule : 1°. *en Sicile.*

Les Fêtes attribuées en Sicile à Hercule & celles qu'on y célébroit, en son honneur, étant agricoles, prouvent aussi qu'on doit envisager son Histoire comme une allégorie relative à l'Agriculture.

» Il enseigna aux Syracusains, ajoute Diodore, à célébrer toutes les an-
» nées en l'honneur de Proserpine, des Fêtes & des Assemblées solemnelles....
» Les Habitans d'Agyre ont nommé *Herculéenne* la porte du Temple
» d'Iolas, devant laquelle ils font leur offrande à celui-ci. Ils célébrent sa
» Fête toutes les années avec la même solemnité, par des Exercices de Lutte
» & par des Courses de Chevaux ; & confondant alors les Maîtres & les Es-
» claves, ils les admettent aux mêmes Danses, aux mêmes Tables & aux
» mêmes Sacrifices.

Toutes les Fêtes de la Sicile, relatives à l'Agriculture, étoient donc représentées comme ayant Hercule pour Auteur, ou comme se raportant à lui. Ces dernieres nous rapellent les Fêtes célébrées dans les autres Contrées sous le nom de *Saturnales*, & qui étoient des Solemnités agricoles : les autres, à l'honneur de Proserpine, sont également en faveur de l'Agriculture, & relatives aux semailles, comme nous l'avons déja prouvé dans l'Histoire de Saturne, à l'article de Proserpine.

2°. *Sacrifices & Honneurs Divins qu'on lui rend en divers lieux.*

Il en est de même des Sacrifices & des Honneurs Divins qu'on lui rendoit dans la Gréce, & qui furent relatifs à l'Agriculture. Tels étoient les Sacrifices qu'on lui offroit chez les Opuntiens & chez les Thébains : ils consistoient en un Taureau, un Sanglier & un Bouc, à-peu-près tels que les Sacrifices apellés par les Romains SUOVETAURILIA ; & qui avoient été institués pour la conservation & la prosperité des biens de la Campagne.

3°. *Dîme établie en sa faveur.*

Lorsqu'Hercule fut arrivé sur le Mont Palatin, il fut très-bien reçu par les Habitans de ce lieu, & l'on y établit la Dîme en son honneur.

Mais la DÎME ne peut exister que dans les Pays agricoles ; & il n'est pas étonnant de voir sa Fête célébrée par les Habitans du Mont Palatin, très-antérieurs aux Romains, & Colonie Arcadienne, dont les Peuples, ainsi que ceux qui habitoient les Contrées méridionales de l'Italie, avoient porté les connoissances & les Arts à un grand point de perfection ; cette Colonie en particulier contribua pour beaucoup par sa puissance agricole, à cet

HISTOIRE D'HERCULE.

accroiſſement que Rome prit avec tant de rapidité, & qu'on avoit trop attribué juſques-ici à des cauſes moins prochaines.

§. 9.

Hercule IDÉEN & ſes Dactyles.

Nous ne ſaurions nous diſpenſer d'entrer ici dans quelque détail au ſujet de l'Hercule qu'on ſurnomma Idéen, qui étoit Chef des Dactyles, & auquel on attribuoit l'inſtitution des Jeux Olympiques, l'art de forger les métaux, & la danſe au ſon des Inſtrumens, inventée, dit on, pour empêcher que Saturne n'entendît les cris du petit Iou, que ſa mere lui avoit confié.

Cette Hiſtoire détaillée, cet Hercule & ſa Troupe, ces métaux, ces danſes, ces inſtrumens bruyans, cette garde du petit Iou, ont intrigué tous les Mythologues, qui n'ont vu dans tout cela que de l'hiſtorique; & qui l'ont ſi bien embrouillé, qu'on n'a jamais pu l'éclaircir.

Mais Iou étant le Dieu ſuprême, & SATURNE le Tems, leur Hiſtoire n'a pu être qu'une allégorie : les Dactyles gardiens du premier, n'ont donc pu être eux-mêmes que des Êtres allégoriques : ils ne ſeront pas difficiles à reconnoître.

Ils furent apellés DACTYLES, c'eſt-à dire les *Doigts*, parce qu'ils étoient au nombre de cinq ; & Hercule Idéen, étoit leur Chef.

Mais HERCULE eſt le Soleil, nous l'avons démontré ; on le ſurnomma *Idéen*, non parce qu'il avoit habité le Mont Ida dans l'Iſle de Créte, mais parce que le Soleil éclaire & voit tout l'Univers ; ce qui fit auſſi donner le même nom au Mont Ida, parce qu'étant élevé, on le voyoit de par-tout.

Ce nom vint de la racine primitive EID, qui ſignifie 1°. connoître, 2°. voir ; qui a donné beaucoup de mots à la Langue Grecque, tels qu'EID-éô ſavoir, apercevoir : ID-é voilà, &c. & à la Langue Latine, tels que VID-e voyez, VID-eo, voir, ID cela même, ce que vous voyez, & qui tint certainement à l'Oriental ידִ ID, la main ; car pour connoître un objet, ſes formes, ſa figure, on y porte la main, & l'on ne voit bien que ce qui eſt ſous la main. De-là vint encore le mot ſi connu IDÉE, & dont l'origine l'étoit ſi peu.

Ces cinq Dactyles dont il eſt le Chef, ſont donc ſimplement & très-certainement les cinq Planettes ſubordonnées au Soleil & à la Lune, & que l'on apella les GARDES du Roi & de la Reine des Cieux. Auſſi ſont-ils tous au ſervice de Rhéa ou de la grande Déeſſe, & Gardiens d'Iou.

Nous avons déja vu dans quel ſens, l'établiſſement des Jeux Olympiques eſt dû à leur Chef.

C'eſt dans le même ſens, qu'ils paſſent pour les Inventeurs des Métaux.

Personne n'ignore que les Métaux & les Planettes porterent le même nom dans l'Antiquité; usage dont nous voyons des traces encore de nos jours dans le nom de *Mercure*, qui désigne tout à la fois & une Planette & un métal.

Saturne désignoit le *Plomb*; Jupiter, l'*Etain*.

Mars, le *Fer*, mots venus tous les deux d'une même origine, de HAR, qu'on prononça *Mar* & *Fer*.

Vénus, le *Cuivre*, d'où vint son nom de CUPRIS ou CYPRIS, & le nom de l'Isle de Chypre, consacrée à Vénus ou à Cypris, à cause de ses Mines de Cuivre. Mercure, alors comme à présent le *Mercure*.

Hercule Idéen, ou l'Or Chef des Métaux, étoit le Soleil; & la Lune désigna l'Argent.

L'Or & l'Argent eurent ainsi un nom plus relevé que celui des Métaux; ils furent des EMAUX; distinction conservée dans le BLASON, dont la Langue & les Symboles remontent à la plus haute antiquité.

Les Emaux ne s'associent point ensemble, parce que la Lune & le Soleil ne marchent pas de compagnie; mais les Métaux vont avec les Emaux, puisqu'ils représentent les Planettes, Gardes du Soleil & de la Lune.

Le raport d'Hercule avec les Jeux Olympiques, nous donne l'explication d'un symbole Egyptien, qui paroît des plus bisarres : ils représentoient, dit-on, l'Année par le quart d'un Champ.

Ce qui étoit bien vu : le Champ entier étoit l'Olympiade, ou le Cycle composé de quatre ans : l'année en est le quart.

Ce champ c'est le terrain de l'Agriculteur, divisé en quatre portions, dont une se laboure chaque année.

Il devint avec sa division en quatre, le Champ des Armoiries : celles-ci, divisées ainsi en quatre Quartiers, donnerent lieu à exiger quatre Quartiers en preuve de Noblesse : ou quatre fois quatre, soit seize, pour les plus rigoureux.

Telle fut la raison déterminante de ce choix qui auroit pu tomber sur tout autre nombre, comme sur trois & sur cinq déja sacrés & admis pour d'autres Objets.

§. 10.

Hercule du nombre des Argonautes & ses Exploits à Troye.

Entre tous les Événemens de la vie d'Hercule, ceux qui paroissent vraiment historiques, & qu'il semble impossible de prendre dans un autre sens, c'est son voyage avec les Argonautes qui sont forcés de l'abandonner, parce qu'il les affamoit : & ses exploits à Troye, d'abord pour délivrer Hésione condamnée à être la proie d'un Monstre marin; ensuite, pour se venger de Laomédon, Roi de Troye, qui lui manquant de parole, le frustroit de la récompense qu'il lui avoit promise pour sauver sa Fille Hésione, & pour relever les murs de Troye.

Mais

HISTOIRE D'HERCULE.

Mais lors même qu'il seroit démontré, que ces deux événemens ne peuvent se prendre dans un sens allégorique, ils ne sçauroient anéantir les faits précédens, qui embrassent la vie entiere d'Hercule.

Nous ferons plus cependant; car lorsque nous serons parvenus au voyage des Argonautes, qui dans l'origine n'étoient qu'au nombre de cinquante & deux, nous ferons voir que c'est une Allégorie dans le goût de toutes les autres Fables Mythologiques.

L'Histoire d'Hésione est elle-même une Fable absurde dans le sens historique: si elle eut un objet, ce fut donc un objet allégorique; mais apartenant plus particulierement à l'Histoire de Troye, il vaut mieux en renvoyer le dévelopement à cette portion de notre Ouvrage qui aura Troye pour objet.

CINQUIEME PARTIE.
Observations en forme de Notes.

NOTE I.

Monumens anciens relatifs aux Travaux d'Hercule.

ON voit par divers Monumens de l'Antiquité que les Travaux d'Hercule étoient un sujet sur lequel les Artistes s'exerçoient fréquemment.

Et qu'ils étoient peints & gravés, tantôt tous ensemble, tantôt séparément, suivant l'usage auquel on les destinoit.

Ils sont gravés séparément sur un grand nombre de Médailles. On en peut voir plusieurs dans les Recueils de Médailles & d'Antiquités.

L'Empereur COMMODE aimoit d'être comparé à ce Dieu.

Sur une de ses médailles, on voit Hercule représenté avec la Massue, l'Arc & le Carquois (1).

Sur une autre, ce Héros tient les cornes d'une Charrue, avec la dévise, HERCULE FONDATEUR.

Sur des Médailles de POSTHUME, on voit ses Combats contre le Taureau (2), le Sanglier, le Chien Cerbere, Antée, &c.

Celui contre l'Hydre est représenté sur une médaille de Maximien (3), qui avoit une vénération si particuliere pour ce Dieu, qu'il en fut apellé HERCULIUS.

Une Médaille d'Antonin présente Hercule cueillant une pomme dans le jardin des Hespérides, sur un arbre autour duquel est entortillé un Serpent; & de l'autre côté, on voit trois femmes effrayées, qui lévent les mains au Ciel (4).

L'on voit dans BEGER (5), une très-belle Médaille de l'Isle de Thasos, au revers de laquelle est un Hercule en pied apuié sur sa massue, avec une Inscription Grecque, qui l'apelle *Sauveur des Thasiens.*

Nombre d'autres présentent sa massue, comme Symbole du Culte qu'on

---

(1) Vaill. Med. Imp. Tom. III. p. 147.
(2) Ib. p. 4.
(3) Ib. p. 227.
(4) Ib. p. 125.
(5) Thesaurus Brandeburgicus Selectus, p. 423.

HISTOIRE D'HERCULE.

lui rendoit, telles les Médailles de Lucerie en Daunie (6), d'Argos (7), de Thébes (8), de Perinthe (9) : cette derniere Ville le reconnoissoit également pour son Fondateur.

Un Médaillon de cette Ville, frapé à l'honneur de Gordien Pie, présente le Combat d'Hercule contre les Oiseaux du Lac Stymphale (10); ce Héros porte la main droite sur sa tête, & tient son arc de la gauche. Les Oiseaux qui l'attaquent, au nombre de trois, ont le bec recourbé, le col allongé & de grandes aîles ; & ressemblent à l'Ibis ou au Héron.

Des Pierres gravées l'offrent arrachant Mégare des mains de Lycus (11) ; tenant un des Dragons de chaque main (12), &c.

Il y en a deux allégoriques, que nous ne sçaurions passer sous silence. L'une représente notre Héros succombant sous le poids d'un Amour qu'il porte sur ses épaules (13). L'autre le représente avec Minerve & Vénus, qui cherchent à le ranger sous leurs étendards en lui peignant, l'une, les charmes de la volupté ; & l'autre, les avantages de la sagesse (14).

Tous ces Travaux sont réunis sur un Marbre Romain décrit par GRUTER (15).

On les voit aussi sur un Autel quarré de la Galerie Justinienne à Rome, & qui est gravé dans le P. de Montfaucon (16). Il est vrai qu'il manque une des Faces, celle sur laquelle on avoit représenté les Travaux sept, huit & neuf.

Sur d'autres Monumens, ils sont raportés historiquement.

C'est ainsi qu'ils sont décrits en douze vers latins à la fin des Œuvres de Virgile. Ils commencent de cette maniere :

> Prima Cleonæi tolerata ærumna Leonis :
> Proxima Lernæam ferro & face contulit Hydram, &c.

Tous ces Travaux & la Vie entiere d'Hercule sont gravés en vers grecs sur un bas-relief d'une grande beauté qui représente HERCULE EN SON REPOS ou son Apothéose, & que l'on doit à GORI d'après la Galerie Farnèze (17).

---

(6) Ib. p. 317.
(7) Ib. p. 437.
(8) Ib. p. 473.
(9) Ib. p. 486.
(10) Médaillons du Cardinal Albani, Vol. II. P. 70. n°. 1.
(11) BEGER, Ib. p. 32.
(12) Ib. p. 31.
(13) Ib. p. 34.
(14) Ib. p. 108.
(15) Pag. 43.
(16) Antiq. Expl. Tom. I. Pl. CXXXIII.
(17) Il a été donné également par le P. de Montf. ubi supra Pl. CXLI. mais moins correctement, d'après une copie gravée à Rome.

ALLÉGORIES ORIENTALES.

Dans la portion supérieure, Hercule à demi-corps se repose sur sa peau de Lion. Trois Personnages sont placés à chacun de ses côtés : l'un qui est une femme, a pour Inscription EUROPE : c'est elle qui soutient le Drapeau qui porte l'Inscription HERCULE EN SON REPOS (NOT. V.). Les autres sont Hébé, & des Satyres.

Au-dessous, est un autre rang de Figures, séparé de celui-là par la peau de Lion. Il est composé de trois figures en pied, séparées par un Autel & par un Trépied.

Du côté extérieur à gauche, est la VICTOIRE : elle verse une liqueur dans une espéce de Tube que tient une jeune Prêtresse placée de l'autre côté de l'Autel : celle-ci a sa ceinture directement sous le sein. Elles soutiennent toutes deux un vase, au-dessus du feu qui brûle sur l'Autel.

Derriere la Prêtresse est le Trépied, orné de Sphynx ailés : il est élevé sur un piédestal, qui porte une Inscription relative au Trépied.

On voit ensuite un homme nud qui tend une Coupe, ou Patére, vers ces Femmes, comme pour avoir sa part de la liqueur qu'elles versent.

Le Savant EDOUARD CORSINI, a très-heureusement vu que cette portion du bas-relief, représente l'Expiation d'Hercule, sans laquelle il n'auroit pû être introduit dans l'Assemblée des Dieux (1).

Sur la base de l'Autel sont des figures de Muses.

Deux Colonnes bordent cette portion inférieure du bas-relief, & soutiennent le rang supérieur, une de chaque côté : elles sont chargées d'inscriptions en caractères majuscules, mais serrés, & effacés en partie, qui contiennent le détail de la vie d'Hercule.

Le bas du Monument est rempli par trois Inscriptions.

Celle du milieu paroît contenir la Dédicace. Elle consiste dans ces quatre lignes.

  ΗΡΑΣ ΑΡΓΕΙΑΣ....ΕΙΑ
  ΑΙΔΜΑΤΑ ΕΥΡΥΣΘΕΩΣ
  ΚΑΙ ΑΔΜΑΤΑΣ ΤΑΣ ΑΜΦΙ
  ΔΑΜΑΝΤΟΣ ΕΤΙ...ΝΤΟ.

Inscription qui signifie » ADMETE, Fille d'Eurysthée & d'Admete Fille » d'Amphidamas, Prêtresse de Junon Argienne ». Car il faut lire IEREIA (Prêtresse) là où il ne reste qu'EIA.

La fin doit marquer le tems de son Sacerdoce ; mais le texte en est

___

(1) Dans une Dissertation imprimée en Latin sur ce sujet, in-fol. & dont on voit un extrait dans la vie de ce Savant, par M. l'Abbé FABRONI, Chevalier de S. Etienne, & Gouverneur des Enfans du Grand Duc, dans le Tom. III. p. 116. de les Vies Illustres d'Italie, du XVIII Siécle, dont il a bien voulu me donner communication.

HISTOIRE D'HERCULE.

trop maltraité, pour qu'on puisse le rétablir. L'on sçait que les Prêtresses de Junon à Argos tenoient un rang distingué, & qu'on comptoit les années par ceux de leur regne.

Les Inscriptions qui sont à droite & à gauche de celle-ci, contiennent l'énumération des douze Travaux d'Hercule.

Le titre en est remarquable.

ΟΥΣ ΩΟΤΥΠ ΕΥΡΙΣΘΕΙΟΣ ΑΝΑΓΚΑΣΩΙΣ.

Ordre inévitable d'Euristhée: c'est du moins le sens des deux derniers mots: car les deux premiers n'en forment point.

Le style en est dans le Dialecte Dorique: on y a conservé la prononciation forte des Grecs primitifs, la même que celle des Latins, & par laquelle on prononçoit Limna (*Étang*, *Lac*) au lieu de *Limné*; Tan, au lieu de *Tén*; Adelpha, *sœur*, au lieu d'*adelphé*.

Les Travaux d'Hercule y sont présentés dans cet ordre. 1°. Le Lion. 2°. L'Hydre de Lerne. Le troisiéme est effacé. 4°. La Biche. 5°. Les Oiseaux de Stymphale. 6°. L'Étable d'Augias. 7°. Le grand Taureau. 8°. Les Chevaux de Diomède. 9°. Les Amazones. Au dixième on voit ces mots, *bous aghellias*. Ceci a donc raport aux Vaches de Geryon; & jusqu'ici tout est d'accord avec Diodore.

Tous ceux-ci forment l'Inscription qui est vis-à-vis la gauche du Lecteur.

La troisiéme Inscription d'en-bas, aussi longue que celle ci, mais effacée sur plus de la moitié de sa longueur, ne renferme que les deux derniers travaux. Le onziéme est composé de Hespérides, de leurs pommes d'or & du Dragon; il renferme trois lignes.

Le douzieme offre les noms de Busiris, d'Antée, de Pholoï le Centaure, de Cycnus; le reste n'est pas lisible.

Au-dessous du Trépied est aussi une Inscription, non moins maltraitée. On y voit cependant » qu'Amphytrion, Ministre d'Alcée, a offert ce » Trépied Apollonien »…. On voit ensuite le nom d'Hercule en plus gros caractères: & puis des mots défigurés, qui n'offrent aucun sens.

Inscriptions Latérales.

La grande Inscription latérale à gauche du Lecteur, a pour titre, *Exploits d'Hercule*.

Elle est composée de 82. lignes ou vers.

Les six premiers roulent sur l'Expédition d'Hercule contre les Orchoméniens; comment il prit leur Ville (1), fit périr leur Roi Ergine, & inonda leur Campagne.

---

(1) Dans Montfaucon, le Graveur a mis *Palin* pour *Polin*.

Dans les suivantes, on raconte la maniere dont il délivra Héfione, fille de Laomedon Roi de Troye; son voyage à Tirynthe; son second voyage à Troye, pour se venger de Laomédon qui lui avoit manqué de parole; comment il donna en mariage la fille de ce Roi, ou Héfione, à son ami Télamon, & le Royaume de Troye à Priam frere d'Héfione.

On voit ensuite l'histoire de sa guerre contre Nélée Roi de Messenie, qu'il fit périr avec tous ses Enfans horsmis *Nestor*, parce que ce Roi lui avoit refusé l'expiation du massacre des Centaures.

Au vers 66. commence son expédition contre Hippocoon Roi de Sparte, qu'il met à mort; & dont il donne le Royaume à Castor, & à Pollux, fils du Roi défunt.

Depuis le 71. jusqu'au 78. On lui voit instituer à Pise, les Jeux Olympiques. Les quatre dernieres lignes sont indéchiffrables.

L'Inscription latérale à la droite du Lecteur, paroît finir à la ligne 60. Mieux conservée que la précédente, elle est beaucoup plus difficile à déchiffrer, à cause des fautes énormes dont elle est remplie.

On y voit ligne 1-4. qu'Hercule fonda la Ville de Tirynthe.

Ligne 6. qu'il tua Dioméde.

Ligne 8. la mort de Sarpedon.

Ligne 11. Celle de Polygone & de son frere Telegone, Enfans de Protée.

Ligne 24. On le voit sur les bords du Thermodon en Scythie, où il fait périr Hippolyte Reine des Amazones, & gagne sa Ceinture.

Ligne 35. Il donne la BEBRYCIE à son ami Lycus, qui en reconnoissance l'apella *Heraclée*.

La ligne 40. offre le nom de Thesée; & la 43. celui d'Hippolyte, sans doute le Fils de Thésée.

Dans les lignes 45. 46. 47. On voit Hercule arrivé sur une Montagne qui paroît être le CAUCASE.

Dans la 55. est le nom d'EMATHION, ce Roi d'Ethiopie qu'Hercule fit périr.

Le reste m'a paru indéchiffrable.

NOTE II.

RAPORTS D'HERCULE & DE SAMSON.

Les noms d'HERCULE & de SAMSON ont un si grand raport, étant tous deux relatifs au Soleil, & ils désignent tous deux des Personnages d'une force si extraordinaire, qu'il ne seroit point surprenant que les actions de l'un eussent été mises sur le compte de l'autre. Je crois même reconnoître dans l'Hercule Grec, quelques-unes des grandes actions du Héros Hébreu.

HISTOIRE D'HERCULE.

Cette idée ne feroit pas nouvelle : divers Savans l'ont déja eue ; entr'autres FABRICIUS (†).

I. Dans l'Antiquité expliquée du P. Montfaucon (1), on voit une Eſtampe très-finguliere, tirée d'une Pierre gravée. C'eſt *Hercule* portant ſur ſes épaules deux Colonnes, qu'on a apellées *les Portes de Cadix*; & ce Héros eſt ſans ſa peau de Lion : ce qui eſt très-remarquable.

Peut-on méconnoître ici *Samſon*, qui emporte ſur ſes épaules & ſans peau de Lion, les *Portes de Gaza*, Ville Phénicienne tout comme Cadix ?

II. Hérodote raconte d'Hercule une Fable qu'il ne peut croire, tant elle lui paroît abſurde : la voici, le récit n'en ſera pas long.

» Selon les Grecs, dit-il (2), Hercule arriva en Egypte & y fut fait
» priſonnier par les Egyptiens. Ceux-ci réſolurent alors d'en faire un ſacri-
» fice à Jupiter, & le conduiſirent avec une grande pompe juſques aux
» pieds de l'Autel : mais tandis qu'ils prononçoient les paroles de conſécra-
» tion, Hercule raſſembla toutes ſes forces, & les fit tous périr.

Ce récit tranſporté en Egypte, ne pouvoit que paroître très abſurde à Hérodote : *les Egyptiens*, dit-il, *n'immolent que des Animaux : euſſent-ils ſacrifié un homme ?* Cependant cette hiſtoire étoit ſi fortement atteſtée qu'il n'oſoit en rejetter le fond, & qu'il demande excuſe aux Dieux & au Héros, de ſon incrédulité.

Qui ne reconnoît ici l'hiſtoire de *Samſon*, l'Hercule Hébreu, arrêté par les *Philiſtins*, Colonie Egyptienne, voiſine d'Egypte, & qui furent aiſément confondus par les Grecs avec les Egyptiens eux-mêmes ?

III. L'on trouve dans le quatriéme Livre des Faſtes d'Ovide, un autre trait qui a un raport bien ſingulier avec l'hiſtoire de Samſon : il concerne CARSEOLES, Ville des Pelignes dans la grande Gréce. On ſçait que preſque toutes ces Villes étoient des Colonies Orientales, la plûpart Phéniciennes : de ſavans hommes, entr'autres MAZOCCHI, célébre par des Ouvrages précieux, ont très-bien prouvé que les noms de la plûpart étoient Orientaux. Il en eſt exactement de même de CARSEOLES. C'eſt un Compoſé de deux mots Hébreux ou Orientaux, qui ſignifient *Ville du Renard*.

Cette Etymologie n'eſt point étrangere à ce qu'*Ovide* raporte de cette Ville ; » à Carſeoles, dit ce Poëte, il eſt défendu par une Loi expreſſe
» de ſe vanter d'avoir pris un Renard ». Il ajoute, que toutes les années on y brûloit en grande cérémonie des Renards, avec des Torches attachées ſur leur dos (3).

(†) Fabricius dit dans ſes Notes ſur l'Ouvrage des Héréſies par PHILASTRE, que les Payens confondirent Samſon avec Hercule, qu'ils croyoient être, ajoute-t-il, le même que le Soleil.
(1) Tom. I. Pl. CXXVII.
(2) Herod. Liv II. C. 45.
(3) Faſt. Liv. IV. 681-712.

Surpris d'une défense & d'un usage aussi singuliers, qui lui eussent encore paru plus singuliers s'il avoit sçu la signification du nom de la Ville, il en demande l'explication aux Habitans : ils répondent que c'est en mémoire de ce qu'autrefois leurs blés avoient été brûlés par un Renard, auquel un jeune homme avoit attaché des bottes de paille, & qu'il avoit ensuite lâché dans la Campagne après avoir mis le feu à cette paille.

IV. Ceux qui ont cherché l'histoire sacrée dans l'histoire profane, & sur-tout dans la Mythologie, auroient été encore vivement frapés du raport d'Hercule exposé par sa vraie Mere & nourri par Junon sa persécutrice, avec l'histoire de Moyse exposé par sa Mere & sauvé par une Egyptienne, fille elle-même du Persécuteur de sa Maison.

V. Servius (3) nous a conservé un autre fait relatif à Samson, moins altéré encore que ceux dont nous venons de parler.

» Hercule, dit-il, ayant poursuivi ses Ennemis dans les déserts de la
» Lybie, & éprouvant une soif ardente, conjura Iou de se montrer son
» Pere dans une occasion aussi pressante. A l'instant, un bélier parut au
» milieu de ces Sables.

Mais de quelle ressource est un bélier pour un homme qui meurt de soif? Reconnoissons donc ici un autre trait relatif à Samson, & qu'il fut très-aisé d'altérer, de cette maniere.

Samson ayant poursuivi vivement les Philistins & éprouvant une soif brûlante, se plaignit amérement, & suplia Ieou (†) d'avoir compassion de lui : alors Dieu fit paroître cette Fontaine extraordinaire que l'on apella
    Ain he'-Kore *la Fontaine de celui qui gémit*, ou *qui crie*.

Mais le mot Ain signifie également Œil ; & Kore est le participe du verbe Kre, crier. Les Grecs confondant ce dernier mot avec leur mot Krió un bélier, & prenant Ain au sens de *voir*, firent de cette fontaine, un be'lier qui paroît.

VI. Il existe un autre trait dans l'histoire d'Hercule, où l'on a cru reconnoître l'aventure de Jonas. Lycophron, Poëte Grec qui vivoit à la Cour des Rois d'Egypte après le tems de la traduction des LXX, dit au commencement de sa Cassandre, qu'*Hercule aux trois nuits* fut avalé par le Monstre marin qui devoit dévorer Hésione, & qu'il en sortit tout épilé.

Lycophron étant le seul qui raporte ce fait, & ayant été à même d'être instruit de l'aventure de Jonas très-antérieure à lui, pouroit très-bien avoir voulu l'imiter dans son Poëme rempli d'ailleurs d'expressions étrangeres & singulieres : mais je serois plus porté à croire qu'il voulut rendre raison

---

(3) Dans les Notes sur l' Liv. II. Chap. 42.
69. On voit dans Hérodote une allusion à ce fait;
(†) Jehovah, en lisant avec les points de la Massore.

par-là

par-là de l'épithéte qu'on donnoit à Hercule d'*homme aux trois nuits*; & que ce ne fut qu'une allusion à la longueur de la nuit qui précéde le Solstice d'hyver, & pendant laquelle le Soleil paroît englouti par les monstres des Eaux dans lesquelles il s'étoit couché.

NOTE III.

Si Hercule a excellé dans les Sciences : & Origine des MUSES & des GRACES.

Le titre de *Musagettes*, ou Conducteur des Muses, donné à Hercule (1), a persuadé en effet à quelques Savans, qu'Hercule ne s'étoit pas moins distingué par la beauté de son génie & par l'étendue de ses connoissances, que par sa force & son adresse. Celui que l'on peut mettre ici à la tête des Tenans, est M. l'Abbé de FONTENU. Dans une Dissertation (2) imprimée dans les Mémoires de l'Académie des Inscriptions, il cite à ce sujet Diodore, Isocrate, Pausanias, Aristote, Denys d'Halycarnasse : il fait d'Hercule un Savant presqu'universel, un homme très-versé dans la Théologie, la Philosophie, la Médecine, la Botanique, la Géométrie, l'Hydraulique, l'Astronomie, les Belles-Lettres, la Poësie, l'Art de la Divination.

Malheureusement, ce ne sont que des conséquences trop étendues, de quelques idées symboliques des Anciens.

Si *Hercule* fixa dans le *Zodiaque* les points des Equinoxes, & des Solstices, c'est parce qu'il désigne le Soleil dont ces points marquent le cours.

S'il est Chef des Muses, c'est que dans l'Origine les MUSES étoient les neuf Mois de l'année pendant lesquels on peut travailler à la terre : les trois autres s'apelloient les GRACES, & on les représentoit dansantes, parce qu'elles désignoient les trois mois de repos & de divertissement.

S'il fut confondu avec Apollon, & si on lui consacroit des Trépieds, comme dans le beau Monument que nous avons décrit & qui est apellé HERCULE EN REPOS, c'est que le Trépied désignoit les Saisons, d'abord au nombre de trois.

Le premier Temple qu'eut à Rome cet Hercule, Chef des Muses, lui fut élevé par le Vainqueur de l'Etolie, le Savant FULVIUS NOBILIOR, au retour de son expédition : il y plaça les Statues en bronze des neuf Muses,

---

(1) On voit dans les Pierres gravées de STOSCH, une très-belle Figure d'Hercule Chef des Muses, Pl. LIX. Ouvrage de Scylax.
(2) Mém. de l'Acad. des Inscrip. & Belles-Lettres, Tom. VII. p. 51-62.

qui faisoient partie du butin & qui étoient d'une rare beauté. Ce Temple fut relevé par PHILIPPE, Beau-Pere d'AUGUSTE: il devint le rendez vous des Beaux-Esprits & des Savans: on y voyoit des Chefs-d'œuvre de l'Art, tant en Peinture qu'en Architecture.

2°. *Titre de Conducteur, ou Chef, donné également à Hercule, relativement à d'autres objets.*

De même qu'Hercule fut apellé *Chef des Muses* parce qu'il dirigeoit les Travaux des neuf mois où l'on peut s'occuper, ainsi il fut apellé dans l'Isle de MALTHE, où les mêmes Phéniciens avoient établi des Comptoirs, ARCHEGE'TES, c'est-à-dire, le grand Chef, le grand Duc: titre également donné à Apollon, dans l'Isle de Naxos, comme nous l'aprenons de THUCYDIDES.

Il fut également apellé DUSANAUS par les Arabes: mot qui signifie la même chose: car SANA en Arabe signifie l'*Année*; & Dou ou Du, *Chef*, *Conducteur*.

NOTE IV.

Tradition Allégorique des Scythes sur Hercule; & son explication.

Les Fables allégoriques ne furent pas confinées chez les Phéniciens, les Egyptiens & les Grecs: elles jetterent de profonds rameaux chez plusieurs autres Peuples, qui se mêlant avec leurs traditions historiques, sont devenues inintelligibles pour tous ceux qui ont voulu les expliquer. En attendant que nous les fassions reparoître sous leur véritable point de vue, nous en allons expliquer une, dont Hercule est également l'objet, qui le présente comme étant le Pere des Scythes, & sur laquelle quelques Auteurs se sont apuyés pour faire descendre réellement ce Peuple, de notre Héros. C'est à Hérodote que nous devons celle-ci (1); nous en abrégerons le récit.

» Hercule revenant de l'expédition dans laquelle il avoit enlevé les Va-
» ches de Geryon, arrive dans la Scythie: mais gelé & morfondu par les
» glaces du Nord, il se repose sur sa peau de Lion. A son réveil, il ne
» voit plus ses Chevaux; il se met en devoir de les chercher, & parcou-
» rant à cette occasion la Scythie, il rencontre un Monstre singulier; de
» la Ceinture en haut, c'est une très-belle Fille; & de la Ceinture en
» bas, c'est un Serpent. Notre Héros, après l'avoir considérée, lui de-
» mande des nouvelles de ses Chevaux: ils sont en mon pouvoir, lui dit
» la Belle: mais vous ne les aurez que lorsque vous m'aurez mise en état

---

(1) Liv. IV. p. 8. 9. C. 10.

HISTOIRE D'HERCULE.

» de donner des Habitans à ces Contrées défertes où je fuis feule. Her-
» cule accepte la propofition : il demande enfuite fes Chevaux : vous les
» aurez, répete le Monftre à corps humain ; mais comme vous venez de me
» rendre Mere de trois Fils, dites-moi auparavant comment je dois me
» conduire à leur égard lorfqu'ils feront devenus grands ? Leur partage-
» rai-je la Contrée, ou fe rendront-ils auprès de vous ? Que la Contrée
» foit à celui qui pourra ceindre ce baudrier, & tendre cet arc, répond
» Hercule en remettant à la Belle fon baudrier & un de fes deux arcs.

» Des trois fils du Monftre ferpentin, un feul put remplir la condition :
» il devint donc poffeffeur de la Contrée, & elle s'apella SCYTHIE de fon
» nom.

L'on avoit très bien vu que ce récit n'étoit qu'une Fable ; mais ce qu'on
n'avoit pas encore vu, & qu'on ne pouvoit même apercevoir, c'eft que ce
Conte étoit une allégorie ingénieufe, une Tapifferie hiéroglyphique mife
en narré. Elle contient en effet la peinture des SIGNES du Zodiaque qu'Hercule où le Soleil parcourt depuis qu'en arrivant vers le Nord, il commence
à en fondre les glaces.

Hercule, qui après s'être rendu maître des Vaches de Geryon au mois
d'Avril, arrive dans le Nord gelé & morfondu, eft le Soleil arrivé au
figne du Cancer dans le mois de JUIN : c'eft alors, qu'il eft le plus près
des Climats glacés du Nord.

Alors, il fe repofe fur fa peau de Lion : & cela eft vrai, puifque fa
Courfe étant achevée, c'eft le tems du repos, & qu'il fe trouve en ce
moment dans le figne du Lion au mois de JUILLET.

A fon réveil, il ne voit dans toute la Contrée qu'un feul Perfonnage,
& c'eft un Monftre dont la portion fupérieure eft une belle Fille, tandis que
la portion inférieure n'eft qu'un Serpent.

Et ceci eft exactement vrai, mais dans le Calendrier ancien.

Et 1°. quel eft le figne qui fe préfente à la Courfe du Soleil, lorfqu'il fort du Lion ? N'eft-ce pas le figne de la VIERGE, au mois d'AOUST ?

2°. Qu'eft-ce qu'il apercevoit à fa fuite ou par-deffous, dans le Calendrier ancien ? Le SERPENT, figne du mois de SEPTEMBRE, comme nous l'avons
vû plus haut (1).

La réunion de ces deux fignes forme exactement le Perfonnage qu'Hercule rencontre fur fes pas.

De ce Perfonnage, il a en effet trois Fils ; ce font les trois mois qui
reftent pour achever l'année ; fils de ceux-là, puifqu'ils marchent à leur
fuite, & qu'ils en defcendent.

L'un s'apelle SCYTHUS, & il eft Maître du Pays parce qu'il a pu tendre

---

(1) Ci-deffus, page 112.

l'Arc d'Hercule & ceindre son baudrier : mais qui ne reconnoît dans ce Tireur d'arc, le SAGITTAIRE, signe du mois de NOVEMBRE ; & dans ce baudrier, le Zodiaque où il domine alors?

C'est le Maître de la Scythie, soit parce que dans ce tems là on y achéve ses récoltes, soit plutôt parce que tout Tireur d'arc est Maître des Contrées où l'on ne peut vivre que de Chasse.

Mais ce qui n'est qu'un Conte, c'est ce que le même Hérodote raporte plus bas que sur un rocher près des rives du TYRAS ou du *Niester*, on voyoit l'empreinte d'un pied d'Hercule, parfaitement semblable à celle d'un pied humain, à la grandeur près, ayant deux coudées de longueur. C'est ainsi que dans d'autres Contrées, on montre l'empreinte des pieds d'Adam, de Rustan, &c.

NOTE V.

Histoire d'EUROPE & Explication de l'Allégorie qui y est renfermée.

Dans le beau Monument d'Hercule en son repos, nous avons vu qu'EUROPE étoit placée à côté de ce Héros : mais quel raport étroit peut avoir avec lui cette Fille d'Agenor ? Et qu'a-t-on voulu dire, lorsqu'on assura qu'elle avoit été enlevée par Jupiter changé en Taureau ? Comment les Anciens purent-ils admettre une pareille Fable, qui non-seulement deshonoroit la Divinité ; mais qui le faisoit en pure perte, puisqu'elle ne ressemble à rien, & qu'elle étoit l'absurdité même ?

Mais ne seroit-ce pas encore ici une Allégorie ingénieuse, une Tapisserie hiéroglyphique mise en récit ? très-intelligible dans le tems qui le vit naître ; devenu absurde lorsqu'on en eut perdu la clé ; & qui confirmeroit tout ce que nous avons dit jusques ici, & sur-tout l'explication que nous venons de donner de l'histoire d'Hercule ? Entrons donc ici dans quelque détail.

Telle est l'histoire d'EUROPE. Elle fut petite-Fille de LIBYE ; niéce de BELUS, Fille d'AGENOR Roi de Tyr, & de sa Femme TELEPHASSA, sœur de CADMUS, de PHÉNIX & de CILIX. Elle fut enlevée par Iou changé en Taureau ; mise au rang des Dieux sous le nom d'Astarté, pour consoler son Pere ; & surnommée HELLOTIE.

C'est par cet événement que NONNUS ouvre ses Dionysiaques : c'est ce même événement, que chanta OVIDE dans ses Fastes (1).

Ceux qui n'ont vu dans ce récit qu'une histoire altérée, n'ont rien dit qui fût digne d'eux & des Anciens. Pourra-t-on se persuader qu'on voulût simplement dire par-là qu'une Princesse avoit été enlevée par un Corsaire

---

(1) Liv. V. 605, &c.

qui s'apelloit, lui ou son Navire, le Taureau? & l'aura-t'on nommée HELLOTIE simplement, parce que l'on chanta à ses Nôces des Chansons apellées HALLOTS, ou Epithalames?

Si l'on avoit voulu désigner par-là l'enlévement d'une simple Mortelle, pourquoi faire descendre du Ciel Jupiter lui-même? par quelle dépravation mettre sur son compte, un fait aussi injurieux?

D'ailleurs, pourquoi fermer les yeux sur tous les moyens que l'Antiquité fournit, pour s'assurer que c'est un récit allégorique qu'on avoit sous les yeux, & pour en découvrir le sens?

Les Mythologues disent eux-mêmes en raportant son histoire d'après les Anciens, que pour consoler son Pere, elle fut mise au rang des Dieux, sous le nom d'ASTARTÉ.

L'Auteur de la Description de la grande Déesse des Syriens, dit qu'Europe étoit, à ce qu'on assuroit, la même que la Lune.

Ovide termine ainsi l'histoire de cette Princesse:

» Jupiter, inque Deum de bove versus erat,
» Taurus init Cœlum: - - - - - Sidoni - - -
» Parsque tuum Terræ tertia nomen habet.
» Hoc alii signum Phariam dixere Juvencam;
» Quæ bos ex homine est, ex bove facta Dea.

» Déja Jupiter a repris sa forme de Dieu; le Taureau a été admis entre
» les signes Célestes: la Sidonienne a donné son nom à la troisiéme partie
» du Monde. D'autres assurent que ce signe est la Vache Egyptienne,
» d'abord Femme, ensuite Vache, enfin Déesse ».

Ajoutons que plusieurs Villes anciennes, telles que GNOSSE en Créte, & CALAGURRIS en Espagne, avoient pris pour leurs Armoiries ou Symboles, Europe enlevée par le Taureau & soutenant son Voile des deux mains; précisément comme on peignoit dans l'origine, les Déesses Patrones de l'Univers, & sur-tout Isis.

N'étoient-ce pas autant de preuves, qu'Europe n'étoit pas une mortelle; mais qu'elle étoit la Lune? Cette Reine des Astres, adorée en Phénicie de la même manière qu'Hercule, ou Mélicerte, le Roi du Monde ou le Soleil?

En assurant qu'elle est la même qu'ASTARTÉ, n'étoit-ce pas nous aprendre qu'Europe n'étoit autre chose que la Lune elle-même, puisqu'ASTARTÉ étoit la Lune, comme nous l'avons prouvé dans l'Histoire de Saturne; & que le nom d'EUROPE n'étoit qu'une Epithéte d'Astarté & convenable à la Lune?

Peut-on le nier, lorsque dans la Description de la grande Déesse, on dit expressément qu'Europe est la Lune; & que l'on voit tant de Villes la prendre pour leur Symbole, tandis qu'il est certain que dans l'origine, on ne vit jamais de Perſonnages humains ſur les Médailles des Villes ; comme nous le démontrerons dans nos recherches ſur les Symboles des Peuples & des Villes de l'Antiquité ?

Enfin, Ovide ne nous fait-il pas connoître par ſa concluſion, que cette Aventure eſt entierement allégorique ; & qu'elle a été imaginée d'après l'état du Ciel ancien, bien loin que le Calendrier & les Aſtres ayent été arrangés comme ils le ſont, d'après l'enlévement d'une Phénicienne par un Corſaire inconnu ?

Il faut avaler tant d'extravagances & de radotages dans cette Mythologie hiſtorique, que quelque jour on ne pourra pas comprendre qu'on ait pu y croire ; & qu'on ſera tenté de penſer que nous avons outré l'eſquiſſe que nous en donnons.

Apuyés ainſi par la raiſon & par l'Antiquité, ſera-t'il difficile de découvrir dans quel ſens la Lune fut apellée EUROPE ? pourquoi, la partie du Globe que nous habitons porta le même nom ? l'explication de l'hiſtoire entiere d'Europe ? & comment ſon nom ſe trouve à côté d'Hercule en ſon repos ?

C'eſt avec raiſon, qu'EUROPE devint le nom de la Lune & d'une des trois parties de l'Ancien Monde. Ce mot eſt Phénicien ; & que l'on n'en ſoit pas ſurpris : les Phéniciens furent les premiers qui connurent la Géographie, & qui courant l'Univers, purent en diſtinguer les diverſes Parties & donner à chacune un nom convenable.

C'eſt eux, qui ayant nommé une de ces parties ASIE, c'eſt-à-dire, l'Orient, ou la région de la lumiere, & une autre, l'Afrique, ou le Soleil dans ſa force, nommerent la troiſieme EUROPE c'eſt-à-dire l'Occidentale, celle qui eſt ſituée du côté de la Nuit, ce que ſignifie exactement le mot ערב WRAB.

Ce nom ne convint pas moins à la Lune ; car on ne la voit que le ſoir ; & lorſqu'on commence à l'apercevoir à la Néoménie, c'eſt toujours au Couchant : d'ailleurs n'eſt-elle pas la Reine de la Nuit ? elle fut donc apellée avec raiſon Europe.

Notre Étymologie eſt d'autant plus juſte, qu'elle s'accorde d'un côté avec le fait ; & d'un autre, qu'elle n'eſt point formée par la décompoſition du mot ou de ſes ſyllabes, mais qu'il demeure en ſon entier ; & qu'il convient également & dans le même ſens à la Lune & à la portion du Globe que nous habitons.

On ſent dès-lors la fauſſeté de toutes les prétendues Étymologies, qu'on avoit voulu donner du nom de l'Europe.

Ceci ne s'accorde pas moins, avec ce que nous avons dit dans notre Plan ſur l'Origine du nom des CELTES.

Telle eſt l'utilité & la beauté de notre méthode, qu'elle embraſſe tous ſes Objets avec la plus grande ſimplicité, & avec une harmonie dont on n'avoit point d'idée.

HISTOIRE D'HERCULE.

Objectera-t'on qu'il est difficile de regarder comme un personnage allégorique, un Être dont la Parenté est aussi bien conservée & aussi nombreuse ? car on nomme la Pere & la Mere d'Europe, son Grand-Pere, son Oncle, & ses Freres.

Mais n'avons-nous pas vu d'autres Familles aussi nombreuses, qui n'ont cependant jamais existé que dans le sens allégorique ? Il en doit être certainement de même de celle-ci : il est impossible que la Famille d'un Personnage démontré allégorique, soit elle-même historique.

Examinons donc la valeur des noms qui forment cette Famille. L'on voit d'abord qu'ils sont empruntés de toutes parts.

LIBYE est son ayeul : mais ce mot signifie *Splendeur* : c'est l'Oriental להב *Leb* splendeur, flamme.

D'où vint le Latin LEB-*ete*, tout Instrument, tout vase fait d'un métal resplendissant, comme le cuivre.

Son Oncle s'apelle BEL : mais c'est une vérité généralement reconnue que BEL fut un nom du Soleil.

Elle est Fille d'AGENOR : mais ce mot signifie *Frere*, ou *Parent de la Lumiere*. Il est composé de la racine Orientale NOR, NUR נור qui signifie Lumiere ; comme nous l'avons déja vu à l'égard de *Déja-nire* : & de la racine אח ACH, AQ, AG, qui signifie *Frere*, *du même sang*, & qui a produit une famille immense dans nos Langues d'Europe.

Sa Mere est THÉLE-PHASSA ; mais ce mot, en Oriental הל-פסה signifie *se promener dans des Lieux élevés*.

Toutes ces choses étoient assurément très-propres, à entrer dans la Généalogie de la Lune.

Elle s'apelle HELLOTIE, mais c'est aussi le nom de MINERVE ; qui fut incontestablement la Lune, dans l'origine. Il tient à la famille d'HELION qui désigna le Soleil, & la Divinité, comme nous l'avons vu dans l'Histoire de Saturne.

Il n'est point étonnant qu'elle se trouve à côté d'Hercule en son repos, puisque la Lune n'a de lumiere que lorsque le Soleil se repose.

Son Frere CADMUS la cherche : mais ce nom signifia l'Oriental ; & c'est le Soleil qui se léve toujours à l'Orient, & regardé comme le Frere de la Lune ; d'où vint la Fable d'Apollon & de Diane, nés des même Parens.

Enfin si elle est enlevée par un Taureau, c'est qu'on la représentoit dans l'origine assise sur un Taureau, pour marquer qu'elle étoit la Déesse de la fécondité ; & lorsque ce Symbole ne fut plus entendu, on fit le Conte qu'elle avoit été enlevée par Iou changé en Taureau.

NOTE VI.

Explication de la Phrase MOURIR VIERGE, & *de l'Histoire de Xiphée, pour la page* 220.

Dans le style symbolique des Anciens, MOURIR VIERGE, n'est autre chose qu'*être le dernier dans une suite d'objets du même Ordre*. Ainsi le dernier mois & le dernier jour de l'année, meurent sans postérité & Vierges, car ils sont les derniers de leur Famille. C'est là-dessus qu'est fondée l'allégorie de la douziéme & derniere des Amazones tuées par Hercule, c'est-à-dire le dernier des douze mois de nuit, qui en effet, suivant son serment, expire Vierge.

C'est là-dessus que fut également fondée l'allégorie de *Janus*, adopté par XIPHE'E, qu'on n'avoit encore pu expliquer.

CREUSA, dit-on (1) Fille d'ERECHTE'E, Roi d'Athènes, & d'une grande beauté, fut surprise par Apollon, & en eut un Fils qui fut nourri à Delphes. Son Pere qui ignoroit cette aventure, donna sa fille en mariage à XIPHE'E. Celui-ci ne pouvant avoir de postérité, consulta l'Oracle de Delphes, qui lui ordonna d'adopter le premier Enfant qu'il trouveroit le lendemain. Or, cet Enfant fut le Fils de Creusa & d'Apollon : & il s'apelloit JANUS.

Telle est la Fable qu'on nous donne pour la vraie origine de Janus, Roi d'Italie; mais si nous la regardons comme une Allégorie Orientale, cette Histoire qui n'a pas le sens commun, se change en un récit très-ingénieux.

Il est incontestable que JANUS est le premier jour de l'année. Ce premier jour est certainement Fils d'APOLLON ou du *Soleil* & de CREUS-a סיח qui signifie *splendeur, lumiere*.

XIPHE'E, qui ne peut avoir d'enfant, & qui adopte celui du lendemain, est le dernier jour de l'année (ce que signifie son nom même *le dernier*, d'où vint le Verbe Oriental סוף Xuph, *Xyph* finir, terminer, manquer,) & le Pere adoptif de *Janus*, qui est regardé comme son Fils, & qui continue la Généalogie des Jours.

NOTE VII.

Idées d'Hercule & de Pommes, liées entr'elles.

Dès qu'Hercule est le Soleil qui meurit les biens de la Terre, il n'est pas étonnant qu'on ait lié l'idée d'Hercule avec celle des Pommes, c'est-à-dire des fruits en général.

---

(1) *Aurelius Victor.*

HISTOIRE D'HERCULE.

Nous l'avons déja vu cueillant les Pommes des Hespérides.

A Athènes, il étoit surnommé ΜΗΛΩΝ ΜΕΛΟΝ ou la Pomme. Il avoit sous ce nom un Autel au Pyrée, sur lequel on ne lui offroit que des Pommes. Ce quartier en fut apellé MELITE : la Fable disoit que c'étoit du nom d'une Nymphe qui y habitoit, qui avoit plu à Hercule (1) & à qui ce Héros avoit plu.

NOTE VIII.

Fable d'Hippoméne & d'Athalante changés en Lions.

Une même Allégorie prenoit chez les Anciens plusieurs sortes de formes : c'est comme une énigme qu'on présente sous plusieurs faces différentes.

Pour peu qu'on ait quelque teinture de la Fable, on connoît l'Histoire d'Athalante, vaincue à la Course par Hippoméne qui lui jette pour cet effet des Pommes d'or sur son chemin, & qui furent ensuite changés en Lion & en Lionne, par une vengeance de Cybéle ; mais quoique cette Histoire soit connue, personne n'a soupçonné qu'elle eût quelque raport avec Hercule ou le Soleil & son Lion.

Mais pourquoi sont-ils changés en Lion & en Lionne, si ce n'est parce qu'on les peignoit aussi sous cette forme ? Or telle étoit celle sous laquelle on représentoit symboliquement le Soleil. Le nom d'*Hippoménes* lui convient très-bien, composé de *Men ou Menes* nom du Soleil ; & d'*Hippos* un Cheval, mot dont nous avons déja vu le raport avec le Soleil. La Belle qu'il vainc à la course, est la Lune ; elle est surnommée ATHALANTE ou l'élevée, nom qui lui convient très bien aussi. Les Pommes d'or qu'il jette en avant pour l'arrêter, peindront l'Aurore qui se leve lorsque la Lune cesse de courir, avant que le Soleil soit sur l'horison.

Ceci termineroit une dispute qui s'éleva le siécle dernier au sujet d'un beau marbre antique, sur lequel sont gravées les Figures d'un Lion & d'un jeune Homme nud & ailé, qui reposent ensemble (1).

Du RONDEL, Professeur à Mastricht, y vit le Soleil & son Lion endormis ; ou le dernier jour de l'année apellé, dit-il, *Lion* par les Perses ; & peint dormant, de même que le Soleil sous l'emblême d'un jeune Homme, comme ici. Ce jeune Homme tient du fruit dans une main, & un lézard le pique. Ce fruit sont des Mandragores, selon lui, emblême de l'oubli ; mais le Lézard le réveille, & il va recommencer sa Course.

MIRON, Avocat en Parlement, attaqua cette explication (2).

Le jeune Homme endormi est *Hippoménes* : ses aîles marquent sa vitesse à la Course ; & sa nudité, l'état d'un homme qui sort de cet exercice. Il se

---

(1) Il est gravé dans les Notes de la Républ. des Lett. Decemb. 1684.
(2) *Ib.* Avril 1688.

repose sur un Lion, & c'est ce qui le fait connoître, parce qu'il fut métamorphosé en cet Animal. Le fruit qu'il tient à la main, sont les Pommes d'or.

A droite du jeune Homme sont ces lettres placées l'une sur l'autre de deux en deux, O. V. A. R. N. M.

Du Rondel les explique de cette maniere. *Orbes Volvuntur Annorum Renovatione Nostri Mithra.* » Les Cercles des années se multiplient par le » renouvellement de notre Mithras, ou du Soleil.

Et Miron, ainsi : *Ocyorem Vento Athalantam Remoratam Non Miror.* » Je ne suis point étonné de voir qu'Atalante, plus légère que le vent, soit » retardée par la beauté de la Pomme, dont dit-il, le Lézard même paroît enchanté.

Ces deux Antagonistes, dignes l'un de l'autre, se crurent très-oposés; mais rien de plus d'accord au fond que leurs systêmes: ils sont portion d'un même tout. Que ce soit le Soleil ou Hippomêne qu'on ait voulu graver, c'est toujours le repos d'Hercule.

CONCLUSION.

C'est ainsi qu'en ajoutant Symbole à Symbole & trait à trait, en comparant, en analysant, en prenant toujours pour guide l'ensemble sur lequel nous opérions, nous sommes parvenus à expliquer ces trois Allégories Orientales, à déveloper les vérités intéressantes qu'elles renfermoient, & la nature de leurs emblêmes; à faire voir l'union intime qui regne entr'elles, & leur raport avec les plus pressans besoins des Sociétés.

Le Lecteur sera en état de juger par cet essai sur les Fables anciennes, qui par son étendue & sa variété donnoit lieu au dévelopement de nos grands principes sur l'explication de l'Antiquité, de la méthode que nous suivons à cet égard; de la clarté qui en résulte pour ces objets, auparavant si ténébreux; du prix qu'acquiert par-là l'Antiquité; de l'intérêt nouveau, qu'on trouvera dans sa connoissance; de la grandeur & de la magnificence avec laquelle se déploya ce génie allégorique, jusques ici trop inconnu; de son influence, sur nos connoissances & sur nos arts les plus célébres.

On n'aura pu voir sans quelque surprise le Spectacle inattendu qu'offrent ces trois Allégories si étranges, si disparates en aparence, qui se trouvent cependant si étroitement liées, & qui naissent ainsi d'un fond commun qui tient à toute l'Antiquité, & qui domine dans toute la Mythologie: & on aura aplaudi à cet art avec lequel elle sut varier ses formes à l'infini, paroître toujours diverse en étant toujours la même: prendre les déguisemens les plus propres à faire illusion, & en aparence les plus oposés aux vérités qu'elle vouloit imiter.

C'est ainsi qu'elle sembloit n'offrir dans Saturne, qu'un Prince cruel & ambitieux qui sacrifie tout à sa cupidité: dans Mercure, un assemblage indéfinissable de raison & de folie, l'inventeur de l'écriture & de l'éloquence qu'il dégradoit par l'usage qu'il en faisoit, & qu'à son équipage grotesque on eût pris pour un baladin, plutôt que pour un Dieu. Dans Hercule, un mélange de vertu & de férocité que des Sauvages seuls pouvoient admirer.

Prenant ainsi les formes les plus convenables aux sujets qu'elle vouloit traiter, mais en même tems les plus propres à dérouter ceux qui voulant la reconnoître à travers son déguisement, ne pouroient pas la saisir dans son ensemble.

L'on ne sera donc surpris, ni que l'on n'eût pu jusques à présent débrouiller ces vieilles Enigmes, ni que nous soyons parvenus à les expliquer d'après la marche que nous tenions.

Si, par ce moyen, l'on s'eſt réconcilié avec Saturne, ſi les Emblêmes ſous leſquels ſe préſente Mercure, font reconnoître en lui l'Inventeur du Calendrier, & ſi les Travaux d'Hercule peignent à ne pouvoir s'y méprendre ceux des ſociétés les plus policées ; ſi ces trois Allégories paroiſſent à nos Lecteurs s'apuyer & s'éclaircir mutuellement ; ſi l'Antiquité en devient plus belle, plus raiſonnable, plus digne d'attention ; ſi ce commencement fait déſirer de voir la Mythologie entiere expliquée d'après les mêmes principes, mon Eſſai a réuſſi, & je n'ai pas à me plaindre de mes ſoins.

Ces trois Allégories, fondées ſur les beſoins les plus eſſentiels & ſur les premieres connoiſſances des Hommes, peintes ſur les Monumens les plus précieux, deſtinées à éclairer les Hommes & à les rendre bons & humains en les amuſant, ſeront une démonſtration frapante de ce que nous avons avancé, à l'égard des Principes qui doivent ſervir de régle dans les recherches ſur l'Antiquité. Elles prouveront que dans l'Antiquité, tout eut ſa Cauſe comme dans la Nature : les Fables Mythologiques, comme les Faits réels ; & que plus on ſe raprochera de la Nature, plus on verra l'Antiquité s'éclaircir.

Si l'Explication de ces Allégories ſatisfait le Lecteur, il ne ſera peut-être pas moins frappé de ce que les Étymologies, qui ont toujours paru devoir faire le principal mérite de ces ſortes de recherches, ne ſont ici qu'un Symbole acceſſoire ; que ce n'eſt point ſur elles, que poſent nos principes & nos conſéquences les plus importantes ; que nous n'y avons recours que comme en ſurcroît de preuves ; & pour démontrer que juſques aux noms même, tout eſt allégorique dans ces Fables : que nos explications naiſſant toujours du fond du ſujet & de l'enſemble des Monumens, ſont juſtes & vraies, indépendamment de toute Étymologie.

Ce n'étoit en effet que par cette méthode, qu'on pouvoit découvrir la vérité, & aller en avant avec la plus grande confiance : mais c'eſt peut-être ici la premiere fois qu'on l'a miſe en œuvre avec un auſſi grand dévelopement : il n'eſt donc pas ſurprenant qu'on ait douté de nos découvertes, puiſqu'ignorant notre méthode, on n'en pouvoit juger que par ce qu'on connoiſſoit ; & qu'on voyoit par-tout l'abus le plus étrange des Étymologies, & rien qu'on pût y ſubſtituer.

Peut-être aurons-nous trop inſiſté ſur quelques preuves de détail : mais le déſir de diſſiper entierement l'obſcurité dont étoient couvertes ces Allégories, & de prévenir autant qu'il ſe pourroit toute objection ; la néceſſité de rendre ſenſibles des principes & des vues qui ont paru ſi extraordinaires, & de familiariſer nos Lecteurs avec elles ; ſur-tout, l'obligation de donner à nos premiers pas dans cette carriere épineuſe, une certitude à laquelle on ne pût ſe refuſer ; le point de vue ſous lequel nous avons conſideré cet Eſſai, comme une ſuite de notre Plan général & raiſonné, deſtinée à devenir la baſe ſur laquelle s'éléveroient nos explications Mythologiques

HISTOIRE D'HERCULE.

& toutes nos recherches sur le Génie allégorique des premiers Peuples : ces considérations ont été pour nous autant de motifs, pour donner à cette portion de nos recherches, l'étendue qu'elle offre ; & pour y répandre nombre de traits, qui laissent apercevoir la lumiere qui en resultera pour la Mythologie entiere.

Peut-être aussi trouvera-t-on, que les divers caractères de ces Allégories ne sont pas expliqués toujours avec la même lucidité, & la même solidité : mais comme ceux qui laisseroient quelque chose à désirer ; sont en plus petit nombre ; que plus on se raprochera de leur vraie explication, & plus on verra qu'ils se concilient avec les autres, cette imperfection ne sçauroit affoiblir la lumiere & la certitude qui résultent de l'ensemble.

On en peut être d'autant plus assuré, que l'explication de ces trois Allégories n'est pas un travail fait à la hâte : il étoit prêt depuis quelques années : des Savans distingués l'honorant de leur aprobation, avoient même déja désiré dès-lors que nous le donnassions incessamment au Public : mais nous crumes devoir différer, jusques à ce que des recherches plus aprofondies & plus nombreuses, nous eussent mis à même de n'avoir rien à craindre du côté des Objections ; & cependant quelque chemin que nous ayons fait depuis ce tems-là, & quelle que soit l'étendue des découvertes qui ont suivi celle-ci, nous avons eu la satisfaction de voir confirmer toutes nos vues, de n'être jamais dans le cas de réformer nos principes, d'en voir naître de toutes parts de nouvelles preuves.

Effet de l'Esprit Systêmatique, dira-t-on, qui voit par-tout ce qu'il désire, & qui force tout à se ranger de son côté.

Sans doute ; l'Esprit de Système est d'autant plus dangéreux, qu'il prête ses couleurs à tout ce dont il s'occupe : mais il cesse de l'être, lorsque procédant par l'analyse, il se borne aux faits ; & qu'embrassant tous ceux que renferme son objet, il tire tout de leur comparaison. S'il trouve alors un moyen de rendre raison de tout l'ensemble, que ce moyen soit simple, naturel, facile à saisir, s'il se lie & s'incorpore avec tous les faits, s'il paroît les amener, les faire naître, les enchaîner les uns aux autres, que pourroit-on en craindre ? n'a-t-il pas rempli tout ce qu'on pouvoit attendre ?

L'Harmonie des Objets que je mets ici sous les yeux du Public, la beauté de leur ensemble, l'immensité des conséquences qui en résultent, la rapidité de leur marche, la sensation vive & subite qu'ils produisent, écarteront sans doute toute idée d'arbitraire & de système ; & persuaderont au Public, que j'ai bien vû ; qu'il ne peut y avoir d'illusion aussi soutenue ; qu'il n'y auroit plus rien de certain, si l'illusion pouvoit produire exactement les mêmes effets que la Vérité.

Ainsi l'on verra que je n'ai pas trop promis, & que puisqu'un sujet sur lequel il sembloit qu'on ne pouvoit plus rien inventer, paroît ici sous une forme si nouvelle & si assurée en même tems, il est à presumer qu'il en sera de même des autres objets que j'ai annoncés, & qui par eux-mêmes promettent beaucoup plus.

L'aprobation dont le Public honorera ces premiers Essais, & son empressement à les accueillir, seront pour nous un puissant encouragement à persévérer dans cette carrière pénible, & à la parcourir avec le plus de célérité & d'exactitude qu'il nous sera possible ; ainsi qu'à proportionner nos efforts à nos moyens, pour des recherches aussi utiles & qui auront une si grande influence pour l'avancement & les progrès des Connoissances humaines.

Explication des Vignettes & des Planches.

LA VIGNETTE I. à la tête de l'Hiſtoire de Saturne, peint l'Invention de l'Agriculture. GHÉ, ou la Terre, Femme d'Uranus, & qu'on reconnoît à ſes Tours & à ſes Clés, remet une Faulx à ſon Fils Saturne, afin qu'il la venge des mauvais traitemens que lui fait éprouver ſon Mari Uranus ou le Ciel. Les Perſonnages placés derriere Saturne, à moitié nuds, & portant, les uns des Oiſeaux & des animaux qu'ils ont tués, & les autres des racines & autres fruits, repréſentent les Enfans de la Terre, & la vie triſte & ſauvage à laquelle les Hommes étoient réduits avant l'invention de l'Agriculture. Dans les nues, eſt Uranus qui deſcend pour ſe rendre auprès de Ghé, tandis qu'elle ſe hâte de le prévenir. Derriere la Mere de Saturne, on voit des Inſtrumens d'Agriculture & les Serpens, Symboles de ce premier des arts.

LA VIGNETTE II. à la tête de l'Hiſtoire de Mercure, peint l'Invention de l'Aſtronomie ou du Calendrier. Mercure trace une Carte Céleſte ; Minerve, Déeſſe des Arts, l'éclaire de ſon Flambeau. Le Ciel eſt parſemé d'Etoiles. D'un côté, ſont des Obeliſques & des Pyramides, Monumens élevés pour des Obſervations Aſtronomiques ; de l'autre, un Tube, eſpéce de Téleſcope qui ne fut pas inconnu à l'Antiquité, & des Inſtrumens de Mathématiques. A côté de Mercure eſt ſon Caducée, ſon Symbole parlant, comme Inventeur de l'Aſtronomie, & dont on voit le modéle dans l'Equateur & l'Eclyptique de la Carte qu'il trace.

LA VIGNETTE III. à la tête de l'Hiſtoire d'Hercule, peint le Défrichemens des Terres, ce défrichement qui fut pour l'Antiquité allégorique une Victoire remportée ſur le Lion de la Forêt. Hercule au milieu de ſes poſſeſſions, ſa maſſue en main, la peau de Lion ſur les épaules, fait abattre d'un côté les reſtes d'une antique forêt ; de l'autre, il fait élever des digues pour contenir les eaux d'un fleuve qui inondoit ſon terrain. Dans l'éloignement, on attéle des bœufs à une Charrue, pour labourer le Terrain déja défriché ; tandis que de toutes parts, les Animaux ſauvages fuient laiſſant un Champ libre à Hercule, au Maître de la Terre.

LA PLANCHE I. préſente ce petit nombre de Monumens antiques qui ſont relatifs à Saturne. Celui où il eſt en pied, le peint vieux, & courbé ; il s'apuie ſur un Tronc d'arbre, que le tems a dépouillé de ſes branches ; un Serpent s'y entortille, emblême de l'Immortalité du Dieu ; à ses pieds, est sa faulx. Il est tiré du P. de Montfaucon.

Le N°. 2. est une Tête de Saturne, qui se trouve avec diverses figures du Soleil sur un Marbre antique publié par Spon (1). Saturne est voilé, sa faulx est auprès de lui. S'il est voilé, c'est comme emblême du Tems ; & c'est parce qu'il étoit voilé qu'on avoit la tête couverte lorsqu'on lui offroit des sacrifices.

Les N°. 3. & 4. sont des Saturnes, tirés de Médailles Romaines.

Les N°. 5. 6. 7. représentent des Médailles du Cabinet du Roi, relatives à Saturne. Dans les deux premiers, on voit l'acclamation usitée dans les Saturnales. *Io Saturnalia Io, Io. Io Triumpe*. Au-dessous de la Palme, qui est dans la seconde, est un F ou Digamma renversé, inventé par l'Empereur Claude, qui doit avoir fait frapper cette Médaille, publiée pour la premiere fois par Seguin, & ensuite dans les Césars de l'Empereur Julien.

Le N°. 7. représente Saturne avec sa faulx & des ailes : il semble s'avancer avec rapidité. Elle fut frapée sous le regne d'Héliogabale, par la Ville d'Heraclée, & publiée dans le Recueil de Patin.

Nous donnerons dans la suite deux Saturnes Gaulois peints en Druide, une Serpe en main, dont l'un fait partie du Monument trouvé en 1710. à l'Eglise de Notre-Dame-de Paris, & qu'on a pris jusqu'à présent pour une autre Divinité, ou pour un Druide. L'autre Saturne Gaulois sera tiré d'un Vase d'argent trouvé en Suisse, & où sont représentées les Divinités protectrices des sept Planettes, avec leurs Symboles.

Tels sont, à peu près, les Monumens anciens sur lesquels on trouve des Saturnes, & qui sont ainsi en très-petit nombre.

La Planche II. est consacrée à Mercure : elle en offre quatre. Nous les avons choisis entre la multitude de Mercures que présentent les Monumens Anciens, parce que leur réunion nous offre tous les Symboles sous lesquels on l'a représenté ; le dernier est même très-rare, & personne n'avoit peut-être encore aperçu pourquoi il paroît avec le Symbole singulier qu'on y remarque.

Le Ier. est tiré de Montfaucon. Mercure est assis au pied d'un arbre, son bonnet ou Petase en tête, orné d'ailes ; il en a aussi aux talons : il porte un petit manteau : d'une main il tient une Tortue, cette Tortue dont il fit la lyre & qui lui valut le nom de *Cyllenius* ; à ses pieds sont le coq & le bélier.

Le IIe. est le Mercure Egyptien à tête de Chien : il s'avance, tenant une Palme d'une main & son Caducée d'une autre. Ce Caducée est ailé.

---

(1) Cité dans les Césars de l'Emp. Julien, par Spanheim, p. 18.

EXPLICATION DES PLANCHES.

Le IIIe. a fur la tête un Petafe ailé : à fes pieds font le Coq & le Bélier, comme dans le premier : il tient une bourfe d'une main, & fon Caducée de l'autre.

Le IVe. eft fans pétafe & fans ailes : il tient fon Caducée d'une main, & de l'autre il porte dans un Plat la tête de fon Bélier, de ce Béliers qui fut pour les Grecs le premier des Signes du Zodiaque, & que précedoit Mercure l'Aftronome, fon Caducée en main.

La Planche III. repréfente la Vie & les Travaux d'Hercule & leurs raports avec les XII. Signes. Elle eft compofée de XIV. Tableaux, qui correfpondent aux Galeries Phénicienne & Egyptienne peintes fur les murs des Temples.

Au haut du Tableau & dans le milieu, on voit Hercule enfant qui étrangle les deux Dragons. Au-deffus font repréfentés les Feux de la Saint-Jean, dans lefquels on brûloit les Dragons qu'Hercule avoit étranglés. C'eft le Ier. Tableau; & le moment du Solftice d'Été.

A la gauche du Lecteur, eft le premier Signe du Zodiaque ou du Lion; & au-deffous, le premier des Travaux d'Hercule, fa Victoire fur le Lion Néméen : Emblême des Terres, mifes en état de culture.

Au-deffous, le fecond Signe, ou la Vierge accompagnée de l'Hydre dont Hercule abat les têtes, tandis que fon neveu Iolas met le feu à fon corps; Symbole des Marais defféchés.

Au-deffous du troifieme Signe, Hercule fe bat avec les Centaures, pour du vin : Emblêmes des Labours. Obfervons que des Outres auroient été plus pittorefques & plus conformes au Coftume que les Tonneaux de vin ; mais la forme de ceux-ci eft plus fenfible dans un fi petit efpace.

Dans le IVe. Médaillon qui répond au mois d'Octobre, Hercule fe rend Maître d'une Biche : Tableau qui repréfente la Chaffe, à laquelle le Maître de la Terre fe livre dans cette faifon où fes Travaux Champêtres font fufpendus.

Son occupation pour le mois de Novembre, qu'on voit dans le Ve. Médaillon eft de faire fuir en frapant fur des Inftrumens d'airain, les Oifeaux du Lac Stymphale ; peinture allégorique de ces bandes immenfes d'Oifeaux de paffage qui viennent fondre dans ce tems fur les Terres nouvellement femées, & qui, fans ce ftratagême, y cauferoient de grands ravages.

Le VIe. Médaillon repréfente les Étables d'Augias : Hercule y fait couler des torrens d'eau ; il eft lui-même dans l'eau jufqu'à mi-jambe : peinture animée des pluies de la faifon, & qui firent donner au Signe fuivant, le nom de Verfeau.

L'on voit dans le VIIe. le Taureau vaincu par Hercule; Emblême des Fêtes & des Jeux que l'on célébre dans ce mois.

Le VIIIe. où les Chevaux de Dioméde font domptés par Hercule, Che-

Allégories.   L l

vaux aux pieds d'airain & mangeurs d'hommes, représente la fin de l'hyver pendant lequel la Terre a été d'airain & que le Soleil dompte aux aproches de l'Equinoxe.

C'est cet Equinoxe lui-même qui est peint dans le IXe. Médaillon sous le Signe du Bélier, par la Victoire qu'Hercule remporte sur *Menalippe*, Déesse aux Chevaux noirs, ou de la Nuit, & Reine des Amazones, ou des nuits qui dominent sur la même Zône ou sur la Ceinture céleste formée par l'Ecliptique.

Dans le Xe. Hercule au Signe du Taureau, se rend maître des Vaches de Geryon, parce qu'alors la Terre se couvre de jeunes Animaux, & de biens de toute espéce : aussi ce mois est consacré à Vénus, peinte sous le Symbole de la Vache Egyptienne ou d'Io qui est alors dans son éxaltation.

Dans le XIe. Hercule ramene des Enfers le Chien Cerbere, Emblême des Mystères d'Eleusis ou de Cérès, qui se célébroient alors en faveur & pour la gloire de l'Agriculture.

Dans le XIIe. Hercule arrivé dans le Jardin des Hespérides, y recueille le fruit de ses Travaux. Et ce nom fut bien choisi pour désigner le dernier des Travaux du Soleil, puisque Hesperus signifie *Couchant*, *Fin*, *dernier*.

Enfin, dans le centre de la Planche, on voit pour XIVme. Tableau, Hercule sur son bûcher désignant le dernier jour de l'année, où, pareil au Phénix qui renaît de ses cendres, il recommence une nouvelle vie & prend place entre les Immortels.

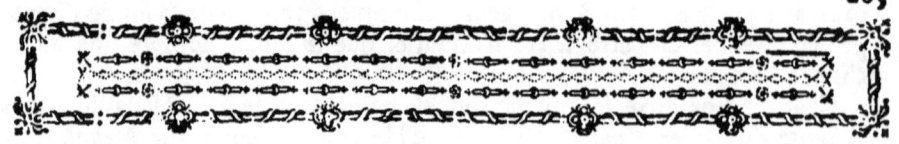

TABLE
DES MOTS PRIMITIFS

Indiqués & expliqués dans les trois Allégories Orientales, & dans le Plan général & raisonné

A, Possession ; il a, Pl. 23
Ab, Fruit, 56
  2° désir, amour, désirer, Pl. 53
Ac, *Ak*, Pointe ; 2°. Douleur, Pl. 53
Ach, *Aq*, *Eq*, Freres ; du même sang, égal, 251
Ag, Extrême, Pl. 53
Ain, *En*, *Oen*, Soleil, 225
Al, *El*, Élévation. 2°. Élevé, 3°. Dieu, 23
Am, Réunion, Amas, 219
Ar, *Her*, &c. Terre ; 2°. Culture ; 3°. Art, 24, 45
Ar, *Hor*, Montagne, 93
Av, *Ev*, Eau, 225
Ba, *Va*, Aller, va, Pl. 53
Bal, *Bel*, *Fal*, &c. Grand, élevé, 47, 180
  Pl. 54
Band, Bande, Ceinture ; 2°. lié, ceint, Pl. 50
Bar, *Ber*, Créateur, 23
Bau, *Bo*, *Bu*, Habitation, Séjour, 27
Beit, *Bit*, Maison, 58
Cal, Flatteur, Pl. 53
  2°. Chaleur : voy. *Kall*.
Car ; voy. *Kar*.

Cau, *Co*, *Cav*, Cavité, Creux, 33
Caun, *Gon*, Roc, Pierre, Pl. 53
Corn, *Cron*, Corne ; 2°. Puissance, Force ; 3°. Empire, 39
Cre, *Crei*, Haut, Fort, qui s'éléve, qui croît, 33
Dam, *Dom*, *Dan*, *Dun*, *Don*, Élevé, Profond ; 2°. Profondeur ; 3°. Seigneur ; 4°. Domination, 24, 71
Dan, *Den*, *Aden*, *Hadné*, Agréable, Délicieux, 93
Dar, *Der*, *Adar*, Grand, Élevé, Fort, Robuste ; beau : Chêne, &c. 56
Dei, *Di*, Abondant, Riche, Abondance, Fécondité, 63, 196, 225
Di, *Thi*, *The*, Jour ; 2°. Perfection, 33
Dik, Juste, 64
Dor, *Thur*, Porte, Pl. 53
Dun, voy. *Dam*.
Ed, *Id*, *Eid*, le Tems, 51, 188
El, voy. *Al*.
Ems, Tems, 214
En, voy. *Ain*.
Es, *Oet*, Feu, 68, 227

Ll ij

TABLE DES MOTS PRIMITIFS.

Et, *Ed*, *Es*, Nourriture; 2°. Manger, *Pl.* 44
Ev, voy. *Av.*
Fal, voy. *Bal.*
Fen, *Phen*, Lumiere, Vue; 2°. Délié, 124
Gab, Gros, Grand, *Pl.* 50
Gad, *God*, Bon, *Pl.* 53
Gal, Beau, Agréable, *Pl.* 53
Ger, *Gur*, *Gor*, Amas, Abondance, 221
Gon, voy. *Caun.*
Gune, voy. *Wone.*
Har, *Hwer*, *Guer*, Guerre, Combat, *Pl.* 46
   2°. Fer, 236
Her, voy. *Ar.*
Hor, voy. *Ar.*
Hou, *Hu*, *Hy*, Eau, 214
Hud, *Hwid*, Oiseau; 2°. Chant, Chanter, *Pl.* 45
Hup, *Houp*, voy. *Up.*
Ian, Jour, 132
Id, *Eid*, Main, 235
Iol, *Iul*, Révolution, Roue, 193
Iou, *Jeou*, Je, Celui qui suis, 63
Kall, *Cal*, *Kell*, Chaud, *Pl.* 60
   2°. *Gel*, Froid, Glace, *Pl.* 58, 69
Kar, *Car*, Cher, *Pl.* 50
Ke, voy. *Que.*
Kne, Plante, Racine, 40
Kil, Chyle, Mets, *Pl.* 50
Kou, *Ku*, Mere; qui féconde, 47
Lab, Main; 2°. Prendre, *Pl.* 54
Lad, *Led*, *Lez*, Couper, Tailler, *Pl.* 42
   2°. *Lat*, Pays, Portion de la Terre, 34
   3°. *Lat*, *Let*, Cachette, Retraite, Cacher, *Pl.* 46, 50, 56

Leg, Lire, Cueillir, &c. *Pl.* 50
Lut, Luter, Mastiquer, *ib.*
Luz, Luxer, Ecarter, *ib.*
Mad, Mouillé, Humide, Moite, 218
Man, *Men*, *Mon*, *Meon*, qui avertit, Flambeau, Soleil, Lune, 68, 195
Mar, *Mair*, Clarté, Jour; *Pl.* 54
   2°. Seigneur; 3°. Côteau qui domine, 63
Mhar, *Marq*, *Merk*, Marque, Signe; 2°. Échange, 127, 134
Math, Mesure; 2°. Connoissance, *Pl.* 54
Mun, rendre ferme, Munir, *ib.* 50
Nap, *Nep*, *Nip*, Etendue, 71
Nar, *Ner*, Courant d'eau, 70
Nor, *Nur*, *Nir*, Lumiere, 251
Nub, Révolution, Période, 128
Oen, voy. *Ain.*
Oen, *Oin*, Vin, 92
Or, voy. *Ar.*
Ou, *Oue*, *Ve*, Non, 225
Our, voy. *Ur.*
Par, *Phar*, *Pher*, *Phre*, Fruit; Production, Productif, 29, 54, 78
Pat, *Pot*, Étendu, Immense, 33
Phen, voy. *Fen.*
Phre, voy. *Par.*
Qats, Borne, Limite, 69
Qué, *Coue*, Force, Puissance, 186 *Pl.* 53
Rat, *Rit*, Passage de Riviere, *Pl.* 44
Rhae, *Rhoe*, *Rhe*, qui garde, Berger, &c. 46, 205
Sab, Excellent, Haut, 48
Sad, Mammelle, 29
Said, Pêche, 71
Sam, *Sem*, *Sum*, Élevé, Haut,

TABLE DES MOTS PRIMITIFS.

Dominant, 186, 187
Sat, Semence ; 2°. Semer ; 3°. Pere ; 4°. Abondance, Fécondité, 40
St, Fixe, Permanent, Stable. 50
Tam, Cachette, Cacher, 62
Tet, le Sein, 34
Tham, *Them*, Juste, Saint, 34
Thau, *Tho*, Signe, Croix, 126
Thel, *Thla*, *Tla*, *Atla*, Travail ; 2°. Porter, Produire ; 3°. Mammelle, &c. Pl. 53
Thur, voy. *Dor*.
Up, *Hup*, Élévation, Supériorité, 23, 47
Ur, Feu, Lumiere, 24
We, *Ve*, voy. *Ou*.
Wone, *Gune*, Culture ; 2°. Mariage, 29

TABLE
DES MOTS DONT ON DONNE L'ETYMOLOGIE.

Hébreux.

Plusieurs, Pl. 50, 51
Adama, Terre, 24
Malon, Fruit, Richesses, 224
Neshe, Victoire, 226
Sade, Champ, 29
Sadik, Juste, 64
Samim, Cieux, 225

Parthenos, Vierge, 29
Peristera, Colombe, 78
Phrouros, Inspecteur, Garde, 205
Potamos, Fleuve, 70
Potnios, Vénérable, 70
Siton, Blé, 59
Thauma, Prodige, 126
Theoi, Dieux, 120
Tlao, Porter, 29

Grecs.

Plusieurs, Pl. 52, 54
Athla, Travaux, 29, 199
Dikaios, Juste, 64
Ergon, Ouvrage, 86
Khelis, Tortue, 129
Kreisson, Meilleur, 33
Kuó, devenir Mere, 47
Idé, Voilà, Voyez, 235
Naphté, Naphte, 71
Naros, *Neros*, Courant, 70
Nipo, Laver, 71
Orghé, Orgies, 86
Ouros, Garde, Inspecteur, 205

Latins.

Alauda, Alouette, Pl. 44
Arte, *Ars*, Art, 24
Augur, Augure, Pl. 38
Avena, Avoine, Pl. 39
Collum, Ciel, 33
Cornu, Corne, 39
Cresco, Croître, 83
Delirium, Délire, Pl 37
Dominus, Maître, Seigneur, 24
Edo, Manger, Pl. 44
Fero, Porter, 78
Fertilis, Fertile, 78

TABLE DES MOTS DONT ON DONNE L'ETYMOLOGIE.

Fœmina, Femme,	*Pl.* 37
Fructus, Fruit,	78
Janua, Porte,	132
Id, Cela même,	235
Invito, Inviter,	*Pl.* 44
Lebes, Vase de Cuivre, &c.	251
Par, Paire, Couple,	29
Pario, Mettre au Monde,	*ib.*
Partus, Couches,	*ib.*
Pontifex, Pontife,	70
Post, Après, Puis,	*Pl* 39
Queo, Pouvoir,	186
Sanctus, Saint,	34
Tellus, Terre Cultivée,	46
Terminus, Terme, Borne,	134
Uro, Brûler,	24
Vesperus, Soir,	225
Vide, Voyez,	235
Viduus, Veuf,	288

FRANÇOIS.

Académie,	*Pl.* 42
Acre,	*Pl.* 46
Alouette,	*Pl.* 44
Apanage,	*Pl.* 42
Astre,	50
Art,	24
Avoine,	*Pl.* 39
Bedeau,	*Pl.* 44
Brebis,	*Pl.* 42
Brize,	*Pl.* 45
Broc,	*Pl.* 43
Caducée,	137
Chrystal,	*Pl.* 46
Ciel,	33
Commerce,	135
Corne,	39
Dactyles, Compagnons d'Hercule,	235
Dame, Demoiselle,	24
Délire,	*Pl.* 37
Denrée,	*ib.* 43
Dérober,	*ib.* 45
Désormais,	*ib.* 47
Disette,	*ib.* 44
Echarpe,	*ib.* 45
Fenêtre,	124
Fertile,	78
Fin,	124
Frai, Frayer,	78
Frire,	*Pl.* 43
Fruit,	*Pl.* 78
Gazon,	*Pl.* 45
Gonin,	*ib.* 46
Gouache,	*ib.* 45
Guères,	*ib.* 221
Guerre,	*Pl.* 46
Héros,	45
Idée,	235
Inviter,	*Pl.* 44
Lettre,	*Pl.* 41
Lézard,	*ib.* 41
Litron,	*ib.* 43
Marque,	135
Marquisat,	134
Nappe d'eau,	71
Naphte,	*ib.*
Obélisque,	160
Orange,	214
Orgies,	86
Paire,	29
Perruque,	*Pl.* 43
Phénix,	124
Phénomène,	*ib.*
Piste,	*Pl* 43
Poële,	*ib.* 44
Pont,	70
Pontife,	70
Puis,	*Pl.* 43
Quai,	186
Radeau,	*Pl.* 44
Renard,	*ib.* 46
Répeter,	*ib.* 44

TABLE DES MOTS DONT ON DONNE L'ETYMOLOGIE.

Salaire,   Pl. 42
Soudain,   ib. 43
Sept,   48
Taureau,   Pl. 46
Terme,   134
Tiéde,   Pl. 43
Tricoter,   ib. 45

MOTS DE DIVERSES LANGUES.

Appia, Mere, en Scythe,   74
Bendis, Terre, en Thrace,   ib.
Chon, en Egyptien, Soleil,   186
Le Cid, en Espagnol,   186
Cotis, Celte, Persan, &c. Ancienne,   47
Comarca, en Espagnol, Province,   134
Mattamore, en Arabe, Grenier Souterrain,   62
Morga, en Indien, un Coq, &c.   114
Som, en Copte, Été,   186
Sommar, Sommer, dans le Nord, Été,   186
Sunnan, le Midi,   ib.
Son, Sun, au Nord, le Soleil,   ib.

TABLE

DES NOMS DONT ON DONNE L'ETYMOLOGIE.

Ab-Addir,	56	Damia, *nom de Rhéa*,	47
Adoni-Sedek,	65	Déjanire,	196, 225
Alcée, Alcide,	186	Demaroon,	63
Amazones,	219	Diane,	34, 51, 132
Anubis,	128	Diomède,	218
Aphrodite, *nom de Vénus*,	78	Dufanaus, *nom d'Hercule*,	246
Ariadne,	93	Elion,	23
Artemis, *nom de Diane*,	51	Eloiens,	44
Aſtarté, *ou la Lune*,	50	Emathion,	230
Aſteroth-Carnaïm, *Ville*,	52, 53	Eſculape,	66, &c.
Aſtreus,	33	Ethanim, *nom de Septembre*,	212
Athené,	220	Europe, *ſœur de Cadmus : & Partie du Monde*,	250
Atlas,			
Bendis, *nom de la Terre*	47	Euryſthée,	191
Beryte, *Ville*,	93	Evene, *fleuve*,	225
Bethſaïde, *Ville*,	71	Fidius, *nom d'Hercule*,	188
Betyles,	58	Frey, *nom du Soleil*,	205
Buſiris,	230	Geryon,	221
Byblos, *Ville*,	27	Ghé, *Femme d'Uranus*,	23
Cabires,	65	Ham, *Ville*,	53
Cadmus,	251, Pl. 42	Hellotie, *nom d'Europe*, &c.	251
Carſeoles, *Ville*,	243	Hera, *nom de Junon*,	186
Caſſius, *Mont*,	74	Hercule,	187
Celtes,	Pl. 58	Hermès, *nom de Mercure*,	127, 142
Chypre, *Iſle*,	236	Heſpérie & Heſpérides,	225
Cid, (*le*),	186	Ida, *Mont*,	235
Cimmeriens,	220	Idéen, *nom d'Hercule*,	235
Coeus,	33	Ilus, *nom de Saturne*,	44
Cotis, *nom de la Terre*,	47	Iolas,	195
Creuſa,	252	Iole,	ib.
Crius,	33	Iou, Jove,	63
Cyllenius, *nom de Mercure*,	128	Iulus & Jules,	193
Cypris, *nom de Vénus*,	236	Ixion,	211
Dagon,	29	Japet, Japhet,	33

Jehova, 63

TABLE DES NOMS DONT ON DONNE L'ETYMOLOGIE.

Jehovah,	63	Persephone,	56
Jove,	ib.	Pharaon,	205
Juillet,	193	Pheron,	ib.
Juin,	204	Phœbé,	34
Latium, *Pays des Latins*,	40	Plutus,	33
Latone,	34	Poseidon, *nom de Neptune*,	71
Mars,	256	Psamathe,	93
Mai,	204	Rhéa,	34, 51
Megare, *Femme d'Hercule*,	196	Sabus,	180
Melampyge, *nom d'Hercule*,	230	Sabéïsme,	180
Melanippe,	219	Sadyk,	64
Melchisedech,	65	Samson,	187
Melicerte,	180	Sangus, *nom du Soleil*,	187
Memnon,	230	Sardes,	194
Menés,	144	SATURNE,	40
Meoniens,	195	Sidon, Seid,	71
MERCURE,	127	Siton, *nom de Cerès*,	29
Mnémosyne,	33	Teithe, *Mont*.	126
Muth,	55	Tham, *Ancien Roi*,	106, 142
Nar, Ner, *Fleuves*,	70	Thammuz, *nom du Soleil*,	56
Nephté,	115	Thea,	33
Neptune,	71	Thebes,	176
Nerée,	70	Thelephassa, *nom de la Lune*,	251
Nessus,	226	Themis,	34
Océan,	32	Themiscyre,	210
Oeta,	227	Thermodon, *Fleuve*,	ib.
Omphale,	195	Thetys,	34
Ops, Opis, Upi,	44	Thot, *nom de Mercure*,	125
Orchoméne,	90	Titan,	31, 205
Paian,	68	Tithon,	230
Paophi, *nom de Septembre*,	112	Typhon,	71
PARIS,	Pl. 60	URANUS,	23
Pasiphaé,	116	Xiphée,	252

Allégories. Mm

TABLE

DES ALLEGORIES EXPLIQUÉES.

Vraie maniere d'expliquer les Allégories, *pag.* 1. 35
L'Histoire de Saturne, celle de Mercure & celle d'Hercule, sont des Allégories, 2
Tableau abrégé de ces trois Allégories, 3

Expressions Allégoriques.

Peindre les Dieux, 81, 119
Mourir Vierge, 56, 252
Tuer, 52, 129
Terre Vierge, 29
Violer la Terre, *ib.*
Pierres animées, 58
Tagès, né d'une motte de terre, énigme, 60
Nérée, qui ne mentit jamais, énigme, 70, 71

Objets Personifiés.

Agriculture, son invention, 2
Ses Travaux, 206
Astronomie, 109
Calendrier, *ib.*
Champs, 29, 30
Ciel, 23
Côteaux, ou Vignobles, 93
Cycles, 122
Eau, 70, 92
Equinoxes, 210
Fécondité, 78, 251
Les Jours de la semaine, 47

Le Laboureur, ou les Labours, 210
Lierre, *ib.*
Les Mois de Travail, 245
Les Mois de Repos, *ib.*
Nombres (divers), 192
Nuits de la semaine, 51
Nuits d'hyver, 219
Planettes, 65, 66
Population, 74
Raisins, 92
Saisons, 54, 115, 184, 245
Semaines, 192
Sphère, 114
Tems, 84, 192
Terre, 23
Univers, peint hiéroglyphiquement, 91, 103
Vendangeur, 92, 232
Vigneron, 92
Vin, *ib.*

Emblêmes & Symboles.

Age d'or, 85
Ailes, 82
Animal à trois Têtes, 184
Caducée, 112
Cailles qui ressuscitent Hercule, 195
Casque d'Isis, 116
Centaures, 209
Cerbere, 222
Colombe, 78
Combat entre Bacchus & Neptune, 92

TABLE DES ALLÉGORIES EXPLIQUÉES.

Combats, douze Combat,	183, 109	Infidélités d'Uranus,	35
Coq, Bélier & Chien,	114	Lion,	205, 206
Corne,	39	Lyre,	115
Coupe du Soleil,	181	Massue,	175, 190
Cyclopes,	233	Monstre, Femme & Serpent,	246,
Danaïdes,	192		248
Dieux peints,	87, 189	Muses,	245
Dragons,	103, 112	Peuplier,	190
Étranglés,	112,	Phénix,	124
Épervier & sa Tête,	201, 212	Pommes des Hespérides,	226
Faulx,	20	Rhéa, ses Symboles,	49
Flêches,	190	Roue d'Ixion,	212
Géans,	233	Rouleaux,	122
GRACES,	245	Sphynx,	211
Grenades,	74	Taureau,	121, 251
HERCULE, ses Symboles,	216	Tonneaux percés,	192
Ses Travaux,	206	Trépied,	185, 145
Ses 50 Fils,	191	Tropiques,	136
Nuit triple où il naît,	191	Yeux,	82
Jours que Mercure gagne,	116		

Mm ij

TABLE DES MATIERES

Par ordre Alphabétique.

A.

ABADIRES, Divinités Agricoles de Carthage, 56
ACCUSATIF GREC, son origine, 25
ADAD, Adod, nom du Soleil, 63
ADOPTION (forme singuliere d'), 167
AGE D'OR, sa réalité & son explication, 85
AGRICULTURE, son Invention, ses Travaux, son Calendrier allégorisés, 2. 54.
 Ses heureux effets, 4
 Sensation qu'elle dut produire, 21
 Triste état des Peuples avant son invention, 35
 Origine des grandes Maisons, sur-tout à Rome, 44
 Moisson allégorisée, 54
 Source de l'Astrologie, 60
 Eau employée par les Laboureurs, allégorisée, 62
 Commerce, fruit de l'Agriculture, allégorisé, 73
 Ses effets personifiés dans la mutilation d'Uranus, 77
 Et dans le triomphe de Vénus, 78
 Pays fertiles personifiés dans l'Egypte, 79
 Et les stériles dans l'Attique, Ib.
 Invention de l'Agriculture attribuée par l'Antiquité à Saturne, 82
 Livres anciens sur l'Agriculture, 94
 Travaux qui la précéderent, 173
ALMANACH, son antiquité & son éloge, 198
 Peint sur les murs, *voyez* Calendrier,
ALPHABET est hiéroglyphique, 122

AMAZONES, explication de leur Histoire, 219. &c.
ARC d'Hercule, donné par Apollon, 217
 Ce qu il désigne, 218
ARGUS, explication de son Histoire, 129
ARMES de Beryte, 88
 de Gnosse & de Calagurris, 249
 De Tyr, 52
ASCALAPHE, origine de ce nom, *voyez* Esculape, 69
ASCLÉPIUS, *voyez* Esculape.
ASTARTÉ, femme de Saturne, 50
 Est la Lune, Ib.
 Ses sept Filles, 51
 Ses noms, 52
 Gouverne le Pays, 63
 La même qu'Europe, 248. 249.
ASTRES, pourquoi apellés Dieux, 120
ASTROLOGIE, son origine, 60
ASTRONOMIE, née pour l'Agriculture, & allégorisée dans l'Histoire de Mercure, 100
ATHENÉ, *voyez* Minerve.
ATLAS, prétendu frere de Saturne, 60
 Désigne des Greniers souterrains, 61
ATTIQUE, donnée à Minerve : symbole des pays peu fertiles, 79
AVRIL, symboles de ce mois, 221

B.

BACCHUS, sa Guerre avec Neptune, 92
 l'Ancien, 210

TABLE DES MATIERES. 273

BÉRYTE, situation de cette Ville, 88
Son Histoire; ses armes, Ib.
Occupe trois Chants dans Nonnus, 89
Analyse des trois Chants, Ib.
Étymologie de son nom, 93
Nourrice de Bacchus, 94
Auteur qu'elle a produit, ib.
BÉTYLE, n'est pas frere de Saturne, 28
Désigne les Statues des Dieux, 58
BICHE, vaincue par Hercule : explication de ce Travail, 213
BYBLOS, sa situation, 87
Son nom actuel, 88
Prise allégoriquement, 27

C.

CABIRES, Fils de Sydyk, & au nombre de sept, 65
Huitiéme Cabire, 66
Ou les Grands Propriétaires, 73
Saturne leur donne Byblos, 72
D'eux descendent les Navigateurs, 73
CADUCÉE, son origine & son explication, 112 & suiv.
CALENDRIER apellé la Peinture des Dieux, 84. 119
Son origine, 110
Ses mots venus de l'Orient, 111
Son Auteur Interpréte des Dieux, 111
Antérieur au Déluge, 143
A trois Jambes, 185
Peint sur les murs des Temples, 196
à Cadix, ib.
à Panopolis, 197
à Olympie, 198
Egyptien trouvé à Rome, 197
Réglé par les Prêtres, ib.
Pourquoi ses Caractères furent sacrés, 81
CARACTERES anciens divisés en Alphabétiques & en Hiéroglyphiques, 119
CASSIUS, Montagnes d'Egypte & de Syrie, avec des Temples accompagnés de Foires, 73
CASTOR & Pollux, leur origine, 65
CENTAURES, leurs diverses formes, 209
Explication de ces Personnages, 210
Pourquoi apellés fils d'Ixion, 212
CERBERE, arraché des Enfers, & ce que désigne ce Travail d'Hercule, 221
CHEMINS : pourquoi consacrés à Mercure, 135

CHNA ou Canaan, qui il étoit, 87
CIEL, voyez Uranus.
COCHON, pourquoi on le sacrifioit, 208
COLONNES d'Hercule, placées dans l'Océan Germanique, 222
D'autres au Détroit de Gibraltar, 214
de Mercure, 140
COMMERCE personifié, 72
Veut être libre, 73
CYCLES Egyptiens, 123

D.

D & R. substitués l'un à l'autre, 46. 137
DAGON, frere prétendu de Saturne, 59
Signification de ce nom, ib.
Synonime du Grec Siton, ib.
DIEUX, origine des douze Grands Dieux, 122
DIMES, s'offroient à Hercule, 188
DIONÉ, Femme de Saturne, 53
Ce que désigne ce mariage allégorique, ib. & 63
DIS, Pere de Fidius, & origine de ces noms, 188
DIVINITÉ, son emblême, 90. 91
DRAGONS, Symbole des Equinoxes, 212
Et nom du mois de Septembre, 212
Étouffés par Hercule, 201
Que contemple Mercure, 122

E.

EAU, regardée comme le premier principe 32
Mais non comme le Créateur, 77
Comment fut personifiée, 62
Miroir des Eaux, personifié 70
ou Mer personifiée, 71
EGYPTE donnée à Mercure, symbole des pays fertiles, 79
F'MARMENÉ, signification de son nom, & pourquoi apellée femme de Saturne, 53
ELION, son Histoire, 22
Est le Dieu suprême, 23
Erreur de Philon à son égard, 25
Pourquoi demeure à Byblos, 27
ÉPÉE d'Hercule & son explication, 217
ÉTABLES d'Augias & leur explication, 214
ESCULAPE, le huitiéme des Cabires, son Histoire, 67

TABLE DES MATIERES.

Surnommé Esmunus, *ib.*
Paian, 68
Avec les Cabires il aide Mercure dans ses instructions, 69
Europe & son Histoire, 250
   A côté d'Hercule en son repos, 240
Europe, Contrée, origine de son nom, 250
   Ses anciens Habitans presque tous ennemis de l'Agriculture, 31
Fables, voyez *Allégories*
   Leur explication chymique, 129
Festes ; d'Eleusis, comment furent désignées symboliquement, 222
   De l'enlévement de Proserpine, ou des semailles, 57
   Des Feux de la Saint-Jean, 203
   D'Hercule, 184. 185
   Néméennes, Troyennes ou de Saturne, 84
   De Janus, 130
   d'Iul ou de Noël, 193
   Des Marchands à Rome, 129
   De Mercure,
   De Minerve, 116. 117
   De Saint-Roch, 118
   De Sainte-Agrippine, 204
   Des Saturnales, 84
Feux de la Saint-Jean, leur origine, 103
Foires établies dès les premiers tems, 73
   Sur les Frontieres, *ib.*
   Près des Temples, 76
   Leurs Franchises, *ib.*
   Raisons de ces usages, *ib.*

G.

Ghé, ou la Terre, sa Famille ; 23
   Femme du Ciel, & pourquoi, 27
   Femme & Vierge & comment, 30
   Infidélités de son mari, 35
   Son discours à ses Enfans, pour la venger, 36
Graces, leur origine, 245
Grammata, ou Caractères, signification propre de ce mot, 221
Greniers souterrains, leurs noms, & chez qui en usage, 194
Gula, nom du I. Août, & pourquoi, 194
   Ce qu'en dit la Legende, *ib.*

H.

Harmonie & ses sept Tables, 98
   Expliquées, 91
Hébé, femme d'Hercule, 227
Hérauts, pourquoi Mercure fut leur Patron, 136
Hercule, Général d'Osiris, selon les Egyptiens, 1
   Surnommé *Melicerte* en Phénicie, *ib.*
   Son Histoire est l'allégorie des Travaux de la Campagne, 2. 168. 172
   Fils de Demaroon, 63
   Sa vie, tirée de Diodore, 149 & *suiv.*
   Explication de ses symboles, 175
   Il fut le Soleil, *ib.* 180. 189
   Pourquoi apellé *Thébain*, 176
   Antérieur aux Grecs, 177
   Le plus ancien Dieu en Orient, *ib.*
   Combien on compta d'Hercules, 178
   Hymnes qu'on lui adressoit, 182
   Pourquoi apellé Mussagete, 184
   Tems des Fêtes, 185
   Ses divers noms expliqués, *ib. &c.*
   Dîmes lui étoient consacrées, 188
   Ses Parens, 191 & *suiv.*
   Ses cinquante Fils, 191
   Ses Femmes, 195
   Ses Travaux peints sur les murs des Temples, 196
   Pourquoi apellés Travaux, 198
   Dragons qu'il étrangle, expliqués 201
   Idylle de Théocrite à ce sujet, 202
   Explication de ses Travaux, 205-226
   Sa mort, son Apothéose & leur explication, 227
   Pourquoi il refuse d'être mis au nombre des douze Grands Dieux, *ib.*
   Devient Epoux d'Hébé, *ib.*
   Traditions des Scythes à son égard, 246
   Idées que les Modernes ont eues d'Hercule, 169
   M. le Clerc, 170
   L'Abbé Banier, *ib.*
   M. l'Abbé Bergier, 171
   M. Bryant, *ib.*
   Monumens relatifs à ses Travaux, 238
   Chef des Muses, 245
   Ses raports avec Samson, 242
   Hercule dans le Caducée, 114
Hermés, voyez Mercure,

TABLE DES MATIERES.

Signification de ce nom, 142
HESPERIDES, ce que désignerent leur Nom, leur Jardin, leurs Pommes, 223-226
HORA, femme de Saturne, & pourquoi, 53
HYDRE de Lerne, & son explication, 207. 226

HYMNES à Hercule, 182-191

I.

IO, explication de son Histoire, 116
IOU, IEOU, JOUE, IEHOUA, nom du Dieu suprême, & ce qu'il signifie, 63
Voyez *Europe*.
IXION, explication de son Histoire & de sa Roue, 211. 212

J.

JANUS, ses raports avec Mercure, 131
Fils adoptif de *Xiphée*, 252
JEUX de la Gréce, leur origine, 214
JOURS, origine de leur distinction en bons & mauvais, 60
Intercalaires, établis en Egypte, 116
Apellés Quinquatres à Rome, 116 & *suiv.*
Autres jours intercalaires, 130
Noms de quelques jours,
Rosh, premier de l'année en Egypte, 115
Nephté, dernier de l'année en Egypte, ou Victoire, *ib.*
VICTOIRE, *ib.* 226
Les *Quinquatres* à Rome, 116
GULA, nom du premier Août, 124
Voyez FESTES & SEMAINE,
De la semaine, origine de leur arrangement, 138
JUMENS de Dioméde, explication de ce Travail d'Hercule, 218

L.

LION, emblême du Soleil, 205
Et de la Terre cultivée, 206
Vaincu par Hercule, 205
Pourquoi apellé *Néméen*, 206
LIVRES anciens qui n'existent plus,
ETHOTHIA, 222
Geniques, 123

Cyrannides, *ib.*
Descente aux Enfers, Poëme d'Orphée, 222
LYRE à trois cordes ; & ce qu'elle désigne, 115

M.

M. & N. substitués l'un à l'autre, 34. 187
MARCHANDS, Jour de leur Fête à Rome, 129
MATTAMORE : nom des Greniers souterrains chez les Arabes, 61. 62
MENÉS, ce que signifie son nom, 144
MERCURE, Conseiller & Ministre d'Isis, 1
Conseiller & Secrétaire de Saturne, *ib.*
Inventeur de l'Astronomie & du Calendrier, 2. 100. 109. 141.
Pourquoi on avoit manqué le sens de cette allégorie, 42
Saturne lui donne l'Egypte, 79
Il peint les Dieux, 80. 81.
Combien on compta de Mercures, 101
Ses noms expliqués, 125
Traits qui le caractérisent, 102-106
Ce que les Savans en ont pensé, 107
Inventeur de l'Astronomie, 109. 132
Preuves qui l'établissent, 110. & *suiv.*
Pourquoi apellé Fils de Maïa, 118
Mois dont il fut le Protecteur, 118. 119
Caractères qu'il invente, 119
Pourquoi le *Théta* fut sa lettre, 122
Il contemple les Dragons, 122
Rouleaux qu'il compose, *ib.*
Jour de sa naissance, 129
Ses raports avec Janus, 131
Ses Fêtes, 129. 131
Dieu des Bornes, 134
——— du Commerce, 135
——— des Chemins, *ib.*
Conducteur des Ames, 136
Patron des Hérauts, 137
Planette, 138
Jour, *ib.*
Métal, 139
Colonnes qu'il éleve, 140
S'il fut un Etre réel, 141
Idées qu'en ont JABLONSKY & Wachter, 108
MINERVE, Fille & Conseillere de Saturne,

TABLE DES MATIERES.

Saturne lui donne l'Attique, 79
Explication de ce don allégorique, ib.
MISOR, même que Misraim & Menès, 143
  Nom d'un mois Egyptien, 118
  Pere de Thot, 143
MISRAÏM, même que Misor, Menès, Phut, 143-144
MODES Grecs, leur origine, 115
MOIS, les Travaux des douze mois peints par ceux d'Hercule, 205-226
  Symboles d'*Avril*, 221
  Mai, mois des Mystères sacrés, 222
  Septembre, apellé mois des Dragons, 212
  Décembre, son nom dans le Nord, 193
MOTS d'une voyelle entre deux Consonnes, presque toujours coupés en deux syllabes, 195, note.
  Voyez les *Tables* étymologiques, & celle des mots Radicaux.
MONOGENÈS, ou l'unique, Fils de Saturne & son Histoire, 55
MORGA, nom du Coq en Indien, &c. 114
MUSES, Hercule, apellé leur Chef, 188
  Leur origine, 245
MUTH, Fils de Saturne & son Histoire, 55
MYSTÉRES sacrés, se raportoient à l'Agriculture, 86

N.

N. & L substitués l'un à l'autre, 186. *not.*
NEPTUNE & son étymologie, 17
NEPHTÉ, nom du dernier jour de l'année Egyptienne, & ce qu'il signifie, 115
NÉRÉE, Dieu des Eaux, pourquoi on dit qu'il ne mentit jamais, 70

O.

OCÉAN, Fils du Ciel, ce qu'il désigne, 22
OISEAUX du Lac Stymphale, ce qu'ils désignent, 213
OPHION, sa peinture & son explication, 90. 91. 103
OSIRIS, à qui il confia le gouvernement de ses États, 1
  est le Saturne Phénicien,
OSYMANDIAS est l'Hercule Egyptien, 205

P.

PAIAN ou Sauveur, surnom d'Esculape, & pourquoi, 68
PASIPHAÉ, son Histoire expliquée, 116
PATRICIENS, source de leurs Priviléges,
PERSEPHONE, voyez *Proserpine*,
PHENIX, explication de cet Oiseau allégorique, 114
PHŒBÉ, est la Lune : sa famille, 34
PHRYGIE, sens allégorique de ce nom, 54
PHUT de Moyse doit être le même que Misraim, 144
POMMES des Hespérides & leur explication, 213
PONT, Dieu des Eaux, & son étymologie, 69
POSEIDON, Dieu Marin, explication de ce nom, 71
PRESTRES, proclamoient les Néoménies & les Fêtes, & étoient chargés du Calendrier, 197
PROSERPINE, Fille de Saturne, ce que désigne ce nom, 56
  Pourquoi on dit qu'elle mourut Vierge, ib.

Q.

QUINQUATRIS, Fête Romaine, & son origine, 116 & *suiv.*

R.

RHEA, Femme de Saturne, 45
  est la Terre cultivée, 46
  son nom connu des Etrusques, ib.
  ses noms, 47
  ses sept Fils, ib.
  ce qu'en dit VARRON, 49
ROSH, nom du premier jour en Egypte, 115.

S.

SABEÏSME, Idolâtrie unique, 120
  en quoi elle consiste, ib.
  Origine de ce nom, 180

SADID,

TABLE DES MATIERES.

SADID, Fils de Saturne, son origine & allégorie qu'il renferme, 54
SADYK-THAMIM, de Moyse, Contemporain de Thot ou de Mercure, 144.
SAISONS personifiées, 54
   L'Hyver appellé Typhon, 71
   Trois en Egypte, 104. 115
SAMSON, ses raports avec Hercule, 242
SANCHONIATON, son second Fragment ou Histoire de Cronus, 5
   Traduction de ce Fragment, 9
   Pourquoi étoit inintelligible, 13
   Sa Patrie, 14
   Explication de son nom, 15
   De l'Autenticité de ce Fragment, ib.
   de ses Commentateurs, 17
   Ce Fragment est une allégorie, 19
      mal rendu par Philon, 22
      Ses raports avec Moyse, 24.
      26. 30
   N'est pas Athée, 64
SANGLIER d'Erymanthe & son explication, 208

SATURNE, même qu'Osiris & que Cronus, 2
   Son Histoire relative à l'Agriculture, ib.
   Preuves, 19. 38. 86
   Fils du Ciel, 28
   Vengeur de sa Mere, 36
   Explications qu'on a données de son Histoire, 36
   C'est une allégorie de l'Agriculture,
   Explication de ses noms, 39
   Invente deux Instrumens, & quels, 43. 44
   En guerre avec son Pere, ib.
   Ses Femmes, 45
   Ses Enfans, 54
   Ses Freres prétendus, 28. 57
   Concubine d'Uranus qu'il enléve, 62
   Ses Dieux, 63
   Détrône Uranus & le mutile, 74
   Vérité cachée sous cette allégorie, 77
   États dont il dispose, 79
   Peint par Thot, 80-81
   L'antiquité le regarde comme l'Inventeur de l'Agriculture, 82
   —— comme le Dieu du Tems, 84
   —— comme le Roi de l'Age d'Or, 85

SEMAINE, les sept jours personifiés, 47
   & ses sept nuits, 52
   Septiéme jour observé chez les anciens Chinois, 48
   Vendredi, jour du repos chez les anciens Arabes, ib.
   Quatriéme jour, pourquoi consacré à Mercure, 138
SEPTEMBRE, nom de ce mois chez les Egyptiens & les Hébreux, 112
SERPENT à tête d'Epervier, & ce qu'il désigne, 91. 103
SIDON, apellée Fille de la Mer, 72
   son étymologie, 71
SOLEIL, embléme de Dieu, 110
   Ses heureux effets, 176
   Ses divers noms & leur explication, 180
   Ce que désigne sa Coupe, 181
   Apellé *Hercule*, &c. 187
SYDYK ou le Juste, 64
   Voyez Sadik-Thamim.

T.

TAGES, Divinité Etrusque, explication de son Histoire, 60
TAUREAU vaincu par Hercule, & ce qu'il désigne, 214
   Objet dont le Taureau étoit le symbole, 221
TEMPLES, leur Antiquité, 298
   d'Hercule à Cadix, 178
   —— à Rome, 188. 245
   —— à Thasé, 177
TERRE, comment elle fut personifiée, 23. 27
   Noms de la Terre inculte, 30
   —— de la Terre cultivée, ib.
   Voyez GHÉ.
THAM, ancien Roi, Thot lui dédie ses Livres, 106
THÉMIS, femme d'Iou, & son explication, 33. 34
THÉTA, pourquoi devint la Lettre de Mercure ou Thot, 110
   Ses diverses formes, 121
THOT, voyez Mercure & Tables étymologiques.
TITANS, leur Empire Celtique, Romancsque, 101
TRÉPIED, désigne les Saisons, & pourquoi, 145

TROPIQUES, symboles de la vie & de la mort, 136
 font les Colonnes d'Hercule, 224
TUER, expression allégorique, & sa signification, 52
TYPHON est l'Hyver, 71

U.

URANUS ou le Ciel, Fils d'Elion, 23
 Origine de ses noms, 24
 Son Mariage avec la Terre, 27
 Leurs Enfans selon Sanchoniaton, 28
 ——— selon les Crétois, 32
 ——— selon Apollodore, 34
 ——— selon les Atlantes, ib.
 Idée qu'en donne Apollodore, ib.
 Infidélités d'Uranus, 35
 Attaqué par Saturne, 44
 Détrôné & mutilé, 74
 Allégorie renfermée dans cette Histoire, 77
 Peint par Thot, 80

V.

VACHES de Geryon, 221
VALENS, même que Bal ou Bel, 102
VÉNUS, sa naissance & son triomphe, 78
 Pourquoi apellée Aphrodite, ib.
 Pourquoi née de la Mer, ib.
 Pourquoi Déesse du mois d'Avril, 221
VICTOIRE, nom du dernier jour de l'année, 115
VOILE d'Hercule ou du Soleil, & son explication, 216

X.

XIMÉE & son Histoire, 252

Fin de la Table des Matieres.

CORRECTIONS.

PAG. 19. lign. 13. Primitif, *lisez* Oriental.
P. 81. l. 20. *Saturne*, lisez *Mercure*.
P. 92. l. 16. Staphilé, *lisez* Staphylé.
P. 112. après la ligne 11. *lisez* S. 1. *le Caducée.*
P. 114. lig. pénult. Ce que signifie également ce mot, *lisez*, mot qui signifie également *matin*, dans, &c.
P. 116. n°. 2. *joua*, lisez, *joue*.
P. 150. l. 15. *on donna*, lisez, *ou donna*.
P. 197. lig. 8. parce, *ajoutez* que.
P. 244. Not. 3. lig. 1. *lisez* sur l'Eneïde IV. 169.
P. 251. l. 18. חר *lisez*, ורנ.
 l. 22. הל, *lisez*, תה

De l'Imprimerie de VALLEYRE l'aîné

www.ingramcontent.com/pod-product-compliance
Lightning Source LLC
Chambersburg PA
CBHW050635170426
43200CB00008B/1021